精神分析過程における儀式と自発性

弁証法的
──構成主義の観点

アーウィン・Z・ホフマン｜著
Irwin Z. Hoffman

岡野憲一郎・小林陵──訳

Ritual and Spontaneity in the Psychoanalytic Process
A Dialectical-Constructivist View

金剛出版

Ritual and Spontaneity in the Psychoanalytic Process:
A Dialectical-Constructivist View

Irwin Z. Hoffman

Copyright © 1998 by The Analytic Press, Inc., Publishers
First paperback printing 2001
Reprinted 2009 by Routledge

Japanese translation rights arranged with
The Marsh Agency Ltd
through Japan UNI Agency, Inc., Tokyo

日本語版への序文

　本書『精神分析過程における儀式と自発性：弁証法的－構成主義の観点』は，もともと1998年（ペーパーバック版は2001年）にAnalytic Press社から出版されたものであるが，岡野憲一郎氏が小林陵氏と共に献身的な努力を注いだ結果，この本が日本語に翻訳され，金剛出版から出版されることを，私はとても嬉しく光栄なことだと思っている。これは二冊目の翻訳である。一冊目は2000年にイタリア語で，Giovanni Baldaccini氏によって翻訳されている（出版社はCasa Editrice Astrolabio社）。

　私は普遍的で文化を超えた真実の価値を持った原則もあるということを認めたくないわけではない。しかし本書の私の記述や議論のすべては，ある文化の中である時代に埋め込まれた精神分析過程に関するものだという考えも湧く。本書の十章のうちの七つは以前に発表されたものであり，それは1979年から1996年の期間に渡っている。わずか三つの章，1，9，10章とイントロダクションが本書で初めて公開されたものである。より重要なのは，これがアメリカの精神分析における関係論的なムーブメントに没頭していた人間によって書かれた本であるということである。私は日本の読者の文化的，サブカルチャー的な社会の規範や，特に精神分析的な規範の文脈に関してあまりよく知らない。私が自分の世界で標準的だと感じられることから，わずかにあるいは適度に逸脱しているとみなすような臨床的態度が，別の世界，特に日本ではとても極端なものに見えるかもしれないし，その逆もまた然りである。その点に関して読者の方々に寛容になってほしいと思う。もちろん私は様々な態度が，文化的な規範や期待の影響を反映することで，読者にどのように受け取られるかに関心を持っている。

　もちろん私自身の観点とは対照的な観点も，私が生活し働いている精神分析的な世界の中でも見出すことができる。ある人たちにとっては，私が紹介した

4 精神分析過程における儀式と自発性

展望は伝統や基礎的な前提に十分根ざしていないように思えるであろうし，また別の人たちにとっては，それが自発的な表現や逸脱を促しているにもかかわらず，むしろ伝統的なものに感じられるかもしれない。Friedman（1999）は本書の書評でこう書いている。

　　Hoffman は規則と習慣の機能に言及しているが，彼はそれらを強調はしていない。私たちは自発性の力について説得させられる必要はないであろう。しかしその弁証法的な反対物はなんであろうか？（p.895）

これと全く対照的に Tublin（2011）はこう主張している。

　　Hoffman の戦略は，最初はその精神分析的な制約の主軸となるものを力強く拒絶するラディカルさを見せるが，後になってから考えれば保守的なもののように見える。そこには伝統的な精神分析的な方法の多くが残されている。もっともそれらは即興やパーソナルなあり方を許容するようなゆるい枠組みの中に位置づけられてはいるが。その戦略は分析家の技法的な選択に立脚した精錬された抱える構造（すなわち規律）を保持するが，パーソナルで個別的で治療的に説得力のある方法で逸脱することを許すのである（pp.527-52）。

Tublin は Renik と Mitchell と Donnel Stern の 4 人の関係論の理論家と私を比較し，私が最も保守的で，最も伝統的であると結論する。私はこれらのFriedman と Tublin の対照的な評価に勇気づけられているということを告白する。なぜならその両者が，私が読者に見逃してほしくない強調点を取り上げているからである。しかしながら私が考えるのは，全体像を捉えてありうる混乱を回避するための鍵となるのは，そこにおける弁証法を理解し，ともに作用する両側に相応の強調をしようという私自身の努力をわかっていただくことである。確かに Tublin のコメントのいくつかはその方向に働いている。

　この本全体が，儀式と自発性，権威と相互性，非対称性と対称性，構成と発見の弁証法に注目することを奨励している。その観点について，第 3 章の中で以下の文章を見出すことができるであろう。

　　「私は分析家は，個人としての自己表現や自発性をもって患者と進んで関わる

ことで，特別な承認力 affirming power が発揮されるかもしれないと考えている。その力の源はまさに儀式化された非対称性にあり，それは分析家がある意味で上位にあり，患者の手の届かない存在であるという見方を促進する。その文脈において，分析家に個人として情緒的に関わりを持ってもらえることは，一種の魔法のような贈り物となり，それは子ども時代に同化した両親の愛情と連続性のある（と言ってもとてもそれと等価とは言えないが）やり方で同化される。いかなる状況であっても，人が他者の愛情を獲得するということには魔術的な何かが関係していると言えるだろうし，私は自分が語っていることが別の文脈において愛の経験と親密さに関係しているということを認めたい。しかし私は分析状況における分析家のパーソナルな関与は，潜在的に特別な種類の凝集した力を有すると主張している。なぜなら分析家が特別な種類の権威となるように作られた儀式の中に，それは組み込まれているからである（本書の p.129）。

　この序文の最後に，私は経験の曖昧さに対する考えやその臨床実践への含みを述べ，それを高まりつつある政治的な意識への架け橋にしたい。これらの領域は私たちのすべてが探索するように求められているフロンティアである。ここでの私の見解は，特に社会政治的な含意について，本書で私が 1998 年に取った方向性をいくらか超えている。次に出す本は 1998 年以降に発表したいくつかの論文に，いくつかの新しい章が加わることになるが，その方向に私をさらに進めてくれるよう願いたい。

　経験の曖昧さは，分析的関係についてもこの問題を問うよう私たちを駆り立てる。分析家と被分析者は，意識的であるにせよ前意識的であるにせよ，無意識的であるにせよ，すでに形作られた経験の次元を探索することのみに制限されているのだろうか？　あるいは彼らは今まで想像することができなかった可能性とたわむれることに自由であったり，それを余儀なくされたりするのだろうか？　分析家はすでに存在しているが新しいやり方で見られる必要がある何かを，あるいは患者の他の部分との関係を新しいやり方でもたらされたりする必要のある何かを，そうと気が付かずに，あるいは計画的に行うのだろうか？

　私たちは政治的な場で類似の質問をすることができるであろう。世界の市民としての私たちは，何が可能かについての探索を，今存在していたり，以前は存在していた政治のシステムの中に制限された形で行うのだろうか？　次の点は特に重要なので強調しておきたい。ラディカルな開放性にコミットする際に必須となるのは，閉じた心，原理主義，専制的な客観主義，独善主義，絶対主

義などに対して熱意を持って反対していくことである。弁証法的構成主義者たちは，世界に満ちているその種の態度と戦うのである。私たちの領域では精神分析的な客観主義の中にそれを見出せるであろう。それは伝統や Freud の遺産の不運な性質である客観主義的な認識論に根差した分析家の側の「何でも知っている」という態度なのである。私自身の著書の多くは，その認識論的な批評と付随する実践の「技法的に合理的な」方法に長年捧げられてきた。

　私はシステマティックで実験的な研究が，事例研究を通しては成し遂げられなかったような仮説の検証を通して「客観的な」答えを提供するという主張に対して，最近になってようやく疑問を呈するようになった。私はそれぞれの二者関係の，それぞれの出会いのモーメントの「結果として生じる唯一性」が，想像的なインプロヴィゼーションを伴った「考慮の可能性」の一般化を求めていると主張しているのであり，それ以上でもそれ以下でもない。それは事例研究とシステマティックで実験的な研究の結果の両方に当てはまる（Hoffman, 2009）。臨床的に適用されることにより，精神分析過程はその最善の目的を治療作用に適用することで，患者の思考や存在の仕方における絶対主義や客観主義を，より開かれた心の構成主義的な観点に置き換える議論ができるであろう。

　社会政治的な場への架け橋を見出すことは難しいことではない。私にとって重要なのは，精神分析は治療の形式として，そして人生の展望として，二つの方向で進展していくことができるということである。ある人は社会政治的な環境については順応的であり，また別の人はそれに対しては批判的で潜在的に破壊的であるかも知れない。私自身の信念は，後者の方向こそが必要とされるのだが，それは QOL（生活の質）のためばかりではなく，それを超えて生き延びるためにも要求されるというものだ。それは精神分析の伝統における揺れ動く潮流の上に建てられるのである（たとえば，Danto, 1998; Fromm, 1970; Jacoby, 1975; Kovel, 1976 を参照）。

　911 事件以降に出された分析家たちによる重要なエッセイ集があり，そこには非常に幅広い視座が提示されているが，編者である Layton と Hollander と Gutwill（2006）はこの新しい運動を，精神分析的なディスコースの「最後のタブー」，つまり精神分析と政治のインターフェイスへの挑戦だと述べた。

　近年多くの組織や関連する刊行物において，その趣旨についての提言やその内容に見られる新しいフォーカスは，この挑戦を受ける側の精神分析の関心の深さと幅を反映している。たとえば「Psychoanalysis, Culture and Society（精

神分析と文化と社会)」(文化と社会ための精神分析協会［APCS］の学術誌),
「The Psychoanalytic Activist（精神分析的社会活動)」(アメリカ心理学会の
精神分析部門における社会的責任部会のオンライン会報),「The International
Journal of Applied Psychoanalytic Studies（国際精神分析応用研究誌)」,「Studies
in Gender and Sexuality（ジェンダーとセクシャリティ研究)」, そして
「Psychoanalytic Dialogues: The International Journal of Relational Perspectives
（精神分析的対話：国際関係論誌)」などである。そのムーブメントは, おそら
く意識的であり当たり前のことであり, 私たちの社会的な世界について広く受
け入れられていることを批判的に反省することに力を注ぐ。たとえそれらは根
深いイデオロギー的なアジェンダの弱点については忘れられたり解離されたり
している時にも, である。そしてそれらのアジェンダとは, 植民地主義, 人種
差別, 階級差別, 同性愛差別, 父権主義, 物質主義, 世界的な企業の支配, 環
境汚染などである。

　規範的な無意識 normative unconscious（Layton, 2006）の範囲内において,
私たちは自分たちの地球や, 人類や, 生命そのものを危うくするような活動を
体験している。すべての道徳的な含意とともに, 私たちは意識を高め, 私たち
が深くエネルギーを投じていることが持つ盲点を克服し, そして明るみに出る
いかなることにも調和しようとするために戦い続けることを求められている。
この本はそうしたムーブメントの土台となるものを増やすことができる精神分
析における臨床 - 認識論を提供しているが, しかし精神分析家として, そして
世界の市民として, 進行中の意識の昂揚と最終的な破壊的な交戦 engagement
のための戦いを要求する多くのものが前途に立ちはだかっているのである。

文　献

　Danto, E. A.（2005）, *Freud's Free Clinics: Psychoanalysis and Social Justice*, 1918-1938. New York: Columbia University Press.

　Friedman, L.（1999）, Hoffman's Ritual and Spontaneity. *Journal of the American Psychoanalytic Association*, 47: 891-898.

　Fromm, E.（1970）, *The Crisis of Psychoanalysis: Essays on Freud, Marx, and Social Psychology*. New York: Holt, Rhinehart, Winston.（岡部慶三訳：精神分析の危機―フロイト, マルクス, および社会心理学 . 東京創元社 , 1974.）

　Hoffman, I. Z.（1998）, *Ritual and Spontaneity in the Psychoanalytic Process: A Dialectical-Constructivist View*. Hillsdale, NJ: The Analytic Press.

Hoffman, I. Z.（2009a）, Doublethinking our way to"scientific"legitimacy: The desiccation of human experience. *Journal of the American Psychoanalytic Association*, 57: 1043-1069.（Keynote address: The American Psychoanalytic Association. New York, January 19, 2007）.

Hoffman, I. Z.（2009b）, Therapeutic passion in the countertransference. *Psychoanalytic Dialogues*, 19: 617-637.（Keynote address: Division of Psychoanalysis [39], American Psychological Association. Toronto, April 22, 2007）.

Jacoby, R.（1975）, *Social Amnesia: A Critique of Conformist Psychology from Adler to Laing*. Boston: Beacon Press.

Kovel, J.（1976）, Freud the revolutionary. *Psychoanalytic Review*, 63: 171-178.

Layton, L.（2006）, Racial identities, racial enactments and normative unconscious processes. *Psychoanalytic Quarterly*, 75: 237-69.

Layton, L., Hollander, N. C., & Gutwill, S.（eds.）（2006）, *Psychoanalysis, Class and Politics: Encounters in the Clinical Setting*. New York: Routledge.

Tublin, S.（2011）. Discipline and freedom in relational technique. *Contemporary Psychoanalysis*, 47: 519-546.

Irwin Z. Hoffman, Ph.D.

May 1, 2017

訳者まえがき
眺望としてのホフマン

　共訳者の小林陵氏と訳出の作業を開始してからもう5年ほどたつ。毎週毎週,それこそ一行ごとの英文と訳文との照合を積み重ねるのは気の遠くなるような作業だったが,今から振り返ればあっという間という気もする。

　本書の内容の解説は,巻末の小林氏の「解題」に譲るが,著者 Irwin Z. Hoffman の文章は数多くの精神分析の論文の中では異色であるように感じる。それは精神分析について語っているようでいて,およそ人間が携わる生きた営みのすべてに言及しているようにも聞こえる。すべての私たちの活動は,ある種の伝統を固守する反復的で儀式的な側面と,それにとらわれない自由で創造的な面,すなわち自発的な面を有する。そして両者は弁証法的な関係を有し,お互いがお互いにその存在の根拠を与え合っている。伝統なしでは,そこを踏み台にして自由さを発揮し,味わうことができない。またそこを踏み外す可能性を秘めているからこそ,伝統や反復の存在意義が与えられる。精神分析が生きた人間同士の営みである以上,そこにもこの二つの要素が常に関係しあっている。

　本書で著者が自らの立場を「弁証法的」と表現しているように,この様な儀式的な側面と自発的な側面の動的な相互関係を常に見据えることが彼の分析家としての立場である。そしてその視点から見える精神分析理論は,一つの眺望を与えてくれるのだ。フロイトの教えに従った伝統的な精神分析はどちらかと言えば儀式的な側面に重きをおいたものであり,関係精神分析と呼ばれる現代的な精神分析はどちらかと言えば自発性の方に重きをおいたものと言えるであろう。そして Hoffman は特にどちらに片寄をするというわけでなく,それを弁証法的な観点から眺め,コメントをする。あらゆる分析理論をその眺望の中にコトンとおいて見せるのだ。

　翻訳作業を進めながら小林氏と幾度となく語り合ったのは,「著者 Hoffman

10 精神分析過程における儀式と自発性

は同じことを何度も何度も，言葉を変えて繰り返しているだけのではないか？」ということだ。確かに彼の主張は，そのほとんどが結局は，その臨床体験や分析理論は，弁証法的な視点からとらえ直される，ということである。そうである以上，彼の著作が，1998 年に出版された本書以外には未だにないというのもよくわかる気がする。彼は大切なことは本書で言い切ったし，これ以上何を言ってもこれまでの言いかえに過ぎない，という感覚があるのかもしれない（ちなみに著者は本訳書の出版に向けて書き下ろした「日本語版への序文」で，来るべき新著の可能性に触れている）。しかし同時に私が思うのは，彼の主張を読むと，いつも新しく新鮮に感じるということだ。いかに私たちの心が弁証法的な思考から遠ざかり，全か無かの思考に陥りやすいということなのだろうか？

　ともあれ本書を一読した読者が彼の眺望を手に入れ，それを自由に使いこなすことを望んでやまない。

訳者を代表して　岡野憲一郎

謝　辞

　本書はほぼ二十年間に渡って書かれたものであるため，各章がもとの形で発表された時に，それらに対して役立つコメントをいただいたすべての人の名前を掲げて謝辞を示すことは実質的に不可能である。それらの貢献は，公式な討論者や，投稿した際の匿名の査読者，学生，友人，同僚や家族からのものであった。

　私はここでほんの数人の名前を挙げることだけにとどめたい。彼らは本書の考え自体が形作られ始める時から非常に貴重な批評的コメントや指示を与えてくれた。第一に，故 Merton Gill は，長年私と密接に働いてきたが，特に 1970 年代後半から 1980 年代前半にかけて，多くの章について彼のトレードマークである精緻な読解とともに，アイデアを掻き立ててくれるような広範な議論をしていただいた。Merton はこの仕事の価値に対する私自身の疑いを克服するのを助け，確信の感覚を与えてくれた。Stephen Mitchell のパーソナルで知的な交わりと批判的な読解は，私が定式化や思考を続ける上で計り知れないほどの貢献となった。Paul Stepansky は Analytic Press 社の編集長として 1991 年に，私のその時までの仕事について詳細であるが簡潔な批評と投稿の誘いをいただき，本書を世に出すにあたって大変助けていただいた。それ以来，読むことだけでなく臨床や哲学的な問題に関しての彼の示唆はとても貴重であった。私は 1991 年以降，一つか二つの「締切」を過ぎてしまっていたかもしれないため，彼の辛抱強さにも感謝している。David Feinsilver には多くの章を読んでコメントしていただいた。彼の省察は，彼のチェスナット・ロッジでの統合失調症患者との長年にわたる仕事を含む，広範囲にわたる臨床経験によって裏打ちされているが，理論的に挑戦的でかつ啓蒙的であった。本書のすべては Louis Fourcher との長年の対話の影響下にある。彼の多岐にわたる専門的な知識は，統合的で創造的な思考を伴い，精神分析過程についての私自身の理解をより豊かにし，文脈を明らかにしてくれた。

以下の方々に，それぞれの章や段落を読んでいただいたことに感謝をしたい。Neil Altman, Barbara Artson, Jessica Benjamin, Susan Burland, Jody Davies, Darlene Ehrenberg, Emmanuel Ghent, Joan Leska, Elizabeth Perl, Pauline Pinto, Owen Renik, Suzanne Rosenfeld, Donnel Stern, そして Patrick Zimmerman である（アルファベット順）。1985 年から 1992 年の間のノースウェスタン大学での精神分析的精神療法のプログラムのポストドクターたちや，私が長年スーパービジョンをしたイリノイ大学での精神科の研修医たちのことについても触れたい。これらの人々の中には，時には驚くほどの優秀な治療者たちが含まれ，彼らは私の見解を，私自身の目を開かせてくれるようなやり方で，想像的に「適用」してくれた。

　また私は子どもたちにも恩がある。本書の完成に時間を取ることができたため，今は大学に進んだ息子のマークがお互いに関心のある問題についての省察を与えてくれたり，時間が許す範囲で彼が読んだそれぞれの章の様々な部分への批判的なコメントをしてくれたものさえも活かすことができた。ダニエルについては，高校に入ろうとしているところであるが，彼のユーモアのセンスと彼独特の叡知の形がこの仕事に奥行きを加えてきた。二人の子どもたちの成長を見ることは，人間の不可避の喪失を背景とした変化と成長に対する欲求がいかに強力かという私の感覚に貢献してくれた。

　私はこれらの論文を改訂して再出版する許可をいただいた，以下に示す定期刊行誌にも感謝をしたい。第 2 章「精神分析理論における死への不安と死すべき運命への適応」は The Annual of Psychoanalysis, 7: 233-267, 1979，第 3 章「精神分析家の存在の親密でアイロニカルな権威」は The Psychoanalytic Quarterly, 65: 102-136, 1996，第 4 章「分析家の経験の解釈者としての患者」は Contemporary psychoanalysis, 19: 389-422, 1983，第 5 章「[討論：] 精神分析状況の社会構成主義的観点に向けて」は Psychoanalytic Dialogues, 1: 74-105, 1991，第 6 章「精神分析的交流における確信と不確かさ」（もとのタイトルは "Some Practical Situation（いくつかの実際的な状況）"）は Psychoanalytic Dialogues, 2: 287-304, 1992，第 7 章「表出的な関与と精神分析的な規律」は Contemporary Psychoanalysis, 28: 1-15, 1992, 第 8 章「[精神分析過程における] 弁証法的思考と治療作用」は The Psychoanalytic Quarterly, 63: 187-218, 1994.

目　次

日本語版への序文 ……………………………………………… 3
訳者まえがき──眺望としてのホフマン ……………………… 9
謝　辞 …………………………………………………………… 11

イントロダクション ……………………………………………… 17

第 1 章｜精神分析過程における意味と死すべき運命の弁証法 ………… 41

第 2 章｜精神分析理論における死への不安と
　　　　死すべき運命への適応 …………………………… 75

第 3 章｜精神分析家の存在の親密でアイロニカルな権威 …………… 117

第 4 章｜分析家の経験の解釈者としての患者 ……………………… 145

第 5 章｜精神分析状況の社会構成主義的観点に向けて ……………… 183

第 6 章｜精神分析的交流における確信と不確かさ ………………… 215

第 7 章｜表出的な関与と精神分析的な規律 ……………………… 233

第 8 章｜弁証法的思考と治療作用 ………………………………… 247

第 9 章｜精神分析過程における儀式と自発性 …………………… 275

第 10 章｜精神分析における程よい終結を構成する ……………… 305

解　題 …………………………………………………………… 337
文　献 …………………………………………………………… 347
索　引 …………………………………………………………… 365
著者・訳者略歴 ………………………………………………… 372

精神分析過程における儀式と自発性

弁証法的−構成主義の観点

イントロダクション

出発点

　この本で提示されている精神分析過程についての全体的な展望は，主に私の臨床経験という小さな世界から生まれた。まったくの初めからそうであったかは分からないが，治療者としての私の職歴の中でほとんど思い出せる限り前から，私は自分がある特定のやり方で患者との作業を行っていることに気がついていた。その点において，この執筆の計画は，治療者としてのそのようなあり方を概念化することや，私が経験した分析過程の作業にある暗黙の法則や想定をいかに明らかにするかが問題となった。もちろん現実にはそれはそれほど単純で単線的なものではなかった。第一に，私の臨床経験を形作った（個人的，職業的，理論的，そして文化的な）外的影響が無数にあった。第二に，ちょうど未構成な unformulated (Stern, 1983, 1997)，あるいは暗黙の implicit (Gendlin, 1973) 経験が法則の構成物 construction を生み出すように，いったん定式化formulate されてしまうと，私の作業の仕方や私が自分のしていることを解する construe 仕方を形作るものにもなるのである。ほとんどの場合，卵が先か鶏が先かというたとえ話のように，どちらが最初かを決めようとすることに意味はない。さらに双方のつながりのいずれの方向も，単純に原因と結果というわけではない。その影響の源とその効果の間には「空間 space」があり，それは私が行為者 agent として，選択する主体として存在している隙間である。臨床的な経験の未構成な側面は曖昧である。それらに合う一連の法則を組織化する良い方法は一つではなく，意識的に，あるいは無意識的に，私はその中から「選択」していく。それとは逆に，法則は一度具体化 crystallize されても，唯一のやり方を処方しているわけではない。それらがどのように実行されるかに

は幅広い範囲があるし，一つの経路が選択されたなら，今度はそれが未構成な，あるいは暗黙の経験の新しい流れを形成するのである。

　この弁証法的−構成主義 dialectical-constructivism の領域での私自身の思考の動きは，私の仕事の仕方や分析過程の経験とは明らかに相容れないような見解に晒されたことが部分的に触媒となった。この対比の感覚は私自身の位置を定義するための背景を提供した。大学院でのトレーニングにおけるクライエント中心理論や，さらに後の段階での様々な精神分析的な観点などを含む，多様な展望から得られた考えを吸収しながらも，私はこれらの様々な展望が共通して持っているように思える態度に，かなりはじめの段階から反撥をし始めていた。それはすべてのクライアントや患者，あるいは特定の心理状態の人たちが，症状の改善や治療，心理的な発達の道筋として，非常に特別な，かなり狭く限定されたアプローチや治療法を必要としているという考え方である。この共通した特徴は結局は，客観主義的な，技法上の合理的なスタンスというところに行き着く（Schön, 1983）。患者の望ましい変化を促進する要因を探るために科学的な推進力を注入することには価値があるとしても（Gill and Hoffman, 1982b; Hoffman and Gill, 1988a, b を参照），技法上の合理性の枠組みの中で十分な注意が向けられていないように思われるのは，分析家のパーソナルで主観的な関与や，半ば盲目になってしまうような感情的な巻き込まれ，不確かさと曖昧さ，文化的なバイアス，偶然性，分析家の創造性，選択の道徳的な次元，自由や死すべき運命 mortality に直面したときの実存的な不安，などのための場である。これらの要因のすべては私の仕事の中に生きており非常に重要であると思われるが，探索的な精神療法や精神分析を行う際に支配的なパラダイムとみなされているものの中では，否定されたり強調されていなかったりするのである。

　同時に，早い時期から自分自身の考え方への支持やインスピレーションを受けたのは以下の人々だった。Eugene Gendlin（1962）の言語化における「暗黙の経験 implicit experiencing」のレベルの経験から言語化のレベルでの経験への運動という概念化。この運動は意味の単なる発見ではなく，創造を含んだものである。Merton Gill（1982a）の分析過程での人間としての分析家の関与を考慮することや，各瞬間において関与者の経験を形作っている相互の影響の必然性を認識することへの情熱的なコミットメント。Samuel Lipton（1977a）の考える，捨てられた Freud の遺産の重視（それは分析家の技法と協働する

患者とのパーソナルな関係性や分析家の自発性の重要性であった）。Heinrich Racker（1968）の「逆転移の理解や使用」に関する私たちの理解についてのパイオニア的な貢献。これは精神内界の領域（内的対象の世界）と対人関係的な領域の，分析作業の事細かな文脈における統合への貢献であった。時とともに，私自身の理論と両立可能であったり，それを形作るのを助けてくれたりするような，その他多くの理論家に出会ったが，そのことは後のページで明らかになっていくだろう。

　精神分析においては，様々な呼び名を持つ様々な学派からの貢献により，全体として広範囲なムーブメントが生じてきているように思われる。それらは間主観性，関係－葛藤理論，構成主義，フェミニスト批評理論などである。この全体的なムーブメントは，疑う余地もなく私自身の考えに影響を及ぼしたのであるが，それと関連する平行した流れが，別の分野において「ポストモダン思想」という幅広い旗の下で生じている。しかしながら，ポストモダニズムそのものは多種多様なものであり（Elliott and Spezzano, 1966），その中のある種のバージョン，特にラディカルな相対主義は，極端な客観主義に劣らず私の考え方にそぐわないということを強調したい。実際に私は最近，たとえばNagel（1986）や，Taylor（1989），Nussbaum（1990, 1994），McGowen（1991），そして Norris（1990）などの哲学者や文芸批評家の書いたものの多くに価値を見出している。彼らはポストモダニズムのある面に批判的であり，批判的実在論に関わったり，実際にそれらに同一化したりしている。私の視点も，厳密に調べれば多くの観点がそうであるように，実在論と構成主義，客観主義と相対主義，モダニズムとポストモダニズムなどの広く認められたカテゴリーの間をまたいでいるかもしれない。特にこれらの用語を狭く，二項対立的で，極端に排除し合う方法で定義した時はそうなのである。

　先に進む前に以下の点を指摘しておきたい。この本を通して，従来は本来の精神分析に結びつけられていた用語（精神分析家，分析家，精神分析，被分析者など）は，従来は精神分析的精神療法に結びつけられていたもの（精神分析的療法家 psychoanalytic therapist や治療者 therapist，分析的療法 analytic therapy など）［訳注：本書では原文の“therapist”を文脈により「治療者」ないしは「療法家」と訳し分けている］と互換性のあるものとして用いられている。私が関心がある種類の分析的－治療的過程にとっては，精神分析と精神分析的精神療法の区別は意味をなさない（Fissgagem, 1997 を参照）。この点

で私の意見は Merton Gill が彼の人生の最後の 20 年で変化していった方向に従っている。しかし次の節で論じるように，Gill と私自身の強調点の違いもまたこの時期に生じている。

　私は非解釈的な相互交流と解釈的な相互交流の間に弁証法が成立しているような単一の精神分析の様式を提案している。それぞれが自分の場所を持ち，互いが現れるための肥沃な場を提供している。省察と解釈の瞬間は，それ自体が対人関係的な経験であるが，それが他の種類の治療的，非治療的な相互交流を背景とすることで豊かになるということがありうるように，治療的な対人的相互交流は，批判的な省察や理解から情報を得る。分析家は彼らの関わりのすべての面を通じて，関係性の創造的な発展に貢献するという責任を負っている。また彼らが減ずることのできない道徳的な権威の要素を与えられていることを考慮するなら，分析家は適切な知恵と謙虚さを持つ先達 mentor としての役割を果たすことを要求される。この方向性は，治療作用の源を純粋な洞察とする合理主義的な理想を「損なう」とは考えられない。たとえその洞察が転移の性質や，転移－逆転移の構造に関するものであったとしてもそうである。もちろんそれは望ましくない条件のために「分析という純金を勝手に直接の示唆 suggestion という銅との合金にしてしまうこと」（Freud, 1919, p.168）を強要されているというのではない。それどころか対人関係の影響と批判的，解釈的な探索の間の弁証法を最適な形で創造的に使用することに，「金」が内在しているのだ。

Gill の視点との比較

　1970 年代の終わりから 1980 年代の初めまでは，私は Gill と密接に仕事をしていたが（Gill and Hoffman, 1982a, b を参照），彼は自分の手による，以前の精神分析についての定義（1954）をすでに棄却していた。その定義とはすなわち「精神分析は，中立的な分析家によって使用された結果として，退行的な転移神経症が生まれ，解釈のみの技法によってその神経症が最終的に解消するという技法である。」（p.775）というものである。Gill はすでに 1954 年の論文において，セッションの頻度やカウチの使用などの「外的な」基準は定義としては不適切なものとして退けていたが，彼は以前に本質的なものとしてみなしていた「内的な」基準についても問題にし始めた。つまり分析家の中立性や，退行した転移神経症をシステマティックに導入することや，解釈の技

法を通してのみそれを解消するということについてである（Gill, 1979, 1982a, 1984a；そして私自身による Gill の知的探求の歴史の解説である Hoffman, 1996 を参照）。その代り彼は，分析家を中立的ではなく不可避的にバイアスがあり，個人として関わり合っている personally involved ものとみなしていた。彼は退行を引き出すようないかなる操作にも反対した。そして示唆的な影響を，解釈行為の中にさえ遍在するものとみなした。それにもかかわらず，彼は一方に精神分析的精神療法 psychoanalytic psychotherapy があり，他方に精神分析 psychoanalysis や「精神分析的療法 psychoanalytic therapy」がある，という明確な線引きをしようとした。「精神分析的療法」とは「精神分析技法が用いられながらも，従来よりも少ない頻度で行ったり，患者が体を起したままで行ったりする場合の様式に限って用いられた用語である」（Gill, 1991, 1994）。Gill にとっての中心的な問題はシステマティックな試みによって転移の分析がなされるかどうかであった。もしそれがなされるならば，そのアプローチは本質的に精神分析または精神分析的療法であった。もしそれがなされないのであれば，そのアプローチは精神分析的な，あるいは他の形式の探索的な精神療法となるのだ。患者により転移分析を受け入れられる程度に違いがあることを Gill はみとめていたため，その分だけ境界線は曖昧であるように思われた。実際のところ，分析家に期待できることは高々，彼らが「可能な限り」転移分析をするということであった（1994, p.97）。しかしながら，精神分析や精神分析的療法での作業におけるその意義はともに，分析されることのない示唆的な交流による影響を最小にして，転移の分析と同時に起こる新しい経験を最大限にするような試みであったのに対して，精神分析的精神療法では示唆的な影響に，より強調点が置かれ，それは時には分析されたりされなかったりするものの，変化を起こす源とされたのである。

　Gill と私の意見の違いは，転移解釈を含む交流と含まない交流の役割をめぐってである。Gill は Strachey（1934）と同様の立場を取り，変容を惹起する潜在力 mutative potential に関して，転移解釈のモーメントを特別な地位にまで引き上げた。私はそのようなモーメントがとても強力であるということには同意するが，それらに重きを置きすぎてしまうと，同時に起こっている意図しない対人関係的な影響よりも超越した威力があるものとして過大評価をしていると思う。逆に言えば，私は Gill がこのように強調することは，非解釈的な相互交流の力を過小評価することになると思う。特に同時に生じている転移や逆

転移に関する批判的な省察の流れが顧慮された場合にはそうである。繰り返すが，これら両方の間の豊かな弁証法こそが，精神分析を他の治療的な方法から際立たせているのである。

　明示的な転移解釈の力に対する Gill の信頼には様々な結果が伴う。たとえば私は Gill の知的探求の歴史の解説の改訂版で書いている。

　　私の見解では，Gill は転移分析に対して熱心になるあまりに，特定の転移－逆転移パターンが展開して，関与した二人がそこから抜け出すためにかかる時間について，必要以上に性急になっているのかもしれない。同様に，私には分析された交流と分析されていない交流の間や，反復されることと新しい経験の間の弁証法的で逆説的な関係を，彼が十分に重要視していたとは思えない（Hoffman, 第 7 章，第 8 章；Ghent, 1992; Pizer, 1992）。それらを重要視することは，分析的な作業の質を評価するためにはより長い時間の単位が必要だという感覚を促したかもしれない。私はこの性急さが表しているのは，分析家のパーソナルな関わり合いの過小評価と，分析家はそれを容易に越えられるとする，皮肉な言い方をすれば「古典的な」期待であると思っている。比較的後年の論文で（Hoffman and Gill, 1988b），Gill と私は自分たち自身の枠組みを作っていく中でこの態度の表れを批判的に振り返っている［Hoffman, 1996, fn.p.48］。

　転移分析の力についての Gill の信念にもう一つ関係していたのは，分析過程についての知識の源として，そして異なった技法論から生じる議論を解決する方法として，彼はシステマティックで実験的な研究を信奉していたということである。一つの技術的な変数を強調することはそれ自体が，そのような実験的な研究や特定の種類の介入をより多く行うことで，分析過程とその結果に重要で望ましい影響を及ぼすという仮定につながっていく。一つ一つの分析的な二者関係の独自性，解釈とその他の種類の交流の相互作用の複雑さ，自発的でパーソナルな関わりの重要性，臨床的な関連データの曖昧さなどの要因をより強調することは，システマティックで実験的な研究についての楽天主義を弱め，個々の分析家の個々の報告をより重んじることになるが，もちろんそのようなケース報告は，理論の上での，あるいはその個々人のバイアスも含めて理解されるのである。そのような，蓄積され，照合され，詳細に吟味された事例報告は，私たちの分野において非常に適切で臨床に見合った調査方法の所産と見なすのに値するのである（Hoffman, 1987）。

本書の概観

　この本自身の内容について言えば，これは何年かに渡って書かれたものであり，多くの章はその別のバージョンがこれまでに論文として出版されてきた。章の順序は二つの例外を除いて概ねそれらの論文がかつて発表された順序と一致している。第1章の「精神分析過程における意味と死すべき運命の弁証法」は，本書で記される広範囲にわたる問題を膨らませるために，最近になって書かれた。第3章の「分析家の存在の親密でアイロカルな権威」は，年代順に言うと，第8章のすぐ前か後にあたる（書かれた時期と発表された時期の違いによる）。この位置に置いたことには，すぐ前の死への不安についての章と弁証法的な構成主義との整合性について，特に死への不安の精神分析的な文脈における道徳的な意味合いについて，すぐに示したいという願望が表れている。これらが二つの例外で，その他の章は書かれた順序になっている。

　それぞれの章で引用される文献は，ほとんどの場合，それが最初に出版された時の論文で引用されたものである。時おり，より最近の文献が付け加えられているが，それらによりそれぞれの章を最新のものにしようと体系的に試みたわけではない。したがって引用は，元の論文を書いた時の私の考えに影響を与えた文献を示している。

　第1，9，10章は本書で初めて発表されることになる。本書のタイトルは第9章のタイトルから引いてあるが，その選択はこの章の中心的なテーゼの重要性を強調したいという気持ちを表している。弁証法的な意味で，最後の二つの章は，それ以前に書かれたものの「導入」ということができる。なぜならそれらの章は，それ以前の章のいくつかの中では非明示的で，あまり展開されることのなかった原則を明言しているが，それにもかかわらずそれらの章の基礎となっているとも言える部分がかなりあるからである。

　本書の第1章である「精神分析過程における意味と死すべき運命の弁証法」は，本書を通してさらに詳細にわたって取り上げられていくような多くの問題に取り組んでいる。それは本章に書かれた一般的な概要よりもさらに実質的なイントロダクションとして読むことができる。この章の目的の一つは，たとえ死すべき運命の問題がいくつかの章でははっきり記されていなかったとしても，私の「社会－構成主義」や後の「弁証法的－構成主義」の概念化の背景には，

いつも意味と死すべき運命の弁証法があるという点に焦点を当てることである。その弁証法は，その人自身が存在しているという感覚と，その人自身が死すべき運命だという感覚が相互依存的であるという認識を伴っている。したがって皮肉なことに，人間の自己が存在しているという感覚は，死すべき運命の気づきによって脅かされるものの，不死の「保障 promise」によっても深刻な危機に晒される。

　弁証法的構成主義のその他のいくつかの鍵となる特徴も，この章で導入される。それには現実の所与 givens of reality と解釈的な選択▼1 の幅の相互作用も含まれている。経験の曖昧な側面は，それらの選択の余地を残すと同時に，その合理的な可能性の範囲を制限する。選択の要素は分析家たちに自分たちのパーソナルな影響力の可能性を与えるが，彼らはそれから撤退したいと願うかもしれず，むしろ自分たちがやっているのは意識的であれ無意識的であれ患者の側からの導きにしたがっているだけだという定式化の方を好むかもしれない。患者の内的現実の中核部分に葛藤を見出す Freud の「悲劇的な客観主義 tragic objectivism」は，中核に統一された自己 unified self を見出す Kohut やWinnicott や Loewald の「ロマン主義的な客観主義 romantic objectivism」と対比される。悲劇的な客観主義では患者の目指すことが多様であるために実質的に自己実現が不可能になってしまうが，ロマン主義的な客観主義では正しい環境の条件が与えられたなら，そのような可能性への道も開かれている。批判的，あるいは弁証法的構成主義 critical or dialectical constructivism は，曖昧さと意味が構成されること construction of meaning を重視することで，患者

▼1　「選択 choice」という言葉は本書を通して，自分で意識して能動的に選んだ経験と，受動的で無意識的な経験の組織化の両方を含んだ形で用いられている。後者は回顧的に，ある種の選択であったと振り返って理解できるものである。人は後の時点でその省察を得ることでようやく，自己意識的な行為者 self-conscious agent として，以前の自分のあり方を再度承認したり変更したりする行為に能動的に参加する機会を持つのである。後者の点でのみ，省察を伴って，人々はもともとのあり方を再確認したり変えたりする，自分で意識した行為の主体者として，より能動的に関与する機会を持つのである。より受動的で無意識的な過程を言い表す時，この単語が行為者としての人が全く関わっていないわけでも，逆に人が能動的に決定を下したというわけでもないような領域を言い表すために，比喩的に用いられているのである。Schafer（1976）は，「行為言語 action language」を推奨する中で，精神分析理論において，機械論的な言語が人間の経験と行動に文字通りにあてはめられることを批判した。彼はそこでは人間主体 human agency の言語が必要とされると感じたのである。しかし私の考えでは，機械論的な用語も自己意識的な選択の用語も，文字通りに当てはまらないような中間領域にとっては，行為言語も機械論的な言語に劣らず比喩的である。

によりすでに生きられた，そしてこれから未来に展開していくライフヒスト
リーの両方について，現実の所与による制約はあるものの，それを形作る上で
の自由さの要素が存在するという事実を，分析家と患者につきつける。辿られ
なかった道筋には犠牲と喪失の感覚が伴うという点は悲劇的な客観主義と共通
しているが，構成主義的な見方からすれば，それらの道筋はほとんど特定不可
能で非決定的なのである。

　精神分析状況とは，非常に懐疑的で不安定で不確かな世界の中で，意味を作
り出して価値を肯定する努力を行う独特な場なのである。西洋の社会では，特
に教養があり，中流や上流の社会経済階層に属する多くの人にとっては，権威
への普遍的なニードは，このポストモダンの時代では科学にさえ安全な心の拠
りどころを失ったために，精神分析家や分析的療法家にその代理を見出すので
ある（Rieff, 1966 を参照）[2]。彼らは一種の現世的な聖職者の役を演じ（Freud,
1926b は「現世的な牧師業 secular pastoral worker」と呼んだ），人々が主観
的でしばしば葛藤的な感情や態度に基づく，はっきりとしない不安定な基盤し
か持たない価値体系を頼りに進んでいくのを助けるのである。

　分析家が自分自身のことを単に技術的な専門性に基づいたサービスを提供し
ているだけだとみなしている限りは，分析をすることは生計を立てるための比
較的快適な方法でありうる。しかしながら，分析家が自分自身の役割を，私の
考えでは適切にも，技術的な専門性と特別な質を持った愛と承認を結びつける
ことだとみなせば，聖職者の衣鉢という遺産から力の一部を得たその職業は，
語られることがなく通常は否認された気恥かしさの源にもなり得る。特に分析
家が自分の個人的な限界と利己的な動機に気づいていることを考えれば，仮説
上は変形可能な形の愛情を金銭と交換することは苦痛なほどに気恥かしいこと
である。最終的には分析家のアイデンティティのこれらの側面は克服されねば
ならないだけではなく，治療作用の源として変形されなくてはならない。その
ような変形は，一方では精神分析家を特別なレベルの力と権威に引き上げる精
神分析的な儀式と，他方では彼らが患者と同じような人間であるということを
明らかにする分析家の自発的でパーソナルな関わりとの間の弁証法（すなわち

---

[2] 精神分析的療法と精神分析の歴史的なエリート主義についての議論は Altman（1995）を
　参照するとよい。Altman は精神分析過程についての関係論的な展望の現代的な発展が（こ
　の著者自身の貢献も含まれる），それ自体で低い社会経済的な集団への臨床的な適応に役
　立つと主張している。

相互に依存し相互に織りなすこと）に注意を払うことによって可能となる。同じような人間，とは，ただ死にゆく存在であり，潜在的には思いやりがあり，創造的で，寛容で，賢いながらも，同程度に間違いなく自己愛的で，傷つきやすく，肯定されることを求めていて，部分的には盲目的でもあるということである。その変形は，絶対的な力を持つ愛のこもった親や，慈悲深い神の「不出来な代用 poor substitute」になる仕方と折り合いをつけることが，自分がコミットしている人生の可能性を最大限にする鍵であることを理解することによっても可能となる。なぜなら愛の対象や興味の対象は，実現不可能な理想のための「不出来な代用」以上の何ものでもないからである。より一般的に言って，精神分析的な状況の奇妙さと不条理さ（愛を金銭と交換することなど）は，人生自身の奇妙さと不条理さ（死すべき運命という対価を払って生きるという権利を得ること）と類似しているものとして見られるので，一方と折り合いをつけることが他方と折り合いをつけるための力となるのである。

　第2章の「精神分析理論における死への不安と死すべき運命への適応」では，Freud や若干のポスト・フロイト派の死への不安についての観点（特に Hartmann や Erikson や Kohut のもの）を詳細に検討するが，それらの観点は概して回避や否認によって特徴づけられている。この章は，子どもの不治の病への両親の適応について何年も前に私が行った調査研究の一部のレビューを含んでいる。これは本書で精神分析過程について焦点づけられてはいない唯一の章である。しかし前の章の「意味と死すべき運命の弁証法」で示すように，私が思い描いている弁証法的構成主義は，死への不安や死すべき運命への適応と密接に結びついている。それはすべての社会的に構成された現実は「混沌に直面しつつ」（Berger and Luckmann, 1967, p.103），予見される非存在や無意味さに直面しつつ続いていくからである。この観点は Jones（1975）によって描かれたように Heidegger のものと類似している。「［本来的に生きること living authentically］とは，その人の人生のすべての日において，死に向かっているという憂鬱な理解の中であらゆることを行っているということを意味している」（p.315）。ここで紹介する研究において，両親たちが彼らの子どもたちの死と折り合いをつける仕方は，特に子どもの短縮された人生に意味の感覚や統合感，完成の感覚を与えるべく意義づけを行おうという彼らの決意は，無意味さの恐れを乗り越えた，あるいはそれに抗った，人間主体による勇気ある現実の構成を描き出している。

この章は最初は1979年に書かれたため，この再掲載されたバージョンに加えられた脚注を除いては，構成主義的な含意は十分には展開されていないばかりか，明示されてもいない。この章で特に弁証法的－構成主義の観点と関連して描かれている点は，死への不安が，果てしなく無限に広がっている時間についての不安と結びついているということである。Freudは，死はそれを「思い描くpicture」ことができないために，無意識は自分の不死の感覚しか掴むことができないと主張したが，それは私たち自身の存在の有無にかかわらず時間が「永遠に」続いていくという感覚は，想像不可能なものであるが不安を喚起させるという事実を否認しているのだ。第1章で論じられるように，死の見通しは恐ろしいものであるが，個人の自己の感覚にとってなくてはならないものでもある。

　第3章の「精神分析家の存在の親密でアイロニカルな権威」では，神聖な権威や来世に関する厳粛な信念を失った現世的な社会において，精神分析家の道徳的な権威の性質やその意味することについて考察している。精神分析的な状況は，時間の容赦のない流れから逃れる聖域ではない。選択はすべての瞬間になされている。その選択は死の絶対的な確実性を背景にした患者の人生の中で「カウント」される。分析的療法家はこれらの選択に，受身的にあるいは能動的に関与している。治療者は患者の過去や，「今，ここ」の瞬間や，未来に向かう人生について「意味づけをする」ことに関わっている。分析家は単に，患者の内的な世界の中立的な探求者や，患者の本当の自己の共感的な奉仕者であることはできない。患者の経験は多様であり，多くの点で本質的に曖昧で，部分的には不透明であるため，それは単純に理解と行動のためのガイドとすべき「データ」を提供してはくれない。それは分析家が道徳的な権威として，そして患者の経験の現実の共同構成者として関わるのを阻止することはできない。分析家は全般的な承認の源泉としてだけではなく，患者の特定の選択に関する道徳的な影響を与える者としても機能する。分析家の権威の力は文化の中であまりに疑問視され，精神分析状況そのものの中でもあまりに批判的に検討されているため，そこに残されたものは重要でありおそらくは本質的であるかもしれないが，アイロニカルに描写することができるだけである。これらと関連した問題を例示するために臨床ヴィニエットが提示される。

　第4章の「分析家の経験の解釈者としての患者」では，分析過程の非対称的な面と対称的な面の弁証法的な関り合いについて，その対称的な側面の方を検

討する。この章はその元の形のものが，第3章が書かれた時よりおよそ10年前に書かれており，精神分析過程を支配する上で鍵となる弁証法のいくつかに十分に注意を向けているとはいえない点では，いくぶん逆行していると言える。私はブランクスクリーンの誤謬性を暴くことに熱心になるあまりに，分析家の個人の可視性と相対的な不可視性の間の弁証法の重要性に相応の敬意を払うことができなかった。その弁証法は前の章で実際に多くの注意を向けられ，この本全体を通して様々な文脈で検討されているのである。ここで肉づけされているのは，分析過程の対称的で相互的な側面であるが，もしかしたらブランクスクリーンの神話に対する過剰な修正という性質を帯びているかもしれない。それらの側面を強調する時，分析家は患者よりも隠されたものであるという考えが含む叡智の要素は軽視されるが，二項対立から弁証法的な思考へ移行する際にその概念が取るべき姿に修正されるのである。この章で明示されていないもう一つの弁証法は，転移－逆転移のエナクトメントについての解釈的な省察とそれらのエナクトメントそのものという事実との間のものである。その代りにそれら二つの間の二項対立的な関係性が暗に示されている。私がエナクトメントと解釈の間にある，そして反復と新しい経験の間にある弁証法的な関係を十分に評価し始めたのは，より最近になってからであった。省察的な解釈は，逆転移の完全な超克というよりも，むしろ逆転移を部分的に表出しているのである。そしてエナクトメントは，分析的な関係の中での，そしてこの世界の中での，新たなあり方の創出にとっては，逆説的な意味で不可欠なものかもしれない。一方で対称性と非対称性の弁証法に十分に重きを置かず，特に非対称的な側面を過小評価することによって，この章は結局，伝統的なパラダイムからあまりにも遠く離れてしまっただろう▼3。他方ではエナクトメントと新しい経験の間の弁証法は相対的に注意を向けられず，特にエナクトメントが逆説的に治療的な可能性を過小評価してしまったために，この章は伝統的なパラダイムから十分に抜け出してはいないであろう。また第2章の場合と同じように，現在の私の見解に近い考察が，この章の脚注に示されている。

▼3　ここで起こりうる誤解として，非対称性の価値の認識が増すことは，自己表出や自己開示に対するより保守的な態度につながるのではないか，というものがあるが，それは実際には正しくない。ある限界内であるにせよ，分析的な作業におけるその意味での私自身の自由の感覚は増していった。しかしここで「ある限界内で」というのが重要な語句である。自由の感覚の発展は，そのような近づきやすさに限界を設けようという確信の深まりや，その限界を越えないことの重要性の理解の深まりを伴っていたのである。

ブランクスクリーンとしての分析家の役割という概念について，私のいう保守的な批判者とラディカルな批判者の間の重要な区別がここでなされている。保守的な批判者は分析家の現実の対人関係への影響を強調しようとし，通常それを良性なものと考え，転移の発達から切り離されたものとする。転移は分析家の関与や関係性のいくつかの側面に関する現実を歪曲するものとして同定することができる。分析家はそれらが現れた時には，そのような歪曲を認めて解釈する能力があると考えられる。保守的な批判者とは対照的にラディカルな批判者は，分析家を転移の出現に巻き込まれてしまい，そして補足型逆転移（Racker, 1968）を含む彼らの関与についての真実を明確に述べることもできないものとみなしている。何が各々の人の経験の中で起きているかということは曖昧で，ありうべき解釈には大きな幅がある。分析家は中立的な現実の判定者ではなく，対人関係と精神内界の両方において起こっていることの意味 sense にたどり着くために，患者と協力して苦闘するという課題を負わされている。しかし曖昧さと不確かさは，客観的な現実の消滅や無条件の相対主義の原則を意味するわけではない。反対に経験が本質的に曖昧であることは，客観的に言えることなのである。Racker の逆転移についての見解，特に補足的同一化の概念は，対人関係と精神内界の領域に橋を架けるものであり，この章で進められる展望に重要な影響を与えている。

　第５章の「精神分析状況の社会構成主義的観点に向けて」では，さらに十分な形に展開した構成主義的な観点に立ち返り，正式に「社会構成主義」の展望を述べる。この章は学術誌「Psychoanalytic Dialogues（精神分析的対話）」の創刊号における，Aron（1991），Greenberg（1991），Modell（1991）の論文に対しての討論として書かれた。しかしながら，私はこの論文が単独でも成り立っていると思っている。読者が背景となる三本の論文を読むことは確かに有益となるであろうが，私の伝えようとしている論点についての論述の中で，それらの論文の論旨も十分語られていると思われる。

　いかなる用語も，その人の見解のすべての面を捉えていたり，誤解の余地がないほどに曖昧さがない，ということなどありえない。「社会構成主義 social constructivism」の「社会 social」という言葉はとりわけ，分析状況で患者の経験が突然何もないところから現れるのではなく，それが分析家の寄与に重要な影響を受けているという事実を強調するために選ばれた。「構成主義」という用語は，近いないし遠い過去の曖昧な側面を解釈する際に，さらに分析的な

関係の現在ないし未来の道筋を形作る際に，関与者が持っている選択の要素を
示している。その用語は現実がただ社会的な合意の機能でしかないという印象
を与える点で，ラディカルな相対主義との「連帯責任」を免れない可能性がある。
しかし現実とは，(1) 人間の活動によって形作られるか否かに関わらず，何ら
かの独立した，すでに存在する世界にあったり，(2) たとえ曖昧さがあったと
しても，それについての理にかなった言い方や，そこから真なる活動として生
じるものへの制限を与えるような（すでに存在している世界の一部である）そ
の人の体験の質の中にあったりするのである▼4。際限のない「認識論的相対主
義」とのつながりに加えて，「社会構成主義」は，ある人たちには，際限のな
い「道徳的相対主義」の亡霊を呼び起こす（Arrington, 1989）。それは特定の
文化やサブカルチャーによって支持される限り，いかなることも良い生き方と
して認められる可能性があるという感覚である。これらの含意は，私がこの用
語を使用した時に意図したものでは決してなかった。ある意味ではそのような
誤解を阻むために，私は最近「社会的」という用語を避けて，「構成主義」の
修飾語を「批判的 critical」あるいは「弁証法的 dialectical」などに変えている。
これらの用語は構成的な活動が起こる客観的な枠組みへの信頼を伝えることを
目的としている。その客観的な枠組みは部分的には，弁証法的構成主義が万人
に共通のものとしてみなすような，人間の行動と経験の特徴から成り立ってい
る。

　この段階では弁証法の概念はまだタイトルやサブタイトルに上がることはな
かったが，第5章の中心テーマは，たとえば客観性と主観性の，対人関係と精
神内界の，自主性と応答性の，転移と逆転移の，そして権威と対等さの間の弁
証法を含んだ分析過程である。実際にはここで議論している理論家が発展させ
た見解に，私は多くの点で共感的であるが，Aron と Greenberg が彼らの論文
で提案している立場についての私の批判の一部は，一者モデルのパラダイムが
持つ極端さを，二者モデルとそれに付随した技法上の含みによって置き換えよ
うとすることで（第4章で私自身が行ったように）過剰に修正しようとしてい
る傾向についてである。彼らは分析過程の中で時に一者的な観点と二者的な観
点の弁証法という点で考えることの利点を失っている。このように，たとえば

▼4　私はこの章（第5章）で Kenneth Gergen を無批判的に引用しているが，私は彼とは，Rorty
　　などのプラグマティストたちともそうであるように，見解が異なる。それは彼ら理論家や哲
　　学者たちが，現実を単に社会的なコンセンサスのみの関数とみている限りにおいてである。

分析家の主体性の出現や分析過程でのその「可視性」の価値を強調する一方で
分析家の「不可視性」に同時に備わっている価値や，さらに包括的には，両者
の緊張関係が有する価値に十分理論的な重点を置くということが疎かになって
いるのだ。母親の主観性に対する子どもの健全な関心だけが，分析状況（Aron,
1991）の間主観的な力動に関連した前駆体ではなく，文字通りにも比喩的にも
理解される原光景もある。それは両親が自分たちの生活のある側面のプライバ
シーを維持することが，子どもの発達にとっての価値となるということを指し
示しているのである。両親の主観性に出会うことが彼らへの同一化を促進する
のと同じように，そのプライバシーやそれから締め出されることは，恐らく子
どもの両親を理想化する態度を促進するだろう。こうした事柄を背景として考
えると，分析家が自己を隠すことは，自己を表現したり暴露したりするふるま
いとともに価値を持つ。いずれの極も過剰になることで他方を犠牲にする可能
性があるのは当然のことである。

　この章の一つの貢献は，欲動論－関係論の軸と客観主義－構成主義の軸の区
別をしたことである。これらの軸が独立したものであるということは 1983 年
の「解釈者としての患者」（第 4 章）において先取りされており，そこではす
べての主要な理論的な学派にそれがみられることが示されていた。第 5 章で
は，対人関係論も自己心理学も含めた関係理論の多くが客観主義的であり，そ
れは第 4 章で保守的な批判者として記したことと多くの場合一致している一方
で，欲動論は構成主義的な視点の萌芽があり，それゆえにラディカルな批判で
もあると，私は主張している。ここでも客観主義的な観点の特徴は，分析家が
転移や逆転移の現実について確信を持った判断をするにせよ，個人的なバイア
スのない共感的な応答を提供するにせよ，患者の状況や心理状態や「病理的な
信念」についてのアセスメントが与えられたうえで，その患者の「必要とする」
介入を計画するにせよ，彼が対人関係のフィールドから自らを実質的に切り離
すことが可能であるとする主張である。Aron と Greenberg によって引用され
構成主義的な観点での「相容れない仲間」だと私が言っている理論家は，その
ような例である。フロイト派の思考は，より関係論的な傾向を持つと称する構
成主義者によって伝えられるところでは，しばしば客観主義者の失敗だと思わ
れているが，その中にトラウマ理論における環境主義と，欲動論における内因
の過剰さの間の緊張を含んでいる。そしてその緊張は弁証法的構成主義による
解決を実質的に「請うて」いるのである。Freud は後年の不安の理論の中でそ

の方向へと移行し始めている。そしてその動きは Greenberg（1991）が彼自身のやり方で模索したものである。

第6章の「精神分析的交流における確信と不確かさ」は，不確かさの価値を非常に強調する構成主義のオリエンテーションにおける分析家の「確信conviction」の場を示すために書かれた面がある。確信と不確かさはともにこのモデルの中では，分析家を中立的な観察者とみなすモデルの中にあるよりも，よりパーソナルで主観的で逆転移的な基盤を有する。また分析家の注意や関心の中心は，患者の健康さという独立したものと見られたものから，治療関係全体の健康さに微妙に移行する。そしてそれはもちろん分析家の健康さを含んでいなければならない。このような見方は分析家が，たとえば「自分の気持ちを話す」ことを促す。特に患者が破壊的な方法で彼らに侵害しようとしている時にはそうである。

いくつかの共通の基盤があるように見える他の理論家たちとの違いが明確にされる。特に Pine（1990）や Schafer（1983, 1992）などの理論家である。Pine のモデルは私が「オープンな心を持った実証主義 open-mindedpositivism」と呼んでいるものの例となっている。それが推奨するアプローチは，複数の理論的観点からくる様々な種類の介入を治療者が試みることを可能にする。つまりその分析過程の理解を推進する上で，もし一つのアプローチが「上手くいかない」なら，別のアプローチを試すことができるという理解のもとにそれを行うのである。構成主義的な観点では，オープンな心を持った実証主義（または客観主義）の観点に欠けているものは，分析家の逆転移による関り合い involvement についての認識である。この関り合いは，分析家の関与の意味や，そこに展開したのがどのようなエナクトメントや修正体験かという問題を未解決のままにしてしまう。もう一つ欠けているのは，分析家の選択が，彼らの理論的な選択でさえ，「データ」によって，つまり患者の経験についてそうであると推量するすべてのものによって，どの程度まで劣決定underdetermine［訳注：数学用語で，変数が多いために解を定められない状態をいう］されるかということについての認識でもある。またその他の多少なりとも意識的な要因（パーソナルなものや，道徳的なもの，美的なもの）も分析家が言ったりしたりすることに影響を与えている。

Schafer は私が「限定的構成主義の観点」と呼んでいるものの推進者と目されている。それは分析家のパーソナルな関り合いが持つ意味合いについての認

識が欠けており，その代りに彼らの理論的なバイアスに焦点が向けられるからである。それでも分析状況の中でより徹底した構成主義的な観点を推し進めるような雰囲気に関しては，興味深い先駆がある。それが Schafer の「Talking to Patients（患者に話す）」（1974）であり，そこで彼は治療者の側のより自然で自発的な応答性を提唱している（少なくとも期間が限定された心理療法についてはそうであるが，精神分析への含みについては曖昧なままにされている）。私の意見では，分析家の自己表出や自己開示について時々提出される例が，ドラマチックなものであればあるほど，より一般的な次のような原則が曖昧にされるのである。その原則とは，分析家が分析的な役割による制約の中にあって，「より自分らしくあり」，個人としての本物らしさ personal authenticity という一定の質をもってふるまったり話したりすることが重要であるということである。Schafer は，逆転移の修正理論と相互作用についての構成的な観点において，分析家のより「自然な」あり方を推奨する自身の主張を根づかせることができなかった。その代わりに彼の理論の基盤は「限定的構成主義の観点」のままであった。皮肉にもそれは Schafer が比較的初期の論文で反対していた，非常に科学的で「人間味のない impersonal」言葉遣いを推し進めていた。

　第7章の「表出的な関与と精神分析的な規律」では，分析家のパーソナルな表出による応答的な関わりと，より標準的で精神分析的な規律の間の弁証法について特に詳しく述べられる。この章で強調される点の一つは，セッションにおける分析家と患者の経験の流れの連続性である。あらゆる瞬間において，分析家は何らかの形で，未だに内省されておらず，完全に「合理的な」考察によって決定することはできない仕方で行動している。このように非解釈的な相互交流と解釈的な相互交流は，「表出的な」何かが常に生じているような一種の弁証法を形作る。Racker（1968）と Lipton（1977a）の中間に位置するような，逆転移の使用への一つのアプローチが明確化される。Lipton によって進められた観点と同様に，そのアプローチは分析家のパーソナルな自発性を認めて奨励し，それに引き続いて患者の次の連想の中でそのことがほのめかされている可能性への注意が向けられ，それが解釈の根拠ともなる。Racker の観点と同様に，そして Lipton とは異なり，そのアプローチはまた「自発的な」行動の瞬間にさえ，分析家の逆転移の直接の経験に基いた，少なくとも試みとしての理解の出現を促しているのである。分析家のパーソナルな関与の記述を表すものとしてふさわしいいくつかの種類が同定されている。それらは感情の内

容や声の調子，予期やすでに確立している理解の度合い，治療者が患者からの
プレッシャーに対してではなく自分自身の内側から発する何かに応答している
とどれだけ感じているか，分析家が自分の表出的な活動が患者にとってどの程
度反復で，どの程度新しい体験だと感じているか，である。これらの要因を表
すために臨床例のヴィニエットが提示されるが，特に分析過程の中の反復と新
しい経験の弁証法に焦点が当てられる。

　第8章の「弁証法的思考と治療作用」では，弁証法的な思考の概念を，より
詳細にわたって発展させている。そこには初めて，かなり詳細な臨床例が示さ
れ，発達理論との架け橋となる概念を提供している。第3章の「親密でアイロ
ニカルな権威」の中で導入された原則が，ここでさらに詳述されて例示される。
実際にはそれらは逆の順番で書かれており，第3章に対応する論文は，第8章
に対応する論文の2年後に最初に発表されている。そのためこの章には少し後
に形となった強調点が提示されているのである。

　この章は多くの現代の精神分析的な著述家が述べていることから始まる。彼
らは自分たちが作業する習慣的な方法から逸脱し「教典 the book を放り出し」
た時に，分析過程はしばしば躍進を見せると報告している点を指摘し，私はそ
こである弁証法の感覚を維持すべきだという主張を行う。それは一方では分析
的な原則の中核部分，つまり患者の長期にわたる健康のために治療者が常に自
己を従属させるということと，他方では分析家が個人として主観的な関わりを
するということの間の弁証法である。

　第3章で論じられるように，精神分析過程における治療作用は，分析家が患
者と社会によって与えられる特別な種類の力に依存している。その力は治療設
定の非対称的な側面も含めた分析的な儀式を堅持することにより強化される。
同時に関与者の間で相互の同一化による絆が育つように，分析家が十分に自己
－表出的で自発的な方法で患者と関り合うことが重要である。分析家が正式な
精神分析的権威とパーソナルな応答性や自己表出の間にある弁証法において最
適な位置を見出すために苦労するように，一般的な意味での「よい対象」の中
核にあるのは不確かさの要素である。一般的な意味での「悪い対象」の中核に
あるのは，弁証法の一方を犠牲にして他方へ無批判にコミットすることであ
る。

　一つの詳細な臨床例が用いられ，弁証法的な思考がその分析過程の治療作用
にどのように折り込まれているかが示されている。その事例の重要な特徴は，

それが表面的には，女性の被分析者と，男性の分析家候補生（筆者）と，それを「監督している」精神分析協会による三角形をなしていることである。しかしその三角形は，発達理論への架け橋を提供するもう一つの抽象レベルへと引き上げられる。この第二のレベルでは，問題となるべき緊張関係は，患者の直接意識される欲望と，分析家が分析状況の外であれば応答しやすい傾向と，分析家の分析的な原則や禁欲という「教典」との「婚姻 marriage」との間にある。患者は自分が見つけたその婚姻にある弱点につけ込みたいという願望を持っているが，同時に自分にとっての長期的な利益のために，それを維持することに力を注いでもいる。分析家と患者は共に，分析家のパーソナルな関与と，比較的距離を置いた理論的な情報に導かれた分析的態度の相乗効果の上に成長する。両関与者が「生き残ること survival」は，パーソナルな応答性と精神分析的な制約との間の弁証法が損なわれることによって危うくされ，それが完全に崩壊した場合は，息詰まるような近親姦的な関係となるか，または死んだような隔離が引き起こされるかである。

　第9章の「精神分析過程における儀式と自発性」は，これまでの章で発展させた多くのテーマをまとめあげ，以下の観点と統合する。それは分析的枠組みの暗い側面と同時に人間のありようの闇の部分に立ち向かう患者を分析家が承認するという観点である。前者に関しては，分析家は搾取的であるとみなすことができる。分析家は，力のある位置から患者の困窮 neediness につけ込むのである。後者に関しては，人生それ自体が，結局は幻滅や見捨てられや死につながるような誘惑として，言い換えれば残酷な欺瞞としてみなすことができる。子どもが重要な時期に，省察的な人間の意識が有するインパクトに直面し，特に死すべき運命の恐怖に行きあたった時，両親の立場にある人たちの愛情がそれを和らげてくれるのである。幼児期の傷つきが十分に外傷的な時，人間の条件がそれ以上に侵害されることは耐え難いものとなるだろう。分析家は，精神分析的な儀式とパーソナルな自発性の弁証法から生じる，ある種の力強い承認を通して，患者の価値感覚 sense of worth に対するそれらの侵害に立ち向かう立場にある。二つの相互作用は皮肉 synicism と絶望に打ち勝って，高価で責任ある生活を生き抜くための患者の能力を深めていくことができる。

　ここで導入された新しい概念の中で，境界空間 liminal space，移行地帯 transitional zone は，人間の体系的でヒエラルキー的で，役割に関係した存在の仕方と，自発的で比較的無構造で，平等主義的な存在の仕方の間にあるも

のとして，人類学者の Victor Turner（1969）によって同定されたものである。多くの経験はこの境界地帯，「ここでもそこでもない」ところで生じる。分析状況での例を挙げると，分析家が終わりの時間を告げてから，患者がオフィスを立ち去るまでの時間である。この時間では，分析的な儀式の感覚は棚上げされ，分析家と患者はより単純に同じ人間としてともにある。しかしそれらの時にも，儀式の力の感覚は背景には存在するため，境界的なやりとりは特別な種類の負担 charge を負っている。

　この章には本書の中で最も詳細で長い臨床例が含まれている。そこでは破壊的な可能性を秘めたエナクトメントの亡霊も呼び起こされているにもかかわらず，一つの鍵となる境界的な瞬間が，新しく生成的な関り合いの性質を，分析家と被分析家による共同的な創造物として例示している。その事例は神経症的な不安と実存的な不安の相互作用のために，心に訴える外観を提供している。患者の主症状である一種の眩暈の方が，理にかなっているように見えるかもしれず，他方で人々が日常生活で維持している通常のバランス感覚や信頼感は，本質的には否認に基づいていた幻のように見えるかもしれない。その事例は「欲動」と「欠損」の間の関係を探求する機会も提供し，古典的理論や自己心理学で特に注目されて強調される問題へと注意を向ける。この事例においてはこれら二つの観点は，特別な形で演じられているが，それは患者が自己心理学に関心を持ち，それを彼は時には防衛的に使っているようであるという意味においてである。この章は分析の終結に影響した一連の夢をもって終わっている。そのうちの一つは複数のテーマを統合し，分析家と被分析者がその時間や分析のための「程よい終結」を共同で構成することを試みる最後の時間の報告で最終的には終わっている。

　最終章の「精神分析における程よい終結を構成する」は，分析家と患者の死すべき運命との関係を含んだ，終結の様々な側面を探求する。場合によっては，分析家か患者のどちらかが死ぬことによってしかそれが終わらないような，無制限の分析を続けることが最も賢い選択であることもあるだろう。しかしほとんどの場合，慎重に終わりを構成することが，発達のある側面を促進すると思われる。特に患者と分析家は分析の限界に直面しているが，逆に言えばその分析過程の道筋と長期の「結果」に影響を与えるチャンスという途方もない役割とも直面しているのである。分析による治癒の可能性は，時間の経過や加齢や死の予期といった外傷的な影響によって部分的には相殺されるように思われる。

これらの，あるいはその他の問題を例示するために，老齢の患者との分析作業
が示される。

　ダイアン（第8章）やケン（第9章）の分析のエピローグがここで提示され
る。「良好な転帰」が運によってかなり影響されるということがここでもまた
示される。ダイアンは終結から5年後に私に手紙をくれた。そしてある男性と
出会って結婚し，これまでに想像できなかったほど幸せにしていると報告した。
ダイアンの人生における幸せなめぐり合わせが何を意味するのかについて，分
析の影響，患者の強さ，そして純粋な幸運の相互作用という観点から論じられ
る。ケンの事例の終結の過程も再検討される。第9章では，私たちは終わりが
近づく際の内的対象関係やエナクトメントや，新しい経験の展開を考察した。
ここでは患者が終結を決断することに関係した実際的な要因という，物語の別
の側面を考察するのである。それは分析過程自体にとっての外界についての考
慮，たとえば素晴らしい職業上の機会を別の都市で見つけることなどを含むの
である。しかしながらそれらの考慮もまた，分析過程の中に折り込まれて行き，
精神内界と対人関係の両方のレベルでの意味や影響を持っていることが示され
る。分析の程よい終結を共同で構成することは，それぞれの分析の時間の程よ
い終結を共同で構成することと同様，分析的な中立性が神話であることを劇的
な仕方で露呈する，価値のある過程である。終わりは特に，見かけ上の古いパ
ターンの繰り返しの中から新しい経験を創り出すための豊かな機会をもたらす。

　ケンとの終結を概説した後に，私はこの患者と持った一連の分析後の接触に
ついて論じる。そこでの焦点は，論文を発表し出版することに関してケンの許
可を求め，それについての彼の応答を得るために持った接触である。これらの
「分析後」の接触は，第9章で導入された概念である「境界的」な経験の特殊
な例として議論される。この場合に前景に出るのは，分析家の脆弱性，つまり
彼自身の部分的に自己中心的な動機のために患者を「利用する」ことについて
の不安や罪意識である。患者の応答は，被分析者が許しの源になり，それによっ
て分析家は彼自身が悪い対象であるという感覚に流されてしまうことを克服し
たという意味で，実質的に図と地の逆転を引き起こしたのである。この逆転は
通常は背景でより静かに進んでいくものであるが，分析家と被分析者が，彼ら
の共通の人間性を認め，受け入れ，最終的には讃え合うということに対してど
こまで共通の関心を持っているかを強調している。

困難を乗り越えて

　私たちは分析的な関係を通じてこの挑戦的な承認を創造するために，ありとあらゆる困難を乗り越えていかなければならない。私たちは子ども時代の様々な重篤さのトラウマだけではなく，私たちの人生に不可避的に伴ったり，あるいは折にふれて私たちの人生を中断させるような新たなトラウマにも直面している。私たちが感受性の強かった人生早期に生じた傷つきの結果に注目し，それを克服しようとする間も，人生は待っていてはくれない。最近の本『The Therapist as a Person（人間としての治療者）』（Gerson, 1996）にあるエッセイで非常に美しく示されているが，被分析者にとってそうであるのと同様に分析家にとっても，人生は待っていてはくれない。私たちは患者の新しい，より統合された，より満たされた存在の仕方の可能性を育もうと奮闘するのと同時に，患者と治療者はともに困難な課題や危機，時には前例のないような悲劇から，絶えず集中攻撃されている。必ずしも有利とは言えない状況で，分析作業は続けられなければならない。新しい現実を築くための試みは，時には巨大な乱気流の真っ只中でなされなければならない。確かに比較的穏やかな時期もあり，分析家のオフィスが日常生活のプレッシャーからのちょっとした聖域として用いられることもありうる。しかしそれが避難所として提供されるのは部分的で一時的にだけなのである。実際その構造それ自体がいくつかの欠点やさらには深く傷を負わせるような特徴を持たないとも限らない。患者と分析家にとってその分析作業とは，患者の過去に構成された内的な現実が探索され，多かれ少なかれエナクトされ，批判的に検証され，徐々に改訂されていくのと同時に，今人生がもたらすあらゆるものに対処していくことを必要としている。

　私がこれらの紙面から伝わるのを望んでいることは，患者たち自身の人生を，その困難さにもかかわらず，より良いものにするための最善の機会を与えるような一緒の過ごし方を求めて奮闘したという私自身の感覚である。そこには動機づけや発達に関する様々な理論的な観点に対しての一種の敬意があり，それは実際のところ，批判的な多元論なのである。そのオープンさには特別な種類の不確かさが伴う。それはある瞬間におけるある分析的な二者関係のために，分析家の側のどのようなスタンスが最適なのかということに関する特有の不確かさである。しかし多元論と不確かさの価値についての確信はそれ自身が，こ

の本の中で私が作り上げ，主張している分析過程についての見解の決定的で鍵となる部分なのである。ある一連の観点が特定の状況や経験にあてはめられると主張することは，それ自身が上位の観点であり，そしてそれが網羅していると主張するいかなる特定の観点も，全体的な真実の価値と同等だとみなすことはできない。さらにそれぞれの特定の観点は，それ以外の観点との相互作用によって，そして私が提案しているより広い弁証法的な枠組みの中での再配置によって修正されている。その枠組みそれ自身の意味は発達の理論の中にある（そのことは第8章から第10章にかけて特に明らかになる）。しかしながら，最も顕著なのはこのメタ視点が促すものはある種の分析的な態度であり，それは物腰や口調といったものを含んだ分析家の経験やふるまいに対する，微妙ではあるが広汎に渡る影響である。このようにこの分析的な態度は，特定の分析的な出会いの中で，分析家が言うことだけではなく，彼らが患者と関係する仕方の全体に影響を与えるであろう。

　その観点は統合的な性質を持つにもかかわらず，実際上はすべての分析家やすべての患者にとって正しいわけではないであろう。ある患者たちは，おそらくより古典的な立場の治療者に多くみられるような距離を必要とするかもしれないし，またある患者たちは，自己心理学者たちがより育んでいるようなある程度のレベルの自己を従属させることや「持続的共感的探索」への専念を必要とするであろう。またある患者たちは，クライン派やその他の治療者の特定の理論への傾倒によって提供されるような，再構成的な解釈の特定の内容を必要とするかもしれない。そこにはまたパーソナリティ変数もあり，その人の技法の理論に関係しているが，それだけではなく，それ自身が独立しており，分析家と被分析者の間の相性という問題にも大きく関わっている。それでも，技法の理論もパーソナリティのタイプもまったく静的で閉じた体系であるわけではない。様々な理論的な観点やパーソナリティのスタイルを持つ読者の方々が，ここで提示された観点の中に役立つものを見つけ，それに影響を受ける用意があり，自分自身の個性的で，創造的で，自己−表出的なやり方を見つけることで，それを自分の分析作業に役立てるというのは，恐らく望みすぎではないであろう。患者と分析家の間で発展する関係性の広いスペクトラムの中で，この観点のさらなる治療可能性が発見され，語られ，そこに命が吹き込まれることで，彼らを通してこの観点の持つ威力や意味が発展するのであろう。

第1章

精神分析過程における意味と
死すべき運命の弁証法

気恥かしさの源とそれに対する防衛

　精神分析家や精神分析的療法家の職業はかなり独特なものである。精神分析家が提供するものは複雑であるが，その核がある種のケアをする関わりである以上，それは他の個人的な関係が提供するものと比べても，快適というには少し近すぎる関係だと感じられるかもしれない。人々に来てもらい，時間や配慮，理解や関心のために金銭を払ってもらうことは，両方の関与者にとってちょっとした気恥かしさ embarrassement さえ感じさせる可能性がある。患者にとっては，この種のサービスを必要としていることが，また分析家にとってはそれを提供することで生計を立てていることが，気恥かしいのである。

　その人が提供できるものが特別な専門性に直接起因するものである限りは，その状況はあまり気恥かしいものではない。分析家のパーソナルな関わりが，その分析過程における要因としては最小限に抑えられている時に，分析家の伝統的な「技法的スキル」は最も顕著なものとなる。歴史的には，精神分析の治療作用が洞察の獲得に主として限定され，そこでの分析家の主たる貢献は，神経症や転移の力動を解釈することであった時には，そうだったのだ。症状の起源に対する洞察と，大人としての自分たちは子ども時代よりも多くの資源と選択肢が利用できるのだという実感が患者の中で結びついた時，変化は促進されることになっていた。抑圧やその他の不適応的な防衛はあまり必要ではなくなるが，それは患者の早期の環境の失敗を代償するための状況が創造されたからではなく，患者の成熟した自我がいまや内的な基礎を持つ葛藤に影響を及ぼすためである。このモデルでは，分析家は患者の連想や展開している転移にほとんど何の影響もないように，中立的なあり方を提供するよう試みるとされる。

そのような方針は古典的なフロイト的な理想を反映しており，それは Freud（1912）自身も「抵抗とならない陽性転移」の強力な影響によって損なわれざるを得ないと感じていた。それにより分析家は，患者の早期における人生において両親が所有していたような力を与えられるのである。Freud は転移のこの側面は抵抗とならないものだと感じていた。それはそれが現実的だからというよりは，分析家が上手く使用できるからなのであった（Friedman, 1969）。

　そのような対人的な要因が分析過程における治療作用に貢献すると Freud が認定したことを受けて，Strachey（1934）は次のような視点を提案した。分析家は転移において充足を禁じられている願望を解釈するのと同時に，まさにその願望を受容する態度を伝えているのであり，患者はそれを内在化させることにより，彼らの両親の蒼古的で懲罰的な側面を軽減させるのである。Macalpine（1950）はより簡潔に，精神分析のノウハウは，患者の対象関係を奪うことで，システマティックに退行を誘発させるための方法を含むということを提唱した。分析過程についてのこれらの説明では，分析家の情緒的な関り合い，彼らのパーソナリティによる繋がりは，主として好ましくない混入物ということになる。それは Strachey の見解では，危険を生み出し，過去の対象の影響と現在の分析家の影響の区別がつかなくなってしまい，あるいは Macalpine の見解では，退行的な転移神経症の導入を妨げることになる。これらの理論家たちは，対人間の相互交流が患者に提供するもののポジティブな側面を認めている Strachey と，システマティックな剥奪の要因を認めている Macalpine では，反対の要因を強調しているように思われる。しかしながら彼らに共通しているのは，分析家は個人を表現するいかなるふるまいも差し控えるべきだという考えである。Strachey（1934）はたとえば，「分析家は患者が『悪い』あるいは『良い』空想の対象であるという患者の見方を確証するようないかなる現実のふるまいも避けなくてはならない」，そしてさらに，「彼の［患者の］自我が空想と現実を区別できるようになる最もよい方法は，できるだけ彼に現実を与えずにおくことであるということは，逆説的な事実である」と言っている（pp.146-147）。そして Macalpine（1950）は「すべての満足や対象関係が持続的に拒絶されることで，記憶の回復のためのリビドーが動員されるが，そのような欲求不満が幼児期の状況の繰り返しであるという事実にもまた意義があり，それが恐らくは最も重要なファクターである」と書いている（p.524）。分析過程についての双方の概念においては分析家と患者は，分析家が提供する

サービスが，人々が普通は家族やその他の愛する人たちに求めるようなものと居心地の悪い類似性を持っているという感覚から免れているのだ。

　しかしこの数十年の間に，私たちは分析過程での治療作用において，治療関係それ自身の役割が，一つの，しかも決定的な要因として，注目されてきているのを見た。患者の正当な発達上のニードの認識が高まるにつれて，「転移性治癒」の危険に対する嫌悪感が少なくなってきた。分析家が愛の源であるということは理論的には受け入れがたいものではなくなった。なぜなら分析状況における愛は，近親姦という避けがたい意味合いの少なくとも一部を失ったからである。しかし理論的には受け入れられたとしても，関係性の役割は実践場面では，そうと認めるのが厄介なファクターであり得る。Macalpine（1950）の関心は分析家のパーソナルな貢献ではなく，完全に分析的な「設定」の与える影響にあったが，その彼女でさえ，私たちが単に「自由」連想のための中立的な背景を提供しているだけなく，患者を退行させるために彼らを剥奪された状況下に置いていることを，**互いに**認め合おうと事実上言っていたのだ。ただし彼女はこれを患者自身に対しても認めようとまではどこにも言っていない。それとは反対に，患者を「騙す hoodwink こと」（p.527），二重のメッセージ（分析家が助けるためにそこにいることと，分析家が全く，何をする用意もない unavailable こと）を伝えることは，退行を促進させることの一部であり，分析家が意図することについて隠しだてをしないことが，その目的にどんな影響を及ぼすかについては明らかではない。

　同様に多くの現代の分析家がしばしば心に何かをひそませているが，Macalpin の考えとは逆に，彼らはそれを患者に話すことにはむしろ気が進まないであろう。不案内な患者が初期のセッションで，分析過程がどのように機能しているのかについての説明を求めてきたら，あからさまに次のように言うことは容易ではないし，賢明なこととも限らない。「あなたが定期的にセッションに来て料金を払ってくれるなら，あなたが子どもの頃に両親（あるいは他の保護者）から得られなかったものを埋め合わせる助けとなるように，私はあなたに特別な愛と承認を差し上げましょう」。「愛と承認」が「治療プラン」に従って提供されたなら，それが正真正銘なものかについての疑義が即座に生じるだろう。しかしそれは別として，患者は自分がある種の愛を求めていて，それに対してすすんで代金を払うなど，とんでもないことだと思うかもしれない。それよりは，より古典的なファクターについて話すことの方が，どちらの当事者

にとっても居心地のよいものである。つまり無意識的であり患者がさらに満ち足りた人生送るのを妨げていることについて，患者が分析家の解釈技術の助けを借りて，自由に話して探索し，理解する機会だということである。

　援助を求めてやってくる人たちに対して私たちが提供するものとしては，ある種の養育 nurturance がその多くの部分を占めていることを互いに認めることは，比較的当たり前のこととなってきた。もっとも患者に対してこのことを認めるのは気まずいことであるが。Mitchell（1993）が「患者が必要とするもの」の革命と呼んだことに同調して，治療者が「よい対象」としてそこにあることに関して，異口同音の強い賛意の声が聞かれている。そして「よい対象」としての治療者は，患者の幼児期に欠損していた何かの部分的な代償を期待できるような対人体験を提供するのである。関り合いを持たないでいるという錯覚を防衛的に守る代わりに，私たちは現在，私たちの提供する「再養育」が「程よい」治療的な影響を持つという確信の感覚を守りたいと思っている。そこで私たちは次のような感覚を持つことから始める。すなわち私たちが提供するものは基本的によいもの（安全な雰囲気，よい抱える環境，共感的な自己－自己対象の結びつき）であり，陰性転移は非合理的であるか，あるいは早期のトラウマや剥奪によって過敏になっている結果であるという感覚である。料金それ自体は，分析家に対する一貫した無条件の代償を保証し，彼らの他の種類の対人関係的な報酬に対するニードを軽減させることにより分析状況の安全性に貢献すると論じられている。しかし同時に金銭が分析家のパーソナルな関わりや関心の誠実さに疑いを投じることを否定するのは難しい。私たちは単に彼らから支払いを受けているという事実によって，私たち自身のまなざしだけではなく患者のまなざしの中で，私たちの努力の一貫性が，常に損なわれかけているか，あるいは実際に損なわれているという事実についてあまり考えない傾向がある。治療を金銭と引き換えることは，強力でパーソナルな関係を含んでいるが，大抵はお互いにとって居心地の悪さの源となっているのである（Aron and Hirsch, 1992）。Muriel Dimen（1994）は以下のように書いている。

　　資本主義経済で金銭が交換される時，買い手と売り手（患者と分析家）の両方がお互いにとって商品，あるいは物のようになるだろう。なぜなら彼らはお互いに第三のもの（金銭）を媒介にした関係に入っていったからであり，その媒介は同時に彼らを分離するのである。金銭が彼らを切り離すと，それは同時

に彼らを彼ら自身からも疎遠にし，そうして遠ざかることは両者に不安を生むのだ［p.81］▼1。

　関与者のどちらにとっても，何らかの意味で売春の連想から逃れることは難しいのではないかと思う。私はかつて，ハイクラスの高額なコールガールの患者を持っていた男性のレジデントのスーパービジョンをしたことがある。彼女は自分の職業と彼の職業の間の類似点を絶えず突きつけ続けていた。彼女は自分の顧客たちに心から関心を持ち，自分の仕事のクオリティにとても誇りを持っていると感じていると言った。彼女は自分の人生でしていることが治療者のそれと比べてどれほど彼女自身を卑しめているかということに気づくことができず，その視点は彼が彼女の適応に疑問を呈することを難しくさせていた。

　金銭に加えて，分析家が特定の治療戦略や手法をシステマティックに実行している人であるという考えは，患者にとっての分析家の対人的な本物らしさauthenticity の感覚を損なっている。この問題は歯科や医療や，その他のサービス職では同様の形では起きないであろう。なぜならそれらにおいては，治療の手順やその効果は治療者のパーソナルな関わりから比較的独立しているからである。虫歯が適切に充填されたのかどうかと，歯科医のパーソナルな態度の純粋性は，本質的にほとんど関係がない。同様に分析家のパーソナルな関わりの重要性を過小評価し，洞察を分析過程における治療作用の唯一の，あるいは主要な根拠とみなし続ける人々（私の意見では彼らは防衛的にそうしているのであるが）が，この本物らしさの問題に特に関心を示すことはありそうもない。彼らには関係性はその分析過程の治療作用にとってほとんど重要ではない。しかし治療関係のクオリティを治療作用の**核心部分**とみなす人にとっては，本物らしさを考えることは，明らかな形にではないとしても，暗黙のうちに重要なものとなる。ということは，本物らしさを損なうようなファクターを考慮することは，さらなる脅威を意味するのである。

▼1　Slavin と Kriegman（1992）が説得力を持って主張しているのは，分析家の利己心 self-interest と患者の利己心の対立の要素は不可避であり，それは両親と子どもたちの利益の対立がそうであるのと同様であるということだ。特定の文化的な設定からは批評の余地があるものの，マルクス主義のものも含めたいかなる社会改革でも，Slavin と Kriegman が「人間の精神の適応可能なデザイン」と呼ぶものからそのような利益の対立を消し去ることができると考えるのは，あまりに無知でユートピア的であろう。

神の権威から分析的な権威へ：アイロニカルな肯定

　分析家が提供するサービスの性質は，それが思い起こさせる毎日の対人関係の影響力や，通常のパーソナルな関係の中における愛情と比べてさえ，ずっと気恥かしいものであるかもしれない。Freud（1926b）は分析家の役割を「現世的な牧師業 secular pastoral worker」と規定した。それは人々が人生の中で自分の道を苦労して発見していく際に，個人的で個別的な経験にもとづいて彼らをガイドする人ということである。そのような経験の重要性は歴史的に比較的新しいものである。Nietzsche の「神は死んだ」という宣言は，西洋社会においてモラルの空洞化や文化の中の新しい権威の必要性に注意を促した。それは個人の自己実現を促進するものとして役立つ力であった。Philip Rieff（1966）は，社会の他のどの人たちよりも，精神分析的療法家がその役割を引き受けてきたと主張する。しかしそのような聖職者の衣鉢をまとうことは，決して心地よいものとは言えない。愛情の源泉となることはいいとしても，超自然的な力の心理的な機能を引き継ぐことは全く別のことである。それは権威についてこれほど懐疑的な時代においては，とても困難なポジションである▼2。

　私たちが神の承認や来世への希望なしで生きていく道をどのように見つけ出せるかという問題についての Freud の答えは，真実に価値を置き，自己欺瞞を克服することが中心となっている。彼は理想としては，人々が自己や「現実 Reality」あるいは「必然性 Necessity」についての気づきの統合や，その気づきを反映させた適応に向けた努力をするべきだと考えていた。現実は内的なものも外的なものも共に，比較的固定され，本来的には知ることができるとみなされていた。最も高い美徳は外界と内面の両方の真実をしっかり把握することであった。以前に私が述べたように，Freud によると分析家は完全には合理的とは言えない，抵抗とならない陽性転移に由来する力を持った道徳的な権威としてみなされるかもしれないが，その目的は依然として，すでに定まった性質

▼2　Donald Palmer（1988）は，西洋哲学についての彼の概論の中で，こう書いている。「もちろん，『Nietzsche は「神は死んだ」ということで何を意味したのか？』という問題についての正しい一つの答えはない。（中略）しかしきっと，［彼は］少なくとも権威の伝統的な形の終わりを告げるつもりであったのだ。歴史的な政治的な，宗教的な道徳的な，テキスト的な形の終わりである」（pp.288-289）。

第1章 精神分析過程における意味と死すべき運命の弁証法 47

を持つ真実を発見して統合することである。目的は手段を正当化するが，それは本来は批判的で分析的な検討の吟味の対象であるはずの転移そのものについて，その一部を善意からではあるが逆説的に用いることを意味する（Friedman, 1969）。Freud の観点からは，分析家が道徳の導き手であるなら，彼らが患者に教え込む価値観は客観的な科学者の価値観のままであり，すなわち，現実Reality の制約の中で自分自身や世界や人生についての真実を求め，「自分に忠実に」生きるということである（Freud, 1927a, 1933; Wallerstein, 1983）。

Rieff（1966）は文化の中での分析家の役割の道徳的な側面を認めているが，真実の探求と個人の自由の範囲の拡張が分析家の努力の根底にある唯一の道徳的な責務であるという古典的なフロイト的主張には無批判のように思える。この Rieff の意味でのモダニズム的な傾向は多くの著作から伝わってくる。それらは「コミットメント療法 commitment therapies」と「分析療法」との間のはっきりとした区別や，それに対応した「神父のような priestly」権威と「分析的な」権威の二分法である（pp.74-78）。非常に啓蒙主義的な感性にもとづく精神で，Rieff はこう書いている。

　かつての治療者は聖職者であり，文化的な超自我を守っており，超自我がその中で具現化されるか人格化されているような特定のサインやシンボルを個人に伝えてきた。この意味でかつての治療者は神父のような権力を握っていた。しかし**モダンな**治療者には神父のような権力はない。なぜならそもそも彼らは文化的な超自我から人々を守っており，そして聖職者とは異なり，道徳的な要求の体系を自由に**批判**するからである。むしろ彼らは，言わばその文化の中で生き埋めにされている人を代弁しているのである▼3［p.77，強調を加えてある］。

真実を探し求めることの価値は，個人の自由や自己実現の価値と結びつくことで，フロイト理論に限らず，大部分の精神分析的な理論と実践のための基礎となっている。たとえばある意味において，古典的な理論ではエスによって占

▼3　『the Triumph of the Therapeutic（治療的なものの勝利）』の出版の 20 年後に書かれたエッセイの中で，Rieff（1987）は「治療文化」の中の道徳的な秩序や「神聖なもの the sacred」のあらゆる意味の崩壊に狼狽している。彼は書いている。「本能的な無意識は二者択一を含んでいないため，それは不道徳であることよりも悪い。無道徳的であり，積極的に境界を乗り越えようとする。ここでの治療的な中立性は，誤り以上のものである。それは私たちにとって，そして他のいかなる文化や，そしてその致命的な状態に敏感ないかなる人にとっても悲劇である」（p.364）。

められていた場所は，Winnicott の理論では「本当の自己」によって占められている。しかし Winnicott とは異なり，Freud にとっては「本当の自己」はそれ自体が葛藤的であり，それは人類観に悲観的な性質をもたらしている Freud の思考の特徴である。その点で Freud は私が「悲観的な客観主義者」と呼ぶものであり，それは心の探求の結果として発見されるのは，実際には自己充足が不可能だということであると信じる人たちである。なぜなら一つの中心的な願望やその可能性の実現は，必然的にもう一つのそれの犠牲のもとに達成されているからである。実際 Freud からポストモダン的な道徳の不確かさへは架け橋が存在する。なぜなら Freud の思考の構造は，葛藤が多数の源泉を持ちつつ明確な解決の基盤を持たないことへの顧慮を促すからである▼4。また Freud にとってエスの原初的で本能的ないくつかの目的の間に解決不能な葛藤があるという事実は，社会変化がユートピアに変化することにつながるようないかなる可能性も排除する。社会的に構成されたいかなる現実も，自己のある側面の実現であるとともに他の部分の棄却であるという Freud の暗黙の見解は，分析家と患者が統一された自己を導き手として見出し，首尾よくそれに従うことができるという（Winnicott や Kohut や Loewald のような）観点とは対照的である。これらの理論家は，確かめることができる内界や外界の現実の調和のみならず，個人の本当の自己の究極的な調和を信じているため，「ロマン主義的な客観主義者」と呼べるかもしれない。Loewald（1960）の以下の発言について考えていただきたい。ロマン主義的な客観主義の本質を捉えていると私は考えている。

　もし分析家が中心的な関心を［患者の］新生中核 emerging core に向け続けるならば，彼は分析家自身の想像による鋳型に患者をはめたり，患者がこうなるべきという彼自身の考えを患者に押しつけたりすることを避けるだろう。そうするためには，客観性と中立性が必要とされるが，それらの本質は，個人や個人の発達のための愛情や敬意なのである。この愛情と敬意は，「現実」において対をなすもう片方を表している。それとの交流において自我と精神装置の組

▼4　Freud の思考は，「脱中心化された decentered」自己に関する最近の議論の力強い前駆を含んでいる。たとえばそれは，Mitchell（1993）や，Slavin & Kriegman（1992），Pizer（1996），Bromberg（1996），Harris（1996），Davies（1996），Flax（1996）らの参加した「自己の多元性と分析的技法」と名付けられた「Contemporary Psychoanalysis」誌のシンポジウムなどに代表されている。

織化や再組織化が起こるのである。

　ここで親子関係をモデルとして用いることができる。親は理想的に言えば，子どものその時の発達の段階を理解する共感的な関係にあるが，それでも子どもの未来についての彼のヴィジョンが先立っていて，子どもにその扱いを通じてこのヴィジョンを伝えている。このヴィジョンは，親自身の経験や成長と未来についての知識によってもたらされたものであるが，理想的には子どもが親に示す存在の中核部分のより明解化されたバージョンである［p.20］。

Loewald は他のところでは（1979 など），葛藤の不可避性や精神生活の不確かさについてもう少し意識をした立場を示しているが，この文章について言えば，不可避的な外部の影響の源（たとえば分析家の無意識の侵入など）や眠っていて現実化されずにいる患者の「新生中核」に伴うあらゆるものに対する注意を抜きにしても，患者の自己実現を思い描くことがどのようにできるのかについて語っているのであった。同様に両親は，そのように十全であり比較的「汚染されていない uncontaminated」発達のための子どもの状態を提供することができる（Cooper, 1997 を参照）。

　Rieff（1966）が「自己充足の福音 gospel of self-fulfillment」（p.252）と呼んだような，何らかの形で自己実現を促進する一般的な試みは，患者の内的現実や外的現実が，少なくとも部分的に，歴史的，文化的，個別的な意味で相対的な構成物 constructions であると理解される時，大きな問題を含むようになる。既存の現実がもはや分析的な探求のための拠りどころとして十分であるとは思われない時，分析家は新しい，そして潜在的でより大きな威力を持った道徳的な権威となる。いまやその人の過去と現在の人生をどのように**考えるか**についての選択がなされなければならず，これらの選択は社会的な空白の中ではなされないと理解される。分析的な中立性の概念を理想であるとともに実現可能であると繰り返している Rieff の見解とは反対に，構成主義的な観点では分析家はそれらの選択がなされている過程での身近なパートナーとなる。その選択はその経験の性質に固有な曖昧さの解決を伴っている（「選択 choice」という用語についてはイントロダクションの註 1 を見よ）。曖昧さは，過去に起こったことだけでなく，現在の行動や経験も含んでいる。私たちは固定された精神的，社会的，物質的な現実にただ従うことを通しては解決できない問題としての，実存的な選択や，それに比例して増大する分析家の指導者としての役割に直面する。分析家の権威は，実際には Rieff が考えていたような神聖な意味で「聖

職者的」ではない。しかしその権威は，被分析者の自己認識と自由の発達を促進するための公平で無菌的なものに限定されているというわけではない。それは科学的な楽観主義も宗教的な楽観主義も反映させることなく，普遍的な人間のニードを認めるやり方として再び現れる。Ernest Becker（1973）は，人間の価値の承認が死すべき運命により常にさいなまれていることに心を打たれ，そのような承認の必要性と，自己の外側にその根拠を見つける必要があることをみとめた。それゆえ転移に関して，Becker は以下のように書いている。「転移対象はそれ自身が自然な驚異や，それ自身の奇跡的な性質を含んでおり，もし私たちがそれに屈するなら，それらの重要性は**私たち**の人生に乗り移る［中略］。転移は普遍的な情熱である。それは癒され，完全になろうとする自然な試みを表している」(p.157)。

　しかし分析家の権威が取る形式はアイロニカルなものでしかない。なぜなら，私たちの時代においてはそれは伝統による承認を欠いており，かつてないほどに，分析状況においてそれ自体が厳しく挑戦を受けているからである。分析的な言説の道徳的な性質についての感覚の高まりは，それを支えるしっかりとした基盤が欠如しているという感覚の高まりを伴っている。分析家は道徳的な指導者として関与するが，それは関与者の双方が，その役割が普遍的な人間のニードを満たすために作られた社会的な構築物であることをどれだけ理解したとしても，である。分析家の権威は，その神秘的な要素でさえも，それに挑戦してくる二つの源によって育まれており，その両方が私が弁証法的構成主義の観点と呼んでいるものによって育てられたものなのである。一つ目は，その場での患者の精神生活における場所について，その幼児期のプロトタイプを含めて，批判的省察を加える過程であり，言いかえるなら，転移の分析である。二つ目は，分析家が相互性の精神のもとに行うパーソナルな関与であり，分析家の誤りやすさや傷つきやすさを露呈させるような種類の関与である。分析家の主体性が現れることと，分析的な規律の文脈でそれが相対的に覆い隠されることの間の弁証法的な相互作用は，分析家にとっての「親密でアイロニカルな権威」のポジションを生み出すのである（第３章を参照；精神分析のアイロニーに関する議論は Stein, 1985 を参照）。

　古典的な技法が科学的な権威主義に傾いていることに対する過剰反応として，一部の関係論者には次の傾向があるように思う。それは分析家の権威の不合理な側面を批判するあまり，分析的な取り決めに暗黙のうちに組み入れられてい

るものを否認するということである。私の考えでは，分析状況の基本的な非対称性が取り去られない限り，分析家は特別な力のいくつかの残存物を持ち続けるであろうし，それは分析によっても，対人関係的な交渉によっても，それが分析的な枠組みの維持につながるのであれば個人的なことを露わにするふるまいによってさえも，打ち消すことができないのである▼5。その代りに分析家の責任として残されるのは，可能な限り賢明で心優しくcompassionate，被分析者に対して力を与えるような仕方で，備わっている権威を利用するということである。分析家の影響が，多くの患者にとって非合理的であったり魔術的であったりする要素を含んでいることを否認することは，皮肉にもモダニズムの合理的な理想や，啓蒙主義的な視点への先祖返りを招いてしまうのである。もちろんそれでも古典的な理論よりは一歩民主化されているのであるが。その一方で，精神分析の治療作用の基礎をなす，減ずることや無視することのできない非合理的な土台についてのFreudの不承不承の譲歩と，人間の自由と理性を限られたものとするポストモダニズム的な洞察との間の架け橋は，危ういものとなったり，失われたりしてしまうのである。

新たな精神生物学的な基盤と関連した価値の現れ

選択の自由は，主体が選択する力を与えられていないと感じ，また選択肢のどれも価値があると信じられない時は，有難迷惑なものでもある。Rieff（1966）はこの窮状について，若干の誇張をこめて以下のように述べている。

これは神と人間の違いを述べる方法の一つである。神は選択する。人間は選択される。人間が神と同様に自由になった時に失うものはまさに，選択されたという感覚であり，それが人間が感謝の中で次に行う選択を重要なものと考えるよう励ましているのである [p.93]。

選択されるということは，選択をすることや，選択したものが重要で価値が

▼5　もちろん枠組みの基本的な特徴は自明なものではない。私はそれらの中に一人の人間が一貫して他者のもとに助けを求めて訪れることや，助ける役割の分析家が一貫して被分析者の長期的な利益を優先させようとすること，その目的のために彼ら自身の直接的な個人的欲望は二の次にすること（しかし，決して葬り去るわけではない）を含めている。

あるものと認めることのための力を与えてくれる。両親は，幼児期や児童期の「神」であるが，子どもに「選択された」という感覚を与える力を持っており，すなわち彼ら自身が体験や選択の創造的な中心であるという価値を与えられているということである。しかしもちろん両親は彼ら自身が，昔も今も彼らの両親の子どもなのであり，それは無限に遡れる。そして「選択された」（つまり承認された）人々は「選択する」（つまり他者を承認する）人々になるのである。

　現世的な世界に住む大人として，私たちが理解するようになったのは，この過程をある種の神聖な権威によって「頂上から」始めることはできず，むしろ他者との関係性の中で人々が作り上げて維持しなければならないということである。言いかえると，私たちにとってはそれはいつも「ブーツストラップ操作」▼6のようなものなのである。しかしそのような操作が引き続き上手くいくための青写真は，両親の幼児や若い子どもたちとの関係性の最早期に創り出されるのだが，その関係性はこれ以上ないくらいにヒエラルキー的なものである。機能的な面からみて，小さく相対的に無力な子どもたちにとって，両親は全知全能な存在で，とてつもない巨人である。子どもたちと比較した体の大きさだけでも畏怖の念を起こさせ，彼らの能力については言わずもがなである。高さが2フィートの子どもにとっては，5フィート6インチの親は，その親や，その親くらいの高さの人にとっての15フィートの巨人のようなものである。それらの巨大な人々が何か言うと，その通りになってしまう。両親が伝えるものは何でも真実として吸収される。そこには世界における行為者であり選択する主体となるための子どもの価値や，子どもの権利についての彼らの感覚も含まれる。そのような純粋無垢な「現実」の吸収は，「臨界期 critical period」に類似する時期において生じる。それは子どもの内省する意識が発達して親や子ども自身の厳しい限界を明らかにする以前の，錯覚の時である。その純粋無垢な時代には何かを取り入れて確保することができて，それにより後に現実を知ること realization の潜在的で破壊的な影響に堪えることができるようになるのである。その始まりに養われたものは避けがたい転落からのクッションとなる。

▼6　　Mitchell（1997, p.47）は，分析家と被分析者が転移－逆転移パターンのエナクトメントを越えようとする試みが，まさにそのパターンに埋め込まれていることを呼ぶのに「ブーツストラッピング」（訳注：原文は bootstrapping，靴のかかとのつまみを持ち上げるという意味で，それにより自分の体そのものを持ち上げようとする不条理で不可能なことを意味する）という用語を使用した。

幼少期の始まりについて，Winnicott（1968）は言っている。「この最初の**万能的な経験**から赤ん坊はフラストレーションを経験したりすることができるし，いつの日か万能感とは対極の地点に辿り着いたりすることさえできるのである。その対極とは言わば，自分は宇宙の単なるシミにすぎないという感覚を持つようなものである［中略］これは人間が**神である**ことから始まって人間固有の謙虚さに行き着くということを意味するのではないだろうか？」（p.101）▼7

　さらにこの早期の期間を過ぎると，対人関係上での承認のいかなる経験も，最初のヒエラルキー的に組織されたバージョンと共鳴するだけでなく，その力に頼っているように思われる。最初のテンプレートに不備がある（ある程度はつねにそうであるが）程度に応じて，その個人が対人関係上の承認のための機会を見つけたり，作り出したり，利用したりする能力も損なわれている。分析状況はとりわけ，その基盤に入っている亀裂に働きかけ，少なくとも部分的に修繕するように導くための設定である。分析家は一貫してそこにいる援助者として，そして自身の欠損が相対的に隠されているものとして，愛情を吸収するための最早期の状況を再建したいという人間の普遍的な欲求のための磁力となる。Freud（1927a）が論じたところでは，その欲求は宗教的な，有神論の信念体系の偉大な生成装置であった。これらのシステムが弱体化したり崩壊したりした限りにおいて，分析家は Nietzsche や Darwin，Freud 自身といった人物たちの助けを借り，それらの機能を受け継いで，碇や意味の源や，力強い承認の源の立場にあるのである。

　しかし私たちは分析家が限られた予定時間内の料金による関係の中で，早期の情緒的な剥奪を補ってくれることをどの程度期待できるのであろうか？　それは実際に，現実の世界における誰かとの良好で親密な関係の，まさに不出来な代用でしかないようであり，ましてや神との信頼すべき関係のようなものではないのは言うまでもない。そして確かに精神分析には，支払う側の方が支払われる側よりも援助を必要とし，かつ傷つきやすいという側面があり，それは最適とは言えず，有害で搾取的でさえあるという言い表し方にも無理からぬ側面がある（第9章と第10章を参照）。しかしその不満で頭がいっぱいになっている患者は，恐らく分析の外で親密な関係を築く上でも同様の不満を持つこと

▼7　私にこの Winnicott の主張に対する注意を促してくれたのは Carolyn Clement（私信）のおかげである。

で，ハンディキャップを負っているであろう。結局それらの親密な関係も，両親像との早期の理想的な結びつきの空想にかなわない限り，不出来な代用として経験されるであろう。こうして分析的な関係の持つ目を覆うべき限界にもかかわらず，その価値を評価して高めていく方法を見つけられる患者は，他の関係性についても，それを受け入れて最大限に活用したりするためのモデルを作り出していくであろう。

　愛に満ちた相互的な関係性は，いつも他者をニードを満足させる対象として使用することと，他者を別個の主体として認めることの間の弁証法を伴っている。ある程度なら，お互いの関与者は他者の自己愛的で自体愛的な傾向に耐えたり，許したり，応じたりさえする。幼児期には，人間は自分自身が他の人々の関心の中心であると体験する機会を，その後に可能であるよりもずっと多く持つべきであり，そしてこのニードを満たし，最適な程度で自己を従属させることによりこの「錯覚」を育むのは，養育者の義務である（Winnicott, 1971; Benjamin, 1988）。この機会を奪われ，それどころか子どもとして認められるどころか搾取された子どもたちは，大人の生活の中でどの人からも経験するような利己的な要素に耐える準備ができていないことがしばしばである。あり得ない程の献身的な愛を与えられて当然だという感覚を持っているために，彼らが必要だと感じているものをほとんど提供してくれない世界に対して抑うつ的な怒りが生み出される際は，その利己的な要素は有害なものになるかもしれない。

　想像された理想と現実との間の相違が避けられないものであると言う時，私は特定の関係性が批判的な検討を逃れるべきだと言うつもりはない。ある種の対象選択はとても酷いものであり，その関係は切るべきである。また別のものでは，分析的な関係も含めて，健康的な方向へ向かうことができるためには多くの作業が必要かもしれない。そして変化に対する責任のかなりの部分は，患者よりむしろもう一人の側（たとえば分析家）の方にあるかもしれない。現在の関係性に加えて，患者の最初の養育者との経験は詳しく吟味されるべきであり，両親像が不注意であったり放棄的だったり，虐待的であったり，あるいは搾取的であったりしたようにみられる限りは，彼らのふるまいはそのように理解されなければならない。そして人生におけるより良い，あるいは適切なスタートを切れなかったという患者の悲しみや怒りは，そのように認められ，理解されるべきである。しかし同様に患者が考慮しておくことが重要なのは，大人に

なってからの生活のいかなる実際の関係性も，愛情を無邪気に吸収するための能力や機会を回復させることができるような最適な幼年期の状況を作り出すための代わりにはならないということである。別の言い方で問題を表現すると，多くの問題を抱えた患者にとって，**いかなる**現在の関係性も，より最適な状況で生まれ変わることの，不出来な代用でしかない。この点で，現在の潜在的な愛情の対象が程よい good enough ものでないことは，それ自身の問題ではない。実際のところ，患者は彼ら自身を無邪気で幼い子ども，環境から与えられるどのようなよいものでも無条件に吸収することができるような人に，自分自身を変えることはできない。

　子ども時代のトラウマは，現在の関係性の限界が避けられないものであることを覆い隠すだけではなく，どんなによい両親でも，子どもが幻滅するという運命から逃れられるほど完璧で永久な性質と強度の愛を持った養育者ではないという事実も覆い隠してしまう。最適な状況であったとしても，両親は最終的には「神々」の不出来な代用であることが暴露されてしまう。たとえ最善の場合にはその暴露が徐々に生じ，子どもの側のより成熟して現実的な愛の能力の出現により打ち消されるとしてもである。しかし他の人間が持つ愛情の源としての限界以外にも，人生それ自体，私たちのよく知っている人間の人生は，想像上の人生の「不出来な代用」であると感じられる。その想像上の人生は，私たちがそれを選択しないような仕方では取り上げられてしまうことはなく，私たちが愛する人々も同様に奪われてしまうことはないのである。私たちは命を授かり，最初に身体的に，次に心理的にこの世に生まれ，その人生は私たち自身の死や私たちが愛着を抱くすべての人の死へとつながっているわけであるが，そのことについて前もって話があったわけではない。私たちは Macalpine が被分析者の苦境について語ったように，実質的にそこに「騙されて hoodwinked」連れ込まれたのであろうか？　しかしそれは私たちにとっては断る機会を与えられていない申し出だったのであり，仮に選択肢があったとしても，私たちの多くは断ることは想像しないであろう。愛して失う方が全く愛されないよりはよいであろう。そして生きて死ぬ方が全く生きないよりはよいであろう。私たち人類は奴隷のようなものであり，たとえ自然が最終的に情け容赦なく私たちのニードや願望を無視して，病気や老いによって私たちを損ない，私たちを虐待し，私たちの肉体に最もグロテスクな種類の身体的な劣化を強いて，口では言えないほどに恐ろしく予想もつかない方法で私たちを殺すとしても，その主

人，すなわち自然から，できる限りのものを得ようとするであろう。確かに私たちすべての大人が子ども時代の性的，身体的，精神的な虐待の犠牲者ではない。しかし私たちすべての大人は，人間の置かれた状況における進行中の虐待に耐えているのである。

それでもなお私たちのほとんどは，断固としてそれが価値のあることだと感じている。人生のすべての試練が，不出来な代用を最善なものとして利用しようとする試練と表現されるべきであろうが，その「最善」なものは，たとえ同時にかなりひどいものであったとしても，結局はとても素晴らしく，気持ちを奮い立たせてくれるような，奇跡的な何かであり得るのである。この観点は，成熟した愛とは他人の持つ自己愛や，死や喪失の不可避性にさえも耐えて包みこむものであることを要請する。言いかえるなら，そのような愛は対象から，そして究極的には宇宙から生じる無関心さや，認めてもらえないという身の凍えるような流れを取り入れてそこから生き残ることを必要としている。愛の対象が寛容な態度に報いるならば，相互の愛情と敬意が育まれ，そして自分自身や他者の中の「無慈悲な ruthless」（Winnicott）自己中心的な欲望を支配下に置くことができる。

一般的な悪い対象の中核部分には，人間としての経験へのある種の関心のなさ obliviousness がある。神なき世界における死すべき運命への気づきは，私たちが無関心な宇宙の中の極小のシミでしかないという純粋なる恐怖をもたらす。これは哲学者 Tomas Nagel (1986) が言及する「客観的な見地」を持つ際に，人間が認識するものである。同時に毎日の生活で人々にとって重要なものは，どれも強力で否定できないものである。関係性，関心，食欲，理想，野心，性的な快楽，美的な経験は，それら自身が非常に魅力的なやり方で人間の意識に印象を残す。私たちの人生の固有性が重要であるという感覚は Nagel が「主観的な見地」と呼んだものから生じる。私たちの主観的な現実感覚は減ずることができないにもかかわらず，私たちのそれに関する価値の感覚は，客観的な見地の影響によって，少なくとも部分的に破壊されてしまう。こうして，Nagelは書いている。「客観的なスタンスの最も一般的な影響は謙虚さ humility という形であるべきである。つまり自分は自分が重要である以上に重要ではない，という認識である」(p.222)。

その二つの相互交流から生じる見地は，皮肉 irony と不条理 absurd の感覚である。

不条理は人生の一部である。私はこれを基本的に残念なことは考えていない。なぜなら客観性の能力を備えた特別な生物としての私たちが存在している結果だからである。（中略）関わっていると同時に分離していること，すなわち不条理であることがより好ましい。なぜならこれは自己否定とは正反対であり，十全なる気づき full awareness の結果だからである［p.233］。

　しかし逆説的だが，十全なる気づきは耐え難いということも十全なる気づきの一部である。そして，Nagel はこうも宣言する。

　客観的な見地は，本当の意味で訓化 domesticate することはできない。それは私たちを置き去りにすると脅すだけではなく，私たちが実生活で取り入れられる以上のものを与えている。私たちが世界に包み込まれていること containment を知る時，それの十全な認識の光の下では私たちは生きることができないということが明らかになる。その意味では私たちの問題は，認識すること，すなわち真実に照らされることに可能な限り近づくこと以外の解決の道はないのである［p.231］。

Ernest Becker（1973）は，客観主義と主観主義の見地の間の弁証法について彼自身のバージョンを提示している。Nagel のように，彼は人間が死すべき運命の十分な理解についての気づきを持続させることは実質的に不可能であると考えている。現実についての社会的構成は常に気づきの狭小化を含み，ある種のフェティシスティックな情熱という要素から決してまぬがれることはない。なぜならそれは究極的な「欠如 lack」，究極的な去勢，すなわち死といったものの否認に部分的に促されているからである。

　［人は］社会的なゲームや，心理的なトリック，個人的な没頭によって自分自身を文字通り盲目的な関心のなさに追いやっている。それらは彼の置かれた状況の現実からあまりにもかけ離れているために，一種の狂気なのである。それは合意された狂気，共有された狂気，偽装され威厳を持たされた狂気であるが，狂気であることにかわりない［pp.26-28］。

　いまや神経症的な苦しみと正常な人間の悲哀との境界は，たとえそれを見出すことができたとしても非常に曖昧なものになっているが，それらはいかなる現実の構成も常に目隠しを必要とするからである。現実の構成は常に，あるい

は少なくとも部分的には，防衛的な操作なのである。

　　人間は正常に機能するためには，最初から，世界と彼自身のかなりの縮小を
　成し遂げなければならない。現実の本質は，現実の拒絶にあると言うことがで
　きよう。私たちが神経症と呼ぶものは，まさにこの時点で始まる。ある人々は
　その他の人々よりも，自分たちの嘘に，より多くの問題を抱えているのである
　[p.178]。

現代の思想家たちの中で，ポストモダン的な感受性と調和しつつ，人間の自
己認識や自由の厳しい限界を認識することにより，その実存的な学風が弱めら
れた人たちの著書からは，ある価値が生じてきている。ここでも Freud の場
合のように，価値があるのは自分自身と世界に関する真実に勇気を持って直面
することである。しかしその真実の持つ性質は Freud のそれとは全く異なっ
ている。現在姿を現している真実は，逆説的なことであるが，現実の多くが曖
昧で非決定的であるということである。死が絶対的に確実なことであるのに対
して，税金は実際にはそうではない。社会的な現実に固有の特徴は，主として
社会的に構成される▼8。私たちが作り出す現実の性質は，完全には予想できず，
そしてその源は完全には知ることができない。一種の「精神生物学的な岩盤」
として姿が現れている不変で文化を超え，歴史を超えた真実とは，人間は非存
在や無意味さの脅威に常に晒されながら，その世界と意味の感覚を創造すると
いうことである。創世記の天地創造の物語は，混沌を背景として，重要性と秩
序の感覚を練り上げていく物語となる。Paul Tillich（1956）はこう述べてい
る。「実存的に表現すれば，創造の象徴は，常に現前する非存在の脅威にもか
かわらず，力と意味に関する自分自身の存在を承認する勇気の源を示している」
（p.291）。そしてさらに，「神は［中略］それ自身の存在が力であり，非存在に
打ち勝って疎外を克服し，有限性の不安や罪や私たち自身への疑いなどを受け
入れる勇気を与えてくれる」（p.291）。社会学者の Berger と Luckmann（1967）
は宗教的な含みを持たせることなく，同様の観点について表現している。「死

▼8　たとえば税金のような社会的な現実の多くの側面は，たとえそれが文化により異なるもの
　　であっても，明確で客観的な事実として存在している。つまり人間主体の集合的な活動性
　　から切り離されたところで存在しているわけではない。その意味ではそれらは自然界に「必
　　然な」特徴ではない。しかし人間の構成的な活動において，それらの客観的な存在は議論
　　の余地はない。

は（中略）日常で当たり前のようになっている（中略）現実へのもっとも恐るべき脅威となる」（p.101）。このように，「すべての社会的な現実は不安定である。すべての社会は混沌に直面した構成物である」（p.103）。最後に Charls Taylor（1989）はこのような挑発的な表現を用いている。

　現代のヒューマニストの観点のように，私たちの外側にある本質的によいものを持たない時は，いったいどうなってしまうのだろうか？　高次なるものthe higher という概念が，まさに勇気と明快さを持って，幻想を失った世界に直面することにより成り立っている人生のあり方を表す時，私たちは何を言うことが出来るのだろうか？（中略）人は全世界によって絶滅させられるかもしれない。しかし人の偉大さはそうと知りながら堕ちていくことにあるのである。ここにおいて何かが私たちの敬意を生み出し，そして，この敬意は力を与える[pp.93-95]。

　人間の置かれた状況において恐ろしい現実や不条理とともに生きる方法を見つけることと，分析状況を最大限に建設的に利用しようとする方法を見つけることの間にはつながりがある。たとえそれが，愛情を金銭で交換するというような非常に奇妙で不条理ですらある特徴を持つにもかかわらず，である。Louis Sass（1997）は，この章の以前のバージョンに関する討論の中で，この視点の中心的な含意を以下のように表現する方法を提案した。

　まさしく人間の置かれた状況の不条理が精神分析の不条理を救済し，正当化する。このように私たちは治療の不条理が，不条理の治療を達成することを可能にしてくれると言うことができるだろう。たとえば親密さのために誰かに金銭を払うという不条理をみとめることは結局，他者は常に彼ら自身の課題やニードを持っており，彼らは決して完全に献身的に私たちに身を捧げてはくれないという受け入れがたい事実を理解することの助けとなる役割を果たすことができる。このように一見すると精神療法の状況の弱点であるようなことを最も大きな力に変えることができるのである。

　すなわち分析家の利己心の貪欲な側面に直面することは，すべての愛情の対象の無慈悲な利己心に直面することのメタファーとなっており，それは同様に，人々の幸福はおろか，人々の存在自体にさえ，世界が究極的には無関心であることに呼応しているのである。先に述べたように，成熟した現実的な愛情にお

いては，他者の自体愛的で自己愛的な傾向は，その人自身の利己的な傾向を受け入れようと手を差し伸べてくれるその他者の同様の寛大な受容との引き換えにより，包み込まれるだけではなく育まれるのである。結果として生じる相互依存 reciprocity は両者の自己中心的な傾向を従属させ，乗り越えることができるようになり，満足や力を与えるような深いレベルでの相互関係 mutuality が現れるのである。

弁証法的構成主義

意味と死すべき運命の弁証法

　死すべき運命を意識することがいかに私たちの心を打ちのめすものであっても，それなしの人生を想像することは難しい。来世を信じている人でさえ，死が自分たちが知っているような存在の仕方の終焉であることを認めている。私たちはその予期される終わりをなしですますことができるであろうか？　それを私たちの意識から取り去ってみた場合を，どうか想像してほしい。予期される終わりの代わりに，何千年，何億年どころではなく無限に続く，さらなる老化や身体的な状態の悪化のない健康をである。人はこれ以上何を望めるであろうか？　その時私たちの時間の感覚に何が生じるであろうか？　その時私たちの特別なモーメントや，特別な経験，特別な活動に対する重要性の感覚に何が生じるであろうか？　私たちは，死や，終わりのない非存在への予期が，私たちの意味のある個性の感覚を蝕むことにとても慣れているため，**永遠の見通しそれ自身**が，それを永遠に生きていると捉えるか永遠に死んでいると捉えるかにかかわらず，不安を引き起こすことを恐らく感じられないかもしれない。逆に言えば恐らく，死すべき運命が私たちの自己の感覚にどれだけ必要なのかを知るのは簡単ではない。結局のところ，「移ろいやすさの価値 transience value は，時間の中での希少価値である」（p.305）という Freud（1916a）の考察（次章で詳細が論じられる）にはある種の叡智が込められていることになる。私たちが大切にするものはすべて意味があるのだ，という感覚を脅かすような絶滅そのものが，逆説的にも大切に思う気持ちに意味を注ぎ込むのである（Peltz, 1998 を参照）。哲学者で文芸批評家である Martha Nussbaum（1944）は，そのことを雄弁に述べている。

第1章　精神分析過程における意味と死すべき運命の弁証法　61

　人間の経験の構造，すなわち経験的な人間の価値の感覚の構造は，人生が実際に生きられる有限な時間的構造と切り離すことはできない。私たちの有限性，特に死すべき運命は，私たちの有限性の中心的な問題であり，私たちのその他の限界へのすべての気づきを規定するのであるが，それはすべての価値のあるものを構成する要因であり，それらが事実持っている価値を私たちのために提供する。これらの制約の中で，私たちは出生から避けられない死の時間まで，私たちが実際に動くようにして動く存在として，見るものは何でも見，慈しむものは何でも慈しむ。私たちが愛し，慈しむ活動は，神のような無限の存在にとっては同じような形では持てない。（中略）一般的な有限性のすべて，特に死すべき運命を取り除くことは，その価値が永遠に続くことを可能にしないというよりは，私たちが知っているその価値に死をもたらすのである［pp.225-226］。

　不死になるということは，人間として永遠に生きるようなことではなく，別の種として生まれ変わるようなものである。人間として永遠に生きる，というのは矛盾した言い方である。なぜなら私たちの知っている私たちの存在は，死すべき運命で満たされているからである。これは人間の人生の皮肉で苦渋なパラドックスである。

　　人間は不老不死になることを望んでいる。そして恐らくもっと明白なのは，彼らは自分たちの愛する人間が決して年をとらず，決して死なないことを求めていることである。これにはほとんど疑いの余地はない。配偶者や子どもや，親や友だちを不死にできる機会があったとしたら，それをつかもうとしない人などいるであろうか？（私はそれをつかもうと切望するであろうことを真っ先に告白しておく）。しかし私たちは何かを望んでいる時に，何を望んでいるかをあまりはっきりとは知らないようである。そして願望の中にはどこかつじつまの合わないことが潜んでいることがあるようである。たとえば私たちが実際に愛して誇りに思うものはそのような変化を生き延びられないかもしれない。私たちは消え去る運命にあり，単に人間存在であることだけで十分に幸運なのかもしれない。人生の価値は，恐ろしいことや過酷なことから明確に分かれてはいないのである。[Nussbaum, 1990, p.368]。

　私たちの存在の感覚と，非存在の予期の関係は弁証法の一例である。二つのタイプの経験の間には緊張があり，どちらも他方がなくては存在することができない。一方が図であるとき他方は地であるが，両方が一つの全体を作り，それが私たちの自己の感覚の中に統合されている。それと関係している弁証法が，

すでに述べた主観性と客観性の関係である。二つの見地は対立しているように見えるかもしれないが，互いに他の一側面として理解することができるであろう。本書の中で検討されているような様々な弁証法的な関係が精神分析状況を形作る。それらはたとえば，患者と分析家，転移と逆転移，精神内界と対人関係，権威と相互性，儀式と自発性，繰り返しと新たな経験，実存的不安と神経症的不安，よい抱える環境としての分析的枠組みと文化的な症状としての分析的枠組み，確信と不確かさ，構成と発見などである。しかし私たちの存在の感覚と死すべき運命の感覚の弁証法は他のすべてのものよりも上位である。なぜならそれは私たちの意味の感覚にとって逆説的な基盤であるからである。ここに Lacan や Heidegger へのつながりがある。Charles Shepardson（1996）によれば，Lacan にとって，

　死は単なる「出来事」とか，時間の流れの「中の」瞬間ではなく，まさに時間の開始 opening そのものであり，その可能性の条件である。死－との－関係 the relation-to-death は，生物学的な最期の瞬間として，つまり世の時間の流れの最後に位置づけられるべきではなく，むしろ起源に位置づけられる。それは人間に可能性の開始としての時間を，予期と記憶によって構築される未来と過去の有限な関係性としての時間を「与えるもの」として理解される。このように死は象徴的なもの the symbolic と現実的なもの the real の間の奇妙な結びつきを含んでおり，意味の構造における一種の穴や空虚 void を私たちに提供してくれる。その空虚とは欠損 deficiency ではなく，むしろその反対に，意味の絶対的な条件である。人間の死－との－関係（Heidegger によってあれほど詳細に議論されている）は，ある意味ではこのように象徴的な秩序の「起源」であり，言語の「中で」表現されているわけではなく，それを含もうとする象徴的な儀式によっても全く捉えられていない，むしろ言葉にとって「始原的な primordial」ものである。[Lacan, 1977, p.105 を引用]「そして，私たちが主体の中で（中略）象徴の誕生の始原的なものに到達しようと願う時，それを死の中で発見するのである」[論点 No.6]。

曖昧さ Ambiguity と，所与 Given と創造物との弁証法

　死すべき運命への気づきは，人間の経験にとって普遍的な所与 given であり，私が使っている「構成主義 constructivism」という言葉の意味と関係してくる。それは現実をことごとく人間の活動や認知の産物であるとする見方ではなく，むしろ現実を，その中で人間の行為主体 agency が環境や経験における多少な

りとも曖昧な所与と相互交流するようなものとする見方である。それらの所与は発見されるためにそこにあると言ってもいいだろう。しかしそれらの「発見」でさえ創造的な活動である。なぜならそれは経験の海から色々な「事実」を選択してすくいあげられ，現実の中にそのように発見された他の所与や解釈的な構成と関連づけられる必要があるからである。反対に曖昧さを一つの方向やもう一つ別の方向に決着させるような構成もまた発見である。なぜならそれらの構成により，個人の経験の持つある種の可能性が，後から振り返る際に発見されるからである。現実化された realized ことは，後から振り返れば経験の中に最初から埋め込まれていた可能性に光を投げかける。現実化されなかった経験の可能性は，実際にはなされなかったし誰もそのようなことを考えもしなかった種撒きにとっての肥沃な大地がそうであるように，大部分は未発達で知られないままである。

　私は「構成主義」という言葉それ自体に構成主義的な態度でアプローチしている。つまり私はこの概念がどうしても無視できないようなある意味を持つと同時に，その意義を様々に形作ることができる程に十分に曖昧なものと見なす。この用語は結局，様々な分野で普及したため，ある意味の幅を伴っている。精神分析での用いられ方に関しては，Donnel Stern（1985）が構成主義についてのシンポジウムで述べている。

　　今日では，以前には意味を持たなかったものが経験の中で意味を持って現れることについて多くの関心が向けられており，Bollas が適切にも「公式な精神分析的解読 official psychoanalytic decoding」と読んだものにはますます関心が払われなくなっている。
　　このような認識論的なシフトは決して精神分析だけのことではない。実際精神分析はそれを科学哲学や文芸批評，歴史，解釈学，言語研究，認知心理学［中略］，芸術を含む様々な重なり合う学問の共同事業から輸入している最中にある［pp.202-203］。

　この「輸入」が続けられるためになされるべき選択があるのは，このように明らかであり，そして精神分析的な文脈の中で必要とされるような仕立て直しもある。さらにその文脈の中であってさえ，構成主義的な立場を取る人々がその用語に付加する意味のニュアンスは異なっているかもしれない。
　それとは対照的に客観主義的な態度では，構成主義はたった一つの正しい意

味があり，その意味が意図されたものではない限り使われるべきではないと規定する。私と同じような観点からとされるいくつかの批判（たとえば Orange, 1992）は，一種の唯我論的な相対主義としてのみもっぱら定義される構成主義への批判と事実上等しいようである。認知理論家である Michael Mahoney (1991) は，von Glaserfeld (1984) によってタイプ分けされた「ラディカルな構成主義」と，Mahoney 自身が「批判的な構成主義」と呼ぶものとの間を区別した。ラディカルな構成主義では，「知識は『客観的』で実存的な現実ではなく，私たちの経験によって構成されている世界の秩序と組織のみを反映している」(von Glaserfeld, 1984, p.24; Mahoney による引用, 1991, p.111) としている。一方，批判的な構成主義では「個人は自己充足的な存在ではなく，彼ら自身の経験の単独の製作者ではない。むしろ，個人は『共同－製作者 co-creator』や『共同－構成者 co-constructor』と考えられる。ここでの**共同 co**-という接頭辞はその人の置かれた社会的，身体的な環境との相互的な依存を強調しているのである」(p.111)。実際のところ，私は客観主義者のグループ以上にそのラディカルなグループとの間には共通点を持っていないと感じている▼9。

　構成主義が人の経験にどのように応用されるかについて私が考えていることを，もう少し詳しく述べていこう。たとえばある期間に経験をすることについて取り上げ，それが意味することやそれについて何が言えるかについて考えることができるだろう。体験の中にある対象に対してというよりはむしろ，私たちの体験全体に対して，そのようなやり方で向き合うということは，Taylor (1989) が「ラディカルな内省のスタンス a stance of radical reflexivity」と呼んでいるものを取ることになり，そのスタンスとは私たちが私たち自身の行為主体を観察のフィールドの中に含めるという，アクロバティックな試みである。私は経験とは，**第一に**象徴的によく発達して疑いようがなく比較的曖昧さのない性質と，**第二に**象徴的に発達不全であり比較的曖昧な態度や感情状態であり，心の持ち方であるものと，そして**第三に**全く利用されていない潜在性からなっ

▼9　「構成主義」という用語が，独立した現実の存在の余地を残さないラディカルな相対主義を自動的に暗示しているわけでも，ましてや明らかに示しているわけでもないことをさらに示すには，Jones (1975) が彼の用語集の中で示した定義に注目するとよい。「構成主義：私たちが経験するものが私たち自身から**全く**独立している世界ではなく，心の活動の**特定の特徴**が寄与しているものであるとする視点」(p.422, 強調を加えてある)。

ていると考えることができると思う。

　もし私たちが分析設定での分析家と患者を考えるならば，それ自身には曖昧さのない明白な無数のことが生じているが，それらの間の関係性や経験のその他の面は解釈の余地を残しているかもしれない。曖昧さのない面のいくつかは疑う余地もなく分析家と被分析者によって共有される。以下に示すような事実は，よりありふれていて，恐らくは取るに足らない例である。二人の人がある街である時間に分析家のオフィスで会っており，彼らが会っている目的は精神分析的療法や精神分析であり，その時間に対しては料金が定められている。そのような事実が人間の活動に全面的に依存しているからといって，その事情に変わりはないことに注目してほしい。それらは人間の構成や認識に依存していても「客観的」に存在しているのであり，人間の構成や認識とは比較的独立している事実，たとえばそれが昼間の時間だったり夜の時間だったりという事実にも劣らないのである。

　関与者の経験の中には，より情緒をはらみ，恐らく抵抗されている，曖昧ではなく明白な側面も無数にある。特にこの章の中心的なテーマに関係する例を挙げるならば，両者は死すべき運命について，たとえ前意識的にであっても，気づいている。両関与者がそれぞれどのような終末論についての信条を持っているかにかかわらず，それはいつでも背景にある客観的な事実である。両者は少なくとも前意識的に，彼らの肉体にも気づいている。彼らは身体的な在り方について考えてはいないかもしれないが，手や足や目や鼻，性器などの主要な身体部位がなくなってしまったなら，たとえ魔法のように痛みもなくそれが起きたとしても，彼らは疑いもなく変化に気がつくだろう。

　関与者の経験のより曖昧な側面の領域には，彼らのすべての「未構成のunformulated」（Stern, 1997）情緒的な状態がある。これらの経験が曖昧ambiguous であると言っても，それらが不定形 amorphous であるということではない。それらには「特性」があり，それらは言語やその他の表現様式を通した発達の可能性と関連した**潜在力** potentials という地位を部分的に有している▼[10]。どのような潜在力がどのように発展するかは，未解決の問題である。た

▼ 10　未構成のものは，特に言語を通しての象徴的な表現のための潜在力に関して，**部分的なも**のに過ぎないとみなされるべきであることを強調するのは重要である。言語による説明ではアクセスしづらい，言語によって構造化された経験の並流として常に存在している経験の組織化のレベルのいくつかがある。Louis Fourcher（1992）はこの文脈で，すべての非

とえば，Gendlin（1973）が「暗黙に経験すること implicit experiencing」と呼んだものの中にあるものを明示的にするような，唯一の言葉の組み合わせなどというものはないが，どのような言葉でもいいというわけではない。実際，適切**ではない**表現が限りなくあり，適切である表現も無数にあるのである。そうでないと言うことは，人々のある瞬間やある一定の時間内の経験を反映することができるのは，有限数の詩や，絵画，作曲のみであるという主張をしているようなものである。もちろん経験の非常に優れた表現と，非常に劣った表現の間には連続体がある。未構成のものから構成されたものへ，非明示的なものから明示的なものへの運動には，所与と創造物の間の弁証法が伴う。Charles Taylor（1985）はこの運動を「分節化 articulation」の過程と呼んだ。

　私たちが重要視しているものを定式化しようと試みれば，記述する際のように何かに対して忠実であろうと力が注がれなくてはならない。しかしその忠実であろうと力を注いでいるものは，固定された度合いや様式のエビデンスを持つ独立した対象ではなく，何かが決定的に重要であるという，大体において言語化できない感覚なのだ。この「対象」の分節化 articulation は，それを以前とは別のものにしてしまう傾向がある［pp.37-38］。

　体験を省察するということは，雲の中に何かの形を探すようなものである（あるいは，ロールシャッハのインクのシミの形の中に，と言ってもいいだろう）。誰も雲の見え方として可能なものすべてがことごとく発見されたと主張することはできないであろう。実際のところ，雲の見え方として「発見」できるものは，仮説としてでも，ある有限個しか存在しないと主張する人はいないであろう。
　その無限の可能性の感覚が示すことは，形に関しては，雲は複雑であるだけでなく，減ずることのできない曖昧さを持つということである（Mitchell, 1993; Sass, 1998）。また，雲の中の形に合致した見え方には無限の可能性はあ

言語的で無意識的な構成の様式を，発展しかけている言語的で省察的な様式の地位に還元してしまうことには力強く反論している。彼は書いている。「それらが省察のために取り入れられ利用できる限り，経験が有するこれらの他の側面の，言語的意識への『相対性 relativity』について語ることができるのである。しかしそれらが体験の第一人称的な直接性において，言語的な無意識とは構造的に異なる限り，私たちはそれらの形式的な他者性 formal otherness について，それらの無意識の『絶対的』な性質について語らなくてはならない」（p.327）。Sue Grand（1997）は近年，子どもの性的なトラウマについての，言葉に変えることのできない，「非言語的な証言 non-linguistic testimony」への配慮を持ち続けることの重要性について論じている。

第1章　精神分析過程における意味と死すべき運命の弁証法　67

るが，そうではない見え方にも無限の可能性がある（ロールシャッハ・テスト
の形態水準のよい反応や悪い反応のように）。私たちが曖昧さを，あるやり方
よりはもう一つのやり方で解決する時は，受動的にではあるが何らかの方法で
「選択」をするが，その選択は，Charles Taylor が言っていたように，部分的
に経験を「構成するもの constitutive」である。雲とのアナロジーが実際に上
手くいかなくなるのはここからである。そのアナロジーは，すでに生じた経験，
私たちが思い出したり，何らかの方法で構成したりする経験に当てはめること
が**できるかもしれない**。しかし現在起こっている経験には当てはまらない。な
ぜなら私たちはそれを通して行動し，そして部分的にそれを創っているからで
ある。雲を見ることは歴史を**作ること**ではなく，それを**研究すること**に近いと
言えるだろう。

　このことは私を経験の中のまだ手の付けられていない潜在性に導いていく。
肥沃な土壌への，まだ行われていない「種撒き」という感覚についてである。
車で仕事から帰ってくる時，カーラジオをつけることを想像してみよう。あな
たはニュースを聞こうと思っているかもしれないが，かわりに何かの音楽が流
れてくる▼11。クラシックでもジャズでも，何でもかまわない。そしてあなたは
自分がそれによって心を動かされ，共鳴し，完全にそれに心を奪われるのであ
る。あなたがラジオをつける前の経験の中で，**そこに**音楽に関係する何があっ
たのであろうか？　恐らくあなたは白紙の状態ではなかったであろう。その音
楽はそれ自身にとっての肥沃な土壌，それにより衝撃を受けるような何らかの
準備性と関わったのである。しかしあなたが音楽を聴く**前に**その準備性に気が
つくことができる方法はあったであろうか？　普通はそうではないと私は言い
たい。その音楽が流れていたという事実は，あなたの経験の中の潜在性を現実
化させる偶然の出来事であったが，その潜在性はそうでなければ認識されな
かったか，知られさえもしなかったのである。ここで起こ**らなかった**すべての
偶然の出来事を考えてみてほしい。それらの出来事のすべては，各瞬間に私た
ちの経験の中で現実化しなかった無限の潜在性に対応する。その潜在性は経験
の「諸特性」である。たとえそれらには非決定的な何かがあり，現実化された
ものだけが発見されるのであるとしても，である。もし私たちが分析状況につ

▼11　音楽の有する表出的な性質は，経験が完全に言語によって組織化されるという思想
　　（Fourcher, 1992; Norris, 1990）と好対照をなすと考えることは有用である。

いて考える際に，車の中の運転者を患者に例え，そして分析家側の予期していなかった行動を音楽に喩えるなら，私たちは関与者のために状況が「保持している」ものが特定できないという感覚や，関与者の交流が持つ創造的な可能性という感覚がつかめるであろう。もちろんしばしば患者の方が予期していなかった「音楽」の源であり，分析家は多かれ少なかれそれに反応する立場にあるのだということを知っておくことも重要である。

　これらのすべては，私たちの経験は，私たちがそれをどう理解し，どのように構成するかによって形作られ，私たちが扱ういかなる仕方も必然的にその他の数え切れない可能性を犠牲にしているということを強調している。選択をすることは，犠牲や喪失，そして容赦のない時間の流れを取り入れることである。Irvin Yalom（1980）によれば，「決定」は「それらが可能性の制限を意味するため，苦痛なものである。そして人は可能性が制限されればされるほど，死に引き寄せられるのである」（p.318）。

　そのため分析状況においては，患者の経験について知られていたり，推察されるものそれ**のみ**が，患者を最大限に理解したり，最も望ましい種類の変化を促進したりするために関与者が言ったりしたりするべきことを決定することはできない。第一には，経験は不均一 heterogeneous であり，患者の自己の不均一を反映しており（Mitchell, 1993），私たちを同時に様々な方向に導いていく。第二に，特に私たちのコントロールできないすべての偶発的な出来事を考慮すれば，私たちが取らなかった道を辿っていたらどのようになっていたのかを決して知ることはできない。第三には，分析の経験の中での他の構成要素としての文化や道徳，美意識，個人的な要因などは，それらのいくつかの側面は疑う余地もなく意識の外にあるが，分析家の行動に影響を及ぼしている。これらのすべての要因の結果として，どのような道筋が選ばれ，それにどの程度の情熱や確信が伴っていたとしても，そこには多少なりとも見込まれていた不確かさの感覚が不可避的に伴うのである。

　深遠で減ずることのできない不確かさの文脈で行われる選択の責任は恐ろしいものである。私たちが分析家として，道筋を示す外的な情報源にしがみつき，それを正しく行うためのガイドとみなす時は，きっと恐怖に満ちた責任から自らを防衛しているのだと私は考えている。しかし患者の無意識的な欲望も，彼らの「本当の自己」も，分析家の逆転移も，どのような研究の「発見」も，どのような技法的に「正しい」スタンスも，選択という厄介な要素を私たちの行

動から締め出してしまうことはできない。その選択には私たちが渇望するような種類の基盤が欠如しているのである。再びYalom（1980）を引用しよう。「人が自分の実存的な状況に十全に気づいているということは，自己創造 self-creation に気づいているということを意味している。その人が自分自身を構成しているという事実に気づいていること，外部に絶対的な参照物がなく，その人が世界に任意の意味を割り当てているということは，その人自身の根本的な寄る辺なさ groundlessness に気づいていることを意味している」（p.319）。批判的な構成主義の観点から，モダンとポストモダンの態度を結合した上で，私たちはこれを訂正して次のように言うだろう。人の根本的な寄る辺なさは，その人の根本的なはめ込まれ状況 embeddedness と弁証法的な関係に立っているのだ。この観点によれば，目的となるのは分析家と患者が自分たちの直接の交流の現実や，患者の人生の大きな特徴を共同で構成しているという責任感としっかり向き合いつつ，同時に自分たちを制限するような既知や未知のものと格闘することなのである。

分析家であること

　これまでの話を考え合わせると，分析家や分析的療法家であるとはどういうことかについて，私たちは結局のところ何が言えるであろうか？　私はかつて精神分析における大きな分かれ目は客観主義的思考と構成主義的思考の間にあると考えていたが，現在ではそれは二項対立的な思考と弁証法的な思考の間にあるという方がより的を射ていると考えている。しかしこれらの二つの分れ目は，非常に密接に関係している。なぜなら二項対立的な思考が客観主義に不可欠であるのと同じように，弁証法的な思考が構成主義には不可欠であるためである。たとえば分析家に由来するものと患者に由来するものについて二項対立的に考えてみると（これは主体と客体の二項対立の考え方の特殊な例である），客観主義的な観点の要となるのは，分析家が原則として彼の貢献と現在の交流の影響がどこまでであり，患者の貢献と精神内界の力動の影響がどこから始まるかを正確に見出すことができるというものである。それとは対照的に，転移と逆転移を弁証法的な関係という観点でみることは，彼らの相互交流と相互的な影響に関して減ずることのない曖昧さと非決定性の領域を作り出す。その領域は解釈的構成の多元的な可能性に開かれている。

同様に，神経症的な不安と実存的な不安について二項対立的に考えることは，分析家にとって（そしてこの点に関しては患者にとっても）患者の存在のあり方の何がどのように変化すべきかを知ることが可能だという客観主義的な観点にとっての要である。それとは対照的に，弁証法的な関係性にあるものとして二つのタイプの不安を考える時，患者にとって最も良いことは何なのか，患者のどのような側面について発達の推進が必要とされ，どのような側面についてはそれとは逆に眠ったままにしておくべきかについて，不確かさが生まれる。弁証法は道徳的で審美的な次元での判断を必要とする。さらに同時に生じる，自己実現の内的な源と外的な源の弁証法のため，分析家は外側にいることができない。患者の神経症的葛藤の解決に関して，彼らは不可避的にいくつかの個人的な，価値観を担った貢献をするが，その神経症的葛藤は不可避的に実存的な苦境と織り合わされるのである。

　私の頭にあるのは，実質的かつ心理的に身近にある，意味ある選択肢をめぐる葛藤である。私は次のような現実的な選択に悩んでいる患者のことを考えている。たとえば，同居人との間に重大な問題が生じ，別れるかどうかというような選択。芸術家のような不確かではあるが幾分か有望な職業を追い求めようか，個人的な充足感はそれだけ少ないが安定している専門的な職業に留まるかどうかというような選択。老いていく親との新たに芽生えた関係のために町に留まるのか，それとも友達たちが住む，素晴らしい職業の機会がちょうど現れた，はるかに魅力ある町に引っ越すのかというような選択。もちろん患者には全く馴染みのない，あるいは全く実際的でない選択肢を「退ける」のは容易である。それらのほとんどは，どちらの関与者の心にも浮かびさえしない。明らかに症状を呈していたり，恐らく紛れもなく自己破壊的だったりする選択肢を退けたり，少なくとも望ましくないものとみなしたりすることも，基本的には容易である。患者の自己感覚や直接体験の現実に対する，全く馴染みがなく実際的でもなく，ないしは症状としての選択肢は，ロールシャッハ・テストのインクブロットの刺激特性の現実に対する「形態水準の低い」反応のようなものである。しかしながら私の経験では，患者はしばしば，全く彼らの手の内にあり，非常に説得力があり，そして神経症的な動機と健康な動機が曖昧に交ざったものを反映しているような別の選択肢には苦戦するものである。深い探索を行った後でさえ，しばしば葛藤は病理的な葛藤と健康な葛藤に綺麗に分けられることに頑なに抵抗する。上に挙げられている短い例に関して言えば，同居人

のもとを去りそうになっている患者は，親密さや責任ある関わりを持つことからの逃避のパターンの最新のバージョンを演じる危険があるかもしれない。しかしこの特定の「対象選択」は患者にとっては程よいものではないかもしれないし，その関係に留まることは，その繰り返されるパターンそのものからの不幸でパニックに駆られた逃避ということになるのかもしれない。年老いていく親との時間を過ごすために町に留まろうと考えている患者は，留まりたいという願望の中で，早期の見捨てられに根ざした，生涯にわたって自らの機能を奪っているような分離不安に支配されているかもしれないが，去りたいという欲望は親が死ぬという恐怖や，その最終的な分離に対処することから逃れたいという願望によって動かされているかもしれない。さらにそのような逃避は，相互理解と敬意が生まれることで初めて深まりつつある親とのつながりを中断する恐れがある。野心的なアーティストの場合，彼ら自身が絵画や彫刻に専念することは恐らく，因習的な家族の期待に逆らい，最終的には眠らされたままの才能にチャンスを与える，遅まきの試みかもしれない。しかし，もしこれまでの自分たちの世話を引き受けていた主要な稼ぎ手を突然失った扶養家族を思い描くなら，その稼ぎ手の新しい冒険にどれだけ私たちは喜ぶことができるであろうか。もちろん患者の父親が作家の仕事のために家族を捨て，子どもだった患者が打ちのめされたと分かったならば，そしてそれが何も実を結ぶことのない実験でしかなく，家族を貧困に追いやったならば，その筋書きは複雑なものになる。この場合，攻撃者への同一化による反復という亡霊が確実に大きく蘇る。それでももちろん何が最も健康的な道として辿るべきかは確実には分からない。もしかしたら息子や娘は父親よりは才能があるかもしれない。確かに熱狂的な逆同一化に駆られたコースもまた，熱狂的な同一化によって駆られたものと同じくらいに疑わしいのである。

　弁証法的−構成主義の観点から問題外だとされるのは，分析家がこれらの疑問との，いかなる関わりも避けることができ，精神内界の力動や，自他の蒼古的な表象や，内的対象関係などに関係がある潜在的な意味だけに専念することができるということである。分析家のすぐ目の前で出来事が生じ，選択がなされる。ある瞬間にそれらについて沈黙していることは思いがけずも，いずれかのコースを支持しているということになっているかもしれない。さらに分析家は彼らの言ったことはすべて，彼らの口調を介してさえ，何らかの方法で患者に影響を与えている可能性が高い。もし分析家が中立な立場となり，患者の自

己認識と自由のみを促進することに専念するなら，その影響は否認されて調べられないままになってしまうであろう。

　この種の窮地が生じる時，分析家はパーソナルな寄与をしてしまうことを避けることはできないが，彼は葛藤のどちら側かに働いているような，その場の関係性の文脈によって色づけられているであろう無意識の諸要因についての解釈に，患者とともに取り組むこともできる。また分析家の関わりは患者がしなければならないことに関しての意見という形を取る必要はない。私自身の経験では，考慮されている選択のどれが最もよいのか，私にもはっきり言って分からないという場合もよくある。私は選択肢について考える時に，患者とともに頭をしぼることもできるが，「私は分かりません」と言う時，私は分析的原則に従って何かを差し控えているのではない。別の場合には私は自分自身がいずれかの方向に偏っていると気がつくことがある。その確信の程度によっては，私は患者に私の見方を多少なりとも疑ってかかるように言い，それを助ける意味で，私のバイアスに影響を与えた私自身の人生のいくつかの側面に気づくことができたならば，それを開示する。私は患者が合理的な妥協に到達するのを助けることができた場合がいくつかあったが，しかしそのような妥協は通常，葛藤の両側の重要な構成要素の犠牲を意味していた。

　分析家の権威とパーソナルな影響力についてのより詳細な例は，この後の章で論じられている（特に第3章と第6章から第10章までを参照）。ここで私の中心的な論点に戻るならば，分析家の主体性や欲望や，道徳的な観点を後回しにすることと，それらが分析的な場の前景に出現することの二つを弁証法的に考えることは，次のことを認めることである。すなわち分析的な規則の厳守は，たとえどんな「教典」に従ったものだとしても，パーソナルな表出であり，またその逆に自発的でパーソナルな表出は，理論的な叡智と患者にとっての長期にわたる利益は何かという感覚をよりどころにすることができるということである。

　それでも分析状況は，信頼できる先達との関係や理解や承認を促進するものとしては，きわめて特異的で不自然なままである。分析的療法は治癒の文化的な装置であるとともに文化的な症状ともみなすことができる。私たちはその症状にあまりに没入しているために，その形や影響や原因をみとめることができないのである。患者が私たちの明示的ないしは非明示的な見込みに誘惑された後に，契約に定められた時間や金銭という非人間的な現実によって見捨てられ

第1章　精神分析過程における意味と死すべき運命の弁証法　73

たと感じて激怒する時，弁証法的に考えられる分析家は，自分は患者の訴えの
妥当性を一方的に正しく評価することはもっとも不可能な人間かもしれないと
いうことを知っている。分析的療法家のしていることの意味の多くは，彼らの
無意識の中に深く埋もれたままである。それらは部分的には文化の集合的無意
識に属している。Dimen（1994）はこの問題の皮肉さと複雑さに触れてこう書
いている。「私は精神分析を疎外の文化にとっては完璧な治療だと考えている。
なぜならそこで人は自分自身を回復するためにあかの他人 stranger に金銭を
支払うからである。逆説的に言えば，疎外の状況下で売り買いされる精神療
法は，あかの他人に支払う人と，支払われるあかの他人の双方に『病－気 dis-
ease』［訳注：ease が安楽，dis がその否定を意味するため，直訳では『非－安
楽』とすべきところである］を生み出し，それは治療をも必要とするのである」
（pp.81-82）。分析過程の搾取的な可能性は，分析家がその枠組みの特徴を持ち
つつ，それを克服することに最善を尽くすことで，部分的には乗り越えられて
変形されることができるが，それは繰り返されることと新しい経験の弁証法（第
6 章から第 10 章）に呼応するような形を取るのである。文化や歴史上の時代
にかかわらず，それらの努力は分析状況の奇妙さと不条理さと，人生自体の奇
妙さと不条理さとの間のつながりの認識によって補完される。
　分析家であることは，多種多様な弁証法とそれらが伴う不確かな要素に耐え
るだけではなく，それを受け入れることを意味する。それは全知の両親や「神々」
だけが持っていた機能の後継者として，圧倒されるような重い責任を受け入れ
ることを意味し，それと同時に患者との相互性の精神，つまり個人的な傷つき
やすさや誤りやすさや搾取する可能性さえ顕わにするような精神で解釈して関
与することを意味する。それは様々な形の転移－逆転移エナクトメントに巻き
込まれることを自らに許容する一方では，しばしば相互の抵抗に抗いつつ，し
かし患者からの助けにより，患者のために，そして恐らく自分のために新たな
生き方を切り開くような何か新しいものを，関係性の中で創造するよう努める
ことを意味している。それは与えられた役割と個人の限界という制約の中で，
分析状況によって与えられる可能性にできるだけ多く到達するために，その場
の図と地を反転させる作業を絶え間なく続けることを意味している。難しいの
はそれらの多くの図と地の反転を明るみに出し，理解することである。それは
患者の中の分析家と自分自身の中の患者，技法の中の個人的なものと個人の中
の技法的なもの，現在の中の過去の残響とその人の過去を読む際の現在の影響，

患者の自主性に関係した分析家の影響力と分析家の自主性に関係した患者の応答性，感情の消音装置としての分析的なアレンジメントと理解と承認を解放するための枠組みとしての分析的なアレンジメントである。最後に関してであるが，分析的療法家になるということは，患者自身の愛や，勇気ある誠実な創造的生活の能力が，死すべき運命への十全な気づきにもかかわらず，そしてそれゆえに新しく発見され，吹きこまれるような関わりの形を見つけようとする，創造的で協力的な奮闘を引き受けることを意味しているのである。

第2章

精神分析理論における死への不安と
死すべき運命への適応

　歴史的には，対象喪失に関する適応と喪 mourning というテーマは精神分析の文献の中でかなり注目をされてきたが（Pollock, 1961; Siggins, 1966; Millel, 1971）▼1，それに比べて個人が自分の死を予期してそれに反応し，折り合いをつけていく過程についてはあまり注意が払われて来なかった。この食い違いは，対象喪失の**予期**についての文献と，それと対極にある自分自身の死すべき運命 mortality（自己の喪失 the loss of the self）の予期を扱っている著作との対比に限定すると，あまり極端なものではないし，そのような対比を行うべきかもしれない。なぜなら，総じて喪の予期についての文献は相対的に手薄だからである（Futterman, Hoffman, and Sabshin, 1972）。それでも，三つのトピック，すなわち対象喪失の後に続く適応，対象喪失の予期への適応，そして自己の喪失の予期への適応の中では，最後のものが最も研究や議論をされていないことは疑う余地がない▼2。

　死と死にゆくことについての心理学，あるいは「死生学 thanatology」への科学的な関心は 60 年代や 70 年代に劇的な高まりを見せたが，そこに貢献した精神分析的な志向を持つ著述家たちがおおむね合意していたのは，精神分析がこの領域で臨床観察の素地を蓄えておらず，理論的にこのテーマは他と比べてあまり重要視していなかったということであった。たとえば，そのムーブメントの先駆けとなっている Eissler（1955）は Freud の最初の定式化の上に精神分析が何も築きあげていないことに驚いている。

　　この章の以前のバージョンは 1979 年に The Annual of Psychoanalysis, 7: 233-267（New York: International Universities Press）に発表された。
▼1　より最近のレビューについては，Hagman, 1995 を参照。
▼2　この主題に対する精神分析の相対的な軽視に関する主張は 1970 年代後半になされたが，私はそれが現在にも当てはまると考えている。

Freud が死を彼の心理学的なシステムの中心概念にしたため，誰もが精神分析が死そのものの研究により多くの努力を捧げるだろうと期待していた。不思議なことに，それは起こらなかった。総じて死は自分自身によって意識的に，あるいは無意識的に引き起こされない限り，未だに純粋に生物学的な現象としてみなされている [p.39]。

20 年以上後に，Avery Weissman（1977）は精神医学全体と同様に，精神分析もそのテーマを避けてきたと述べた。

死と絶滅に関する Freud の思考についての Schur の現代的な研究はこの異常さを強調する。Freud は不治の癌に苦しみながら，分析家にとって役立つであろう多くのことを書いた。しかし Freud が提示した手掛かりは実質的には無視されてきた。精神分析家は死の容赦のなさをより受け入れやすい形に修正することを好んだ。それは何か他の症状として「分析可能」であり，振り払うことができるものだというのである。他の人々と同じように，精神科医たちも死を恐れているのである [p.112]。

Eissler と Weissman は死すべき運命の心理的な意味合いを探求することを妨げようとする心理的で社会的な要因について強調する。しかし Freud の貢献の挑発的な萌芽の側面に注意を向けることで，Freud の理論的な立場のうち，さらなる探求を妨げるような側面を糊塗してしまっている。それはある程度はその思考が不明瞭で混乱しているからであるが，より重要なのはそれら全体の動きが，人間の発達と精神病理において心理的に重要な変数としての死への気づきの価値を下げる方向に向かっているからである[3]。

この章では，死のテーマに関する Freud の態度について批判的な再検討をすることから始める。ここで行う概括はこのテーマについてのすべての Freud の記述に関して包括的に論じることを目的とはしていないが，彼が持った主要な観点と理論的な立場は扱っていると私は考えている。Freud を起源とする後年の著述家たちのいくつかの思考も書き足されている。いくつかの例では Freud の思考における混乱や内的な不一致が，後年の貢献にも繰り返されていることが示されている。Freud の著作のいくつかに実存的な観点の始まりを見

---

[3] 残念ながら本稿が最初に出版されたのは，私がこの主題についての Ernest Becker（1973）の深い探求に気が付く前にであった。それは Freud 理論の「死の否認」に対する体系的な批評を網羅していた。

ることができるが，そこで死すべき運命への気づきが人間の適応の主要な要素とみなされている。しかしこれらの思考は理論的に拡大されることはなかった。なぜなら，一つには Freud が認知的な発達とその心理的な重要性についてのある疑わしい仮説に固執したからである。

　二番目の節では三人のポストフロイト派の理論家，すなわち Hartman, Erikson, Kohut の観点を概括する。一方では Hartman の自我心理学にありうる特徴に関する推察を行うが，それは死すべき運命への適応の理論の発達を妨げる傾向があるという点で，それにすぐに結びつくような，Erikson や Kohut の「全体自己 whole self」心理学とは対照的である。他方で，Erikson と Kohut もすべてのレベルでの葛藤とアンビバレンスによる不安体験の階層という Freud の概念を利用することができず，その代わりに，死すべき運命への健全な適応という理想化された，神秘主義的でさえある概念を好んだという点で誤っているのである。その結果，死への気づきの心理的な影響についての精神分析と実存主義の観点の間に必要な架け橋を構成する機会は逃されたのである。

　三番目の節では，子どもを失った両親の適応に関する私自身のいくつかの所見を提示するが，そこでは特に両親が子どもの死を経験した後に，彼ら自身の死すべき運命への気づきが高められたということに焦点を当てている。その所見は適応についての発達上の観点に一致しており，そこでは時間に関する自己の境界と折り合いをつけることは，身体的で社会的な空間における自己の分化 self-differentiation と類似したものとみなすことができる▼4。

　本章の最後の節ではさらなる研究を要する二つの領域について指摘する。認知心理学の分野では，発達の過程における死の概念の出現やこの過程における不安の影響についてのデータの相対的な不足について論じられている。臨床精神分析と精神分析的精神療法の分野では，特に中年やそれより高齢の患者において，死すべき運命への適応が臨床状況でどのように現れるかに関するデータの相対的な不足が論じられている。

▼4　この論文の元のものが書かれた時，自律的で境界があり統一された自己という西洋的な概念の文化相対的な側面について，私は現在よりもはるかに敏感でなかった（Cushman, 1995; Flax, 1996; Mitchell, 1993 を参照）。

死への気づきや死への不安に対する Freud の立場

Freud は死すべき運命への適応の問題に関して，一つの一貫した理論的な立場を提示していない。私は Freud の様々な主張や彼が表現した態度を，四つの異なる，部分的にのみ展開された立場ないし観点として有効に分類することができると考えている。それらは以下の通りである。(1) 心の局所論的なモデルに関する観点。(2) 死の欲動の概念に関する観点。(3) 構造論的モデルの発達に関する観点。(4)「無常」(1916a) において簡潔で非公式に述べられた「実存的な」観点。

局所論的なモデルに関する観点

1923 年の「自我とエス」の出版以前に見られる Freud の死についての主張は，無意識の属性をめぐるものであった。この主題についての Freud（1915）の言及の中で最も頻繁に引用されるものの一つは以下の通りである。

> 自分自身の死というものは，どうしても想像出来ないものである。何度もそうしようと試みて知覚するのは，それについてわれわれは，本当のところ，傍観者にとどまるということである。そこで，精神分析学派において，あえて表明することができたのは，こういうことである。すなわち根本のところでは，誰も自分の死を信じていない。あるいは同じことだが，無意識においては，われわれはみな，自分の不死性を確信している [p.289]。（岩波書店（以下，岩波版），14 巻，p.151，一部を訳者が変更）

ここでは Freud は，死について心に描くことの困難さが，根本的な認識の限界に由来しているとはっきりと主張している。しかしこの主張は，Freud が本質的に同等なものとして提示する二つの部分からなっている。一つ目は私たちが「想像する」ことを「試みる」ことと私たちが「知覚する」ことができることに関してである。恐らくこれは意識の言語であり認識の限界そのものという考えを構成する。主張の後半部は，不死についての無意識の普遍的な信念に言及している。なぜ，あるいはどのように主張の後半の部分が，Freud が（「あるいは同じことだが」と）主張するように，前半の部分の単なる言い換えになるのかということは，決して明らかではない。さらに，「無意識においては，

われわれはみな，自分の不死性を確信している」という命題は，無意識は時間に無関心 oblivious であるということになっているために，それ自身で問題を含んでいる。

　　無意識系の諸過程は無時間的である。すなわちそれらは時間的に秩序づけられていない。それらは経過する時間によって変化して行くのではない。それらはそもそも時間への関連性を持っていない。時間に関連づけるということもまた，意識系の仕事に結びついている [Freud, 1914b, p.187]。（岩波版，14 巻，p.235，一部を訳者が変更）

　時間への無関心さは無意識の中で死すべき運命と不死のどちらの信念も排除すると思われる。さらに何を人が信じられるかが，彼らが具体的に想像することができることによって決定されている以上は，彼らは死すべき運命を信じられないだけでなく，不死も信じることができない。Eissler（1995）が，Freud の導きに従って，「人間の永遠の命は思考の内容になりえるし，人間の死を想像することの不可能さに一致して，それを想像することもできるであろう」（p.71）と言う時，この点で誤っている。死すべき運命と不死のどちらの概念も，果てしなく無限に広がっている時間の概念を必要としている。Kafka（1972）はこう述べている。「不死についての概念は自己の時間を永遠に拡張したい願望に関係している」。人々は，彼らの不在が永遠に続いていく時間を想像する（繰り返すが，それを具体的な意味で想像するということである）ことができないのと同じように，彼らの存在が永遠に続いていく時間を想像することもできない。

　このように，一方で Freud は無意識に，ある思考を帰属させたが，それは無意識の過程が持つとされる無時間性のために，帰属されえないはずのものであった。他方で Freud は，意味あるものとして理解することができて，「心の底から」信じられることは，具体的に想像できるものにもっぱら由来するという疑わしい前提から出発したために（Schimek, 1975 を参照），彼は死すべき運命の見通しは想像に抵抗を示す一方で，不死の見通しはそうではないという誤った仮説を立てた。

　この時期に，Freud にはもう一つ不明瞭な点があった。私たちは，認識的な限界という概念とともに，死の現実について知ることによりこうむる自己愛的な傷つきのために死への直面を不可避的に避けるという傾向について，それを

構造論モデルの発展以前に認めることができる。Freud は「ナルシシズムの導入にむけて」(1914a) でこう言っている。「自己愛的体制の最もデリケートな点，すなわち，現実が容赦なく攻め立てる自我の不死は，子供のほうへ逃避することで安全を確保してきたのである」(p.91)（岩波版，13 巻，p.139，一部を訳者が変更）。しかし，もし死を意味ある感覚として気づいて把握することができないのなら，そして，もし無意識が不死の信念のみを抱くのならば，どのように「自我の不死」が脅かされることがありうるだろうか？　この問題に関する Freud（1915）の概念上の明快さの欠如は以下の主張にも顕著である。そこにおいては，認識の限界という言葉は，苦痛でどちらかと言えば過剰なほど認識されている現実の防衛的な回避という言葉と救いがたく絡み合っている。

　自分自身の死は，原人間にとってたしかに，**想像することができないもの，現実的ではないもの**だった。われわれは今日なお，原人間とまったく同じように自分の死をとらえている。しかし，死に対する互いに矛盾する考え方がぶつかり合い，葛藤に陥るという状況が，原人間に生じた。この状況は，非常に意味のある，後々まで作用を及ぼす結果をもたらした。この状況は，原人間が身内の一人，たとえば妻，子ども，友人の一人が死ぬのを見た時に発生した。われわれが自分の身内を愛するのと同じように，原人間も身内を愛していたに違いない。愛が殺人欲よりずっと後に発生したはずがないのだから。身内が死ぬのを見た時，原人間は苦しみの中で，**自分自身も死ぬことが有り得る**という経験をしたに違いない。そして彼の全存在は，このような譲歩に反抗した。愛する人は皆，愛しい自分の自我の一片だったのだから [p.293：強調を加えてある]。（岩波版，14 巻，p.157，一部を訳者が変更）

そして，さらに：

　死者を悼む苦痛の中で死を味わってしまったため，人間は，死というものをもはや自分から遠ざけておくことができなかった。しかし自分自身が死んでいる状態をイメージできなかったため，原人間は死を容認したくなかった。そこで彼は妥協することにして，自分自身に関しても死を認めるが，**生命の抹消という意味を死に認めることには反対した**のである。敵の死に際しては，そのような態度を取る動機などまったく持たなかったのだが [p.294：強調を加えてある]。（岩波版，14 巻，p156）

もう一度問おう。そもそもいかに深遠な意味でも主観的な体験の内容とはな

りえないような，むしろ「想像することができないもの，現実的ではないもの」に対して人間の「全存在が反抗した」ということは，どういうことなのであろうか？　アプリオリに想像することができないものが，人が認めたくない危険なものにどうしてなりうるのか？　死への気づきが経験的に非常に現実的な次元にあり，独特で破壊的なやり方で脅かしてくるものであるということを，防衛の言語は暗黙のうちに（あるいは，「自分自身も死ぬことが有り得るという経験をした」ような場合には，明示的にでさえ）認めている。実際，防衛の観点からは，死を認めることやその重要性が無意識に追いやられる一方では，否認が意識を占めるということになるだろう。このように防衛の定式化において，無意識的であるものと意識的であるものの間の関係は Freud が主張していたものとは反対である。不死に対する無意識的な信念というのではなく，防衛の定式化は不死についての意識的な考えに味方をし，死すべき運命の概念を回避していることを示唆している。それは「自己愛的なシステム」に，より適合するのである。

　Freud の防衛の理論が構造論モデルや不安信号説，否認や自我分裂の概念の発達として進展し結晶化した時でさえ，彼は人が自身の死を想像できないために死への気づきや死への不安は不可能であるという考えにしがみついて繰り返した。それにもかかわらず，この Freud の死についての様々な観点の中で最も素朴な視点こそが，その主題に対する叡智の最終的な表現であるかのように，後年の著者たちによってしばしば条件反射的で無批判的に引用されたのである。そしてこの Freud の概念が，選択的に取り上げられるか，その他の彼の表現した態度とともに捨てられてしまうかしながら彼の遺産の一部となり，それがこの問題について精神分析が相対的に沈黙がちである要因の一つであるかもしれない。Fenichel（1945）の立場は，死への気づきや死への不安が本質的には随伴現象であるという，精神分析の一般的な見方を概括している。

　　正常な死への恐れと呼べるようなものがあるかどうかは疑わしい。実際，死についての概念は主観的に想像することができない［Freud, 1915 を引用］，したがって，恐らく死への恐怖はすべて他の無意識的な概念を覆い隠している［pp.208-209］。

Freud の中に見られた概念上の揺れ動きや一貫性のなさが Eissler（1955）

の中にも繰り返され，磨きがかかっているのを見出すことができる。子どもの死への気づきの発達の問題に関して，彼は書いている。

　　Freud が示したように，死の問題は子どもの心の能力を越えている。子どもが高々理解できるのは不在という概念である。（中略）この問題が詳細に研究されれば，生殖過程についての子どもの質問は，それ以前に短期間見られた死についての問いかけの改訂版であるということが示されるであろう。恐らく子どもは，そのような質問に背を向けてしまうが，それはそれに伴う恐怖や完全なる絶望，そしてその探求がいかに進んだとしても結局生じてしまう落胆のためなのである［p.62］。

　子どもが「恐怖」のために「背を向ける」という考えは，実質的に防衛としての定式化であって，それはある点では子どもの死すべき運命の理解が，Freud の原人間のように，実際には奥深いものかもしれないということを認めていることになる。この考えは，子どもがその質問が「完全なる絶望」であるために，つまり認識的な限界のために，背を向けるという理解を覆す。たとえEissler が「人はそれ［死］を知っているけれどそれを想像することはできない」（p.62）ということを指摘しようと苦労をしたとしても，死の状態を思い描くことができないという当たり前のことの繰り返しと，無意識の中で死は表象を持たないという主張（pp.28, 36-37, 62）は，死の知識は適応のための広範囲な意味を含んだ独特な類の不安であるという Eissler 自身の概念を色あせたものにしてしまう。

死の欲動の概念に関する観点

　Eissler（1955）は「快原理の彼岸」（1920）を「［Freud の］死生学のシステムの礎」（p.30）とみなしたが，この小論は重要な点で死すべき運命への適応の問題を全く扱っていない。生物学的で本能的な力の相互作用という観点のみから行為と発達を概念化しようという試みの枠組みの中では，認識することは（死の意味の認識的な評価も含めて）ほとんど重要性を持たない。生と死の欲動は本質的には，盲目の有機体の力である。自己防衛に関する自我の関心さえ，本能の用語で概念化される。最初は「有機体それ自身が死への道筋を辿ることを保証することをその機能とする」死の欲動の構成要素として，そして後にはエロスの表現や性格の中のリビドー的なものとしてである（p.52）。いずれに

せよ自我の死との関係は，死の意味の評価を出発点とする適応という観点からは描かれていない。

　死の欲動の概念をその価値や理論的な有用性について評価することは，この論考の範囲を越えている。しかし仮説的な死の欲動の表現が，いかに省察的で自意識的な自我に侵害的な影響を及ぼすのかということを検討するのは適切なことである。このことに関しては，意識と関係する緊張や苦痛から解放されたいという願望と，永久の非存在として完全に理解される形での死を受け入れたいという願望を区別することが重要である。Freud（1920）はこの区別はしなかったが，死の欲動が最も直接的に意識の喪失への即座の願望という経験に表されていることは明白であり，それは時間には無関心であり，したがって死の意味について無知なのである。

　　快原理のうちに現れているような，刺激の内的緊張を低下させ，恒常に保ち，除去しようと追及する努力を，われわれが心の生活の，いやひょっとしたら神経的生命活動一般の支配的傾向として認めたということが実際，死の欲動の存在を信じる最強の動機の一つとなっている[pp.55-56]。（岩波版，17巻，p.114）

　後にFreudによって描かれた死の欲動と性的充足の間の連結（p.62）は，前者と真正な死への願望との間の深い隔たりを強調している。Schur（1972）が語るところによれば，Freudは本能的な目的と，それらのありうべき結果（p.324）とを区別することに注意を払わなかった。意識の喪失を通し快楽を経験したり，苦痛や緊張，不快感を減少させたりしたいという願望と，その人自身の永久の消滅を受け入れたいという願望とはほとんど関係がない。永遠そのもの，喪失の不可逆性こそ，本能もその精神的な表象も考慮に入れないようなことなのである。もちろん，苦痛から逃れようと躍起となることが，結果として致死的な行為にいたることはありうるだろう。しかしこの不測の事態は，行為の結果を評価する自我の能力ないしはそのような見立てと一致する行動を統制する自我の能力の破綻と考えることができる。

　Eissler（1995）の議論に概念上の一貫性と正確さが欠如している理由の一つは，彼がこの重要な区別をすることができなかったためだと私は考えている。ある時は彼は永遠の意識の喪失（すなわち死）を理解し，恐れ，尻ごみする自我の特別な準備性をみとめていたようである。

自我は，発達の最早期の段階の間にすでに十分に形成されている睡眠の，生物学的な機能を統合することを学ばなければならない。自我が再び対象の世界を発見するという確実性のみが，眠りを満足を与える過程にする。実際に再び目覚められるという見通しについてごく僅かでも疑いを持つことは，成人の深刻な睡眠障害という結果を生む［p.73］。

しかしその舌の根の乾かぬうちに，Eissler は Freud の死の欲動の目的と性欲動のそれの結びつきから離れて，彼はそれ自身の終焉をのん気に歓迎するものとしての自我を描写しようとする。

私の印象では，真のオーガスムの頂点で自我が失われるしばらくの間，そしてそれに続く完全に満ち足りた短い時間に，自我が内的刺激からも外的刺激からも切り離されたとき，人は格闘することなしに死に降伏する用意があるのである［p.76］。

そのような状態で，人は正確には何に「降伏する用意がある」のであろうか？それは死なのか，それとも回復可能と想定できるような意識の喪失であろうか？　もし Eissler が言うように，オーガスムの頂点では自我機能が損なわれるために，現実の評価が低下していたり欠如しているというのであれば，人はそのような状況下では，単純に危険に気づかず，従ってそれと格闘したりはしないことになるであろう。このことと，人が死に降伏する「用意がある」ということは同じではない。その二つを同じだと考えることは，眠っている人を殺すことが容易であるという主張と，そのような無力な犠牲者は死ぬ「用意がある」のだという主張とが，同じだと考えるようなものである。

理論的には，意識を失いたいという本能に根ざした願望を仮定することができるであろう。それは，ある状況下では死の完全な意味を認識する自我の能力を消し去ってしまう恐れがあり，したがって自殺的な行為が結果として生じるであろうが，それは本質的には見込み違いなのである。しかし繰り返すが，意識を失いたいという願望の直接の目的と自我の関係は，そのような死の見通しとの関係とは全く異なっているままである。後者のみが，認知的な発達と自我の全般的な発達のかなり高度なレベルを必要とする。

Freud（1920）は，死の欲動についての着想は自我違和的な運命の最大限の

衝撃に対する何らかの防衛的な目的を有しているかもしれないとも考えたが，それは注目に値する。

　ひょっとするとその仮定を出したのは，それを信ずるなら一抹の慰めが得られるからなのかもしれない。自分は必ず死ななければならず，しかもその前には自分の最愛の者たちを死によって失わなければならないのだとすれば，その場合には，もしかしたら避けうるかもしれない偶然に打ち負かされるよりは，仮借なき自然の法である気高き《必然》に打ち負かされる方がましであろう。だがひょっとしたら，死ぬことの内的合法則性へのこの信仰もまた，「生きることの重荷に耐える」ために拵えられた錯覚の一つにすぎないのかもしれない [p.45]。（岩波版，17巻，p.99）

構造論モデルの発達に関する観点

　構造論モデルは，Freud が死すべき運命についての考えを，内的に一貫して整合的な地位まで組織することができた可能性のある論理的な枠組みをまさに提供していた。自我とエスの概念が結晶化したため，局所論モデルの中では無意識（あるいは無意識システム）を特徴づけていた諸特性は，その代りにエスに帰属することとなった。この理論的な前進により，自我によって仲介され，その知覚的で認知的な能力の印を持った無意識的な思考について概念化することが可能になった。Freud（1933）は「続・精神分析入門講義」でこう言っている。

　無意識というものが，自我から遠い心の領域だけが専一的にもっている性格ではないということになりますと，むろん私たちとしましても，この領域を系・無意識と名づけるわけにはいきません。よろしい，それならば，「無意識的」という語はもはや系的な意味には用いないことにして，これまで「無意識的」と呼ばれてきたものには，誤解の余地がないより適切な名前を与えることにいたしましょう。（中略）私たちは，これからはこれをエスと呼ぶことにいたします [p.72]。（岩波版，21巻，p.94-95）

そして，私たちの目的に特にふさわしいのだが，ここで彼は語っている。

　エスにおいては，時間概念に相当するようなものは存在せず，時間的経過がそれとして認められておりませんので，実に奇妙な――哲学的思考においては

この先問題とならないではすまない——ことでありますが，心的出来事が時間的経過によって変化をこうむることもありません[p.74]。(岩波版，21巻，p.97)

　Freud の改訂された立場は，無時間性を無意識よりはエスに帰属させ，無意識の質が自我のいくつかの部分を特徴づけることを是認するというものであったが，それは時間と死すべき運命の主題についての著述を行った人たちによっては，ほとんど考慮されないか，あるいは利用されなかった。先に引用した Fenichel (1945) の主張のように，Bonaparte (1940, p.445) や Eissler (1955, p.28) はむしろ初期の Freud の立場を，後期のものよりも引用する。Pollock (1971a, b) は後期の定式化への移行に注意を向ける唯一の人のようであるが，彼は構造論モデル (1971a, p.441) の文脈の中での Freud の考えの**拡張**について語っており，恐らく改訂の理論的可能性を十分に把握していなかった。この議論が恐らく正しいことは，次のことからも示唆される。すなわち彼はあたかも構造論モデルに従った再解釈は特に重要ではないかのように，引き続いて無時間性が無意識の属性であるという Bonaparte の議論を要約しているのだ。

　Pollock (1971a) の人間存在と死の関係の説明は，その記述と構造論との適合性の詳細は描かれていないが，疑いようもなく，不安と防衛という観点から描かれている。

　　人間は他のすべての生命の形とは異なり，彼自身の死についての事前の知識を有する。たとえそれが知的なレベルだけであったとしても，である。この移ろいやすさ transitoriness は，宗教的な概念としての不死や肉体と魂の二元論を生みだした。(中略) このように不死の概念は死に向かう後戻り出来ない時間の流れを阻んだり，逆行させたりする方法なのである。(中略) 時間が止まっていて再会と永遠の連続性がある来世の楽観的な希望は，それが死であろうと最早期の幼児の状態であろうと，無生命における「無」と関連した全くの救いのなさに対する防衛である [p.441]。

　Pollock が強調しているような (1971b, pp.237-238)，エスにおける時間の感覚の完全な欠如は，欲動の緊張の即時の放出を求めることに関する時間への無自覚に関係がある。しかし，本能的な要求の先制的 preemptory な性質は，それがエスに位置するか，それ以前のように無意識システムの中にあるかにかかわらず，不死に関する信念と同等ではない。後者が発達する限りにおいて，そ

れは死の意味を認識することの認知的，情緒的なインパクトからの防衛や補償として生じる。死すべき運命の信念と不死の信念はどちらも，自我の内容物としてのみありうるのである。Pollock の説明との一貫性において，前者は自我の意識的な領域と，後者はその無意識的な領域と同定される。両方の信念が，異なるレベルで，同時に存在するのは，否認と「自我分裂」の特殊な例ということになるが（Freud, 1927b; 1940a, pp.202-204; 1940b），Freud によってそのようにはっきりとは考慮されなかったことは意義深い。

　しかし Pollock が実際には，死への不安と言われるものを可能にする自我の中の認知的な発達を考慮するに至っていないことは，注目に値する。上記の主張で，彼は人間の「彼自身の死についての事前の知識」が「知的なレベルにのみ」あることを示唆している。単に「知的」なだけである気づきが，相対的に表面的であるという意味を含んでいるとすれば，どうしてそのような，文化や歴史の時代を超えた，大きな防衛の戦略を引き起こすものとなりうるのかを想像することは難しい。この矛盾に Pollock が気がついていたことは，彼が死への不安と，彼にとってより深く，より本物である何かとの接点を見つける必要を感じていたという事実から明らかである。そして彼はこの救いのなさへの不安のより深い響きを見出した。Pollock（1971b）は，Freud の遺産として彼が取り入れたものに歩調を合わせて，そのような人にとっては死が本当に感じたり恐れたりできるものであるということを否定する側についている。「振り返ってみると，私は不安は**概念化できない**死や無であることについてではなく，存在の非常に早期の状態を特徴づけている絶対的な救いのなさへの恐れなのではないかと思う」（p.250：強調を加えてある）

　構造論モデルと不安信号説（Freud, 1926a）の用語に合わせて，以下のように提案することは理にかなっているだろう。時間に無自覚な心の側面（エス）と，時間を理解する別の側面があり，それは死すべき運命だけではなく不死についての考え（意識的であれ，前意識的であれ，無意識的であれ）に限定された領域であるべきなのである。その人自身の死による永久の絶滅の深刻さに対する認識の兆しに反応した信号不安は，この考えの兆しとそれに付随する情動の発達を妨げる防衛的な操作を引き起こし，その両方を無意識に追いやりつつ，意識において不死の自己愛的で心地よい信念を促進するだろう。もちろん，状況はより複雑なものでありうる。たとえば情動のみが否認されたために，不死への疑惑の意識的な主張は，実際は単なる知的な防衛であるかもしれない。それ

はより深く埋められた自分自身の死という苦痛を伴った不可避性の認識を覆い隠している可能性があるが，それ自身は，しっかり防御された不死という無意識的な空想に対抗するものである（ちょうどエディプス的な勝利の無意識的な空想が，さらに深く埋められたエディプス的な敗北の感覚に対する防御となるようなものである）。

　不安の発達上の変形という概念や「個人の人生のそれぞれの時期に適切な不安の決定因がある」（Freud, 1926a, p.142）という考えとともに，死への不安を精神分析理論に統合するために必要なすべての概念上の道具立てが揃ったようである。しかし Freud はまたしても，発達上出会う他の危険に対してそうしたのと同様に，死の危険に心理学的な重要性という位置づけを与えるには至らなかった。この点について，Freud の考えの二点を区別するのは重要である。一つは一連の不安の中のあらゆる形式にあてはまるものである。もう一つは Freud の死への不安についてのみ，あてはまるものである。前者は，それぞれの不安の形式が，それに先行するすべての不安の形式と連続性を持ち，その性質を組み込んでいるということと関係している。たとえば去勢不安はそれに先行するもの，すなわち分離不安との関連でのみ理解することができる。

　　　対象喪失という不安の決定因の重要性は，はるか遠くにまで及ぶ。次の不安の変容物，すなわちファルス期の去勢不安は，やはり分離への不安であり，同じ決定因に結びついている。ここでの危険とは，性器が分離されてしまうことである［pp.138-139］。（岩波版，19 巻，p.66，一部を訳者が変更）

　同様に，道徳的な不安は去勢不安と共通する特質を持っていると同時に，質的に新しい何かを導き出す。

　　　去勢の脅威を与えていた親のような存在が非人格化されるに伴い，危険は不特定なものとなる。去勢不安は道徳的な不安，社会的な不安へと発展する。不安において何が脅威になっているのか，もはや容易には言い表せない。（中略）自我が危険と評価し，不安信号でもって応答するのは，超自我の怒り，懲罰，また超自我の愛情を喪失することに対してである［pp.139-140］。（岩波版，19 巻，p.67，一部を訳者が変更）

最後に，死への恐れ[5]は超自我への恐れから生じている。

　超自我への恐れの最終的な変容としてあるのが，死への恐れ（生への恐れ），すなわち超自我が運命の力へと投影されたものに対する恐れである，と私には思われた［p.140］。（岩波版，19巻，p.67，一部を訳者が変更）

　発達上の連続性についての考えは，死への不安それ自身が独自の現象として探求するに値するという思考とまったく相容れないというわけではない。「超自我への恐れが経る最終的な変容」は，質的に新しく心理的に重要な何かを導入することができるであろう。しかしこれは私がすでに言及した Freud の思考の二番目の問題へと導くのである。問題なのは，死への恐れは，Freud の見解では，単に一連の先行する恐れと連続的であるだけではなく，実際はそれに還元可能なのである。Freud は死への知的な気づきはみとめるが，それは深みがなく，神経症の病因において何ら役割を果たさない気づきである。

　日常生活において認められる比較的単純な神経症の構造についての私たちのあらゆる知見によれば，神経症が客観的に存在する危険のみによって生じ，心の装置のより深い層が関与することなどないというのは，まずありえないことである。しかし無意識のうち[6]には，私たちのいう生命の消滅という考えに内実を与えるようなものは何もない。去勢は，いわば腸の内容物を排泄によって切り離すという毎日の経験をとおし，また母親の乳離れという喪失体験をとおし，思い描くことが出来るようになるのである。しかし，死に類似するようなものは一度も経験されたことがないか，気を失うことがそうであるように，それと分かるようないかなる痕跡も残さない。それゆえ私は，以下のような想定を堅持しよう。すなわち，死の恐怖は去勢の恐怖の類似物として理解すべきであり，自我が反応する状況とは，保護してくれる超自我——運命の諸力——から見捨てられ，あらゆる危険に対する保障に終止符が打たれた状況である，と［pp.129-130；強調を加えてある］。（岩波版，19巻，p.57，一部を訳者が変更）

---

[5]　Freud（1920, pp.12-13; 1926a, pp.164-165）は恐れの感情と不安の感情を，その起源が分かっているかどうかによって区別したが，危険状況の発生論的な階層についての彼の描写では，二つの用語を変換可能なものとして使っているように思われる。

[6]　Freud は構造モデルを作り上げたことで，そのような性格づけをエス，自我，超自我に留め，そのようなシステムのいかなるものも無意識であることを許容したが，そのような提言を行っているにもかかわらず，ここでは彼は特定の形式上の特性を伴ったシステムとして無意識を扱うところに逆戻りしている。

ここでは，以前みたように，類似した経験の働きにより文字通りに想像されるもののみが，無意識の，「心の装置のより深い層」において表象を持つと考えられている。同じ小論の後半部（pp.146-147）で，Freud は再び，様々な危険な状況をまとめ上げる。そこではそれぞれの不安反応が，関連する自我の発達のレベルにとっていかに合理的で正当なものかを描き出すことを特に目標としている。もちろん，これはまさに死への不安を容易に組み込むことができる理論的な枠組みである。しかし，この時点で Freud にとってこの問題は一件落着したということは，この記述から死への不安が完全に省かれている事実から明白である。

　何が無意識で表象を得ることができるかに関する Freud の狭い概念化は，結果として理論的な行き詰まりとなった。実際のところ，彼の立場の理論的な含みは，永久の対象喪失（糞便，乳房，全体対象，その他なんでも）さえも無意識の中では表象することができず，それはなぜなら永続性そのもの，つまり変化の不可逆性は，厳密に言って想像することができないからである。大人であれ子どもであれ，人がせいぜい「思い描く」ことができるのは，与えられた限られた期間の対象の不在である。対象が決して戻ることはないという結論を得るためには，具体的な経験を越えた帰納法的な飛躍が必要である。私の考えではこの飛躍が「二度と never」という意味をもたらすのである。それは具体的なイメージを伴わないものの，きわめてリアルで不安を呼び起こすものなのだ。子どもや大人がこの種の対象喪失に関連した気づきを発達させる能力について，Freud は疑問を持っていないように思われる。実際，彼は乳児に見られるこの気づきの前駆体の可能性があるものに注目する。

　　乳児においては，後になれば分化されるいくつかのものが流れ込んで一緒になっているようである。彼は一次的に経験される不在と，ずっと続く喪失とをまだ区別できない。乳児は一度母親の姿を目の前から見失ってしまうと，もう母親を二度と見ることができないかのように振る舞う。母親がそのように消え失せても，普通はまた再び現れるものだということを彼が習得するには，慰めとなる経験が何度も反復されなければならない［1926，p.169；強調を加えてある］。（岩波版，19 巻，p.98）

　喪について，Freud は述べている。「喪が生じるのは現実吟味の影響下においてである。これが，対象はもはや存在しないのだから，対象から別れねばな

らない，と断固として求めるからだ」(p.172)。(岩波版，19巻，p.101，一部を訳者が変更)

しかし具体的な知覚という意味での現実検討は，対象の不在（対象は今ここにないこと，対象は未だ戻っていないこと）のみを記録することが可能であり，不在の不可逆性を記録することはできない。後者は内因性の認知的な構造が，環境との相互作用の文脈で展開されるという働きによってのみ感じることができる。Freud は対象の死に対する喪という直接的な経験からの飛躍をみとめなかったようである。そのため，人が自分の死を予期することについての Freud の著書の中には，経験主義的な傾向をみとめることができるものの，それによって彼の対象喪失についての理論化は中断されることはなかった[7]。

実際，子どもたちは睡眠の間は意識を失うという定期的な経験をしているだけでなく（Freud が睡眠ではなく気絶という例外的な経験を選んでいることは不可解である），他の対象が死んだり，消えたり，消費されたり，破壊されたりすることにも気づいている。彼らは失われた対象と同一化しさえすれば，あるいはより正確に言えば，他の人々（残された人たち）が，永久に失われた対象としての彼ら自身との関係で持つであろう視座に同一化できるような発達段階に至りさえすれば，死の引き起こす脅威を感じる。もちろん，文字通りに死や非存在の「状態」を思い描くことは不可能である。しかし死への不安が，発達の早期の不安の形式と連続しているのと同時に，深遠で固有の意味を持つためには，そのようなイメージはほとんど必要ではないのである[8]。

私たちが不可逆性や，何かが「永遠に」続いているということの意味を理解しているという感覚，言い換えると，私たちの有限な存在の背景にある「無限」の意味を理解しているという感覚は，直接の経験のみによるものでも，理性によるものでもない。無限の意味は，無意識的で，直観的なレベルで感じられる。私たちにはその意味の深い感覚を持ち，それは合理的で言語的な理解をすり抜けるにもかかわらず，経験の隅々まで組織しているものなのだ。そのような人間に限られた自己意識的な活動は，私たちの経験のどの詳細を取っても，私たちが具体的に体験することが可能なことがらを越えて無限に広がることがらのうちのごく小さなものであるという認識と一致しているのであり，そのよう

---

[7] Freud の連合主義に関する広範囲な議論とその精神分析理論への影響については Schimek (1975) を参照するとよい。

[8] この段落の残りの部分は元の論文から増補したものである。

な形で無限の感覚はすべての抽象的な思考に暗に含まれているのだ。Merleau-Ponty（1964）によるこの主題についての省察に注目してみよう。

　　死を意識することと考えたり推論することは全く同じことなのだ。というの
　も，生の性質を無視することによってしか，私たちはものを考えることができ
　ないのである。
　　人間は誰も，死を意識しなくさせられることは出来ないだろう。そのような
　ことは，人間を動物に引き戻すことによってしか出来ないのだ。その場合，人
　間は意識というものをごく一部でも失わずにいる限り，出来の悪い動物であろ
　う。というのも意識は与えられたあらゆるものから距離をとりそれを否定する
　という能力を前提にするものだからである。動物は静かに生に満足し，生殖に
　救済を求めることが出来る。人間は，ただ生きるのではなく，実存 exist して
　いることによってのみ，普遍的なものに達しうる。これは彼が自らの人間性の
　代償として支払うということである。（中略）人生は，意識それ自身が否定して
　いる生命についての意識に対して示されたもの，という形でしか生を考えられ
　ないのだ。したがって，意識とはすべて不幸なものである。なぜなら，それは
　自分が第二次的な形態の生であることを知っており，しかも自分がそこから来
　たと感じられる無垢の状態を懐かしんでいるからである［p.67］（滝浦静雄・栗
　津則雄ほか訳『意味と無意味』みすず書房，p.96-97，一部を訳者が変更）

　そのため，存在 being の気づきが個別性 the particular の気づきと結びつい
ているように，死への気づきは普遍性への気づきと結びついている。しかし，
それらの結びつきを越えて，一方で死と普遍性と，他方で存在と個別性の間で，
第1章で論じられた弁証法的な関係と同じような，相互依存がある。

　　死とは，あらゆる個別の所与の存在の否定であり，死の意識は普遍的なもの
　の意識と同義であるが，しかしそこにとどまる限り，それは空虚で抽象的な普
　遍に過ぎない。実のところ，私たちは存在を地にしてしか（あるいは Sartre の
　言い方に従うなら，世界を地にしてしか）無を考えることが出来ないのだ。し
　たがって，私たちの注意を引きつけることを強く望むような死の観念は，すべ
　て私たちを欺いていることになる。というのも，その観念は実は密かに私たち
　の存在の意識を利用しているからである。そうであれば，私たちの死の意識を
　精査するためには，それを生に変容させ，Hegel が言っているように，死を「内
　面化 interiorize」しなければならない。生に対立して始まった抽象的普遍を，
　具体化しなければならない。無のない存在はないが，しかし無は存在のくぼみ

にあるだけである。[pp.67-68]（滝浦静雄・栗津則雄ほか訳『意味と無意味』みすず書房，p.97，一部を訳者が変更）

後に続くいくつかの章（特に第3，5，9，10章）で取り上げることを先取りするならば，私たちは精神分析はまさにその根底にある目的を持っている制度として考えることができる。それは死すべき運命に直面して「越えていく」ための手段 means を意識の中に見つけ出すことであり，それらが存在しないことに気が付くことを通してでさえ生きることの個別性に投資するための手段である。

「無常」で非公式に表現された実存的な観点

「無常 On Transience」（1916a）という簡潔な小論の中で Freud は，彼が正式な理論的な立場では明確にしなかった死すべき運命についての観点を伝えている。それが Freud の理論的システムに統合されなかったため，そしてそれが後に述べる，より実存的に志向する「全体自己」の理論家たちへの架け橋となるために，Freud の他の観点の年代的な順番から取り出してここで述べられる。この観点においては，どんな経験の移ろいやすさ transience［訳注：岩波版では無常という訳語を用いている］も，その経験の価値と意味深さへの影響という点から考慮される。人が自らの有限性に直面した時に生じる価値の問題と取り組もうとする，実存主義に特有の努力を意味している限りにおいて，この観点は「実存的」とみなすことができる。

事実 Freud はこの小論で，人の自分自身の死についての予期の影響について明示的に扱ってはおらず，むしろ愛する対象の移ろいやすさを考慮する時に経験される「喪の前触れ foretaste of mourning」（p.306）を扱っている。それでも，彼の意見は両方の種類の気づきにすぐにでも当てはめられるほどに十分に一般的である。実際彼の主張のいくらかは，彼が両方の意味を意図したかもしれないことを示唆するのに十分なほどに曖昧である。

Freud は彼の仲間，つまり友人，詩人が話してくれた態度を，彼自身のものと比較する。友人や詩人にとって，美しいものの移ろいやすさはその価値を減ずるが，Freud にとっては，「移ろいやすさの価値とは，過ぎ行く時のなかでの希少価値」（岩波版，14巻，p.330，一部を訳者が変更）であるために，それらの価値を増すものである。Freud は「喪の悲しみに対する心の反抗」（岩波版，

14 巻，p.331，一部を訳者が変更）として，彼の仲間の態度を説明する。これ
が意味するところは，彼自身の楽観的な見解が「喪の前触れ」の体験を回避す
るのではなく，時間の限られた経験を価値下げすることによる防衛を用いるこ
となしに，より積極的に経験しようとすることで可能になるということである。
しかし，この説明はあまり説得力がない。なぜなら Freud の仲間の悲しみは
彼らの予期された喪の直接表現であり，それに対しての反抗だけではないとみ
なせるからだ。そして実際に Freud は以前に詩人の落胆を，実質的に，防衛
の姿勢とは反対のものとして描いている。

　　美しく完全であるすべてのものが衰えゆく──このように人が思い煩うこと
　から，二種の異なる心の衝動が生じているのを私たちは知っている。一つはこ
　の若き詩人のような痛ましい厭世観に，もう一つはこの動かしがたい事実に対
　する反抗に結びついている。この素晴らしい自然や芸術，そして私たち人間の
　感情世界や外的世界のすべてが本当に無に帰するなんて，いや，あってはなら
　ない。そう信じ込むことはあまりに馬鹿げているうえに恥ずべきことだ。美し
　いものは，いかなる破壊的な影響も及ばぬところで，なんとかして存続出来る
　はずだ，と［p.305］。（岩波版，14 巻，p.329，一部を訳者が変更）

それから Freud は彼自身の態度を紹介する。しかし，それは「心の衝動」
のまた別の可能性として挙げられるわけではない。それは，まるで彼自身の値
打ちや価値を承認する態度が，精神生活についての彼の理論的な提案の外側に
立っているようである。

　　このように不死を要求するのは，私たちの［心的］生が欲望する結果であ
　ることは明白であって，そこに現実の価値が要求されることはない。とはいえ，
　人びとが心を痛めるのもやはり真実だろう。私はすべてのものの移ろいやすさ
　を否認する気にも，また美しきものや完全なものを強引に例外扱いする気にも
　なれなかった。だが美しさは移ろいやすさのためにその価値が損なわれる，と
　いう詩人の悲観主義に対して，私はきっぱり異を唱えた。
　　その逆であって，価値が高まるのではないか！　移ろいやすさの価値とは，
　過ぎ行く時のなかでの希少価値なのだ。享受の可能性が狭められることで，そ
　の貴重さが高められるのである［p.305］。（岩波版，14 巻，p.330，一部を訳
　者が変更）

結局時間的な有限性という現実への三つの種類の適応が描かれていることになる。絶望の伴う承認，肯定の伴う承認，否認である。Freud は移ろいやすさの承認に対する二種類の情緒的な反応を，個人の中に起きうるないしは避けられない両価性の両面とみなすという方針を採っていない。彼は問題を根本的な逆説として定式化するという方針を採っていない。つまり時間的な有限性の気づきが，物事からそれらの価値を奪う恐れがあると同時にそれらに価値を与えるという逆説としてである。この逆説から，死が危険なだけではなく，経験に価値と意味を付与する推進力となる一種の必要な境界をも表すことになる。構造論モデルと自我心理学の言葉では，移ろいやすさと死すべき運命への直面化が自我の内的なシステムに葛藤を引き起こすと言うかもしれない（Hartman, 1964, pp.135-139 を参照）。そして，そのどちらもが意識化できるのである。一方は人生の意味と価値は，それが終わる運命にあるという事実に由来するという感覚に対応し，もう一方は，死の予期によって人生が空虚で無意味なものになるという感覚に対応する。境界としての死が価値を付与するという精神的な働きを有するため，自我が死を，組織化する影響力や目的を持った行動のための必要な背景となるものとして，「必要」と感じているということさえあるかもしれない（第 1 章で引用した Nussbaum, 1994 を見よ）。Eissler（1955）は，アイデンティティの感覚とそこから生じる行動が，安定性の感覚だけでなく，死という究極的な変化も含めた，変化の予測にも基づいていると主張する時，主にこの点を主張しているようである。

　　強烈に愛した対象の死により変わってしまった世界を体験すること，自分自身の自我の将来的な破滅や世界の独自性を中断させる骨折線を，意識的あるいは無意識的に知っていること，これらすべての要素が心に示すのは，世界がどの程度まで変化しうるのか，ということである。ここでは，死のイメージは行動にとっての強烈な刺戟を植えつける。（中略）もし人間の存在が死に支配されないなら，彼はまったく不活発な存在になるかもしれない［pp.93-94］。

　このように，Freud の「無常」では，一連の推論が非公式に抒情的な調子で表現されてはいるものの，彼自身によってはシステマティックに発展されることはなかった。しかしそれは死すべき運命への適応に関する厳密な意味での心理学的な理論の萌芽を含んでおり，その中では体験の組織化を理解する上で，死への気づきが中心的な位置を与えられていた。さらに，実存的な観点と

危険状況に関する古典的な精神分析的定式化と，自我の発達ラインにおける不安の質の変化との統合の可能性がそこにあった。この点については，私は「精神分析と実存主義の対決はずっと先延ばしにされている」（p.xviii）というAnthonyとBenedek(1975)の主張に同意する。しかし，同じ著者たちが「Freudのある面は直観的に実存的であったが，彼はこれを越えて行ったのだ」（p.xxi）と主張する時，彼らはFreudの貢献を誇張しており，彼の立場が実存的な思考との架け橋としてというよりも防壁として働いていた側面を特定して指摘することができていない。Freudは彼の理論的なシステムにおいて，死すべき運命への気づきを適応のための独特の意味合いを持ったユニークな要因として発達のコースの中に統合しなかったことが，そのことは，彼の立場の明らかに還元主義的で，むしろ反 – 実存主義的なあり方の一つを表している▼9。

　死に関するFreudの非公式な実存的観点は，Freudが持つ人類についての「機械論的な」イメージとは対照的な「人間的な」イメージとHolt（1972）がみなしているものと同一だと考えることが出来る。Holtは以下のような重要な見解を述べる。「機械論的なイメージとは異なり，人間的な概念はモデルと呼ぶのに十分な程に分化してはっきりと述べられることはなかった。それでもそれは人間の性質についてのかなり豊富で凝集性のある推論の集合をなしており，そして彼の機械論的な偏向を修正する対立物としてFreudの心の中で機能していた。」（p.6）残念ながら，死すべき運命への適応に関しては，Freudの機械論的モデルに取り込まれた理論化は，それ自身でそれ以降の理論の発達を妨げる効果があったが，他方で彼があまり公式には述べられなかった，潜在的な発展性のある，実存的な観点は相対的に軽んじられてきたのである。

▼9　Becker（1973）は同様に，Freudの還元主義に異議を唱え，さらにFreudの理論的な提案を，実質的に実存的な問題のためのメタファーとして改変する。Beckerはこう書いている。「Freudは彼の見解を決して捨てなかった。なぜならそれらは人間の置かれた状況について本質的に暗示していたことは正しかったからである。しかし彼の思考の意味合いや，彼が提供した枠組みが正しかったということでは必ずしもない。今日私たちは血と排泄物，セックスと罪悪感についてのすべての話を真実だと認めているが，それは父殺しや近親姦への衝動や実際の身体的な去勢の恐怖のためではなく，それらすべてが人間の自分自身の基本的な動物的な状況に対する恐怖を反映しているからであり，その状況は，人間が（特に子どもの時には）理解することができないものであり，（大人になっても）受け入れることができないものなのである」（p.35）。Freudを極度にリベラルに読まなければ（たとえば，Thompson, 1994を参照）彼の基本的な理論的スタンスに実存的な目的を読み取ることはできないが，ここに示された根拠はその読み方を否定していると考える。

ポストフロイト派の理論家たち：
Hartmann，Erikson，そして Kohut

　構造論モデルには，不安の源泉としての死への気づきを扱うための論理的な可能性があるため，Hartman のモデルの理論的な拡張が，特に自我の機能や能力に注目した場合に，この問題を中心的な関心として取り上げるのではないまでも，少なくともそれを扱うことが期待されるかもしれない。しかし，実際には，実存的な意味での死への気づきは Hartmann の仕事の中では関心のある主題ではない。彼の適応の概念は，生存の問題をいつも「心に留めている」自我と密接に結びついているという事実にもかかわらずである。「これらの［適応の］プロセスの展開の全体は，発達は遺伝子型と生存に適した環境と間の関係をもたらすと私たちは言うことができるだろう」（Hartmann, 1958, p.24）

　Hartmann は実際に死への気づきを重要な心理的な変数として扱う可能性を持ったいくつかの概念上のツールを精緻化したものを提案した。自我の相対的な自律性に加えて，そこには自我の関心とエスの本能との間の明確な区別があり（1964, p.135），自己をめぐる自我の関心の概念（p.136），そして自我の内部の，システム内葛藤の重要性という概念がある。後者について，Hartmann（1964）はこのように言っている。

　　自我におけるシステム内の相互関係や葛藤については，これまでほとんど一貫した研究がされてこなかった。（中略）多くの誤解や不明瞭さは，私たちがシステム内の観点から自我を考えるように私たち自身を訓練してこなかったという事実に起源をたどれる［pp.138-139］。

　そのような強調は，「無常」の中で暗黙に示されていたある種の心理的で，実存的なジレンマを考慮するのに都合がよいと思われる。Hartmann（1958）がこの主題をさらに発展させなかったことは，彼の生物学的で機械論的な志向と，彼の認知的発達の理論の欠陥と，彼が自我の道具的で統御志向的な機能の発達と運命のみに比較的限定された焦点づけを行ったことから来ていると思われる。

自我の発達は分化 differentiation であり，これらの原初的な統率因子が，より効果的な自我の統率に徐々に置き代わったり補足されたりしていく。もともとは本能に根ざしていたものが，その後は自我のために，そして自我を用いることによって実行されるかもしれない。（中略）個人の欲動の構造のみが，彼が生まれ持った装備ではない。（中略）人間個人はまた出生において，外界を統御するための装置を持っている。これらは発達に伴って成熟する。[pp.49-50]

Hartman にとって，自我の発達は内外の刺戟を統御する方法の変化と関係している。不安の現象学の変化や関連する認知的な発達はほとんど考慮されない。

Rapaport と Gill（1959）は，Hartmann と Erikson の両者にとって「それぞれの発達上のステップが外的現実との関係で問題を**引き起こし**，そして解決する」と主張している（p.160；強調を加えている）。しかし実際には，Hartmann はその問題の性質の変化に Erikson に比べてごく僅かしか注意を払っていない。Erikson にとっては，「連続したそれぞれのステップは（中略）眺望の根本的な変化のために，潜在的な危機となる」（Erikson, 1959,p.55）。そして実は，死すべき運命への自己-意識，省察的な適応への挑戦を人生の後半の発達的な課題として位置づけることを成し遂げたのは Erikson の方のみである。「統合性 対 絶望 integrity versus despair」の危機に関連して，Erikson はこう言っている。

［統合性の］明確な定義はないが，この心の段階の特性をいくつか挙げておくことにする。それは，自分自身の唯一のライフサイクルを受容することであり，またその人生の中で重要な存在となった人々を，あるべきものとして，また必然的でかけがえのない存在として受容することである。（中略）この蓄積された自我の統合性が欠如したり失われたりすると，絶望やしばしば無意識的な死の恐怖が現れる。一つの，そして唯一のライフサイクルを究極的なものとして受容できないということである。[p.98]（西平直・中島由恵訳『アイデンティティとライフサイクル』誠信書房，p106-107，一部を訳者が変更）

私は Erikson に向けられていた一般的な批判がここに当てはまると考えている。すなわち彼は自ら双極の危機について，それぞれのポジティブな面により表される態度を，健康の基準として掲げる傾向があった（Clayton, 1975; Kovel, 1974）。Erikson は死への恐れを実質的に発達上の失敗の徴候とみなす

ことによって，自己肯定と同時に生じる未来への恐れや悲嘆の先取りや抑う
つ[10]さえ含む適応により表されるような，情緒的な成熟を否定したのである。
しかしそれらの適応は，互いに異なる方向性を持ち，矛盾さえしている態度の
間の緊張を受け入れることを示しているからこそ印象深いのである。Erikson
は死に直面した完全なる絶望に唯一代わるものとして，一見葛藤のない「その
人自身の唯一のライフサイクルの受容」という基準を設けたが，それは過度に
単純化され，極端に楽天的な性質さえ有している。

　それでも，Eriksonの自我心理学について，それがHartmannのものとは
明らかに異なり，死すべき運命への自己意識的な適応ということを発達上の
課題として取り上げさせたのは何だったのかということをさらに考えること
は価値があるであろう。この点については，Harry Guntrip（1969）による
HartmannとEriksonの仕事の比較分析は妥当である（pp.390-406）。彼の立場
を支持するApfelbaum（1966）を引用して，GuntripはEriksonを真っ先に「全
体としての人間 whole person」や「全体自己 whole self」の理論家の陣営の中
に位置づけている。それは主にパーソナリティの道具的な側面や，システム機
能としての自我に関心を持っているHartmannとは対照的である。自我と自己
の間にはっきりと線を引くことで，Hartmannは後者を事実上排除して前者の
理論的な細分化について探求することを選んだ。他方でEriksonは，アイデン
ティティを強調しながら，Guntripによると「ただの器官の集合ではない，全
体としての人間の自己 a whole personal self」（p.403）のため，「『全体として
の人間』への最優先の関心」を持っていた。

　もし自分が死すべき運命にあるのを認めることに対して反乱を起こすのが，
Freud（1915）の言葉を借りればその人の「全体としての存在 whole being」
であるならば（p.293; 上記参照，p.36），個人の「存在」の感覚（それが自我に
関してであろうと，人格に関してであろうと，アイデンティティに関してであ
ろうと，自己に関してであろうと）の進化について主たる関心を持つような理
論は，死の見通しの心理的な影響力に重きを置くであろうことは十分ありうる。

---

[10]　Basch（1975, p.527）によると，抑うつは，発達上は象徴的なレベルにあるが，それは喪
　　とは対照的に，新しい対象へとエネルギーを注ぐことによってすぐに軽減されることがな
　　いような自己の傷つきを含んでいる。抑うつの中で，個人の自己－概念は破壊され，それ
　　とともに意味のある経験に投資する能力も破壊される。「抑うつ」は個人の死への両価的
　　で逆説的な関係のネガティブな側面を表すための用語としては，「予期された悲嘆」や「喪」
　　よりも，合っているかもしれない。

分化した自己の感覚 a differentiated sense of self のみが死への恐れを，その語の本当の意味で生じさせることができる。この点は社会学者の Philip Slater（1964）によって明確に表現されている。

　　死への恐怖は原始的であったり，基本的であったり，基礎的であったりするものでは全くない。動物にはそのような恐れはないし，小さな子どもにもない。それはむしろ高等で洗練された個体，自然や社会的な環境から全く分離されたものとしての自己への気づきによるのである。自分が世界や社会と混ざり合っていると感じている個人にとっては，彼自身の死はほとんど意味を持たない。彼がようやくその存在の終わりについての不安を抱くことが出来るようになるのは，彼が固有の分化した個体として，他者や対象と分けることが出来る，切り離された存在として，彼自身をみなせるようになる時である［p.19］。

　私はただ Slater の立場を修正した上で次のように言いたい。死の予期それ自体が自己分化に貢献するのである。それは特に後者のプロセスが時間における自己の境界の理解の深まりを含んでいるからなのだ。自己への気づきと死すべき運命の気づきが相互依存している程度に応じて，一方に対する焦点づけは他方に対する重大な関心と関連しているだろう。
　Kohut（1966）は Erikson と同じように，移ろいやすさ transience と折り合うプロセスを人間の発達の最も高い達成の一つとして見ている。人の死すべき運命への認識の認知的な側面は，限界を受け入れることを通して進行していく自己－定義と絡み合っていると思われる。ちょうど対象の分離の概念が，社会的で身体的な空間で自己の境界の分節化 articulation と関係しているように，その人自身の死についての思考は活動性のない単なる知的な概念ではなく，時間の中での自己の境界を知り適応することに関わっている力動的な要因である。

　　したがって，この「叡智の」誇るべき達成の本質は，自己愛的な妄想の最大限の放棄であり，そこには認知的情緒的な関わりを諦めることのない，死の不可避性の受け入れを含むのである。究極的な認知の行為，すなわち自己の限界と有限性の認識は，孤立した知的なプロセスの結果ではなく，パーソナリティ全体が，広範な基盤を持つ知識を得たり，太古的な自己愛の様式を理想やユーモアや，個人を越えた世界への参画へと形を変えたりするというライフワークにおいて勝利をおさめた結果なのである［p.268］。

自己に関する Kohut（1977）の中心的な関心は，人生の後年，特にライフサイクルにおいて決定的な意味を持つ中年期についての，特別な関心と歩調を合わせている。その時期こそ人は全体としての彼らの人生の意味や価値の問題と直面するのである。

　人生の後期においては，ある地点が特に決定的な意味を持つと私は考える。人生曲線におけるその地点では，それ以前の発達が失敗だったのか成功だったのかが試される最後の決定的なテストが課されるのだ。（中略）私は主軸となるような時期を中年後期におこうと思う。（中略）その時期には，最終的な下り坂に近づき，私たちは心の根底にある意図に忠実であったかどうかを自分自身に問いかける。これらはこの上ない失望感や脱力感の時であり，そして罪悪感や自己破壊的な攻撃性を伴わない抑うつの時であり，それらは自分が失敗してしまい，自分にまだ残っている時間やエネルギーを持つとしても取り返しがつかないと感じているような人々に襲いかかるのだ［p.241］。

もちろん，この後年の段階の成熟した省察にとっての死の脅威は，子ども時代における自己への早期の脅威と共鳴している。Kohut にとって，最終的な危険は対象の喪失でも去勢でもない。根底にあるのはむしろ「中核自己の破壊の脅威」である（p.117）。この脅威に最初に直面するのは，自己愛的な傷つきが，早期の自己対象の不完全な共感を通して子どもに加えられ，崩壊不安 disintegration anxiety の形で体験される時である。

　私は Kohut（1977）が崩壊不安を Freud の発生論的な不安の階層の経験（pp.102-104）の中に統合するのではなく，その外に位置づけることで，理論的な明快さとパワーを犠牲にしていると考えている。Kohut の認めるところでは，反射的で前概念的な意味での絶滅の脅威は Freud の考え方とは異質のものではなかった。むしろそれは抗しがたい欲動刺激という身体的な用語で概念化されているが，実際には幼児における自己と対象の分化以前の最早期の不安の内容を構成している（Freud, 1926, p.137）。Kohut（1977）はこの考えを「古典的な精神装置の心理学の枠組みで崩壊不安に対処する」試みとしての最早期の不安の形式だとみなしている。しかし彼は「これらの不安は自己の心理学の枠組みの外では適切に概念化することはできない」と論じている（p.104）。

　しかしたとえ Freud の機械論的な心のモデルでは，発達していく自己の概念が失われたり，不明瞭にされたりしていることを認めたとしても，そのよ

うな概念がFreudの提示した発達の連続体の外側に位置づけられなければならないことにはならないし、「不安経験の基本的に異なる二つの階層」（Kohut, 1977, p.102）を必要としているということにもならない。Freudの階層が累積的な連続という観点から明確に提示されているため、Freudにとっても、絶滅の恐怖は第一の危険として論理的に位置づけられることになり、階層の中で引き続いて起こるあらゆる危険において、その一つの側面として感じられなければならないことは明白である。

　引き続いて起こるそれらの危険を、その危険の古典的な意味においてでさえ、Kohutが考えたように崩壊不安と比べてそこまで特異的で境界が明らかなものとみなすことは、過度の単純化である。対象喪失の恐れ、対象の愛を喪失する恐れ、去勢不安、道徳的な不安のすべては、絶滅への恐怖の発達上の変形として理解することができ、死への不安は人間の死すべき運命の文脈の中で完全に概念化され、それら一連のものの最後に現れる。Kohutは、自己愛と対象関係に別個の発達ラインを与えたために、崩壊不安と死への恐怖をFreudの発達上の連続体の上と下の端にそれぞれ組み込む代わりに、それから切り離すしかなかった。連続体に組み込むことは、自己の重要性を一貫して強調しつつ、適切な概念上の修正をほどこすことによりなしうる。崩壊不安と死への恐怖を連続体から取り除くことは不自然な二項対立をもたらす。それはFreudのいう危険な状況 danger situations から、そこに疑いもなく含まれている自己愛的な脅威を奪っている。ちょうどそれが、崩壊不安についてのKohutの表現から、顕著な対象関係的な含みやリビドー的な含みを人工的に失うようにである。

　死への恐れに関するKohutの立場は、Eriksonの観点が招く批判に対しても同様に脆い。KohutはEriksonのように、葛藤や悲嘆の先取りや不安などのないような、死すべき運命への適応という理想に傾いている。Kohut（1966）はFreudが「無常」で彼自身のものとして描写した、予期された喪失に対する態度を取り上げ、それを心の健康の究極の表現として提示した（pp.265-266）。Freudは彼の詩人の仲間に見られた落胆を本質的に不必要で不合理だとみなしたが、Kohut（1977）もまた穏やかな受容と全くのニヒリズムという観点から、健康な適応と病理的な不適応の二分法を唱える（pp.241-242）。彼はそうすることで、死に関するアンビバレンスへの耐性に関係した高度なレベルの発達を考慮することができない。そのレベルとは自己−承認だけでなく実存的な「予期恐怖 dread」や喪の先取りも含んだものなのである。最終的な叡智は、個人

の自己愛を超越した「宇宙的な自己愛」や，その結果としての死すべき運命の穏やかな受容（Kohut, 1966, pp.265-266）ではなく，死の見通しによってもたらされた逆説の両面への気づきを維持する能力にあるのであろう。その逆説とはすなわち，死は人生を意味深いが意味のないもの，貴重であるが同時に価値のないものにするということなのである。

　この点から言えば，EriksonやKohutの適応の理想よりもはるかに豊かで伝統的な精神分析の精神に近づいているのは，死に直面した人の実存的な見方である。単純な絶望でも単純な自己主張や自己超越でもなく，矛盾した態度の複雑な混交が，死すべき運命の省察的な意識の極致なのである。

　　今後哲学者たちがこの概念をいかように扱おうとも，彼らはそれを考慮に入れなくてはならない。Jaspers が "Grenzsituationen"，つまり，限界状況 boundary-situation と呼んだことに関して人間の性質についての真実が明らかにされるならば，私の死は最も劇的であり，それ以上に本質的で決定的な限界状況である。Sartre が好んで強調したように，私が自分が何になったかに対して責任を取ることが過酷であるなら，明日はもっとよくなるだろうと考えることには常に希望があるだろう。しかし最も過酷なことは，もし私がやり損ったり，誤魔化したり，馬鹿げたことをしてしまったとしても，それをやり直すためのほんの僅かな時間しか，ひょっとしたら今日一日すらないかもしれないということである。Kierkegaard の有名な格言「すべての人間の助けも及ばないところ，何マイルも何マイルも，７万ファゾム〔訳注：ファゾムとは古来用いられた長さの単位〕以上も離れたところで，喜びを感じる」は実存主義の核心なのである。Heidegger が「存在と時間」の錯綜しているが断固とした議論において，私たちに直面するように求めているのはこのことである。そして，Kierkegaard の信仰を奪われ，私たちはいっそう緊急にそれに直面せざるをえない。超自然的な支えを否定されて，たった一人で世界に投げ込まれた個人にとって，死の恐怖は人生を通して，抑制はされていても常に頭を離れないテーマである。その上，いかなる時も人々のコミュニケーションは引き裂かれていて脆いものであるなら，死に直面する時に人は最も際立って，そして取り返しがつかないほどに孤独なのである。この一番助けを必要としている時に，彼の側に立って導いてくれる人はいないのである。彼が中世に生きていた場合よりさらに強烈に，死との関係は，彼の人生の統合や独立を他の何ものにも増して刻印するのである〔Grene, 1957,pp.44-45〕。

　実存的な観点から，人が自らの人生への責任を最も痛烈に自覚するのは，逆

説的にも，自分自身の最終的な運命をコントロールすることができないことを最も痛切かつ痛みを伴って自覚する時なのである。人は自分が死んでいくことを最も明瞭に感じ取る時に，自己をより十全に見出す（Koestenbaum, 1964）。実存主義において，その人自身の死の予期は，精神分析の枠組みにおけるエディプス期や対象喪失に引き続いて起こる同一化を通した達成を越えて，自己の強固化 consolidation of self を促進する。しかし自己の喪失の予期に関する恐怖と不安や，自分の人生を所有しているという感覚に伴う興奮は，同じ経験の中で分離できない二側面であり，人間存在の時間や現世の限界に対する不可避的にアンビバレントな関係を表している。Erikson や Kohut が死すべき運命の穏やかな受容の美徳を賛辞する時には，精神分析的な観点と実存主義的な観点の結びつきの強調点を覆い隠してしまう。その強調点とは心理的な成長に伴う二重性やアンビバレンスや情緒的な痛みを見えにくくしてしまっているのである。

実証的な研究からのいくつかの発見

　この主題の領域における私自身の研究は，子どもの致死的な病気（白血病）に対する両親の適応を中心としている（Hoffman, 1972; Hoffman and Futterman, 1971; Futterman, Hoffman, and Sabshin, 1972; Futterman and Hoffman, 1973）。そのような子どもを失った両親の経験が，死すべき運命への気づきと適応の変化を含んでいると思われた根拠がある。Freud の示したところによると（1915, p.293），個人が自分自身の死の必然性を最も強く意識させられる出来事は，その人が愛している人の死であった。さらに親にとって近しい人々の中でも，子どもは特別な位置を占めている。彼らは親自身の自己やアイデンティティが生涯を越えてある種の継続をしていくという希望を表している。Freud（1914a）はこう言っている。「自己愛システムの最も脆弱な部分が，自我の不死であるが，それは（中略）子どもの中に身を隠すことによって安全を達成する」（p.91）。これが真実である限り，子どもの死が（恐らく他の誰を失うよりも）両親の自らの傷つきやすさの感覚を増大させ，自らの死すべき運命への気づきを高めると思われる。

　私はこの主題に関連したある調査研究について，その簡単な概要をいくつかの事例とともに報告しようと思う。この研究は健康な対処法のいくつかの要素に焦点を合わせ，成功した適応とは発達的な過程，あるいは発達的な変化を

生むものとして最も上手く概念化されることを示唆している[11]。苦痛の回避を目的とする否認のような単純で防衛的な（すなわち自己欺瞞的な）反応のかわりに，あるいは外的な脅威を克服したりコントロールしたりすることを目的とするさらに単純で統制的な活動のかわりに，私たちがしばしば見出したものは，子どもの致死的な病気の意味することと正面から向き合う，かなり意識的な戦いであった。私たちはいくつかの主要な「適応上のジレンマ」に関係した対処のプロセスを概念化した。致死的な予後を知らされているにもかかわらず，希望ある態度を維持するというジレンマ，予期されたり実際に生じたりした喪失を悼むのと同時に日常生活のルーティンや情緒的な平衡を保つというジレンマ，そしてまだ不可避的に深刻な疑念や疑いや怒りの経験を自分自身に許容しつつ，自分自身や世界に対する信頼や信仰を確固としたものにするというジレンマである。

　私たちに印象深かったのは，親たちの持つ，苦痛に満ちた矛盾や曖昧さの中でそれとともに生き，それぞれのジレンマの両側と対峙する（両方を心に留めておく）能力であった。私たちは子どもの病気の経過中やその死の後に，それぞれのジレンマを特徴づけるバランスの様式がシフトする跡をたどった。そして子どもの状態と病気の段階によって，どちらか一方の適応のタスクが優勢であることを見出した。しかしいかなるタスクへの関与も，それと比較して反対側にあるもう一つをある程度意識することや，ある程度心に留めておくことを消し去ることはめったになかった。たとえばこの認識は寛解期の希望によって消し去られるということはなかったし，再発した際にこの認識や諦めによって希望が消し去られることもなかった。適応的なタスクやジレンマにおけるバランスは，通常は現在の状況の認知的評価だけでなく未来への考慮によって調整される。21の家族のサンプルの中の3つの著しく逸脱した事例では，適応上のジレンマの一方の側（あるいはタスク）に，もう片方を犠牲にする形で頑固にかつ持続的に固執した。言い換えると，これらの事例は適応的な統合に失敗したことを表している。

---

[11]　本論文が書かれた1970年代後半以来，発達的な変化についての主張の価値を担っている支えについての私の自覚は増している。しかしここで定義されている基本的な変化，つまり死すべき運命への気づきが強まることで優先事項が再編され，生きることへのコミットメントがより深まるということについては，弁証法的構成主義と一致しており，この後者についてはある種の普遍的な妥当性が唱えられている。

私たちが両親の意味を求めての格闘を位置づけることができるのは，上記の第三のジレンマ（自己への疑念と不可避的な辛辣さを統合しつつ自信を維持すること）の文脈においてである。一つのレベルではこの格闘は，計らずも短く終わった子どもの人生の意味を確信するためのものであり，そして子どもの死を防ぐことができないという彼らの無力さにもかかわらず，両親の愛や子どもに対するケアの価値を確信するためのものである。主に子どもの死の後で表面化したもう一つのレベルでは，私たちは両親が彼ら自身の人生の価値が持つ意味を再確認しようと格闘するのを観察した。それは彼ら自身の脆弱さと死すべき運命への気づきの高まりにもかかわらず，そしてより具体的には，恐らく，彼らの子孫を通した不死の望みが損なわれたにもかかわらず，であった。経験的には，この後者のプロセスは個人の限界と折り合うことや，自己概念の再組織化を伴っている。そしてそれを両親たちは成長の感覚として描写した。それはまた形式的な意味でも，それは発達を進行する分化や統合を意味する限りにおいてであった（Werner, 1957）。この例では，そのような変化は自己の境界の重大な気づきの深まりを反映しており，それは死すべき運命への直面や，自分たちが物事の進行をコントロールする力に限界があることへの直面から生じる[12]。

一般に，子どもの病気が進行していくにつれて，両親は子どもの人生の質や，子どもと過ごすにつれてその量が失われていく時間の質にますます注意を向けていくようになる。この時間の量の代わりに時間の質を強調することは，恐らく子どもの死と折り合うためのすべての基盤の最も基本的なものであり，続いて起こる両親の発達上の変化を最も強く導くものである。このプロセスで，両親は子どもとの関係や彼らの人生の経験の固有の価値や完全性を確信することができる。

来世に対する宗教的な信念は，多くの両親に若干の慰めを提供したが，それでも彼らのこの世における子どもの人生それ自体が意味があるものであったと確証するための尽力は変わらなかった。終末期になると，時おり子どもとのコミュニケーションが時間の喪失を代償し，子どもとの関係に完結性の感覚を与

---

[12] 実質的にはほとんどの親が，弁証法的な関係を持つ態度のペアをいくつも維持することができたと言えるが，しかし「失敗」した三事例では，弁証法的な関係性は一方が他方を排除するという形で，二者択一的な組織化へと崩壊した。その定式化はここにおいて分析過程における弁証法的－構成主義の観点を予期している。

えようとする意識的な努力を表すようになる。罪悪感や苦痛の表出は子どもの死後になされたインタビューでは珍しいことではなかった。しかしそのような言明は大抵の場合，自己や他者，あるいは人生それ自身への許しの言明によって釣り合いのとれたものとなった。この時期の対処のプロセスの主要な側面は一般に許しを与えることである。そしてここでもまた，喪失の痛みを相殺するのは子どもの人生の質に焦点を当てることである。

　精神分析的な観点では，そのような態度はある程度の否定的な感情の否認や一種の合理化を反映しているのではないかと疑われるかもしれない。しかしこれらの態度が，一般に罪悪感や苦痛との意識的な格闘のみならず，深い悲嘆をも含んだ，長く複雑な対処のプロセスにはめ込まれているという事実があり，それらを単に防衛として概念化することが過度の単純化であることを示している。たとえそれらが喪失の痛みの強烈さを軽減させる防衛的な機能の役割を果たしたとしても，それらが統合の過程を反映しているとみなす理由もある。このプロセスでは，喪の仕事の苦痛な側面を引きとめたり妨げたりすることなしに，失った愛する対象の人生の価値を肯定する。実際この点から，喪の仕事は，エネルギー投入を引き上げたり向け変えたりするだけの問題ではなく，失われた対象と潜在的な新しい対象の両方へのエネルギー投入の質の変化を含んだものとして最もよく概念化されると思われる。この対象へのエネルギー投入の質の変更は，価値と時間的な限界の間の関係の新たな統合や，その事実の新たな評価に関係している。そしてそれは Freud（1916a）が「移ろいやすさの価値とは，過ぎ行く時のなかでの希少価値なのだ」（p.305，岩波版，14巻，p.330，一部を訳者が変更）と言ったのと同様なのである。

　多くの両親は，子どもたちの死と折り合いをつける中で，自分たち自身の死すべき運命への気づきを高めた。さらに子どもの人生の質の強調として始まったものは一般化されて，目前のものを味わって感謝し，現在をより十全に生きる営みとなった。先に述べたように，時間的な志向性のこの変化が時間における自己の境界のさらなる分化と統合のプロセスを伴っている限り，それは心理的な成長を反映しているものとして理解することができるだろう。一人の母親が以下のように語っている。

　　私はこれまでは決して見えなかったものを見ています。目を人生それ自体に向かって開き，これまで当たり前のように思っていたことに感謝をするために

は，時には悲劇が必要なのです。それらすべてをまとめると，人生それ自体が私にとってより多くのことを意味しています。私は明日を期待することはできませんし，昨日は去ってしまいました。私が思い悩んだり，感謝したりするのは今日なのです。人は亡くなる時にたとえどんなに年をとっていても，人生をとても短いと思うでしょう。5歳でも，32歳でも，65歳だったとしても，人生はとてもとても短いのです。だからそれを最大限に活かさなければいけません。

　致死的な病気の子どもを持つか，子どもを亡くす経験を持ったことにより，両親たちは自分たちや他の人々が同様に持っている限界や力強さや苦しみの可能性について，より意識的になった。非難する何かや誰かを見つけ出したいという必要性は，対人関係の信頼に脅威をもたらしたが，長期的には，その研究に参加した両親たちの大部分は，特に彼ら自身の家族たちの中で，人々との親密性や共感性が高まる感覚を経験した。

　多くの両親は特に自分たち自身の運命をコントロールする能力に関して，人間としてより深刻な限界を感じたが，それとともに個人としてのより大きな力，レジリエンス，苦しみに耐える能力の感覚，そして一層の成熟という全般的な感覚を報告した。

　　Mr.G：これはあなたが本から得ることができないトレーニングです。それは一つの経験ですが，愉快なものではありません。でもどのようにそれを表現したらいいでしょう？　それは現実の生活であるため，身の毛のよだつような恐ろしいものではありません。まさにそうだったのです。それが真に生きているということです。それは偽物ではありません。それは生きることの核心だと言えるかもしれません。私たちはよいものはとても進んで受け取るのですが，つらいものを見ると「あぁ，これは本当にきつい」と言うのです。しかし実は人間を作るのはそうした種類のものです。快ではないのです。

　　Mr.H：あなたの心は成熟しなければならないのです。そして，それはあなたが考えていたよりさらにもう少し成長しなければならないのです。実際にそこで成長をしなければならなかったような悲劇に決して直面することがない80歳の人々もいるのです。しかし彼らは成長する余地を持っています。あなたは成長する余地を常に持っているのです。あなたは時には成長しなければなりませんが，成長する必要のない人もいます。しかしもしその時が来たら，そうすることができなければならないのです。

Mr.C：私はついにその状況の現実に直面した時，それに耐えることができることにショックを受けました。私は自分がそうできると思っていませんでしたが，気を失ったりすることもなく，私はそのまま受けて立ったのです。だから私は人がそう強いられた時は，かなりの力を発揮することができると思います。とにかくどのように見ても厳しい世の中であることは認めなければいけません。私は豊かであっても，貧しくても，健康であっても，病気であっても，心の痛みのない人を知りません。そして私はそれに耐えることが，単純に大人であることの印だと思います。私は大きな成熟を得たのを感じます。私がこれまで手にした中で最も大きなものでした。私は死と向き合って，真正面から見つめることができるように思います。

　要約すると，両親の成長の感覚は，時間的な志向性の変化や，他者の持つ限界へのより大きな共感的な同一化やそれに耐える力，そしてレジリエンスの感覚や苦痛に耐える能力の感覚の高まりに反映される。これらの変化のすべては，喪失の経験と死すべき運命に直面することに根ざしている。

　喪と成長の密接な関係については精神分析的な著作の中で様々な文脈で論じられてきた（たとえば Fleming and Altschul, 1963; Wetnirem, 1963）。もちろん始まりは Freud（1917）の喪と自我形成の関係についての古典的な定式化からである。ここで報告された研究の結果は，いくつかの点で精神分析理論の発展に重要な関わりがある。それらは比較的健康な適応の形態と，それらに伴う成長のプロセスを記述するための実証的な基礎を提供している。それらは専門的な援助の必要性の根拠を自ら表明したり示したりしなかったような人々から得られたものであって，そのため伝統的な臨床場面で集められたデータから学ばれたことを補うことができる。さらにそれらは，最近大きな喪失に苦しんだが自分たち自身の死に差し迫って直面するような極限状況にはなかった人たちの報告に基づいている[13]。あまりにもしばしば，死や死にゆくことについての研究はこの極限状況に限定されている。そのために自身の死への見通しは，そのような状況にない限りは遠い知的な考えであるという印象を与えてしまう。対象喪失と死すべき運命への適応の関係の研究は，正常のストレスのない状況下の人々についての実証的な研究との架け橋となることができる。これらの研

---

[13]　終末期の病の患者に対する臨床活動への Kohut の概念の適応については，Muslin, Levine, そして Levine（1974）を参照するとよい。

究は死すべき運命の前意識的な気づきが，日常生活での価値や優先事項の確立において，そして短期的長期的な人生のゴールの設定などにおいて，それらを組織化する上で大きな影響を及ぼす役割を果たすようなやり方を探索するという意図のもとになされうるのである。

研究と臨床活動との関連について

認知発達の研究との関連

　人間の死への気づきを情緒的に重要な変数とみなす理論はどれも，刺激やイメージに縛られているわけでも単なる表面的な知的プロセスでもない概念発達という考え方に適応できなくてはならない。それは個人の自己の感覚に徹底した心理的な意味合いを持つような，認知的な変形が生じる余地を持たなければならない。Freud が内因的で無意識的な本能の影響を強調したため，Rapaport（1960, p.13）は Freud の認識論をアングロサクソンの経験論よりもむしろ Kant の側に位置づけた。しかし Freud の知覚する自我は，それが刺激を処理する方法については白紙状態 tabula rasa のようなもののままである。それはそれ自身が独自の展開をする認識構造やスキーマを備えてはいない。Schimek（1975）はこう記している。「Freud にとっては，19 世紀の連合理論の路線に沿い，知覚は基本的に特定の外的対象に対する受動的で，一時的な記録である。知覚装置の機能は粘版石の文字を書く面やカメラのレンズのようなものである」（p.172）。

　さらに死すべき運命への適応の問題は，Freud の認識論が彼の理論構築の上で足かせとなった唯一の領域ではなかったことは間違いない。彼はたとえば，神経症の起源を説明するための外傷理論を棄却してからは，幼児性欲や，より微妙な環境的な出来事，そしてそれらの出来事を理解して解釈する発達途上に知的な能力（それらによって意味が構成される）の相互作用によって説明されるものの限界を探求する代わりに，父殺しの記憶が遺伝するというラマルク的な考えに引き寄せられることでエディプス・コンプレックスを説明した（Freud, 1939, pp.99-100; Hartmann and Kris, 1945, pp.21-22; Schimek, 1975, p.180）。

　Schimek（1975）と Basch（1977）は，認知的発達の現代的な概念，特に Piaget の研究を精神分析理論に統合することの重要性について私たちに注意を促した。このつながりにおいて興味深いのは，Piaget の全体的なシステム

が認知的な発達にまさに関係していたにもかかわらず，彼は死の概念の発達の問題に取り組んでいないことである。生命のある世界と生命のない世界の分化についての彼の研究（1963）は，そのような人間の死すべき運命の概念の進展に関係していない。恐らく Piaget が閉じられた身体システム（Blasi and Hoeffel, 1974）における保存 conservation のパラダイムに固執し，「可逆性 reversibility」の発達を強調したことが，彼の理論の範囲を制限し，最終的で不可逆的な出来事である，死についての概念を研究の題材にすることを妨げたのであろう。

　それでも，Piaget 学派の性質を持ったいくつかの研究がこの領域でなされている。Nagy の古典的な研究（1959）は，死の概念の発達の三つの段階を識別した。最初の段階（5 歳以前）は，死は可逆的な分離として理解される。第二の段階（5 歳から 9 歳）では，それは最終的なものではあるが，一般的ではない人格化された力によって影響される運命としてみなされる。第三の段階（9 歳，10 歳以降）では，それは最終的で不可避で一般的なものとしてみなされる。

　Nagy による一連の段階は比較的大雑把なものである。Kastenbaum（1977）は Nagy の第二段階の擬人化の傾向の遍在性に疑問を投げかける。彼はまた死の意味の早期のわずかな兆しが一瞬見えたとしても，その心理的な苦痛のためにわきに追いやられるかもしれないと指摘している[14]。

　　新しく発見された死の意味が，感情的なインパクトのせいで薄れていくように見えるということはありそうなことである。早期に死を実感することで絶えず心をかき乱されながら生きることは耐えがたいことである。大人でさえ死と折り合えるようになり，そこに留まるのは，非常に苦労をするのだ。大部分の子どもたちは，死の実感はそれを徹底した形で意識的な思考の中に維持するには，その威力が大きすぎると感じるであろう。これは子どもが時に死の本質の鋭い把握を示すことができることを示唆している。しかし子どもはより典型的な形では死がまるで可逆的であったり，睡眠の形であったり，老人や悪い人，不運な人にのみ起こる何かであったりするものだとみなすようにふるまうのである［p.30］。

　死の意味を垣間見ることや，そうすることによって引き起こされた不安や，

▼14　これらの推測は概して，子どもの喪の過程が広範囲な否認によって中断させられるという，精神分析的な観察者たちのコンセンサスと一致している（Miller, 1971）。

それに引き続いて子どもだけでなく大人においても作動する防衛戦略を取り上げるだけの十分な繊細さを持った研究を，私たちは必要としている。Piagetのシステムはそのような研究のための枠組みを提供している。しかし彼自身の仕事は不安の影響下で生じる認知的な退行の可能性を考慮していない。Piagetにとって，認知は常に前進する。つまり，認知的発達の段階の間の不均衡は，常に次のより高い段階での均衡に向かう運動によって解消される。子どもや大人が自己が脅かされる認知的変形から後戻りするという可能性については顧慮していないのである。

　死すべき運命への気づきの発達に関するさらなるデータの必要性に加えて，無限 infinity という意味の感覚の出現に関する認知的な発達の研究も抜け落ちている。私は空間の文脈においてこの問題を扱った Piaget と Inhelder（1956）によるある実験について知っている。ある特定の段階で，子どもは線分を再分割できる回数には制限がないことを理解する（pp.146-147）。果てしなく広がっている時間と空間について思う際の経験の質を探求するために，さらなる研究が必要である。時間や空間の終わりを思い描くことはできず，いくら限界を無理にこしらえても，その向こうにもっと時間や空間が永遠にあるに違いないという結論を余儀なくされるということを，子どもたちはどの時点で理解し，その発見の現象学はいかなるものか？　Merleau-Ponty の視点に関して先に記したように，無限の概念は単なる数学的で，知的な考えではなく，すべての抽象的な思考に含まれる前意識的な因子であり，経験の組織化に大きな影響を及ぼすものである（たとえば，抽象的な「椅子」の概念は，実際の有限な椅子の集合についてではなく，無限に可能な椅子についてのものである）。

　一度，形式的操作段階 stage of formal operations に到達したならば，人の自己感覚には，直接の体験が持つ，その他の無限の可能性を背景とした相対性への前意識的な気づきが浸透している。死すべき運命への気づきに関しては，自分自身の存在や自分自身の「時間」は，無限に可能な存在や「時間」のうち，自分が独占している一つにすぎないという，前意識的（多かれ少なかれ否認disavow されている）気づきがあると主張したい。これは自己愛を痛烈に傷つける，人間にのみ特有な洞察であり，その現象学はよりいっそうの研究に値する。

臨床的な精神分析と精神分析的精神療法にとって意味するもの

　Freud（1905b）が考えた精神分析的治療からの除外の基準の一つは年齢で

あった。

　精神分析的治療を適用しうる患者を選ぶうえで年齢に関しては，50 歳に近い
かそれを超えた人間においては，一方で心的事象の可塑性に欠ける場合が多い
——年輩者はもはや教育可能ではない——ことと，加えて治療でこなすべき材
料が治療期間を予測しがたいまで引き延ばすため，考慮すべき要素となります
[p.264]。(岩波版，6 巻，p.407)

　しかし，この基準は主に，中年期の時までに最も固まった（最も「柔軟」で
なくなった）と思われるパーソナリティの側面の考慮に基づいている。その予
想が妥当かどうかは別として，その基準は人が中年期でもさらに後年でもまだ
固まらずに流動的であるかもしれないような適応の側面を考慮に入れていない。
特にすでに生きてきた時間よりも残された時間の方が少ないという実感の心理
的な影響を考慮していない。Kohut（1977）が示唆したように（先述の pp.54-
55），中年期は人が彼らの死すべき運命の認識に逆らって自己 – 価値を主張しよ
うとする奮闘に焦点があてられる可能性がある。Freud の危険状況の階層とい
う観点から考えるなら，「時間がなくなっていく」という感覚の高まりは不可
避的に，人が扱わなければならない自己の統合に先行する脅威のすべてと共鳴
するかもしれない。Freud の明言した立場とは反対に，多くの場合，早期の発
達上の葛藤の残留物もまた揺り動かされ，そのためにより柔軟になって分析的
な影響を受け入れるようになるかもしれない。
　高齢の患者との分析的な作業に関する著作は，少なくとも理論的な面では，
Freud の還元主義によって阻害されている。その結果として生じるのは，形式
上は古典的な還元主義にコミットし，それからそれを捨ててより実存主義的な
観点に移るものの，そのシフトについては認めないということである。たとえ
ば Grotjahn（1955）は初めはこう主張する。「年を取ることはしばしば自己愛
的なトラウマとして感じられる。なぜならそれは去勢の脅威を意味し，反復し
ているからである。老年の神経症は去勢不安に対する防衛なのである」(p.420)
しかし彼は後にこう言っている。

　人が自分の人生を，その生きられた人生として統合するという仕事と，その
人自身の死の最終的な受容は実存の問題である。それらを扱うことは老年期の
大きな仕事である。それらは，幼児期，児童期，思春期，成熟期と本質的に異

なっている。（中略）健康な幼児の無知で自己愛的な誇大妄想と，老年の成熟した，意識的に成し遂げられた自己－受容の違いは，高齢者に特有の実存的な問題に関連して最もよく学ぶことができる。そしてそれはその人自身の人生の終わりに関する問題の最終的な熟達なのである［pp.420-421］。

　私は実存の問題が老人に特有であるとする Grotjahn の見方に疑問を持っている。その問題は後年になって，ある際立ったレベルまで達する傾向があるかもしれないが，発達の課題として現れてくる可能性が高く，早ければ子ども時代に死すべき運命への気づきの最初の兆しという形を取るであろう。死すべき運命への適応の全過程は，実存的な視点と古典的精神分析の危険状況の階層とを統合した観点から，臨床的に探究されるべきである。認知的発達の研究での発見は，不安の影響とそれに関連した承認と拒否の変遷とともに考慮されなければならない。

　同様の文脈で，様々な年代の患者と治療者との間で起こる転移－逆転移の様態を探求する際に，死すべき運命への適応の役割を考慮することは重要であるだろう。Grotjahn は若い治療者が高齢の患者と作業をする時に，扱われなければいけない逆転移の問題のいくつかを議論している。彼は特に治療者が子どもや孫の位置におかれる「逆エディプス状況」や，それに関連した逆転移の困難さに焦点を当てる。かなり高齢の患者との作業をしている治療者には，不安や様々な防衛のメカニズムに加えて，死すべき運命の感覚の高まりがみられるであろうことを考慮することも重要かもしれない[15]。

　患者がいかなる年齢であっても，精神分析状況は個人に特有の死の意味について，特定の早期の危険状況との関係を含めて，探求することができる文脈を提供する。神経症患者や精神病患者でさえ，インテンシヴな分析作業から集められたデータは，特定の症状と死の予期への反応との関係を明らかにすることが可能である。Meyer（1975）は症状形成において死への不安の果たす役割を考慮することによって，神経症の症状への私たちの理解がどのように深められるかを示している。同様に Searles（1961）は統合失調症的な適応を，死の不可避性に気づくことから必死に逃避する一つの型として描こうと試みた。Meyer や Searles によるこれらの議論は，死の恐怖の役割を誇張する一方では，

▼15　ある老齢の患者との私自身の治療例については，第10章を参照。

他の種類の不安については強調していないが，前者の精神病理学への貢献を実質的に無視する傾向への修正策としての役割を果たす。

第 3 章

精神分析家の存在の親密でアイロニカルな権威

「セッションズ」からの一つのセッション

　ケーブル TV で「セッションズ Sessions」と呼ばれる番組があった。それぞれのエピソードは，精神分析あるいは精神分析的療法のセッション（それをどう呼ぶかはあなたの立場によるだろう[1]）をめぐって作られており，患者が現在の生活状況や子ども時代について語るのに従い，それらの場面の様々なフラッシュバックが描かれていた。あるエピソードでは患者の母親が恐れおののいていた。彼女は心臓疾患のために入院しており，軽い心臓発作である可能性もあった。患者はカウチにいた。Elliot Gould が扮する分析家あるいは治療者は温かく魅力的な印象を与えていた。

　35 歳から 40 歳くらいに見えるその患者は，父親と疎遠であった。彼は父親がとても自己中心的であり，このような状況下でさえ自分自身のことを考えることしかできないと分析家に不満を言う。患者は母親を見舞った後で病院から家に車で帰る時の父親との経験について語った。ここで私たちはフラッシュバックされたシーンを見る。車の中で，父親は家事をこなすことへの不安につ

　　　この章の最初のバージョンは 1996 年の Thepsychoanalytic Quarterly, 65: 102-136 に掲載された。

▼ 1　精神分析的精神療法と精神分析の関係に関しての概念や用語の問題の議論については，Gill（1991）を参照。イントロダクションで記したように，この本を通して，「精神分析 psychoanalysis」と「精神分析的療法 psychoanalytic therapy」という用語や「分析家 analyst」と「治療者 therapist」という用語は交換可能なものとして使われている。「精神分析的療法」とはカウチを使わず従来の正式な精神分析の頻度ではない形で精神分析的技法が用いられる様式をさす Gill の用語である。私が関心をもっている様式は，たとえそれが何と呼ばれようとも，示唆的 suggestive な影響と相互交流についての批判的省察の弁証法的な相互作用についてのものである。

いて言い続けている。彼はどこに何があるか知らず，料理の仕方も知らず，どうすることもできないと感じていた。セッションでは，患者は彼の父親が少しも母親の健康についての心配を語らなかったことについて怒っている。ある時点で分析家が尋ねる。「あなたは彼が怖がっていると思いますか？」これに驚いた患者は，少し間があってから，答える。「はい，私はそう思います」。分析家は言う。「恐らく彼はそのことについて話す誰かを必要としているんでしょう」。患者は言う。「父が？　あなたのような頭の医者と話すという意味ですか？
　ご冗談でしょう。彼は決してそんなことはしません」。分析家は言う。「いや，私のように『頭の医者的』な人のことを考えてはいませんでした。私は『息子的』な，あなたのような人のことを考えていましたよ」。患者は叫んだ。「正気でおっしゃっているんですか！　父と私は人生を通して，一度も本当の会話をしてこなかったんですよ。それが一体どうして今始まるっていうんですか？　全くありえませんよ！」　少しの間の後に，分析家は言う。「私はそうしたらどうかと提案しているわけではありません。一つの考えにすぎませんよ」。
　それに続く場面で，患者は親の家のキッチンで父親とともにいる。彼らはキッチンカウンターの前に立っていて，背中をカメラに向けている。父親はがっしりしていて，患者よりも少し背が低い。彼は 60 代か，70 代前半くらいに見える。彼らは夕食を準備している。父親はぎこちなく調理用具か何かを探している。彼は何かを落として，それを拾う。彼はいかに上手くやれそうにないかについて神経質そうに喋っている。彼は疲れたようで，しばらくカウンターにもたれかかる。患者は静かに尋ねる。「お父さん，怖いの？」　父親は黙っている。彼は頷いてため息をつき，こう言う。「あぁ，怖いよ」。少しの間があって，二人は同時に互いに寄りかかり，父親は息子の肩に頭をもたせかけ，患者は父親に腕を回す。そのシーンはフェイドアウトし，番組は終わりとなる。

分析的中立性の神話を再考する

　具体例として考えるために，私たちはそのエピソードを実際の分析的療法で起きたものとして扱ってみよう。治療者がしたり言ったりしたであろうその他の多くのことがあることは疑いようもない。例えば治療者は多くのことを聞かないと適切なことが言えないと感じてそれまで黙っていたかもしれない。あるいは彼は患者の父親がとても自己中心的であることへの怒りに共感を示したか

もしれない。同様の文脈で，彼は生活史上のそれまでの出来事に関心を持ち，この経験から何かを連想するように促したかもしれない。その文脈の中で，患者が治療者との関係で持つ経験の一側面をほのめかすようなものはあるだろうか，あるいは，この瞬間のこの経験について患者が語っていることの中で，暗黙のうちに分析家から何かを欲しているのだろうか？　そう，ことによると分析家は患者の病理についての知識や，転移の様々な側面への気づきがあるために，父親のふるまいにどのように対処したらいいかを助言して欲しい，という患者の葛藤を伴った願望を解釈するよう促されるかもしれない。その文脈では恐らく，分析家は一般に認められている，適切で比較的「中立的な」分析的態度を守りながら，実際に何かを助言したり示唆したりすることなしに解釈するであろう。

　実際のところ，私がここに述べた選択肢はどれも，この例で分析家ないしは治療者がしたことよりも明らかに**外見上は**中立的である。この例では，彼はあからさまな断り書き（「一つの考えにすぎませんよ」と言うことで）を述べてはいるが，患者がするべき何かについてのはっきりした示唆を与えていた。仮説上はそのような見かけ上の「アドバイス」の背景にはより暗黙のうちに解釈的な意味を伝えるのに十分なものがあったかもしれない。たとえば患者と分析家は，患者が彼の父親との情緒的な接触の機会を避けることについての理解を深めたかもしれない。そのような文脈では，分析家の見かけ上の示唆は，「ここでもお父さんが感じているかもしれないことについてより共感的に考えることを，あなたは拒んでいるのかもしれませんね？」という，暗黙の質問になっているかもしれない。しかしその文脈でなければ（あるいはそれでさえも），多くの人々はこの分析家のコメントを，精神分析や厳格なタイプの精神分析的精神療法というよりも，せいぜいカウンセリングや支持的精神療法にふさわしいものとしてみなすだろう。その観点によれば，よい分析的療法家は被分析者の人生に直接関与することとの境界線を決して踏み越えようとはしないだろう。その代わりに分析家は，患者の選択がより統合されてより見識のあるものになるために，彼らの適応に影響を与えている無意識的な問題や葛藤に気づけるよう援助することを望んでいる。患者の個人的な問題に口出しをすることは，無意識的な動機や内的対象関係，彼らの「精神内界の生活」を明らかにすることを犠牲にし，個人的な偏見を注ぎ込むことになるのである。結局は「現実生活」でなされる困難な選択があるならば，それらは患者が自分自身で行わなく

てはならない。分析の目的は，Freud の言葉を言い換えると神経症的な苦しみを普通の人間の不幸に変えることである（Breuer and Freud, 1892-1895, p.305）。私たちの責任は患者の責任が始まるところで終わるのである。

　しかし，この過程の描写は正確であろうか？　私が描写した状況で，分析家が外見上はもっと中立的なタイプの反応を実際に提供したと思ってみてほしい。彼がただ耳を傾け，患者の怒りに共感し，転移の潜在的な意味を解釈しようとしたとする。結果はどうであっただろうか？　患者は父親に怖いのかを尋ねただろうか？　感動的な心のふれあいの瞬間は訪れただろうか？　そうなったかもしれない。しかしそれが起こる可能性はより少なかったと考えることは理にかなっていると思われる。もちろん分析家がその時間に問いかけたものとちょうど同じ質問を患者がする際は，直接的な影響としての分析家の存在は紛れもないものである。実際私たちがすぐに考えるのは，患者の経験のその他の側面を犠牲にして，分析家に行動上は迎合したり同一化したりする危険性についてである。しかしもし分析家がその明らかな示唆を与えなかったならば，そして患者が父親にその質問をしないことで父親が恐怖を語る相手となることができなかったならば，私たちはその質問や親密な瞬間が生じないながらも，さらなる発展の可能性のすべても含めて分析家の影響をみとめることができただろうか？　私はできなかっただろうと思う。私たちは患者がこれまで父親と持っていた彼独自の関係の持ち方に沿って，選択したことをただ行っただろうと考えるだろう。分析家はそれとは何の関わりもないと，私たちは言うかもしれない。彼は自らの手を汚していないのだ。彼がしたのは患者の導きに沿って，その患者の意識的，無意識的な経験の様々な側面を探索したことだけなのである。

　私の考えでは，それらはすべて素敵な話だが，かなりの絵空事でもある。分析家が行ういかなることでも，つねに示唆に満ちあふれている（Gill, 1991）。何を患者から出たものと判断してそれに従おうとも，何を患者の多少なりとも曖昧なコミュニケーションの中から何を取り上げるかを選択しようとも，それは特定の方向に患者を導くことになる（Hoffman, 1990）。たとえばもし分析家が患者の怒りに共感したならば，彼は意識的にあるいは無意識的に，少なくともしばらくの間は，父親から距離を置き続けることが妥当であろうという示唆を患者に行っているようなものである。その「しばらくの間は」というただし書きがとても重要であるという主張もあるかもしれない。セッションの終わりでいずれかの方向に明らかに傾いていたなら，そのテーマについての最終的な

言葉が語られたことにはほとんどならないだろう。患者の経験の別の側面を捉えたり，それらを探索したりする時間が十分にあるだろうと言われるかもしれない。たとえば患者は父親への無意識的な恐れとともに，父親と親密になりたいという，自らにより否認された願望を持っているかもしれない。**精神分析においては，決して急ぐ必要はないのだ**。やがて多少なりとも葛藤的な患者の経験の多くの側面が明るみに出され，私たちはそれらすべてに相応の敬意を払うことができるように，いかに公平でありえるかを示す立場にあるのであろう。

　この推論が持つ問題点は，分析が現実の時間（現実に刻々と過ぎ行く時間）の中で進んでいることや，患者が分析状況の内部と外部の両方で私たちの示唆的な影響下で現実の選択をし続けているということを否認していることである。私たちが維持しようとしている共同幻想と私が考えるのは，分析は選択の世界から離れた一種の聖域であるということである。その意味で人は特定の選択について，その複雑に込み入った根底にある無意識的な葛藤の意味するものをさらに知ることができるまで延期するべきであるという考えを私たちは持っている。疑いもなく，そうした延期はいくつかの例では可能であり，貴重でさえあるだろう。しかし当然ながら，そのような場合にでも，延期そのものが現実の選択であり，現実の結果を伴うのである。

　分析が聖域にあるという考えをあまりに文字通りに捉え過ぎた場合，分析家たちが分析状況の内部や外部で危険を冒して何かしらのことをしたりしなかったりする際に，彼らの権威の範囲と患者との親密な関係の及ぶ範囲の両方を否認することになると私は考えている。その外にいようと一生懸命試みることで，私たちは実際に「それから出て」いることができる。行動するための適切な瞬間は絶えず訪れては去っていく。それらは再び生じるわけでは必ずしもなく，それらは永遠に続くというわけでもないのは確かである。分析家はそれらの瞬間が過ぎていく時に患者の人生のまさにその場にいる。彼らが避難できる，リスクのない立場はない。私が TV 番組から示した例で，もし分析家が自分たちの理論の多くにとって理想的だと思われるような，比較的受身的で「中立的」に見えるやり方を固守したならば，患者が彼自身の願望や創造する能力，親密さの特別な瞬間を発見する前に，その父親は死んでいたかもしれないし，たとえそのような瞬間が結局実際に最終的に起こったとしても，多くの貴重な時間は失われていたかもしれないのである。

　私はそれらの可能性を考えることをメロドラマ的だとは思わない。精神分析

理論では全面的に否認されているが（第2章，Becker, 1973），死は私たちの入念に練られた計画に対するよくある障害物である。バスケットボールやサッカーの試合では，チームは少なくともタイムアウトを取ることが可能であり，そのチームのメンバーが気を落ち着けたり，反省をしたり，コーチの助けを借りて戦略を練ったりしている間，ゲームの時計は文字通り止まっている。しかし人の人生の時間は，すべての分析の時間や週や年を通して容赦なく進み続けていく。時計は動き続け，多かれ少なかれ頭を悩ませる選択が，分析家の意図したり意図しなかったりする関与とともに，まさに彼らの目の前で絶えずなされている。分析家が沈黙したり，距離を取ったりする方を選んだとしても，彼らはそれでも反応して関与していることになる。そうした沈黙することや距離を取ることが与える影響は，単に患者の欲望の性質に関しての「真実」を明らかにするということではない。むしろそれは分析状況の内部と外部の両方で，いつでも彼らの欲望とそれらの表現に影響を与えて，部分的にそれらを形作っている。

構成主義のパラダイムで分析家の権威を理解しようとすること

　今日では私たちが単に客観的な科学者としてのみ治療過程に関与しているわけではないことは，普通に認められている。私たちがその代りに認識するのは，私たちの対人関係的な関与の良性 benign の側面が治療作用の過程に本質的なものであり（たとえば，Bromberg, 1983; Kohut, 1984; Loewald, 1960; Strachey, 1934; Winnicott, 1971），私たちの理論が私たちが行う解釈の種類に不可避的な影響を及ぼしており（たとえば，Schafer, 1992; Spence, 1982），私たちの逆転移による態度が伝統的に考えられていたよりも広範にわたり，重大な結果をもたらし，役に立つ可能性があり（たとえば，Bollas, 1987; Ehrenberg, 1992; Gill, 1982, 1994; Greenberg, 1995; Hirsch, 1993; Jacobs, 1991; Levenson, 1983; Mclaughlin, 1981; Mitchell, 1988, 1993; Racker, 1968; Renik, 1993; Sandler, 1976; Searles, 1978-1979; J. Slavin, 1994; D. B. Stern, 1989, 1997; Tansery and Burke, 1989），そして私たちは自分たち自身の個人的な価値観が結果的にしばしば患者に影響を与えてある方向に向かわせる（たとえば，Gedo, 1983; Hoffer, 1985; Lichtenberg, 1983; Meissner, 1983; Psychoanalytic Inquiry, 3[4], 1983）ということがいかにして生じるかに目を向けるべきだとい

第3章　精神分析家の存在の親密でアイロニカルな権威　123

うことである。

　しかし私たちはどの程度まで，これらの理解に対して単なるリップサービス
を行っているのだろうか？　示唆はいたるところに存在していると認められた
としても，その示唆の影響を分析することでその影響を最小限にすることにい
つも力点が置かれているのである。私たちはそれを好むと好まざるとにかかわ
らず，患者にとっての**先達** mentor としてある程度不可避的に巻き込まれると
いう事実を，どのくらい身に染みて感じているのだろうか？　私たちの役割の
そうした側面を完全に受け入れることは，私たちの行為はすべて分析的な検討
の対象となっているというだけでは十分でないということを認識することにな
る。私たちが持っているいかなる叡智も，常にとても個人的で主観的であると
いうことを認めている時でさえ，私たちは**賢く行動**しようとしなければならな
い。実際にそうした認識のために，私たちは人生を形作る問題に対して，患者
に影響を与えていると考えることを好まない。それらはたとえばどんな職業に
従事しようか，どんな性的な志向や性同一性の性質を取り入れようか，結婚を
するべきかどうか，あるいは誰と結婚をするべきか，子どもを作ったり養子を
取ったりするべきかどうか，ある特定の政治的なリスクを冒すべきかどうか，
あるいはあるセッションと次のセッションの間にある人にあることを言うべき
かどうかというようなことである。

　同様に分析状況の中で，私たちは患者が私たちからほとんど「干渉」されな
い関係性という雰囲気を形成する人であることを望んでいる。転移を解釈する
時，私たちはすでに「そこにあった」ものを露わにするものと考え，患者や関
係性の中で，そうしなかったならばその様に育たなかったであろう何かを育成
するものとは考えない。私たちはまだ患者の持つ選択肢への影響が，患者が自
分たちが持っていると感じている代替手段を形作っている内的な葛藤の様々な
側面への気づきを援助することに限られていると信じたい。恐らく私たちの考
えが洗練されたことで，私たち自身の分析が正式に終結した後でさえ，自分た
ちの中立性を当たり前のものとすることなどできないという確信を強めてきて
いる。しかし私たちは継続的に治療作業に力を注ぎ，転移や逆転移の分析や内
省的な省察を行うことで，自分たちの個人的で理論的な偏見を**中和する**ことが
できるという考えに固執してきたと私は考えている。絶えず行いつつそれを
打ち消すこと continual doing and undoing こそが，つまり新しい解決である。
私たちは自分たちの手は綺麗では**ない**ことをみな知っている。しかし私たちは

もし手を洗い続けたら，恐らく汚れ（あるいは血）のほとんどを取り除くことができるか，少なくとも残りを見出せなくなるには十分だろうと，考えている。

　しかしこの戦略は端的に上手くいかないだろう。私たちの中で特に，分析家の役割についての客観主義的な観点に背を向けて，その代わりに患者の経験は分析状況において部分的には相互交流により構成されているという観点を持つものは，言い換えれば分析過程の「構成主義的」な観点を実践しようとするものは，患者の人生における分析家の役割のために，そのような観点を持つ意味合いの全体に真っ向から取り組む必要に直面する。分析家が患者の心的現実を発見するだけではなくその構成に関わっていると考えるならば，私たちは自分たちの関わりを，単に自己認識やましてや統合を促進させるもののみに限定することはできないという事実に直面する。患者がその状況に持ち込んだものだけに反応して反映するような客観的な解釈や感情の調律などない（Cushmen, 1991; Seligman, 1990）。分析家の側から来る個人的で理論的な何か（理論的なものは個人的なものの一つの側面である）が常に存在している。さらにそれについて知られていないような何かが常に存在するが，それは抵抗されているためか，患者と治療者の参照枠を容易に越えているためか，である。私たちの行動についての文化的，理論的，個人的－逆転移的の文脈に関して気が付くことができるいかなるものについても，つねに暗闇の中に何かが残されている。ある人は私たちの行動の文脈の一つは，つねに**文脈の不知という文脈** context of ignorance of contexts であると言うかもしれない。そしてそれでも，私たちは行動せねばならない。私たちはそれについて何の選択肢も持っていない。そして私たちは自分たちが不可避的に半ば盲目であることに気づいていることとともに，分析家が行動の真っ只中に位置しており，そこで患者の人生や過去や現在や未来をどうするかについて患者とともに頭を悩ませているということも認めることができるだろう。

　ここでひと休みして「構成主義 constructivism」という用語について説明したい。この用語は哲学や，文学理論，社会学，そして心理学において様々な意味を持っていると私は理解している。Mahoney（1991）は実質的に唯我論的な相対主義を意味している「ラディカルな構成主義 radical constructivism」と，部分的に独立した現実と人間主体の活動との間の相互作用を意味する「批評的な構成主義 critical constructivism」を区別した。私の構成主義という用語の使い方は Mahoney が「批評的な構成主義」という言葉で意味したものに恐ら

く近いのであろう。

患者の経験も分析家の経験も，シリーパティ［訳注：シリコンゴムのおもちゃ］か何かのように力を加えて好きな形にできるようなものではないし，もちろんシリーパティでさえ一定の性質があって，それができることには限度がある。構成的な活動は患者と分析家の経験の中で多かれ少なかれ曖昧な所与 givens に関係して続いていく。実際それらの所与のいくつかは，関与者の経験において実質的に疑いようのない要素であり，妥当性のあるいかなる解釈も，それらを考慮しなければならないし，少なくともそれらを否定することはできない▼2。これは関与者それぞれが自分自身に直接向けた解釈だけではなく，もう一人の関与者の経験に関して行う解釈についても言えることである。さらに経験の曖昧 ambiguous な側面でさえ不定形 amorphous ではない。それらの側面は様々な解釈を可能にするであろうし，特に言語や口調により可能となるあらゆるニュアンスを考慮するならば，恐らく無限の解釈さえ可能にするような性質を持つのである。しかし無限は，何でもあり，という意味の無制限ではない。5と6という数字の間には無限の数値があるが，その範囲からはその他のすべての数値が除かれているのである。

それを認めた上で，意識的，無意識的な人間の行為の構成的な側面の考察に戻ろう。私は遠近法主義 perspectivism よりも構成主義 constructivism という用語を好んでいるが▼3，それは，その語幹が形作ることや創造することを意味

▼2　所与は二つの大きなカテゴリーに分類される。偶発的で個別的なもの（税金のようなもの）と，それらが経験の構造の中に組み込まれているために必然的で，そうでなければならないもの（死のようなもの）である。構成主義的な視座から経験が生じる仕方について私が主張する時，私はそれらの主張についての普遍的な真実の価値を申し立てている。たとえば私が社会的現実はそれらの現実を構成する者にとっても十分に知りえないような仕方で文化相対的であると言う時，私はその主張それ自身が文化相対的であると言っているつもりはない。この考えは文化的−歴史的な影響のもとに生まれるかもしれないが，それが主張している真実の価値は文化を越え，歴史を越えたものである。結果として生じる内的な矛盾のように見えるものは現実であるというよりも見かけ上のものであり，より正確な言語の使用によって解決されうる。現実のいくつかの側面のみが社会的に構成されているが，それはそれらが人間によって製造されているという意味である。そこに除外されている事実としては，人間が生まれつき，彼らの世界の社会的構成物の中の行動的な主体者であるということである。

▼3　二つの用語の議論については「遠近法的リアリズム perspectival realism」を支持する Orange（1992）に対する私の応答（Hoffman, 1992）を参照していただきたい。［訳注：本訳書では "perspectivism" を我が国での一般的な訳語である「遠近法主義」としておく。ただし本書中に随所に見られる "perspective" という口語表現については，「全体を見渡す視点」という意味で，「眺望」，「観点」，「視座」などの訳語を文脈により使い分けている］。

する動詞であるためである。ここで私が付け加えておきたいのは，このように人間の経験を研究する文脈での構成主義が，自然科学や文学理論での構成主義と同じ意味を持つべきだと考えているわけではないということだ。経験を全体として捉えると，それは部分的には回顧的に，つまりそれをどのように考えるかという解釈の文脈で，そして予期的に，つまり経験を形作っていく行為として，築かれている constituted（これらの構成主義の二つの側面の詳細については第6章を参照）▼4。私はそれと同じことが惑星の運動やすでに書き終えられているテキストの文学的な内容についても合理的に当てはまるとは思っていない。惑星や既存のテキストは，人間の主体のオーガナイズする活動からは独立しているが，それらの主体が一定の時間経過中に持つ体験の流れが人間の主体の構成活動からは独立しているその仕方とは異なる（Taylor, 1985 を参照）。

Howard（1985）は，心理学の価値の役割について書く中で，自然科学で観察する観察者の影響について妥当な記述がなされているが，社会科学や特に心理学ではさらに考察すべきことがあると主張している。

　　創作のいかなる形式や特徴も，部分的にはその創作者が反映されたものである。これは自然科学においてでさえ真実であり，そこでは理論には理論家の痕跡が刻まれている。しかし私は主体性は心理学的な理論や研究においてはもう一つの切り口を持っていると主張している。理論により説明されるべきものである人間の行為は，理論に反応して変化しうるものでもある。したがって心理学者は，研究対象の現在の行動を説明するという課題を自然科学者たちとともに有するとしても，心理学者にはさらに先の指令がある。それは私たちの研究への反応として人間がどうなるかということを考慮することである。この観点からみると，心理学者は人間の形成の中での行為主体 agent とみなされる。（中略）研究者たちは，利害関係のない集団や価値観から自由な行為主体になりたいという野心を抑えなければならない。彼らの努力の中に価値の場所を認めて，それを受け入れることに，より十分な解決策があると思われる［p.262］。

Howard が言う研究者は，もちろん，まぎれもなく臨床状況における精神分

▼4　私たちがいかなる瞬間にでもできる様々なことの一つは，最近や遠い過去に起きたことを省察し，解釈することである。もちろん過去のその時点の経験が，それについての回想的な見方によって変化することはありえない。このように「築く constitute」という用語は回顧的 retrospective な文脈と予期的 prospective な文脈で意味の違いがある（Eric Gillett, 私信）。

析家に当てはまる。

　私たちは患者が自らの人生を形作っていこうとする試行錯誤に関わるが，もちろん分析過程における私たちの関与の性質を批判的に省察することに力を尽くす。ある領域における意識的無意識的な「現実」の形成と，そのような特定の構成が生じ，多少なりとも固まっていくのはどのような仕方で，なぜ，何を犠牲にしたものかを省察するということとの間には，緊張関係や揺れ動きがある。分析状況の範囲内では，一方で患者との様々な種類の相互交流の中に私たち自身が巻き込まれることに甘んじることと，他方で私たちがしばしば患者の助けを借りつつ（第4章）自らを律して自らの関り合いの意味を批判的に省察するために一歩距離を置くこととの間の緊張関係があるとも言えるだろう。このモデルでは，分析的な関心の中心となる自由連想 free association は，複数の転移−逆転移のシナリオの自由創出 free emergence にある程度はとって替わられるが，そのシナリオの素材は多かれ少なかれ省察され，時間をかけて解釈される。こう言ったからといって，患者の「心的現実」が中心的な場所に位置することを否定しているわけではない。転移−逆転移パターンの出現は部分的には，患者の内的対象関係が分析状況において外在化されたものの跡が記されている（第4章；Bollas, 1987; Racker, 1968; Sandler, 1976; Searles, 1978-1979）。逆転移の開示が役立つ可能性のあるのは，関係性が生み出す雰囲気のいかなる瞬間においても漂っているであろう特定の転移−逆転移の緊張関係を明るみに出すという機能である。

　しかしながら自由連想を強調することと転移−逆転移の布置の出現を強調することとの間の違いを越えて，表象的に，または比喩的に理解される分析的な経験と，「実際の actual」または文字通りに理解される分析的な経験との間の違いも存在する（Schafer, 1985 を参照）。Levenson（1983）は精神分析家を，精神分析状況の内外での出来事の「実際性 actuality」を認めることを犠牲にして，「心的現実 psychic reality」の探求に関連した前者に没頭しているのみであると捉えた。その最終結果は実際性の組織ぐるみの回避という結果にいたる（回避は現実問題としての死の回避と繋がっているかもしれない（Becker, 1973））。しかし Levenson はもう一方の極の方に振れ切っているように見える。それらの出来事を同様に表象的で比喩的なものとして，そして本質的に曖昧なものとしてみなすという，精神分析上の価値を否定しているのである（Hoffman, 1990）。私が必要だと考えていることは，分析の経験の比喩や「かのような as if」側面と，それ自身の文字通りの側面の間の弁証法を強調する態度である。分析家の関り合いについて，**その他の見地から**，特に患者の内的葛藤の外在化という見地から理解する機会をもたらすとみなすことと，**それ自身が重要で結果をもたらすもの**とみなすこととの間には緊張関係がある。さらに私たちの関与は，私たちがそうしたい範囲で明示的に理解する以前に，何らかの結果をもたらしているであろうと認めることは重要である。

　さらに広くみると，結局私たちが自分たちの神経症が「治癒する」のを待てずに，自分や他人の人生に深刻な影響を与えるような選択の必要に直面してしまうというのも，正常な人間の不幸の一つの側面なのだ。分析的療法家が彼らの患者との治療作業の中で，行動のための十全に啓蒙された素地を創造することができると信じているなら，それは夢物語である。さらに，葛藤が広範囲にわたって探求されたように思われる後でさえ，それがどのように解決されるべきかはしばしば不明瞭である。したがって私は私たちが神経症的な苦しみと正常な人間の不幸の交わる継ぎ目で，責任から手を引くことができるとは思えない。なぜなら私たちはしばしば辛い実存的な選択や苦境と奮闘する中で，私たちをパートナーとして必要としている患者たちと親密な関り合いやコミットメントをしていると私は考えているからである。

分析家の力の源

　ここで精神分析状況での分析家の力と権威の性質について注意を向けたい。精神分析は人間の相互作用の独特の形式の中で儀式と自発性の複雑な組合せを伴う。分析過程のメソッド的で，儀式的な，比較的非人間的な特徴は境界の維持と，パーソナルで，自発的な側面は親密さを育むことと非常に明らかに関連している。しかし，分析過程のその二つの次元は弁証法的な関係にあり，そのため各々はもう一方の文脈においてのみ理解することができる。実際に，その意味で各々は互いに依存している。もちろんいかなる関係においても境界のないような親密さはありえない。精神分析状況で表現され，演じられるようなその弁証法の独特な性質を概念化することは難しい課題である。

　分析的療法家が広い意味での一種の道徳的な権威として分析過程に関与しているという考えを探索することに，私は関心を持っている。この見解の興味深い先例がFreudの中にある。抵抗とならない陽性転移の概念とともに，Freud

(1916b) は彼が「後の教育 after education」と呼んだものの文脈で分析家の教育的な機能について考えて取り組んでいた。彼は分析家の役割のこの側面について書いている。

　　［患者は］医師の指導を受けて，快原理から現実原理へと進歩しなければならないのである。この進歩こそが，大人と子供を分つものにほかならない。こうした教育的な作業をすすめる場合，医師がより深く洞察しているからといって，それが決定的な役割を果たすことにはならない。たいてい，医師が患者に向かって言えることは，患者が自分について思考判断できることとほとんどかわらない。しかしながら，あることが自分で分かっているというのと，それを他者から聞かされるというのとは，同じことではない。この効果的な他者の役割を引き受けるのが，医師なのである。つまり医師は，ある人間が別の人間におよぼす影響力を利用する。あるいは，考えてみれば，精神分析では，派生したものや希釈されたものに代えて本来的で根源的なものを据えるのはごく普通のことだ。そして言うなれば医師は，その教育的作業において，愛情を構成するある要素を利用する。医師はそうした再教育にあたって，そもそも最初の教育を可能にした過程を反復するにすぎないのかもしれない。愛情とは，生活の必要とならぶ，偉大なる教育者である。そして未完成の人間は，身近にいる人間の愛情があればこそ，生活の必要が定める掟に意を払い，それを侵犯すると科せられる懲罰を受けないように振る舞うにいたる［p.312］（岩波版，16巻，p.4-5）。

　このように，Freud は分析家がある特殊なタイプの権威，つまり親密で愛情深い権威の立場にあり，その権威は両親が自分の子どもたちとの生活の中で持っているある種の権威と連続性を持つものであること認めている。この点について，分析家の社会的な役割を「現世的な牧師業」（p.255）［岩波版，19巻，p.293］のようなものとして最もよく描写することができると Freud（1926b）が考えていたことは注目に値する。分析家による権威の行使が，主に患者の内的世界や外的世界の「真実 truth」を受け入れるように彼らを説得することに限定されていると Freud は考えていたが，彼は分析家の機能のこの側面を全く心地よいと思っておらず，その危険性を警告した。「精神分析学概説」(1940a) で，彼は患者の独立性を押しつぶしてしまうことについての懸念を表し，こう主張している。「患者を改善し，教育するすべての試みにおいて，分析家は彼の［患者の］個別性 individuality を尊重しなければならない」(p.175)。それでも Freud は恐らく嫌々ながらだろうが，分析家が単に患者自身の内省的な

合理性と洞察の中立的な促進者として以上に機能をしていると認めたことは明白である。実際に Freud（1933）は後年の仕事において，「心霊術 mystical practices」の心理的な影響についての議論の後で，「精神分析の治療的努力は同様の道筋のアプローチを選んだと認められるかもしれない」（p.80）とまで言っている。

　私は分析家と患者の境界が，部分的には，ヒエラルキー的に組織されているものであり，それが関係性を規定しているということは否定できないと考えている。精神分析状況は，二人の関与者のうちの一人がもう一人に影響を及ぼす特別な種類の力を持っているような，独特な現代の社会機関の一つとみなすことができる。境界と親密さの，あるいは儀式化された非対称性と相互関係の，デリケートな統合（第5章；Aron, 1991; Burke, 1992; Modell, 1990）は，分析家の役割の社会的に合法化された権威を促進するのを助ける。自己と対象表象の非常に根深いパターンを変えるという野心的な目的を持つ様式として，社会学者の Berger と Luckmann（1997）が「二次的な社会化」と呼んでいる特性の何かが精神分析的療法にはある。この点に関して，精神分析はそれ自身が多くの影響への可能性を持っているある種の「会話 conversation」を伴っている。

　　様々な会話は，それらが作りだしたり維持したりする現実の密度という点から比較することが出来る。（中略）人は月に一回だけ恋人に会うかもしれないが，そのときに交わされた会話は相対的な回数の少なさを補うのに十分な強度があるであろう。ある種の会話は特権的な地位を持ったものとしてはっきりと規定されて合法化されているかもしれない。たとえば聴罪司祭や精神分析家，あるいは同様の「権威ある」人物との会話のようなものである。これらの会話に付与された認知的かつ規範的に優れた地位の中に，その「権威」が存在する［p.154］。

　個人の「主観的現実」を急激に変えることは，恐らくは精神分析家が「構造的変化」と呼ぶものに類似したものであるが，それを試みる時に必要なことは一種の「再社会化 resocialization」である。これについて，著者たちは以下のように書いている。

　　これらの過程は［幼児期の］一次的社会化と類似する。なぜならそれらは現実の強調点を根本的に配置し直さなければならず，結果的に幼児期に特徴的な

関わりを持った人物への強い感情的な同一化を，かなりの程度に再現しなければならないからである。（中略）

　いかなる主観的な現実の急激な変形も（もちろんそこにはアイデンティティも含まれるが）そのような［感情的な］同一化なしではありえない。そしてそれは重要な他者への情緒的な依存という幼児期の経験を再現することである。これらの重要な他者は，新しい現実への案内人である［p.157］。

　精神分析が再社会化の過程との類似性を持っているという考えは，分析的療法家としての私たちの感性にとっては忌まわしいものだろう。それはあまりに洗脳のように聞こえ，人々がより自分たち自身に気づけるようになったり，自分たちの本当の可能性を実現させるのを助けたりするという感じとは程遠い印象を与える。精神分析が懐疑論と批判的省察に重きを置いているのは事実であり，それは Berger と Luckman が考えているような別のタイプの再社会化から区別される。しかし Berger と Luckman が「再社会化」に属すると考えたいくつかの要素が加わった複雑な種類の濃縮された社会的な影響を精神分析は伴っているのであり，それを否定することは，洗脳という考えと意図されず吟味されない示唆の危険性の両方への過剰反応であると私は考えている。分析家に充填されたり精神分析の儀式的な側面により持続的に維持され育成された文化的に容認された威力の中に，それらの構成要素は全くないのである。

分析家の道徳的な権威の範囲

　私は両関与者によってこの威力が用いられるであろう（あるいはそうすることを余儀なくされる）仕方には二つあり，それらは相互が関係していると考える。一つ目は経験する主体として，そして行為者 agent として，患者の自己の感覚や価値を承認することに関係している。もう一つは時間とともに現れて取り組まれる患者の選択に付き添い，ある程度は巻き込まれることと関係している。一つ目のいくつかの形式は精神分析の世界ではより一般的に受け入れられており，それは様々な概念の中に暗黙に含まれている。関連した理論家としては，Strachey や Winnicott や Kohut その他である。二つ目は外見上は議論の多いものである。私はこれら二つは，概念的には区別できるが，臨床実践においては分けられないと考えている。しかし議論をする上で，私は比較的抽象的な意味での承認に関連づけて私の主張を構成し，それから臨床実践におけるそ

の表現が，患者の選択と適応のパターンに関してどのように分析家に影響を与えるかを示すことにする[5]。

　分析家の愛情や敬意を引き出したり取り入れたりする患者の能力を妨げる転移や逆転移には，無意識的な要素があるであろうが，私は分析家は患者への眼差し regard が患者にとって特別な意味を持つような権威であるという単純な考えにも，一理あると考えている。私たちはそれを分析し去ろうとはせず，たとえそうしようと試みてもできないのである。場合によっては，分析家によってその眼差しが届けられ，患者によって受け取られて統合されるようになるまでには，多くの作業を要するかもしれない。しかし分析過程が役に立った時に，患者としてあるいは治療者としての私たちの多くが，そうした承認の要素を含んでいないと感じることなどあるだろうかと思う（Schafer, 1983, pp.43-48 を参照）。その出来事が本物らしい仕方で起こる可能性が高くなるのは，その分析家が眼差しのある種の質を生み出すような位置にいるだけでなく，患者もそれに類似した位置にあるからである。分析家への眼差しは，彼が患者について知っていることよりも患者が彼について知っていることの方がはるかに少ないという事実によって育まれる。分析家は彼のパーソナリティの中の，最も寛容で理解があり温和な側面を促進しやすい位置にいる。私は「理想化」をある種の相互的なものとして（たとえば「他者をさらに理想的にする」というように）捉えている。分析状況や，しばしば患者自身が，人としてより「理想的な」分析家の性質，Schafer（1983）が分析家の「第二の自己」と呼んだような性質を育てるのだ。しかしそれに対して患者への分析家の眼差しは，彼が患者のことをあまりに多く知っており，そこには患者の困難さの起源やそれらを扱う患者の奮闘も含まれているという事実によって育まれる。さらに当然のことであるが，どちらも相手と一緒に住むどころか，限られた分析状況の外では相手と関わる必要がないため，互いに相手のより厄介な性質からかなりの程度保護されているのである。

　これもまた，何人かの執筆者たちが「相互性の原則」と「非対称性の原則」との間の相互作用という点で論じたことと一致しているのだが（第5章；Modell, 1990; Aron, 1991; Burke, 1992），患者が分析家を自分たちと同じよう

---

[5]　以下の二つのパラグラフは第8章（pp.203-204）で大部分が繰り返されている。それらは後で書かれたものだが，もともとはこの章（1996年）よりも前に発表されている（1994年）。

な人間だと知覚するということと，優れた知識や叡智や判断や力を持った人間
と知覚することの間には，現在進行形の弁証法がある。分析家についてのそれ
ぞれの見方は他方によって非常に色づけされている。一方が前面に出ている時
には，他方がいつも背景にある。分析を行っている特定の二者にとって，ある
瞬間やある時間の経過の中で，これらの間にどのようなバランスが取られるべ
きかということは，決定したり調整したりすることが非常に難しい。またそ
れはある技術的な定式化に従うことによってではなく，分析家による本物の
authentic 関与から生じなければならない。しかし患者は分析家が問題に誠実
に対処していることを理解することのみによっても利益を得るかもしれない。

　私は分析家は，個人としての自己表現や自発性をもって患者と進んで関わる
ことで，特別な承認力 affirming power が発揮されるかもしれないと考えてい
る。その力の源はまさに儀式化された非対称性にあり，それは分析家がある意
味で上位にあり，患者の手の届かない存在であるという見方を促進する。その
文脈において，分析家に個人として情緒的に関わりを持ってもらえることは，
一種の魔法のような贈り物となり，それは子ども時代に同化した両親の愛情と
連続性のある（と言ってもとてもそれと等価とは言えないが）やり方で同化さ
れる。いかなる状況であっても，人が他者の愛情を獲得するということには魔
術的な何かが関係していると言えるだろうし，私は自分が語っていることが別
の文脈において愛の経験と親密さに関係しているということを認めたい。しか
し私は分析状況における分析家のパーソナルな関与は，潜在的に特別な種類の
凝集した力を有すると主張している。なぜなら分析家が特別な種類の権威とな
るように作られた儀式の中に，それは組み込まれているからである。

　私はそれらはあまり心地よくない考えだと思っている。なぜならそこには作
為の要素が暗に感じられるからである。それらはちょうど，私たちが転移分析
を通して取り除こうと想像するのと同じような種類のものである▼6。しかしそ

▼6　私が示そうとしている論点の構造は，Macalpine（1950）のそれを思い起こさせる。彼女
　　は以下のような主旨のことを述べた。それは分析的な設定は単純に自発的な連想の流れを
　　促進するわけではないという事実を直視するべきである，ということである。それどころ
　　か，その設定は概して退行を促進させるような，喪失と剥奪の状況を作りだす。さらに彼
　　女は私たちはそのことについて患者に話さないし，そうすべきかどうかも彼女には分から
　　ないと言った。私としては，患者が自らをどのように感じて人生をどう生きるかに影響を
　　及ぼすために私たちが使う力を否定しないようにしよう，と言いたい。その力は部分的に
　　は，関係性の非対称的な性質に依っている。Macalpine とは異なり，私はもし分析過程の
　　この側面が分析において目に見える形で探求の素材となるならば，それが最善と考えてい

のような分析は分析家の役割の魔術的な側面を減少するか部分的に「脱構築」するかもしれないが，それをすっかりなくしてしまうだろうとは私は考えていないし，恐らくはその方がよいであろう。たとえば私たちが通常は終結後も分析的な枠組みを維持し，患者と普通の意味で友達になったり付き合ったりすることがないというまさにその事実が，分析状況により作り上げられた患者の人生の中での私たちの特別な種類の存在の仕方を，取り除くのではなくむしろ保持することを私たちが望んでいることを示している。私たちの中で患者とのより相互的で平等主義的な関係性の発展に関心のある人々は，分析状況の儀式的な非対称性がいかにその相互作用に力を与えているかということを忘れてはならない。その非対称性のおかげで，相互性の精神による私たちの関わりが，患者にとって強化された形で意味を持ち，それは患者が自分たちを創造的な行為者であり，究極的に愛するに値する人間とする視点を築いたり構成したりするのを助けるのだ。

　承認の過程は決して内容と無関係ではない，ということを認めた時，私たちの責任はさらに重大になる。私は患者の中の経験や選択の純粋な潜在性を見つけたり，それに応じたりすることが可能だとは考えていない。私たちの承認する態度は，患者の可能性のあるものに引きつけられ，それ以外の可能性は犠牲になる。その意味で患者の自己感の承認と，彼らのモーメントや選択のパターンへの関与は分離することはできない。承認の文脈はつねに患者が何かをしたり言ったり，あるいはあり方であったりする。もし私たちが患者の自己の感覚や価値に影響を及ぼす責任を持たなくてはならないなら，私たちはその内容に関しては，患者の経験こそが，相互交流を操る独占的な要素であることを望むかもしれない。もし私たちが共感的な自己対象（Kohut）として，あるいは患者の未発達だったり半分は埋もれている本当の自己（Winnicott）の自発的なふるまいへの応答者として存在する時，個人としての性質と価値観を持つ人間としての私たち自身は，古典的なモデルにおける科学的な客観性の隠れ蓑をまとうのと同じくらい効果的に姿を消すことができる。しかし情動調律や共感的な応答性は，伝統的な解釈に劣らず，各々の治療者の文化的，理論的，個人的

る。また Macalpin と異なり，私は患者の対象関係を奪うことによって退行的な転移神経症を引き出そうと意図的に試みることを支持していない（Lipton, 1977a を参照）。私はこの本を通して議論され例示されている非対称性と相互性の間の弁証法に，より複雑に取り組んでいくことを提唱している。

なバイアスに色づけられている。情動調律の性質のニュアンスについては，共通性が何であれ，異なる文化の間で，あるいは同じ文化の中でも異なる親の間や異なる治療者の間で，差があることは疑いようもない（Sushman, 1991; Seligman, 1990 参照）。侵入的なやり方で患者に影響を与えることと，彼らの比較的自発的な自主性の余地を残すことの間に違いがあるということについては，私は一瞬たりとも疑っていない。しかし応答する方向性にどんなに進んだとしても，私たちは私たち自身のパーソナリティがその場から姿を消すような地点に辿り着くことはない。

　次のような言い分を持つ人もいるだろうと私は予想する。完全な共感や調律は，完全な客観性のように，単なる努力目標とすべき理想であり，それは私たちがどれほど努力をしても，その理想には及ばないという理解に基づくのだと。それに対する私の答えは，人間の本性に暴力を振るうような本質的に不合理な理想を掲げることはよいとは思わない，というものである。水の上を歩くことを切望して，そうすることができるように努めることは，泳ぐことを学ぶことの妨げとなるに違いない。もし私たちの誰も「完璧」ではないために水上を歩こうと試みても濡れてしまうことを謙虚に「認める」としたら，そのような移動様式の基準を設けることは見当違いなことである。正確な共感や完璧な情動調律という発想は，完璧な中立性という理想のように，不適切な自我理想の発達を促し，それは逆に私たちの「不完全さ」についての間違った認識とともに，私たちが達成できたかもしれないことについての防衛的な錯覚を促進する。これらはすべて，より理にかなった問題，つまり私たちが患者に個人として巻き込まれているか否かではなく，どのように巻き込まれているのかという問題から目を逸らせるのである。またそのような省察は私たちの関与とその影響を消し去りはしない。私たちの示唆的な影響 suggestive influene について話すことは患者をその無意識的な支配力から，部分的に解放するかもしれない。しかしもし私たちがそれによって自分たちをその場から切り離せたと考えたり，ましてや意識や個人の自由の精神分析への価値づけに見合う形で私たちが自分たちの影響を制限できていたと考えるのであれば，考えが甘いであろう。実際私たちが一つの「示唆 suggestion」を分析するまさにその方法が，もう一つの未知の示唆を持ち込んでしまうかもしれない。これは，患者が単純に分析家の言いなりになると言っているわけではない。その反対に，患者の行為主体に対する敬意こそが私たち自身の個人としての影響が患者に及ぼされることに対する

恐怖症的な態度を克服するのである。しかしその恐怖症を克服した後でも，比較的正常な不安の領域は十分に残されているということは急いで付け加えておかなくてはならない。それは患者の統合と自己規定のための奮闘に関与する者としての責任が持つ独特の性質により必要とされるのである。

　文化的なバイアスに関しては，Cushman（1995）が重要な業績による貢献を行っている。彼は精神分析的療法には競争的で，実利的な個人主義の価値を無批判に採用して支持する傾向が，歴史的にも臨床的にもあるという点についての探求を行った。それはたとえより建設的な意味で批判的な仕組みになる可能性があるとしても同じである。私は以下のような Cushman の主張に賛成する。すなわち精神分析は不可避的に道徳的な企てであり，よい人生とはどのようなものかに関して社会で大勢を占めている期待像について，分析家は自分が受身的な形で与していることに対する批判的な検討を，分析的な作業の中に組み込むべきであるということだ。しかし Cushman は様々な文化やサブカルチャーの「癒し healing」を行う人々の活動や役割の背後にあるかもしれない普遍性について探求することを嫌っていた。私からすればそれはとても有用と思われる研究であり，また Cushman 自身は文化的な差異について強調していたにもかかわらず，彼のアプローチには実際にはそれが暗に含まれていたのである。そして彼は書いている。

　　それぞれの時代において，そこで大勢を占めるような自己の姿があり，それは人間であるということはどういうことかについての，複数の考えからなる一つの基盤である。（中略）時代により異なるこれらの自己や役割は，互いに交換可能であったり同等であったりはしない。それぞれは独自で土着の真理を体現しており，普遍的な法則に還元されるべきではない。なぜならそのような還元は結局は特定の文化的な参照枠に依拠しているからであり，その参照枠の方も結局はイデオロギー的な主張を含んでいるからである ［p.3］。

　文化的な相対性というファクターを認めるということは，Cushman は何らかの信念体系が普遍的に必要とされているということを示してはいないのだろうか？　そしてすべての文化において道徳的な権威というものが存在し，そこでの何らかのローカルな信念体系に対して特別な種類の支持を提供しているのではないだろうか？　言い換えると Cushman が考えるように社会的な現実が社会的に構成されているものだという主張は，文化を超えて歴史を超えて真実

であり，したがって「普遍的な法則」なのではないだろうか？　ポストモダン的な感性に合わせて，この観点は特に私たちの時代に生じているが，その見解の起源はそれが主張する真実の価値とは関係がないことになる。Cushman は，一般化することに対して嫌悪していると言っているにもかかわらず，人間の条件について以下のように書いている。

　私たちが何者であるか what we are ということを，私たちが何を構成するか what we construct から区別すること，あるいは私たちがなりうるものと，私たちの限界がそうあらしめるものを区別することを極度に困難にさせる何かが，**私たちが人間であるという性質そのもの**の中にある。私たちは社会的な世界を，現実そのもの，つまり一つの本当の，現実の真実として考え，体験できるように構成する。さもなければ，私たちにとっての実存的な深淵が顔を覗かせ，私たち自身の欠如や不在や空虚さと直面することを強いられ，これまで当然のものと思っていた力関係や経済的な特権や現代の身分階層の状態を問いただされ，原家族における関係性のルールや同盟や秘密を認めることを強いられるのだ。様々な理由によって，私たちの世界が構成されたものであるという性質への気づきは，認めるには困難で，ともに生きるには恐ろしすぎるようだ［p.309；強調を加えてある］。

　しかし精神療法家は現状維持に疑いを持ち，そうすることで恐ろしい「実存的な深淵」を開くように求められている。Cushman はこう述べている。「この企み，この未知の体現された共謀こそがまさに，精神療法が暴きだし無効にするべきものなのである」(p.310) しかし隠された価値やバイアスをさらけ出すことと，特定の別の在り方のためにそれらを拒否するということは全く別のことである。精神分析的な懐疑論それ自体は，潜在的にポストモダニズムの批評的な精神の影響を受けてそれによって形作られており，明示的，非明示的な価値体系や古いものや新しいものに対して疑いを持つような態度を保証している。分析的な儀式のいくつかの側面が分析家の道徳的な権威の影響を促進している時でさえ，その懐疑論はその権威に疑いを投げかけている。権威はいかにそれが問題視されるかを考えると，それが持続するのは皮肉なことと言うしかない。私たちが「世界が構成されているという性質」に気づいた時，私たちはもはやそうした気づきがないことで得られていたのと同様の信頼や同様の当然だという感覚でその世界で生きることはできない。実際そのような暴露を生き残ることができるかも知れない一つの絶対的なものは，まさに気づきそれ自身の価値

であり，それと私たちの世界と私たち自身に対する批評的な省察の価値である。

「セッションズ」の中のいくつかのセッション

さてここで私は TV 番組の「セッションズ」のエピソードに出てくる逸話に戻りたい。その物語にさらに付け加えることがあるのだ。私が「セッションズ」のことを知ったのはある患者からだったが，彼はそれをいつも見ており，私にもそれが面白いだろうと考えたのである。彼は，もし興味があるなら，二，三のエピソードをビデオに撮ってあげましょうと言った。私はそうしてほしいと言い，彼はそれらを持って来てくれた。私はそのビデオテープを受け取ったからにはすぐにその番組を観るべきだと感じたが，患者から特にプレッシャーは感じなかった。彼の態度は全く要求がましくなかったのである。実際のところ私はそれが彼とお互いに関心がある経験を共有する機会と考えていた。私はその種のことを時々とするのである。患者の薦める映画を観たり，彼らの推薦する何かを読んだりなどのことである。それが分析過程を促進し，私自身の関心に合い，また結果的に私が無理をし過ぎていることはないと感じるならば，特にそうするだろう。

もちろんこの点に関する私の意識的な経験は常に信頼できるというわけではない。患者の訴えへの，一見すると「葛藤のない」反応が，双方が葛藤的な要素を抑圧していることによる可能性は常にありうる。退行的で貪り食うような患者の衝動が，たとえば報復したいという分析家の衝動とともに否認されているかもしれない。あるいは患者が要求がましく侵入的で攻撃的な親に同一化をしている一方で，分析家は自分の迎合性を合理化している子どもの位置にいるかもしれない（Frederickson, 1990; Tower, 1956 を参照）。分析家がそのような転移－逆転移フィールド（D. B. Stern, 1991）の「手中に」自分が囚われている徴候を見つけることができた時，彼らは省察や解釈，「交渉」，その他の種類の行動を通して，そこから自分自身や患者を救い出す作業を開始することができる（第 4 章から第 10 章；Ehrenberg, 1992; Gill, 1982, 1994; Mitchell, 1988, 1993; Pizer, 1992; Racker, 1968; D. B. Stern, 1989; Tansey and Burke, 1989）。過去の病理的な側面の繰り返しと比較的新しい経験の間の関係はいつも非常に複雑で逆説的である。実際に弁証法としてそれらの関係性を見ることは概して有用であろう。すなわち各々が他方の地として用いられるだけでなく，実は

まさに他方に進化しようとしているということもあるのだ（第7章と第8章；Ghent, 1992）。

　しかし私がここで示している例は比較的単純であり，私がその時（そしてそれ以降）に気がついている限りにおいて，作業は比較的抵抗とならない陽性転移や逆転移のかなり強い感覚の中で続いていたのである。そこには分析的な関係が過去の病理的な側面と，かなり単純明快な形で対照をなしているという感覚があった。顕在的には良好な雰囲気が支配的であることは，潜在する悪性の何かを疑う根拠となりうるが，私は後者の出現を誘発するために分析状況を整えておく必要性を感じていない。Macalpine（1950）が概念化した，退行的な転移神経症の組織的な誘発に関する分析過程は，患者の病原となる願望は，廃れて捨て去られるべき願いへと還元可能であるという想定に基づいていた。私たちは現在それらの欲望の性質についてのより広い概念を持っており，それは正当な発達上のニードを含むようになっている[7]。現在はむしろ，私たちは反対方向の間違いの危険に晒されている。それは患者の欲望を妥当なニードに還元し，あまり妥当でない願望かもしれないことを考慮することを省略してしまう危険である（Mitchell, 1988）。どちらの還元も機械的で，客観主義的なアプローチにつながっており，それは自発性やパーソナルな表現を欠いているのである。

　最適な精神分析的態度は以下のものを含んでいる。分析的な儀式の，権威を高めている側面と，関係性のパーソナルな側面が有する相互性や自発性の要素との間の弁証法的な関係の認識。患者の経験が複雑で揺らぎを伴って階層化されたニードと願望（それらの性質や強度や秩序は分析家の関与の性質に部分的に依存しているが）の配列を含むものという観点（Hoffman, 1987; Mitchell, 1993）。精神分析過程での反復と新しい経験の間の弁証法的でしばしば逆説的な関係性の認識（第6章から第10章；Ghent, 1992; Pizer, 1992）。そして行動の源泉としての患者や彼ら自身から生じてきたものの性質について，分析家は常にある種の不確かな立場にいるという事実の理解である。

　分析家は自らの行動に関して，そこに主体的な基盤を認めていたとしても，可能な限り多くの叡智とともに行動するという責任が究極的について回る。時

---

[7]　この点に関して，Steven Stern（1994）は「繰り返される関係性」（Ⅰ型転移における）と「必要とされる関係性」（Ⅱ型転移における）という有益な区別を行っている。

には不確かさの感覚が原則としてそこにあっても，前景に現れるのはどのような一連の思考や特定の種類の応答性が治療関係性を創造的で真正な形で発展させるかについての確信の感覚である（第6章と第7章；Bader, 1995）。たとえば私が報告している例はそのようなものである。

　そこで物語に戻ると，この時私は患者の持ち込んだビデオテープを喜んで受け取った。自宅でその番組を見ることは分析過程の通常の境界の外側でのことであったが，分析過程に埋め込まれた経験であった。事例についての詳細には立ち入らないが，患者の両親はホロコーストの生存者であり，彼らは自分たちの迫害者に同一化し，彼や彼の兄弟たちを彼らの囚人であるかのように非常に過酷な仕方で育てた。彼は生涯で両親のどちらからもおもちゃを貰ったことなど思い出せなかった。部屋と食事は与えられていたが，実質的な愛情の表現はなかった。彼は両親が決して彼と遊んでくれなかったと言った。加えて彼は厳格な正統主義の宗教的なやり方で育てられた。彼の両親，特に父親は，ユダヤ教の戒律を守ることに極端に厳格であった。したがって私はビデオテープを借りることについてはすぐに，この患者の人生の文脈の中での一種の遊び（Ehrenberg, 1992; Feinsilver, 1989; Winnicott, 1971）として体験した。それは私が精神分析の規則の正統派的な遵守に，私がよしと思う仕方で違反することだったのである。

　これらに関して私が感じたことについて，一つ見落としてはならないことがある。それは私も宗教系の小学校と高等学校に通っていたという事実である。ただしこの患者が通った学校よりはずっとリベラルでモダンなものであったことも確かだが。それでも私は患者のように育てられた伝統から袂を分かち，現在それについてのアンビヴァレントな関係を持っている。私が精神分析の正統派からある意味で袂を分かっているのも，恐らく偶然の一致ではない。私の経験がこの患者の厳しい躾の拘束と，そしてより直接には，分析における通常の境界による束縛と私が考えていることから脱出するための努力に，影響を及ぼさないことなどあるだろうか？

　ともかくも私はそのビデオテープを見た。それはとても面白く，次のセッションで私は患者にそれを伝えた。私たちはその番組の様々な側面について少しお喋りをした。私の見方では，そのいくつかは分析的に特別な興味深さがあり，いくつかはそうではなかった。ところで分析的な作業の視点からすれば，見かけ上は「重要ではない」部分は，実際は非常に重要な部分である。なぜならそ

れは自発的で非公式であり，明らかには分析されていないからである。もしあ
りうるエナクトメントのすべての側面も含めたあらゆることを分析しようとす
るなら，その経験から生命を吸い出してしまうに違いない。実際に分析家と患
者がそうすることを強要されていると感じる理由が，恐らく次に分析されなけ
ればならないことがらなのだろう。

　この時私たちは番組の様々な側面について触れ，父親に関して行った分析家
の示唆について話した。そして患者が父親との関係にとって突破口となる機会
を与えるような父親へのアプローチの方法があるかどうかについて，ともに検
討した。その患者はそうは思っていなかったし，私もその通りだと感じた。彼
は最後に息子と父親がハグした場面に感動したと言った。私も感動したが，そ
れは患者と父親との間にある，見たところ突き破ることができないような壁の
ことを考えると，彼のこの気持ちには特別な重みがあったのだろうと言った。

　分析家の見え見えの断り文句「一つの考えにすぎませんよ」については，私
たちの間のお決まりのジョークになり，そのために患者が陥っているジレンマ
について私がどちらかの方向に傾いていると気づいた時にはいつでも，彼か私
が「もちろん，一つの考えにすぎませんよ」とコメントすることになった。ビ
デオテープを借りたことに関しては，私は「さて，彼はオフィスの中をたくさ
ん歩き回るけれど，彼が患者のビデオテープを借りているのは見なかったので，
多分どちらがより自由でより柔軟かという競争をしたら私が勝つでしょう」と
いうようなことを言った。患者は笑っていた[8]。私たちがお互いのユーモアの
センスを楽しむということは確かにその場の雰囲気の一部となっていた。ここ
で重要なのは，私がビデオテープを借りることは患者のライフヒストリーの文
脈の中で**ありうる**意味合いの一つとして，相互理解の雰囲気の中に埋め込まれ
ていると言うことである。そのため，その相互交流が患者がこれまで彼の両親
との間で持ってきたものと対照をなしていたのは**言うまでもない**ことであると
思われる。そのようなパーソナルな瞬間はあらかじめ分析されていて，時には
語られていなかったり無意識的であったりする意味を新たに苦労して探すよう
な価値があるものではないかもしれない。なぜならそうすればそれらの中で自

---

[8]　この種のジョークの言葉はしばしば転移や逆転移の問題の暗黙の解釈となっている。この
　　例では特に，そのコメントは分析家が柔軟であってほしいという患者の願望や，患者が彼
　　の中に競争心を引き起こすことを意図している可能性，そして逆転移が実際に意識的なレ
　　ベルで含んでいる競争心の要素などについて触れている。

発的な要素を損なってしまう危険があるからである。しかし他方では，もし型にはまらない相互交流に続いてそれをほのめかしているように思われる夢や別の連想があったなら，もちろんそれらをその出来事に照らして解釈しようとすることは重要であろう。

　このヴィニエットが私が考えている中心的な問題とどのように関わっているかについてさらに考えるならば，私がビデオテープを借りて，その番組を見るという体験を共有し，後にそれについて議論するという行動のすべては，この患者と私の特別なラポールの表現であるということである。私は彼の感性やユーモア，禁欲的な家族の制約的な行動規範を破る際の勇気，そして他者との喜びの経験の能動的な探索を称賛した。彼がこのリクエストをしたからといって，一気にありとあらゆる要求をし出すとは思えなかったという意味で，私はこの患者を信用もしていた。私は彼が私の側の境界線を尊重しており，私がそれを破ることを習慣的に求めてくるようなことはないことに確信を持っていた。それと同時に，テレビ番組の中のセッションと実際の分析の時間の内容は，親のような人との情緒的なつながりに対する患者の渇望を伝えていた。ここで重要なのは，私がこの患者との近しさや，Ehrenberg（1992）が「親密さの接面 the intimate edge」と呼んだところで，彼との作業を楽しむということは，結局のところ，私が彼の分析家であるという事実から特別な力を得ているということだ。彼の分析家としての私はこのようなやり方で関与する必要はなかった。そして彼の分析家として私は，この役割に固有のある種の眼差しと力を，少なくとも非常に強い潜在力として，すでに獲得していた。

　最後に認識と情動調律の表現と，それに伴う感情のトーンは，私自身のパーソナリティと生活史から来るものを多く含んでいた。私は患者が育てられた伝統に非常に深く身を置いているような，あるいはより伝統的なやり方で精神分析を実践するような分析家であったかもしれないし，その場合には同種の相互交流は生じなかったであろうと思われる。もしより伝統的なアプローチであったのなら，患者が分析家にビデオテープを貸そうと提案することも最初からなかったということは十分ありえたであろう。なぜならそのような提案をするような場の雰囲気ではなかったからだ。そのかわりに患者は暖かく遊び心のある，愛情豊かな環境の欠如についてより多くの悲しみを分析の中で経験したかもしれないし，そうすることで子ども時代の剥奪体験について反復し，また同時にそれに焦点を当てていただろう。

同様に，より伝統的な宗教的実践を重んじるような分析家との間であったなら，何か別のことが起きたに違いない。それは異なったものであったろうが，しかしこの患者のニードに対して必ずしもより共感的でなかったり調律的でなかったりしたわけではないだろう。たとえばそのような設定や交わりにおいてより強まったのは，ひょっとすると彼がそこから離れた正統的なコミュニティを懐かしく思う気持ちや，そこに戻りたいという葛藤的ではあってもより強い願望であったかもしれない。患者と私は確かに彼の葛藤のその側面については話していたが，もう一つの側面から生まれたほどの確信をもって話したわけでなかった。私との間で現れたものがWinnicottが「本当の自己」と呼んだものに近い何かであり，仮想上のもう一人の治療者との間では「偽りの」，「従順な自己」のようなものが生じるだろうと考えることは心地よいかも知れない。しかし私は両者の違いがそれほど単純明快であるということは疑わしいと思う。

　患者の経験は，複数の潜在的な「自己たち selves」や自己の側面 aspects of self などの，多様な潜在性を常に含んでいる（Mitchell, 1993 を参照）。それらのどれがさらに発達して，強化されるかは，私たち（治療者）が人としてどのような存在なのかに関係し，それは私たちが何にどのような感情やどの程度の確信を持って応答するかと関係しているのである。また他のことがらにおける私たちの方向性がどのようなものであれ，私たちは患者自身がよりよく生きるための奮闘に深く巻き込まれており，私たちはそれらの奮闘に関与しながらよりよく生きることとは何かについての私たち自身のビジョンを無視することはできないということを認識していなければならない▼9。

　時には患者自身がよりよい判断を行うために，私たちの関与の性質に影響を及ぼしていると感じられる個人的な要因について，彼らが知っておくべきことがらがある。私は先ほど述べた患者に，彼が扱っている問題のいくつかに関わ

▼9　私は，一方では自由さやプレイフルな感覚に関係したいくつかの異なる種類の価値があり，他方には特定の正統的な信念体系から逃げ出したいという願いがあると考えている。前者はより「普遍的な」価値であるか，あるいは少なくとも私たちの文化の中でより多くのコンセンサスが得られるものだろう。特定のサブカルチャーや個人が持つ前提に，後者はより基づいている。分析家はより普遍的な価値の方にバイアスがかかっていて，より個人的な問題に関して影響力を持つ筋合いはないと言うかもしれない。しかし実際には，私はより個人的なことに関してでさえ，分析家はしばしばそう思われているよりもはるかに巻き込まれていると思っている。その上より一般的に受け入れられている価値も特定の文化的実践と結びついているかもしれず，それも批判的に検証しなくてはならない（Cushman, 1991, 1995; Grey, 1993; Seligman, 1990）。

る私自身の背景や姿勢や葛藤について，かなりたくさん話した。時にはそれらのことがらを俎上に載せることは，患者が分析家の視点が分析家自身の経験と生活史にどのように関係しているかに気づく機会となる。何が明らかにされるべきなのか，明らかにされるべきではないのかということは難しい個人的な問題である。私が主張したいのは，分析過程についての構成主義的な視点においては，私たちの個人的な影響と折り合いをつけて上手く扱うすべを見つける責任があり，そこには患者の経験の「事実」を科学的に探究するというモデルによる保護は与えられていないのである。

孤独な省察から関係性の奮闘へ

　分析過程についての私たちの感覚の歴史を考えるならば，明らかに非線形的なムーブメントの道筋をたどることができる。それは理想としての自己分析を作り上げた Freud の彼自身の夢についての孤独な省察から，科学的な観察者や転移とその解釈の促進者としての分析家の距離を取った存在 detached presence という見方へ，患者のニードや欠損に対して治療的に修正する方法で対応する治療者という視点へ，分析過程での逆転移の有用性の評価へ，分析家の解釈は予め構造化された現実の上に単なる地図を描くことではなく，むしろそうした現実を構成する何かに貢献することであるという理解へ，そこから分析家の権威の文化相対的でアイロニカルな側面の認識へ，患者たちが自分たちの世界を経験し構成する仕方の意味を理解して修正していくという奮闘に治療者が一人の人間として関与することの十全な範囲と意味合いを吟味することへと至る道筋である。始まりから現在までのそのムーブメントを簡潔にまとめると，私たちは孤独な省察としての分析に始まり関係的な奮闘 relational struggle としての分析へと至る距離を縦断してきたことになる。後者において私たちは，自分たちが特別な道徳的な力を引き出すような精神分析状況の儀式化された非対称性を背景として，患者が葛藤に取り組み，親密さと自立，同一化と個性化，仕事と遊び，そして連続性と変化に対する複数の潜在性の中から選択してそれを実現するために奮闘する際の親密なパートナーとして関与するのである。

第4章

分析家の経験の解釈者としての患者

この章では精神分析状況や精神分析技法に関する見解について，いくつかの文献を選択してレヴューしつつ提示する。この小論の根底にある重要な仮説は，既存の理論的なモデルは不可避的に臨床実践に影響を与え，またそこに反映されるということである。このことは臨床家が自分はそのモデルを本気でないしは文字通りには受け取っていないと主張する場合でさえ，しばしば当てはまるのである。そのようなモデルは，それらの特徴が完全に理解されない限り，そして代替モデルが認知されたりそれに統合されたりしない限り，臨床実践にネガティブな影響を及ぼし続けているかもしれない。そのように長く続いているモデルの例の一つが，分析的療法家が精神分析状況でブランクスクリーンのように機能すると言われているものである。

ブランクスクリーン概念のしぶとさ

精神分析の文献はブランクスクリーン概念への批判で溢れている。この概念は，分析家は患者たちによっては現実の人間として正確に認識されることはなく，むしろ患者たちの持つ特定の神経症やその転移による表現により様々に異なる態度や感情や動機が映し出されるスクリーンや鏡の役割をはたす，というものである。この概念への批判は，クライン派やサリヴァン派からだけでなく，古典的なフロイト派内の並み居る分析家たちからも寄せられた。古典的な文献のみを見ても，ブランクスクリーンの概念は，何らかの方法で死を宣告され葬られることを何度も繰り返してきた。Ida Macalpine は 1950 年に，古典的な精神分析**技法**と彼女が考えるものを患者がどのように体験するかのみに（つまり個人としての分析家の影響を考慮せずに）言及して，以下のように述べている。

分析の中で被分析者の反応が自発的に生じるとは**もはや主張できない**。被分析者のふるまいは，彼が曝されている厳格で幼児的な状況への反応である。これはさらなる探求に向けて多くの問題を引き起こす。一つはそれがどのように患者に作用するのかということである。患者は，意識的にないしは無意識的に，それについて知っているに違いない［p.526；引用者による強調を加えている］。

Theresa Benedek は 1953 年にこう述べている。

　精神分析の歴史が示すように，逆転移に関する議論は通常は防衛の位置に退却することで終わっている。これを支持するものとしてかつて論じられた［引用者による強調］のは，古典的な治療態度を保つことが，**治療者のパーソナリティ**［原文が強調されている］が作用領域 action-field に侵入しないという最高の保障を与えてくれるというものだった。そこには分析家は個人としての彼自身を表さない限り，そして自分のパーソナリティに関しての質問に答えない限り，まるで個性がないかのような未知の状態にとどまり，そして転移のプロセスが患者の抵抗によってのみ動機づけられて展開するという前提がある。患者は感受性が高く神経症的な人間ではあっても，治療者をひとりの人間として感じたり判断したりはしないことになっている［p.202］。

1956 年に，Lucia Tower は書いている。

　私が非常に長い間推察してきたのは次の事である。多くの（恐らくすべての）集中的な分析的治療において，転移神経症の必須で不可避的な対応物である逆転移構造（恐らく「神経症」とも言えるような）のような性質のものが発展する，ということだ［p.232］。

1960 年代には，この極めてしぶとい概念に対してすでに大きくなっていた抗議の合唱に，Loewald（1960），Stone（1961），Greenson（1965）が加わった。1970 年代と 1980 年代には様々な理論的な観点からの批判が続いた。たとえばそれらは Gill（1979, 1982a,b, 1983; Gill and Hoffman, 1982a,b）や Sandler（1976, 1981）や Kohut（1977）その他の多くの人々の著作により代表される。実際のところブランクスクリーン概念は，その反対論者によってなされたほど頻繁にあるいは上手に，その肯定論者たちによって明確化されることはなかった。それは次のような疑いをかけられることを余儀なくした。つまり肯定論者たちはいわば仮想敵のようなものであり，それらを撃ち落とすことが，一種の精神分

析的な人気スポーツになっていたのではないか，ということである[1]。

　しかし私はこの問題が非常に重要なものであり，何度も検討したり議論したりするに値するものだと確信している。精神分析でのブランクスクリーンの観点は，**精神療法における患者の経験の非社会的** asocial **な概念**［訳注：“social”には「社会的」以外にも交流を意味する「社交的」という訳があるが，本書では一貫して「社会的」と訳すことにする］と呼ぶべき，さらに幅広い現象の一例に過ぎない。この概念によると，治療者がそこに実際にいること personal presence の直接の影響からかなりの程度切り離された体験の流れが，患者の中で進行しているということになる[2]。私が「そこに実際にいること」と言ったのは，一般的にある理論的に規定された治療者の行動の促進的な側面は，患者の経験の流れに影響を及ぼすものとして十分に認められているからだ。しかしこのパラダイムは，治療者の側の適切な，あるいは理想的な行動が可能にするのは，それ自身が有機体のような勢いを持ち，ある種の「自然な」流れを自由に辿るような経験であるというものである。この非社会的なパラダイムの，精神分析の**外部**での興味深い例は，クライアント中心療法において見つけることができる。理想的に行けば，古典的なクライアント中心療法における治療者はあまりに完璧に文字通り自らを消すために，彼らの何らかの個性は患者の視野から事実上取り除かれている。Carl Rogers（1951）は述べている。

　　クライアントが治療の終結の後に，治療関係について表現する際に「人間的でない impersonal」という言葉を用いることが多いのは驚くばかりである。これはその関係性が冷たかったとか無関心であったことを意味しようとしたものではないのは明らかである。これは人間としてのカウンセラー（自分自身のニーズを持ってものごとを評価し対応する人としてのカウンセラー）があまりに明らかに不在であったというユニークな経験を表現しようという試みに見える。この意味で，それは人間的「でない」のである。（中略）関係性のすべてがクラ

---

[1]　興味深いのは，ブランクスクリーンの概念の批判者たちが，自分たちは決着がついた話を蒸し返していると人から思われるのではないかとしばしば心配しているということだ（たとえば，Sterba, 1934, p.117; Stone, 1961, pp.18-19; and Kohut, 1977, pp.253-255 を参照）。

[2]　そのような独立した患者の経験の流れは存在しないと言うと，誤解を与えるかもしれない。確かに患者は分析家との対面の際に無数の内的な構造（あるいはスキーマ）を持ち込む（生得的な気質，内的対象関係，精神内的力動，選択的注意と応答のパターンなど）。しかしそれらの構造は現れると分析家との関わりの文脈で体験的に色づけられていく。分析家たちもまた分析状況の中に自分たちの内的構造を持ち込むからだ。

イアントの自己から成り立っており，カウンセラーは治療の目的のために脱人格化されて「クライアントの別の自己」となっているのである [p.208]。

　精神分析においては，ブランクスクリーン概念は多かれ少なかれ制限を受けつつも公然と認められてきた形式で存続している[3]。分析家のスクリーンのような機能という考えに対応するものは，転移を今現在の現実が歪曲されたものとする定義である。Szasz（1963）が指摘しているように，この定義は分析家にとって非常に重要な防衛機能を果たしており，その機能はこの概念が存続したことをある程度は説明しているだろう。私はこの概念が生きながらえたもう一つの要因は，次の二つの問題の混同にあったと考えている。一つ目は分析家が分析状況で表現すべき自発性とパーソナルな関わり合いの最適なレベルについてである。そしてもう一つは分析家の経験についての患者の考えのある種の信頼性についてである。ある理論家にとっては，分析家の経験についての患者の転移に基づいた推察が妥当かという問題について扱うことなしに，分析家がよそよそしく人間的でないふるまいをすべきであるという考えは受け入れ難いだろう。後に展開された議論から考えれば，そのような推測は患者に対する分析家の反応のうち，うまく隠されていたり，分析家が気づいていなかったりするものの側面に触れているかもしれない。一般に分析状況における分析家の個人としてのふるまいに関して推奨されることは，転移が理解されて解釈されるための基本的なモデルを無傷のままに残しているかもしれない。

ブランクスクリーン概念の標準的な条件

　分析家が理想的にはスクリーンのように機能するという考えは，それが患者が持つ相互交流の体験全体の一部分，つまり従来は神経症的な転移と考えられていた部分にしか当てはまらないという意味で，常に条件つきになっている。これは患者の子どもの頃の出来事や願望や葛藤や適応が引き続き影響を与えるために，現実を歪めるとされているような患者の経験の側面である。分析家のスクリーンやミラー機能の忠実な支持者さえも，患者の純粋な空想の表現では

---

[3]　Dewald's（1972）が自分の分析における行動を描いたものは，Lipton（1982）が示したように，暗黙ではあっても比較的純粋なブランクスクリーンの立場を例示している。．

なく，分析家の実際のふるまいに見られる何かへの反応と認められるような経験が二つある。その一つは，分析家は本質的に信頼する価値があり有能であるという患者の認識である。そのような患者の経験の一部を Freud (1912) は「抵抗とならない unobjectionable」陽性転移という説明のもとに包括したが，他の人々，特に Sterba (1934) と Greenson (1965) と Zetzel (1956) は，それを作業同盟や治療同盟の経験として位置づけ，転移の領域から除外する方を選んだ▼4。二つ目は，分析家の神経症的で反治療的な逆転移のかなりあからさまな表出に対する患者の認識と反応である。経験の両方のカテゴリーが，本来の転移の領域外にあると言われるが，その領域とは患者の治療者に関する根拠のない考えや，神経症的で精神内界により規定された空想が見出されるところである。その点は以下の声明によく表されている（ここに逆の順番で引用する）。それは古典的な転移の定義の一部である（Moore and Fine, 1968）。

(1) 転移は治療同盟すなわち分析家と患者の間の関係性の意識的な側面と，注意深く区別されなければならない。治療同盟においては，被分析者が洞察を通して成熟し，理解や統制を進歩させる助けとなるように共に作業するということを，それぞれが暗黙のうちに合意して理解している。

▼4　この問題に関する Freud の立場が意味するものについての議論は，Lipton (1977a) やGill (1982a, pp.9-15) を参照するとよい。抵抗とならない陽性転移の概念の長所の一つは，分析過程における治療作用 therapeutic action に不合理な構成要素が存在しうることを認めるところにある。Freud によれば，転移のこの側面は幼年期に起源があり，依存と理想化の要素を含んでいる。それが現実的であるからではなく，分析家が願わくばそれをよい目的のため用いることになるために，「抵抗とならない」のである（この逆説についての議論は Friedman (1969) を参照）。ここに再掲載された 1983 年の論文は，分析家をブランクスクリーンとみなす見解を修正することを目的としている。したがってこの章は分析家が自分自身の個人的な関心や願望の充足を相対的な意味で二の次にすることの重要性を十分に強調できていない。ある意味では分析家は患者に比べてより見えにくくなくてはならないのだ。その非対称性は分析家の治療的な権威の合理的な側面と不合理的な側面の両方を推し進める。一般に患者が持つ，自分たちと同じ人間としての分析家という感覚と，優れた魔術的な力さえ持つ人間としての分析家という患者の感覚の間の弁証法という考えはあまり認識されておらず，ましてやこの章ではほとんど論述していない（この章のもとのヴァージョンは第3章の「アイロニカルな権威」のもとのヴァージョンの十年以上前に書かれている）。ここで展開されているのはその両極性のうちの片方，すなわち分析家の関わりの非対称的な側面ではなく対称的な側面についての患者の認識の場である。それにもかかわらず，ある種の弁証法的な関係性はここにおいて前面に出ている。たとえば転移と逆転移の間，解釈者としての患者と解釈者としての分析家の間，双方の解釈と「連想」の間の弁証法的な関係性である。

（2）分析家の私生活における現実の性質についての情報が欠けていることで，患者の早期のイメージがよみがえったものをその人に転移することが容易になるという事実があり，それが治療過程において分析家が比較的匿名的であることの一つの大きな理由である。またそれにより現在知覚されるものによって過去からの空想の歪みが生じることも少なくなる。分析家の実際の行為や態度が，患者に反応を生じさせるような状況や環境があることを認めなければならない。これらは転移反応の一部とはみなされない（「逆転移」を参照）[p.93] ▼5。

二つのタイプのパラダイムと批判

私の見解では，スクリーン概念に対する批判は二つの大きなカテゴリーに分類することができる。保守的な批判とラディカルな批判である。保守的な批判は，結局は常に以下のような形を取る。彼らはすでに述べたブランクスクリーン概念の標準的な必要条件の片方または両方は，精神分析過程におけるそれらの役割という点に関して十分に強調されていなかったり精緻化されていなかったりすると主張する。私がこれらの批判を**保守的**と呼ぶのは，彼らは分析的療法家についての患者の経験の重要な側面には，治療者の実際のふるまいや実際の態度はほとんどないしは全く関係がないという考えを保持しているからである。保守的な批判は転移の用語を患者の経験のこの側面のために取っておいている。それと同時にこれらの批判は，患者の体験のもう一つの側面の重要さを十分に認識していないことについても反対する。その側面とは治療者の「現実」の特徴により影響を受けるものであり，その現実の特徴が理想的な分析のプロセスを促進するか阻害するかにかかわらず言えることなのである。現実的な知

▼5　MooreとFineによって編纂された用語集が当初出版された1968年以降に，もし精神分析的な思考の主流において重要な変化があったとしても，それらは第三版（1990）の中の転移の定義には反映されていない。編集者たちは序文の中で，それが「大幅に改訂」されており，そして多くの定義が「更新された」（列挙された195人の寄稿者の助けを借りて）と述べているが，転移に関しては「分析家が相対的に匿名的であることで，彼らの人となりの上に早期のイメージが蘇ったものの転移が促進される。分析家の属性や私生活についての情報がなければ，患者は現在の知覚によってあまり汚染されることのない空想を生み出す」と記載されている。さらに「分析家に対するすべての患者の反応が転移というわけではない。いくつかは，分析家の態度や実際のふるまいにもとづいている」（p.197）となっている。明らかに転移空想と現実の関係性の二分法は22年前にあったのと同じくらいに際立っているのだ。

覚と非現実的な知覚という二分法はそれほどはっきりしていないかもしれない
が，それでも保持されている。ここでは患者の経験の現実的な側面に注意深い
考慮や強調がなされているにもかかわらず，本来の転移に関しては，治療者は
以前と同様にブランクスクリーンである。分析状況で何が現実的で何が現実的
でないかを定義するための標準的なパラダイムを変えないことによって，ブラ
ンクスクリーンの誤謬性に対する保守的な批判者たちは，まさにその誤謬その
ものを維持しているのだ。

　保守的な批判とは対照的に，ラディカルな批判は，歪曲としての転移と現実
にもとづいた非転移 nontransference の間の二分法を拒絶する。その代わりに
この批判は，転移そのものが一般的に今ここにおいてかなり妥当な根拠を持っ
ていると主張する▼6。ブランクスクリーンモデルのラディカルな批判は，分析
家の**内的な動因**についての患者の体験の中で，まぎれもなく現実を歪曲してい
るものとして明確に分類できるような側面など何もないとする。同様にそれら
には，現実に忠実なものとして明確に分類できるような側面も何もないとする。
これらの批評の視点からは，次のような作業仮説を持つことが分析家にとって
最善となる。つまり患者が治療者の内的な態度を解釈する際持ち込む見方は，
分析家の関わりの様々な側面を際立たせるようなたくさんの理屈にかなった見
方のうちの一つなのだというものである。これは保守的な批判が提案している
標準的なパラダイムの単なる精緻化ではなく，異なるパラダイムということに
なる。

　ラディカルな批判は，転移に支配された経験と非転移に支配された経験があ
り，前者が現実から切り離された空想の表現であるのに対して，後者は現実に
基づいたものであるという根拠によって区別できる，という提案を拒絶したわ
けだが，その批判はそれら二つのタイプの経験は区別できないという意味を含
んでいるわけではない。それらは歪曲対現実的な認識という基準を拒絶した以
上，その区別をすることができるような別の基準を提示しなければならないの

▼6　この文の「一般的に generally」という言葉は，もとの論文にある「常に always」を置き
　　換えたものである。「常に」ということは過剰修正であり，言い過ぎである。患者の側の
　　知覚や推測のうち，とてもありえなさそうな，事実上「突飛な off the wall」ものも考え
　　ておかなくてはならないからだ。もっともそう言った途端に，分析家がそのように判断す
　　る能力があるのかという問題についても関心を向けなくてはならなくなるのであるが。分
　　析家の内的な動機についての最終的な結論に関しては，次の文で述べているように，私は
　　ラディカルな批判者の主張を支持している。

である。それらの批判によれば，神経症的な転移の際立った特徴は，患者が分析家のふるまいやパーソナリティの特定の側面に選択的に注目するという事実なのである。

つまり彼らは他のものの代わりにある一連の解釈を選ぶことを**余儀なくされる**。彼らの情緒的な生活と適応は，彼らが選んだ特定の視点に無意識に支配され，またそれらを支配している。そして恐らくもっとも重要なのは，患者は実際に彼らの視点や予測と一致しているような明白なあるいは隠された反応を誘発するような方法でふるまうのである。転移は一般的な人間関係や特に分析家との関係性を，理解すること construe だけではなく，構成すること construct や形作ること shape も意味している。そして患者が分析家との間で起きることの中で自分が起こさせたり起きるのを見ていることがらに，**必然性**の感覚を持つという場合においてのみ「歪曲」という用語が用いられるのである。

ラディカルな批判者は，単にブランクスクリーンという考えだけではなく，次の様な主張を行ういかなるモデルにも反対する。すなわち治療者の「客観的な objective」そして「現実の real」影響が，彼らが意図するものや，分析家が自分の明白なふるまいが伝達したり暴露したりすると考えているものと同等だとするモデルである。ラディカルな批判者が拒否するのは，分析家の隠れた動機や態度に対する患者の考えについて，それが分析家自身の意図だと判断することがらから離れているときはいつでも，根拠のない空想の領域に追いやってしまうということである。この点に関しては，分析家の顕在的な行為が冷たいか，暖かいか，あるいは自己開示的であるかどうかは問題ではない。

ラディカルな批判者にとっては，特定のモデルが患者の経験の非社会的な概念に基づいているか，あるいは真に社会的な概念に基づいているのかどうかを決める上で重要なことは，いかなる瞬間にも治療者の体験には目に映る以上のもの，治療者の心の目に映る以上のものさえもあるということを，患者が前意識的にではあっても理解できるとみなしているかということだ。ラディカルな批判はブランクスクリーンの誤謬性に疑問を呈するだけではなく，**無知な患者という誤謬**と呼ぶべきものにも疑問を呈している。それは患者自身の行動に関しては，言外のあるいは無意識な意味のもっとも微かな兆候が絶えず探られている時でさえも，彼らが理性的である限りにおいては，分析家のふるまいについてはそれを額面通りに受け取るという考えである。

現在では精神分析状況の何らかの相互作用の視点を含んでいるような広範囲

にわたる文献があるが（Ehrenberg, 1982; Greenberg and Mitchell, 1983），いかなる特定の理論的な主張や立場も，相互交流を強調しているというそれだけで，遠近法的－社会的な見地から転移を見るものとして認定される保証はない[7]。さらに相互交流を強調することで見えにくくなるのは，理論家によってはほとんどの場合，次のような見方にしがみついているという事実である。つまり神経症的な転移は，ある確かめることができる外的現実の歪曲であるという伝統的な見方である。

保守的な批判者：非社会的なパラダイムにおける転移

概観：保守的な批判者のタイプ

私が先に述べたように保守的な批判者は，転移と現実的な認識の二分法を保持するが，分析家のスクリーン機能の標準的な資質は拡大する必要があると主張する。Strachey（1934）やLoewald（1960）のような一部の保守的な批判者たちは，一般的な実践については変更を薦めることなく，分析過程において分析家の対人関係の，現実の良心的benignな影響を再概念化して提示する。他方でStone（1961）やKohut（1977）のような人々は，そのような再概念化とともに，従来に比べてあまり縛られず，親しみやすく自発的な関わりを提唱する。この文脈において，Freudは患者と関係する仕方が途方もなく自由であり，その意味で「古典的」ではない臨床家としてしばしば引き合いに出される（Lipton, 1977a を参照）。

StracheyとLoewaldとStoneとKohutに共通していたのは，治療者の影響の現実的な意味で良心的で発達促進的な側面を精緻化したことであったが，もちろんStoneやKohutにとっての良心的で発達促進的なものは，ある最適な要素としての欲求不満や失望を含んでいた。保守的な批判のもう一つの大きな下位分類としては逆転移の客観的な知覚の重要性と広がりを強調するものであ

---

[7]　ここでの遠近法的 perspectivistic という用語は，本論文のもとのヴァージョンでは相対主義的 relativistic という用語になっていたものを置き換えたものである。後者の用語は私の立場が「ラディカルな相対主義」や，さらには唯我論の一つであるという誤解を促した（たとえば，Orange, 1992; Zucker, 1993 を参照）。経験が曖昧 ambiguous で様々な解釈に開かれていると語ることは，それが不定型 amorphous であり，何でもいい，ということを意味するわけではない。遠近法的という用語は，精神分析状況の批判的な「構成主義的」見解の出現の徴候を示している。

り，それは転移の領域から外れていると主張される。Langs（1978）は，この種の最も組織的で徹底した批判を仕掛ける。恐らくすべての保守的な批判者たちの中で最も明確な例は Greenson（1971）であろう。彼の「現実の関係性 real relationship」は，作業同盟と逆転移の両方の患者の経験を含み，明確に転移の経験を除外している。

Hans Loewald と James Strachey

ブランクスクリーンの誤謬性の主として保守的な批判の中で，現実の人間（あるいは対象）としての分析家の，良心的で発達促進的な側面をより強調しつつ技法上の変更を提案することのないよい例は Loewald（1960）である。私は「主として」という言い方をするが，それは Loewald の立ち位置には，転移と現実を二分しないような，よりラディカルな批判の，明白ではない兆候があるものの，彼の立場の全体的な主旨は疑う余地なく保守的だからである。Loewald は，彼が批判する古典的な立場を以下のように表している（これがその立場の最も明確な声明であるために，少し長いが引用をする）。

> 理論的なバイアスは，閉鎖システムとしての心的装置という見方である。分析家は，小児神経症に至るまでの子ども時代の発達が，転移神経症が発達して結晶化し解決するという形で再演され活性化される舞台の共演者としてではなく，反射鏡とみなされる。ただし無意識のそれであり，また綿密な中立性によって特徴づけられるような反射鏡である。分析家のこの中立性は（i）科学的な客観性のために，つまり観察のフィールドが分析家自身の感情的な侵入によって汚されないようにするために，そして（ii）患者の転移のための**白紙状態** tabula rasa を保証するために，必要とされるようである。（中略）分析家は特定の過程の観察者としてだけではなく，患者の意識と部分的な無意識過程を言語的なコミュニケーションを通して，患者に能動的に照らし返す鏡として機能すると思われている。この中立性に特徴的な性質は，患者が分析家に転移している関係性における環境上の人物（あるいはそれと反対のもの）の役割に陥ることは回避しなくてはならないということである ［p.17］。

Loewald はこの立場を完全には放棄することはないものの，それが何かを除外したままでいることや，現実の対象としての分析家の影響への十分な注意を損なうことに繋がっているのではないかということを懸念する。

[分析家の]客観性は，患者に対象として利用可能 available となることの回避を意味しない。分析家の客観性は患者の転移的な歪曲と関係する。分析家はそれらを客観的に分析することを通して，可能性としてだけでなく実際に新しい対象として利用可能となる。それらの転移は新しい対象関係に向かうことへの障害物となっているが，分析家はそれを段階ごとに取り除くことにより利用可能となるのだ。この分析家の対象としての利用可能性を，単に自分自身に転移をひきつけるために分析家が用いる装置と見なす傾向がある。彼の利用可能性は，患者が転移を投影し，それを解釈という形で患者に照り返すようなスクリーンや鏡であるという意味でそうだと考えられるのだ。（中略）これは半分だけが真実である。実際には分析家は転移による歪曲を照り返すだけではない。彼は解釈において歪められていない現実の側面を暗に意味し，患者は転移を解釈されるにつれてそれを段階的に把握し始める。この歪められていない現実は分析家によって患者に仲介されるが，それはほとんどは転移による歪曲を削り取っていくプロセスによってである［p.18］。

　ここでは，Loewald が一方で神経症的な歪曲の線に沿って，他方では分析家の現実の，恐らく健康促進的な側面の新しい評価という線に沿って転移と非転移の二分法を行っていることは明らかである。彼は自己発見の過程で現実の分析家との共同作業を体験することにまつわる治療的な効果について引き続き精緻化していく。

　Loewald の立場は Strachey（1934）のそれが先駆となっていた。Strachey もまた分析状況での分析家の新しい現実的な対人関係の影響を強調したのである。Loewald はこの新しい現実的な影響について次の点から理解する。すなわち分析家のより高いレベルの自我機能，特に分析家の成熟した，合理的な視点が患者自身の神経症的な傾向の上に及ぶ際の，それへの患者の同一化という点である。Strachey は患者のそれまで抑制されていた衝動を受容する分析家への同一化という点で，より新しい現実の影響を考えていたが，それにより Loewald のように，自我の省察的で統合的な能力が強化されるというよりもむしろ，患者の超自我の懲罰的な傾向が軟化することによる修正が生じることになるとした。しかし Strachey（1934）は「現実」の分析家を転移対象としての分析家から汚染されないように切り離しておくことの重要性を，この上ないほどに強調した。

　　分析状況はいつも「現実の」状況へ退化する恐れがある。しかしこのことが

真に意味しているのは，それが意味しているように見えることとは反対のことである。患者は常に現実の外的対象（分析家）を蒼古的 archaic な対象に変える瀬戸際にある。言い換えれば，患者は彼の中にとり入れられている原初的なイマーゴを今にも分析家に投影しようとしているのだ。（中略）だからこそ［患者の現実感覚を］不必要な圧力にさらされないようにすることが重要なのである。これが，分析家が患者から見て空想対象として「悪い」か「良い」かについての見方を確信させる可能性のあるいかなる現実の行動も避けなければならないことの根本的な理由である［p.146］。（山本優美訳「精神分析の治療作用の本質」松木邦裕監訳『対象関係論の基礎』pp.33-34 一部を訳者が変更）

　これから見るように，ラディカルな批判との間にはこれ以上ないほどのコントラストがある。ラディカルな批判によれば，転移 - 逆転移の「エナクトメント」のある種の流れは，それが起こりそうだというだけではなく，批判的な省察と解釈と結びついた場合は，それが分析過程における治療作用を高めるという意味で有用である可能性もあるのである。

Leo Stone と Heiz Kohut

　Strachey と Loewald が技法に影響を与える意図など全くないと明確に述べているのに対して，同様に治療者の現実の人間的な性質についての患者の知覚に関心を持つ Stone（1960）は，多くの分析家が極端に非人間的で，冷たく堅苦しい仕方で患者に接すると考えてそれを憂慮し，より自然で親しみやすく，自発的な態度を支持するという明確な立場を取った。Stone（たとえば pp.45-46 を参照）は慎重な中立性と非応答性がいかなる対人関係の影響によってでも汚されない純粋な転移の概念の出現を促すであろうという考え方に疑問を呈した。それどころか，いわゆる禁欲規則を機械のように厳密に守ることから来るある種の欲求不満は，非常に強力な刺激となり，それらの個人に根ざしているとは容易には理解されないような何らかの反応を誘発すると Stone は考えたのである。

　Stone は，もし分析家が適切な分析行為として広く理解されていると彼が考えるものに従いつつ，彼らの個人的で人間的な性質や反応を患者の視界から除いていれば，転移空想が自発的に生じてくるという考え方を拒絶していたのは明白である。しかし分析状況が Stone が薦めるような形で修正されたとしたら，転移と現実の関係についての彼の見解はいかなるものになるのだろうか？　こ

の点で彼はより曖昧である。彼は時にはそれらの状況下では，分析家の現実的な知覚を転移が含むことになり，それは憂うべきではないだけでなく，むしろ望ましいことであると言っているようにも見える。

　　すべての患者たちにとって言えるのは，精神病からの距離の度合いに応じて，自分たちの現実的で客観的な知覚への重要な思い入れを有しているということである。そして転移が効果的に動員されるためには，その知覚と転移の間の相互作用は，多少の差はあっても最小限の類似性を必要としている。転移は動員される時は機能的な経験の事実の中にあり，常に統合された現象であり，実際の知覚はそこに様々な程度で関与しなければならない［p.41］。

　しかし Stone のいくつかの発言を見る限り，多くの但し書きが施されてはいても，彼は転移と現実の標準的な二分法に固執しているようである。この理由から，私は彼を分析家のスクリーン機能の保守的な批判者と分類することは理に適っていると考えている。たとえば次のようなむしろ明白ともいえるスタンスについて考えていただきたい。

　　私は条件が曖昧な「転移」という用語を，関係性の次のような性質や部分に限定することで，原則においても日常のコミュニケーションにおいても最も有用な形で明確にできると思う。それは過去の実際の重要な人物に向けられた執拗で変更されることのない願望（ないしはその他の態度）により動機づけられた関係性であり，現在のある人に，一種の誤った同一視により過去の人物の無意識的なイメージを投入するような関係性である［p.66］。

　Stone は，Tower や Racker やその他によって提唱されている見解に共感的である。それらは転移を理解する際の逆転移の有用性を指摘し，Stone が「分析家と被分析者の間の厳格な地位の障壁を小さくすること」（p.80）と呼ぶものを含意しているのである。しかし圧倒的に彼の頭を占めているのは次の疑問である。分析家はどのようにふるまうべきなのだろうか？　患者による分析家の体験をいかに理解すべきかについては，はるかにわずかの関心しかない。Stone の立場の長所が何であれ，彼が治療者の明らかな言語的または非言語的なふるまいを強調することにより曖昧にされているもののために，無数の潜在的で多少なりとも意識的な態度や動機を隠したり，あるいは持ち込んだりすることが可能になってしまう。私は Stone の立場は，分析家の善良で人間的な特

性の重要性を強調するスクリーン概念の保守的な批判者の，特殊な変形の例であると考えている。この変形は転移に加えて，分析家の現実の善良な性質についての患者の経験にウェイトが置かれなければならないと主張する代わりに，分析家の人間性 humanness が転移，特に陽性転移を引き出すと主張する。分析家はある意味では，転移に関するブランクスクリーンとして機能する代わりに，転移を引きつける磁石，ただしとても人間性のある磁石の一種とみなされているのだ（pp.108-109）。その考えは間違っていないであろうが，やはり全体をカバーしているわけではなく，それにより無視されたり見えにくくされたりする部分はラディカルな批判の核心部分にあるものである。すなわち治療者の表面的なふるまいは，どんなに意識的に意図されたものであっても，患者が治療者の内的経験について知覚したり解釈したりすることをコントロールせず，またそうできないということである。私が先に語ったように，ラディカルな批判者が疑問を呈するのは，分析家の行動に対して患者は無知 naive な観察者であるという見方であり，患者は合理的である分だけ，分析家の表面的なふるまいや意識的な意図を額面どおりに受け取るだろうという期待に反対を唱えているのだ。分析家の表面的なふるまいや意識的な意図を，分析状況における現実を定義するための根拠として取り上げることこそが，転移を歪曲とみなす標準的な見方の真骨頂なのである。そしてこの意味において Stone は，分析家の側の適切な表面上のふるまいについて強調している点も含めて，標準的なパラダイムの方に傾いており，分析家が理想的にはスクリーンのように機能しなければならないという概念の保守的な批判者に分類されるのである。

　分析家のスクリーン機能に対する Kohut の立場は，もちろん異なる理論的な文脈に埋め込まれてはいるが，Stone の批判とともに特殊な保守的批判者として分類することができると私は考えている。Kohut (1977) は分析家が過剰に冷たく不親切なやり方でふるまわないことは，特に自己の障害の場合に重要であるだけでなく，古典的な神経症の場合にも重要だということを明らかにした。彼は「分析的な中立性は（中略）患者の内的生活に共感的に没頭することで得られた洞察を用いて，他者の助けになることに専心している人から平均的に期待される応答性，として定義するべきだ」と考えていた。しかし Kohut は Stone と同様，分析家の側の親しみやすい，自然に応答する態度が，転移（古典的なものにせよ，自己愛的なものにせよ）の展開を促進するという印象を伝えているものの，分析家のパーソナリティのそのほかの性質については特に言

及してはいない。たとえば，彼は次のように書いている。

　本質的な転移（あるいは一連の本質的な転移）は，被分析者のパーソナリティ
構造において分析される前に確立されていた内的因子により規定される。した
がって分析を通した分析家の影響は（彼が行う解釈が基づく正しかったり間違っ
ていたりする共感的な閉鎖 empathic closures を介して），患者が予め定めら
れた道を進むことが促進されたり妨げられたりするという意味においてのみ重
要である［p.217］。

　特に古典的な転移神経症の場合は，Kohut は分析家が共感的な応答を通して
変化を促したとしても，分析家が転移概念を精緻化するためにスクリーンとし
て機能するということを明確にしていた。このモデルは Stone のような保守的
な批判者の方向に従っている。なぜなら分析家たちが彼らの人間性を表現する
ことを勇気づけられていても，それは現実の人間としての分析家が，本来の神
経症的な転移の展開には関与しないという考え方を何も変更していないからで
ある。
　Kohut は古典的な神経症に関してさえも，その根底にある問題としてますま
す自己の障害を考えるようになったのであるが，その自己の障害に関係する転
移においては，現実の人間としての分析家がより直接的に関与することになる
のは，分析家の共感が，患者の発達が必要とする自己－自己対象の結びつきを
深めるからである。より正確には，共感，共感の些細な失敗，そのような失敗
の訂正といった一連の流れは，自己の発達における欠損を修復することができ
る「変容性内在化」を促進する。しかし分析家の患者に対するパーソナルな応
答の複雑な全体には，患者は特別に心理的な重要性を持ついかなるものに対す
る関心の向け方とも異なるそれを向けているようである。患者が持っているの
が自己の障害や自己愛障害であるかぎり，彼らは恐らく分析家のことを，自分
自身の必要，動機，防衛，関心をもつ別個の人物としては経験しない。
　次のように言う人もいるかもしれない。患者は共感の破綻について重大なこ
とと感じてそれに強く反応するが，患者は分析家の特定の種類の逆転移の困難
さが転移に取り込まれたせいでそのような失敗が生じたとみなすとは限らない，
と。実際患者が自己の障害を患い，すなわち分析家を自己対象として経験して
いるとすればその度合いに応じて，患者は定義上，別個の分化した対象として
の分析家の無知な観察者であることになる。したがって私は Kohut を彼の自

己愛転移についての考えを考慮に入れてさえ，分析家のスクリーン機能の保守的な批判者として分類する理由があると考えている[8]。

Robert Langs

Loewald と Strachey と Stone と Kohut は，スクリーン概念が分析家の「現実の」治療的な，対人交流の影響を強調しないようにさせるという事実を顧慮していたのに対して，他の人々はこの概念が，治療者が彼らの逆転移を通して及ぼす現実が，神経症を起こしうる neurotogenic 影響の重要性と広がりを曖昧にする傾向についてより顧慮した。この批判も形式としては保守的である。それは単にブランクスクリーン概念の標準的な条件の一つに基づきそれを拡張するにすぎないからだ。この種の批判の中で，慎重に精緻化されているのが Robert Langs のそれである。分析家の明らかなふるまいを潜在的な逆転移を暴露しているものとして解釈する患者の能力について，彼ほど広範に語った精神分析の理論家はいなかった。Langs（1978）の見解においては，患者は分析家の逆転移的な態度を絶えずモニターしており，そして患者の連想はそれらの態度の「評論 commentaries」としてしばしば理解されることができるというのである（p.509）。

しかし Langs は相互交流を強調していたにもかかわらず，ブランクスクリーンの誤謬性の保守的な批判者として分類されなければならない。転移という用語はまぎれもなく治療者への歪められた認識に限定され，正確な知覚は転移の領域の外に置かれているのだ。彼はそれを次のように述べている。

二者による領域の中で，患者の分析家との関係は，転移と非転移の両方の構成要素を持っている。前者は本質的に歪められていて，病理的で精神内界の無意識的な空想や記憶や取り入れられたものに基づいており，他方後者は本質的に歪められておらず，分析家への妥当な無意識的な知覚や取り入れ，彼の意識的，無意識的な心的状態やコミュニケーション，そして彼の交流のやり方に基づいている［p.506］。

---

[8]　1980 年代初期までの自己心理学の文献は，特定の種類の自己愛転移に対して起こり得る逆転移に関しての議論を確かに含んでいたが（たとえば Kohut, 1971; Wolf, 1979），これらの議論は逆転移の性質についての患者の個別の考えを考慮することを怠っている。1990年代には，一部の自己心理学者（たとえば Newman, 1992）はその先を行き，Racker や，より一般的には対象関係理論によって提唱された考えを統合する試みを行った。

Langs によれば，古典的な立場の間違っているところは，比較的純粋な，汚染されていない転移について，それが広く見られると過大評価しているということである。逆転移の誤りが通常の実践において比較的一般的に見られ，患者も常に彼らの前意識でそれらを探しているために，大部分の精神分析的なやり取りを支配しているものは，この現在の現実に適応したり，分析家自身の精神病理による干渉を間接的に「治療」することによりそれを変えようとさえする患者の無意識的な試みである。もちろん患者の正当な知覚でさえ，患者の精神病理の刻印が押された「精神内界における精緻化」の出発地点でありうるかもしれない。

それでも Langs の著作すべての主要な趣旨は，逆転移が比較的見られないような特定の環境を確立することができるということであり，そこでは患者が非常に特別な種類のコミュニケーション，つまりその環境のみで生じ，他のどこでも生じないようなコミュニケーションを安全に持つことができると感じるということである。この特別な種類のコミュニケーションは，夢のように深い無意識的な願望や空想の豊かな象徴的表現であり，実際の人間としての分析家とはほとんど関係がないのだ。これらはまさに真の転移による願望と空想である。患者はいつもこの種のコミュニケーションから今にも撤退をしようとしている。なぜならそれは患者や分析家にとって非常に原初的なレベルでの潜在的な危険として経験しているからであり，逆転移（それが誘惑的なものであっても，攻撃的なものであっても，どんなものでも）が露見すると，この独特の種類のコミュニケーションを間違いなく妨げたり，中断したり極度に制限したりしてしまうのである。

Langs の立場は，現実に対する絶対的な見方に基礎を置いている。それは対人的な出来事について歪められた知覚と歪められていない知覚の二分法を保持している立場のすべてが暗黙のうちに持つ見方と同様なのだ。たとえば Langs は，彼が「基本的枠組み basic frame」と呼ぶものを構成している規則の定められたセットに厳密に従うことについては，彼が促進したいと望んでいる種類のコミュニケーションを危険に曝すようなあらゆる逆転移の表現のように，少なくとも明確には解釈されないという。同じ理由によって，枠組みの侵犯は実

質的にすべての患者によってこの方法で知覚され，応答されることになる[9]。

　Langs はある特定の世界共通語があって，それが常に少なくとも一般的な無意識の意味を伝えると考えているようである。彼は治療者が電話を使わせたり，予約時間を変更したり，キャンセルされたセッションの料金を取らなかったり，面接をテープに録ったりすることが特定の患者にとって何を意味するのかについて特別に知っているとは主張しないだろう。しかし彼はすべての患者が恐らくそのような行動の中に，分析家のある種の深い，未解決な，病理的な葛藤を正しく見出すであろうことは知っていると主張する。

　それとは反対に彼は，分析家が一定のふるまいをすることで，そのような問題が分析家の中に深刻なレベル，すなわち客観的に見て分析家の姿勢が神経症的な逆転移に支配されているのではないかという不安を掻き立てるようなレベル以上に活発になることはないと患者を納得させることができると考えている。このように分析家は，恐らくスーパーバイザーや彼自身の分析家からの助けを借りて，患者がいつ分析家自身の無意識的な動機を正しく読んでいてそれが非転移的な反応を表しているのか，そしていつ患者が転移の影響のために空想したり歪曲したりしているだけなのかについて，ある程度の確信を持って決めることができるのだ。

　精神分析におけるブランクスクリーンモデルについての Langs の批判に見られる保守主義は，特に彼が Searls（1978-79）や Racker（1968）のようなよりラディカルな立場を情熱をもって擁護することを考えれば皮肉なことである。Langs はこれらの理論家（特に Searls）が彼の考えに多くの影響を与えたと感じており，そして彼はある意味では彼らの後を引き継いだという印象を伝えている。しかし彼は，実際は分析家の態度の現実を歪曲して知覚しているか否かを根拠とする転移と非転移の経験の標準的な二分法に退却しており，私は彼が実際は彼自身が受けたインスピレーションの源から先に進むよりもむしろ後退してしまったのだと考えている。

---

[9]　Langs によると，治療者は枠組みを維持することと最適な方法で介入することによって，患者に安全な抱える環境を提供する。分析過程におけるこの種の環境の性質と重要性についての Langs の説明は，彼の逆転移の誤りの重大さの説明を補っており，その意味で彼は Greenson のように，実際はスクリーン概念の標準的な条件の両方を精緻化させている。

Ralph Greenson

おそらくブランクスクリーンの誤謬性の保守的な批判の最もよい例とすべき理論家は Greenson（1965, 1971）であろう。Greenson の「現実の関係 real relationship」は分析家の良心的な側面に対する患者の正確な知覚と，分析家の逆転移に対する患者の知覚の両方を含んでいる。Greenson の立場は，分析過程における現実の関係性の不可避的に重要な役割を過小評価していると彼が考える傾向に対して，断固たる反論を行う。しかし彼の見解の中のいかなるものも，転移は歪曲であるという標準的な理解や，転移と歪曲されていない分析家の知覚という標準的な二分法を，ほんの少しも変えることはない。彼は次のように書いている（1971）。「転移反応の二つの顕著な特徴は以下の通りである。(1) それは過去の，無差別的で非選択的な反復である。(2) それは不適切であり，現実を無視したり歪めたりしている」（P.217）。転移とは対照的な「現実の関係性の中の『現実』の意味は，(1) 真正 genuine であり，合成されたり人工的だったりしないものであり，(2) 現実的であり，不適切だったり空想的だったりしないということも意味している」（p.218）。

Greenson がこの二分法にいかに執着しているかは，彼がそこから抜け出そうとしているように見える時も，それができないという事実によって垣間見られる。たとえば彼はこう言っている。「私はすべての転移反応において，若干の現実の芽 germ があると付け加えなければならない。そしてすべての現実の関係性には，若干の転移の要素がある」（p.218）。ここで彼は転移そのものがある種の現実的な根拠を全く欠いているというわけではないと言っているようである。しかし「芽」という言葉はこの考え方に対する非常に一般的な種類のリップサービスであることを示唆している。現実の要素はほとんど言及する価値がないほどに些末なことで，ましてやその人の解釈的な作業において問題にする必要はないというわけである。しかしこの譲歩でさえ Greenson のすぐ次の文章では即座に失われてしまい，そこで彼は強調を用いて，明らかに最初の言い直しや言い換えを意図している。「**すべての対象関係は現実と転移の構成要素の混合物や調合物で構成されている**」（p.218）。ここで転移が現実の何かを含むという考えは，すべての関係が転移だけではなく現実の何かを含むというはるかに穏やかな，従来の概念によって取って代わられている。言い換えると，転移と現実の認識の二分法は保持されているのである。

164　精神分析過程における儀式と自発性

ラディカルな批判：社会的あるいは対人関係的パラダイムにおける転移

概　観

　ブランクスクリーン概念の保守的な批判者がかなり豊富に存在するのに対して，ラディカルな批判者は比較的希少である。私は彼らの筆頭に Merton Gill（1979, 1982a, b, Gill and Hoffman, 1982a, b）をあげたい。彼は古典的なフロイト派のオリエンテーションから抜け出した，この観点の主要な提唱者である。Joseph Sandler（1976）は，古典的なルーツを持つもう一人の理論家であるが，精神分析状況を対象関係論の用語で概念化している。Heinrich Racker（1968）は，同じクライン派の Paula Heimann（1995）による逆転移の歴史的な論文を手がかりにしてはいるが，その転移と逆転移の不可避的な相互関係についての豊富で詳細な報告は文献上で類のないものである。Lucia Tower については，彼女の注目すべき逆転移についての論文（1950）をもってしても，その意図するところが転移と現実の関係についての精神分析的思考の主流には歯が立たなかった。Levenson（1972, 1981），Feiner（1979, 1982），Ehrenberg（1982）はこの方向の仕事に重きを置いた新サリヴァン派である。Harold Searles（1978-1979）は，ラディカルな観点の明快で力強い提唱者である。そして Paul Wachtel（1980）による転移の理解のためのピアジェ的な概念の枠組みについては，私はこれ以降の展開に援用している▼10。

　少し話は逸れるが，私は Gill をラディカルな批判者の中に入れたが，1980年代の彼の仕事の中には，実際にはあまり一貫性はないもののおおむね保守的な立場から，より一貫したラディカルな立場への**動き**があった。Gill（1982a）

▼ 10　最初にこの小論が発表されてから，ラディカルな批判者の数は増えていった。それらは，Altman（1995），Aron（1996），Bromberg（1994），Davies & Frawley（1994），Ghent（1992），Hirsch（1987, 1993），Mitchell（1988, 1993），Pizer（1992），Renik（1993），Donnel Stern（1997），Tansey & Burke（1989）などである。Hirsch の論文（1987）が特に興味深いのは，理論家を分類するために本論文で提案した基準を取り上げて，Fairbairn, Klein, Winnicott, Sullivan, Schwaber にまで分類する理論家たちを広げていることである。そして彼らが保守的な批判者であるという意味を示しており，その意味で非社会的なパラダイムに寄与している。これらの理論の分析家は社会的なパラダイムの，Hirsch の言葉を使えば「観察しつつ関与する者 observing-participant」であるよりも，むしろ関与しつつ観察する者 participant-observer なのである。

は 1982 年の論文では Anna Freud や Greenson のような，現実の歪曲という観点で転移を定義する人々を批判している。しかし彼の異議は，彼が「Freudの転移の概念において，意識的で抵抗とならない陽性転移を含んでいることが，不幸な過ちではなくその概念に不可欠な側面となっているという認識が不足していた」（p.12）ことに関係している。彼は抵抗とならない「促進的な」転移と「妨害となる」転移との区別について論じているが（pp.9-15），そのうち前者のみが現実的な性質を持つと考えている。「妨害する」転移には現実的な要素はなく，ましてや「現実的－非現実的」という次元そのものについての疑問は呈されていない。全般的に言えば，Gill は彼の研究書の最初の六章の中で，転移を理解するための伝統的な非社会的パラダイム（つまり，神経症的，妨害的転移）から抜け出そうと格闘しているものの，明らかに抜け出すことはできていない。彼の移行的ではあっても本質的には保守的な立場は以下によって示されている。

　　分析家たちはおおむね Freud にならい，分析家の行動は，患者のそれに対する適切な反応は共同作業に協力することだ，ということを当然と考えている。しかし患者と分析家との間には，それが**転移ではなく**，患者の適切な反応も協力ではないような，重要な相互作用がありえる。たとえばもし分析家が患者を怒らせるような根拠を与え，そして患者が怒っているのなら，少なくともその怒りのある側面は転移でもないし協力でもないだろう。ただし混乱をきたすほどに協力という考えを拡大してしまい，患者のあらゆる率直で適切な反応は，オープンで正直な関係を続けるための必要な要因なので協力的なのだ，と見なさないならば，である。私たちは分析家の側の不適切な行動を逆転移と概念化しているが，逆転移に対する被分析者の現実的な反応を何と呼べばいいのだろうか？［p.94；強調を加えている］

この本では第 7 章から，より十全な社会的，遠近法的な立場（たとえば，p.118を参照）への著しい変化が見られる。さらに Gill は，この時期以降の著作において社会的なパラダイムでの転移の見方を発展させ続けた（Gill, 1982b, Gill and Hoffman, 1982a, b; Hoffman and Gill, 1988a, b）▼11。

▼11　それ以来私自身の見解は，何を強調点とするかという点で Gill の見解からは色々な意味で距離を置くようになった（イントロダクションを参照）。恐らく最も重要なのは，Gill の焦点は全体として，分析家の絶え間ない対人関係的な影響の不可避性を評価するという文

166　精神分析過程における儀式と自発性

　私はラディカルな観点の様々な提唱者たちは，彼らがそれぞれ属する特定の学派や流派として一般に認められていることと共有しているものよりも多くのものを，お互いに共有しているだろうと考えている。実際私はフロイト派やクライン派やサリヴァン派の一般的な流れに共通するような思考の一種の非公式な「学派 school」があると考えている。たとえば Gill（後年の仕事）や Racker や Levenson が共通して持っているものは，彼らがどのように違っているかということよりも重要であるかもしれない。なぜなら彼らが共通して持っているものは精神分析状況の基本的な性質についての観点だからである▼12。

　患者の神経症的な転移の体験が分析家の関与の実際の性質から分離しているという考え方，すなわち前者が後者を歪めているという考え方に対するラディカルな批判は，二つの基本的な提言に基づいており，個々の理論家によってそのどちらか一方か両方が強調されている。その二つの提言とは以下のとおりであるが，ここで私は部分的にではあるが Wachtel（1980）の助けを借りている。

　1.　分析状況における分析家の対人的な行為は，すべての対人的な行為と同様に，分析家の経験の性質全体を指し示すものとしては常に曖昧であり，様々なありうべき解釈を常に導くということを患者は感じている。

　2.　分析状況における分析家の個人としての**経験**は，患者が分析過程に関係し関与する仕方に，継続的に影響を受け，それに応答しているということを患者は感じている。

分析状況における分析家の行為の曖昧さが意味すること

　スクリーン概念のラディカルな批判者がその根底において共有する，ある現

脈における転移の分析であったが，私の焦点は，ますます非解釈的な対人関係的な相互交流と解釈的な相互交流の弁証法に置かれるようになっている。Gill にとっては Strachey のように，治療作用の核心が解釈の瞬間であるのに対して，私にとっての核心は分析過程での自発的でパーソナルな関り合いと批判的な省察の間の弁証法である。私自身の観点では，分析家は解釈するだけではなく，関係性の発展に創造的な貢献をし，一方で分析過程において避けられない道徳的な権威を行使し，そしてエナクトメントに参加しつつそれらを理解しながら越えようとするパラドックスの中を格闘していく責任を負っている。転移の分析を重視しすぎると，客観主義と技法的な合理性に引き寄せられていくのだ（Gill の知的探求に関する私の論文の脚注 9 と 10 を参照［Hoffman, 1996, pp.48-49]）。

▼12　私は Levenson をラディカルな批評家のグループに分類したが，彼の思考には保守的で客観主義的な傾向が強くあり，私はこの章の以前のヴァージョンを発表したかなり後になってから，それに気が付いてここに取り上げた（Hoffman, 1990）。

実に対する見方が存在する。この見方は端的に言えば，現実があらかじめ定められていた所与や絶対的なもののみから成っているのではないというものである。Wachtel（1980）は，Piaget の認知的発達の理論の観点からこう主張している。「子どもであっても大人であっても，私たちは刺激そのものに直接的に反応することはできない。私たちはあらゆる細部までも，現実を私たちが知覚perceive しているのと同じくらいに構成 construct しているのだ」(p.62)。その上，対人的な出来事の領域は「それらの出来事は高度に曖昧で，コンセンサスを得るのははるかに難しい」(p.69) という点で物理的な出来事の領域とは区別されるのである。

　私たちの主たる関心事は，ある人がもう一人の体験について持っている考え（それらは意識的でもあるし無意識的でもあるだろう）である，ということを心に留めておいてほしい。そのもう一人の経験は推測することができるだけであり，決して直接見ることはできない。私たちは言語的，非言語的なふるまいの中にその兆候を見つけると考えるかもしれないが，そのような兆候と実際の経験との関係は常に不確かなものである。私たちが患者について考える時，私たちは，彼らが言うことと意識的に考えていることとの間に不一致があることだけでなく，意識的に考えていることと，曖昧には感じているが自分自身で直視するのに抵抗していることとの間にも不一致があるだろうということを知っている。私たちは明白なことと隠されていることの間の関係が途方もなく複雑かもしれないということを知っている。私たちはこのことを患者たちについて知っているし，そして私たち自身一般についても知っている。しかし私たちはこの曖昧さと複雑さが，分析過程における治療者の関与の仕方についても当てはまることを，無視したり否定したりしやすいのだ。Racker（1968）はこう述べている。

　「精神分析状況の神話」における最初の真実の歪曲は，分析が病んだ人間と健康な人間の間の相互交流であるということである。では真実はといえば，それが二人のパーソナリティの相互作用であり，その中でどちらの自我もエスや超自我，そして外的世界から圧力を及ぼされているということである。それぞれのパーソナリティにはその内的そして外的な依存や不安や病理的な防衛がある。それぞれはまた，内的な両親とともにある子どもである。そしてこれら全体のパーソナリティ群のそれぞれ，つまり被分析者と分析家のパーソナリティが，分析状況のすべての出来事に反応する〔p.132〕。

同様の文脈で，Racker（1968）はこう述べている。「分析家の患者に対する関係はリビドー的なものであり，絶え間ない情緒的な経験である」（p.31）。

分析状況の安全装置は，分析家がこの「絶え間ない情緒的な経験」を持つことを防いではくれない。その上すべての患者は，このことを意識的にないしは前意識的に感じている。また分析家の明示的なふるまいが分析家の個人的な体験を伝達したり伝えたり不用意に漏らしたりすることの意味を患者が解釈する際，すべての患者が自分自身の特定の観点を持ち込んでいる。その特定の観点が患者にとってとてつもない重要性を持っているからといって，その妥当さがゼロになるわけではない。どちらかといえばその正反対が実情であるかもしれない。患者の転移の傾向は一種のガイガーカウンターのように作用し，隠されたままであったはずの分析家の個人としての反応の側面を取り上げるかもしれない。Benedek（1953）はこう述べている。

　患者は情緒的なニード（それは転移の欲求不満に動機づけられたものかもしれないが）に迫られた際は，現実の人間としての治療者を手探りで探し，彼の反応を感じ，時にはほとんど彼の心を読むかもしれないということを，人々はめったに理解しない。（中略）そう，患者は（中略）治療者の前意識的な心に入っていき，しばしば驚くべき共感の証拠や，治療者のパーソナリティや問題への前意識的な気づきの証拠を手にするのである［p.203］。

患者の転移が意味しているのは，現実の歪曲ではなく，分析において分析家が患者に向けた非常に曖昧な反応のうちの特定の側面への選択的注意と感受性なのだ。一人の患者は分析家についてあることに気付いたとしても，他の患者は無視するだろう。ある人にとって重要であることは他の人には重要ではないかもしれないし，別の意味で重要であるかもしれない。この種の選択的注意と感受性について「歪曲」という用語を用いるべきだと主張する人もいるかもしれないが，それは通常のこの用語の使われ方ではなく，誤解をまねきやすいだろうと私は考えている。結局人がいかなる選択的注意や感受性とも独立した「現実の分析家」や分析家の経験の本当の性質を思い描くことなど不可能なのである。Wachtel（1980）はこう述べている。

　確かに分析家についてのそれぞれの患者の経験はかなり個別的であり，個人的なニードやファンタジーによって形作られている。しかし患者以外の人々に

よって分析家が認識される際の非常に膨大なバリエーションを考慮してほしい。つまり分析家の配偶者や子どもたち，先生たち，学生たち，友人たち，ライバルたちによる彼の経験のされ方の違いについて，である。様々な転移の歪曲がなされる前の，もとの「歪められていない」標準とは一体どのようなものだろうか？ ［pp.66-67］▼13

何らかの既存のセットやバイアスや期待から自由であるような認識は存在しない。あるいは Piaget の枠組みを借りるなら，何らかの既存のスキーマから独立した「同化 assimilation」は存在していない。そのような同化は絶対的な外的現実をそうではない何かに無理やり変えてしまうことはない。むしろそれは「そこにある out there」何かが持っている「客観的」な性質の中で，ちょうどその様に同化されるような順応性を持っているようなものに，意味や形を与えるのである。さらにスキーマそれ自身は柔軟であり，それが環境にあるものを自分自身に合わせようとしているときでさえ，その環境にあるものに「順応する accommodate」傾向がある。私たちの関心事である臨床状況に目を向けるならば，たとえば利用されていると感じる準備性のある患者は，彼らが会っている特定の分析家の側の搾取的な動機とみなしうるいかなるものも見つけだし，それに選択的に注目したり反応したりするかもしれない。ある分析家は料金が高く，別の人は研究目的のためのテープレコーダーを使用しており，別の人は訓練のために治療を使っており，別の人は（訴えによれば）沈黙をサディスティックに使用しており，また別の人は（訴えによれば）能動的な解釈をサディスティックに使用しているというわけである。

　分析状況は二人だけからなっており，その両者がのっぴきならない対人間の相互交流に参加している。そこでは結果的にどちらか一方が，他方が見定めているような何かを自分の中に認めることに抵抗するということも起きる。ラディカルな批評家の観点から，分析家は特定の瞬間に自分が何を知っているかについての懐疑主義を胸に持ちつつ機能する必要があり，そして分析家は自分が自ら抵抗を持っている内的な動因について，患者は鋭い解釈者である可能性を秘めている人とみなす必要がある。実際のところ，場合によっては特定の「転移の傾向 transference predisposition」（Racker が使うフレーズでありスキー

▼13　私には不合理な推論であるように思われるが，Wachtel は彼の論文の最後でこの立場の意味することから撤退して（p.74），彼の議論の中心部分とは矛盾するようなやり方で歪曲という用語を受け入れている。

マの概念に相当する）を持つ患者は，逆転移に関して他の個別の判断者の大部分が拾い上げることがないであろう何かを推測するかもしれない。Gill と私はこう書いている（1982b）。

　　ある場合には，一人の観察者が，治療者のある微妙なしぐさを問題にしたことで，その後に何人かの判断者が，治療者が特定の仕方でふるまい，それが誘惑的だとか拒絶的だとかなどと考えられる点で意見を一致させるということがある。そしてこの一人の観察者とは，他ならぬ患者自身かもしれないのだ［p.140］。

転移の影響にもかかわらずというよりも，むしろそれが理由で，

　　［患者は］大部分の判断者が見落とすような治療者のふるまいについて何かに気がついたり，あるいはそれについての可能な解釈を示したりするかも知れない。それでもひとたび彼らの注意を喚起したなら，彼らは皆患者の知覚や推論がまったく妥当なものだったと同意するかもしれない［p.140］。

精神分析状況における分析家の経験の反応の意味するもの

　私がこれまで言ってきたことの中で，分析家が実際にそこにいること analyst's personal presence が転移にとって意味することに関して，私はそれを第二の大きな考察点として意図的にことさら強調しないようにしてきた。私は曖昧な性質の関り合いと関係した議論を可能な限り行うためにそうしてきたのである。しかしその第二の考察点は第一のものと結びついており，転移を知覚の歪曲としては定義せずに，分析家の経験に対する患者の妥当な解釈を転移の一部と考えることが，ラディカルな批判の極めつけであると私は考えている。
　この第二の考察点は単純に，分析状況における分析家は，患者の関係の仕方への応答として，常にある種の個人としての感情的な反応をするということである。その上あらゆる患者は，自分が分析家の経験に影響を与えていて，この影響に抵抗するための分析家の自由は制限されているということを知っている。患者は分析の中の雰囲気を創り出すのである。それはまるで関与者の間を何かが「漂っている」と私たちがときどき実際に口にするような雰囲気である。これらの雰囲気は患者に対する治療者の個人としての反応を含むが，その反応とは，患者が自分自身のふるまいが引き起こしたらしいと考えているものに部分的に基づきながら推測し，分析家も患者が推測しているものについて推測する，

などという形をとる。

Sandler（1976）はそれについてこのように言っている。

　　転移において，患者は様々な微妙なやり方で，分析家を特定の方法でふる
まうように促そうと試み，無意識的に分析家の反応についての彼の知覚を精査
してそれに合わせる。分析家は彼自身が知覚したものに対しての反応としての
このような「促し prodding」に対する応答を意識内に「保留する hold」こ
とができるかもしれず，私は患者と分析家の間の行動上の（言語的な，そして
非言語的な）交流を通じて特定の逆転移反応や転移を結びつけようとしている
[p.44]。

　Sandler は，患者が（前意識的に）自分たちが求めていた反応を引き出した
と結論づける根拠は分析家のふるまいであるという点を強調する。しかしそれ
は，逆転移についての患者の考えが，自分たち自身のふるまいの喚起的な性質
を知っていることからいかに直接的で妥当な形で導かれるかについて過小評価
している。もし患者が自分自身の態度が絶え間なく価値下げするものだった
り，厳しく批判的であると考えているなら，分析家が自分たちがどのようにふ
るまっていると信じていたとしても，患者は分析家がある程度の傷つきを，一
定の苛立ちや報復したい願望とともに体験しているだろうと考える根拠がある。
そのような考えは，患者が根拠を持ってそれが確からしいと信じるための知覚
的な確証を必要としていない。それにもかかわらず，知覚的な確証は様々な仕
方でそれに続くであろう。

　たとえば分析家が冷静さを保ち，動揺の片鱗さえも表さないのならば，患者
ははっきりとこれを分析家の復讐の表現であり，患者の挑発には動揺しないこ
とを示しているのだと想像するかもしれない。そして分析家の態度は「適切
な」分析的行為のより厳しい規範に表面上は基づくことが，彼の激しい逆転移
の態度の表現の偽装された伝達手段として機能する時があることは疑いの余地
がない。しかし知覚的な確証は二次的なものである。なぜなら患者の視点から
は，すでに賽は投げられているのであり，彼ら自身の喚起的なふるまいからし
て結果はかなり明らかなのである。

　Racker のような理論家にとって，逆転移[14]は不可避的であり，そしてそれ

▼14　私は Racker（1968）による「**逆転移**」という用語の用い方に共感的であるが，それは分

172　精神分析過程における儀式と自発性

に対する彼の議論は Langs の著作においては非常に重く苛酷に感じられるような非難の要素を含んではいない。Freud が障害としての転移という考えから分析過程の主要な媒介物としてのそれという考えに移行した時と同じような前向きの一歩を，Racker と Heimann は，逆転移について踏み出した。ラディカルな批評家たちの社会的なパラダイムにおける逆転移は，患者の内的対象の側面や患者の自己表象の側面に似ている何かを体現しているようである。Heimann（1950）は「分析家の逆転移は分析関係の要であるだけでなく，患者の創造であり，患者のパーソナリティの一部である」（p.83）とまで言っている。

　Heimann の立場に見られる誇張の要素は，投影同一化のメカニズムの議論の中でしばしば現れる誤りを例示している。分析家はブランクスクリーンである代わりに，患者が彼ら自身の様々な部分を送り込む空っぽな「コンテイナー」（Bion, 1962）となる。コンテイナーのメタファーそれ自身は相互交流を強調していながらも，皮肉にも分析状況についてのさらなる非社会的な観念に加担している。なぜなら分析家のパーソナリティがどういうわけかここでも場から消し去られているからである（cf. Levenson, 1981, p.492）。それでも投影同一化の概念は，誇張されたメタファーを除いたなら，精神内界的なものと対人関係的なものの間に存在するとされるギャップを埋めるのを助けている（Ogden, 1979）。この論文の中では「社会的」や「対人関係的」という用語が，表面的で「外側」からすぐに観察可能な何かや，非精神内界的な何かを意味しているわけではないことは明白である。それらの用語は不幸なことに多くの古典的な分析家によって侮蔑的な響きがもたらされているのだ。

　社会的なパラダイムの用語の中で概念化されている経験とは，それぞれの関与者の相互に意識的，前意識的，無意識的な反応による層状の経験である▼15。その上患者の転移的な性質の刻印を押されている何かが分析の中で「展開」されていく可能性がある。精神内界のものは，患者の考えの中で現実化 realize

　　　析家が患者について持つ経験の全体を網羅し，そこには理解や共感に向かう分析家の傾向も含まれている。Racker はこの後者を「融和型逆転移 concordant countertransference」と呼び，「補足型逆転移 complementary countertransference」から区別したが，後者は転移に対する治療者の非共感的な情緒的反応を指すものである（pp.135-136）。この章で私は時々「逆転移」という一般的な用語を，Racker が「補足型逆転移」と呼ぶものを意味するものとして使っている。同様に転移という用語は，抵抗とならない陽性のものよりも神経症的な，あるいは「妨害となる obstructing」転移に言及する時に使われている。
▼　15　Fourcher（1975）は，人間の経験は心理的な組織と意識の多様なレベルの社会的な相互性が表現されたものであるという議論を行っているので参照されたい。

されるが，それは実際の逆転移の，量的とは言えないまでも質的な意味での大雑把な推測を含んでいるかもしれない。それがいかに曖昧で近づきがたく，不確定なものであってもそうなのである。この患者の逆転移についての考えと実際の逆転移との間の交流という要素の中に，精神内界的なものと対人関係的なものの捉えがたい接点が存在する。

社会的なパラダイムが技法にとって意味するもの

逆転移の関係性の運命への影響

　分析家たちは人間である以上，患者の転移により引き起こされることになる情緒的な反応のおおよその青写真を，自分たちのレパートリーの中に有しており，それらの反応は意識的であれ無意識的であれ引き起こされるであろう（Searles, 1978-1979, pp.172-173）。理想的にはこの種の反応は患者が転移によって創造するよう駆り立てられる対人的な場面の性質にとっての鍵，ひょっとすると分析家の持っている中で最善の鍵として用いられる。分析家の経験の解釈者としての患者は，分析家の中に転移の補完物として，何かを創り出したのではないかと疑う。つまり患者はどこかのレベルでそうではないかと疑っているのである。

　患者がまだ知らず，決断されないままなのは，分析家の患者への全体的な反応の性質を決定する上で，分析家の逆転移の経験がどのような役割を持っているか，ということである。言いかえれば患者は逆転移が関係性の運命を決定するために神経症的な転移とどの程度結合するのかを知らない。分析家の「客観性」，すなわちエナクトすることよりは理解することに向けられる傾向がどの程度持続し，神経症的な転移や逆転移の力に首尾よく抵抗するかについては，いかなる瞬間にも，患者のみならず分析家にも分からないのだ[16]。

---

[16]　一方の有害なエナクトメントと，他方のエナクトメントの解釈をすることとの間の緊張関係を強調することは，誤解を招くものかもしれない。なぜならそれらが表面的には解釈的であろうと，省察的であろうと，探求的であろうと，非解釈的であろうと，情動表出的であろうと，分析過程の中の事実上すべての相互交流に見られる古いものと新しいものの微妙な混合を考慮に入れないからである。反復と新しい経験の間の逆説的な相互作用は，一方が他方に必要な地 ground として用いられるものであり，退行的なエナクトメントと健康な理解を両極化することによって曖昧にされている。分析過程の複雑さについての私自身の感覚は，他の章において伝わっていることを望むが，それはこの章がそのオリジナルの形で発表された何年か後により十分な形で発展した。

転移そのものの中に，ある種の自己実現的な予言とともに，一種の運命主義，つまり結果は不可避であるという感覚が存在する。転移は起きてしまったことや今起きていることについての感覚だけではなく，これから何が起きるかについての予見や，確信さえも含んでいる。この予見を反証する試みは，積極的で継続的な相互の努力であるが，それは常に不確かな現実の要素を伴っている。分析家の不確かさは，患者の抵抗や変化への動機づけを正確に推測することが不可能であることと同程度に（それ以上ということはないにしても），自分の患者に対する応答が逆転移にどこまで支配されてしまうかを予め知ることが不可能であるということと関係している。さらに分析家の経験の解釈者としての患者が，神経症的な転移が逆転移を引き起こす力が関係の行方を知る上で決定的な因子となるかもしれないと考えたり恐れたりするのは非常にもっともなことである。あるいは同じことを別の言い方をするなら，分析家が補足型逆転移に常に陥りやすいということが，患者がそれを変えるために分析に来たような対人関係上の交流のまさしくそのパターンを，明らかにではなかったとしてもひそかに，その関係性の中で繰り返すように運命づけるのではないかと患者が恐れるのはもっともなことである。

神経症的な転移と補足型逆転移の強力な結束に対抗するのは，患者にとって新しく，また彼が新しい種類の対人的な関係性の発展を促進させるような何かが起きることに，患者と分析家がともに興味を持つことである。そこは分析家の「客観性」が登場し，その重要な役割を演じる場である。その客観性は，患者が彼の転移の考えや予測によってどのように，いかなる単純な意味においても現実を歪めているかについて分析家が示すことができるというような客観性ではない。その客観性は関係性や患者の経験の中で他の可能性を実現 realize させるように分析家を働かせることができる。その可能性は神経症的な転移と補足型逆転移の相互作用によって作りだされる現実とは乖離がある。この過程において患者は，分析家がもはや転移を解釈できないほどに，逆転移によって消耗したり脅かされたりしていないということを知るようになる。なぜなら転移を解釈できるということは，逆転移の患者による解釈を解釈し，それに対してある程度は受容的であるということを意味するからだ（Racker, 1968, p.131）。結果として起こることは微妙な種類の修正 rectification である。患者は分析家の側からの抵抗に対応するために，分析家の経験を解釈することに抵抗しなければならないという無意識的な義務感から，ある意味で解放される。皮肉にも

時には患者の抵抗は，客観的に見たならば，分析家が標準的なモデルに従って非常に中立的なスクリーンでなくてはならないという熱狂的な信念の形をとる（Racker, 1968, p.67 を参照）。

　患者は実質的に次のような立場を取る。分析家についての自分たちの考えは空想に過ぎず，完全に子ども時代の経験に由来しており，標準的な意味での転移以外の何ものでもない，という立場である。このような場合，否認は解釈されなければならない。分析家は抵抗と共謀するのではなく，戦わなければならない。分析家が客観的である限りにおいて，彼らが「逆転移に溺れること」（Racker,1969.p.132）（それはもちろん抑圧という形をとるであろうが）を回避している限りにおいて，分析家は患者の前意識にあり抵抗にあっている逆転移の解釈を能動的に引き出して処理することができるのだ。

修正 Rectification としての解釈

　分析家の反応が補足型逆転移に支配されるようになるかどうかは，治療を通して繰り返し生じてくる疑問であり，それは恐らく毎時間ごとに，様々な緊急度とともに生じる。その疑問はまた多くの場合，時宜を得た解釈が分析家によって提供されない限り，あるいはそうされるまでは，好ましい方向で答えを得る手がかりすらない。分析家は自分が解釈するまさにその瞬間に，しばしば患者だけではなく自分自身を転移−逆転移エナクトメントから解放する。分析家が患者が予期している逆転移反応の質を持ったものを，その量はともかく体験し，患者に「私が自分は傷つきやすいと感じているとあなたが考えているのではないかと思います」とか「私があなたへの敵意を隠したり否認したりしているという印象をあなたが持っているのではないかと思います」とか「私があなたに惹かれていることを隠したり否認したりしているという印象をあなたが持っているのではないかと思います」と言う時，その瞬間に少なくとも彼は次のような転移に基づいた予想に対してかろうじて疑いを投げかける。その予想とは逆転移が分析家の中で消耗させるものであったり，その転移の補足型の防衛的な適応を生んだりするのではないかというものである。解釈は「変容惹起的 mutative」である（Strachey, 1934）が，それは部分的には分析家に対して一定の省察的な影響を持つと患者が感じるからだ。それは暗黙のうちに自己解釈的 self-interpretive であるために，患者についての分析家自身の経験の中の何かを修正する。患者が分析家のものであると考えた逆転移の経験が，患者に

対する分析家の応答の一部を占めているに過ぎないということを明らかにすることによって，分析家も患者の中にある転移に駆られたおとり provocateur 以上のものに反応していることを明らかにする。この「それ以上のもの」として過小評価すべきでないのは，分析家が暗黙のうちにある種の評価を示すようなものであり，分析家の経験，とくに患者についての彼らの経験を理解し，共感し，解釈する患者の能力である（Searles, 1975 を参照）。

　Gill（1979）が指摘しているように，患者は転移の分析を通して，新しい対人的な体験を持つが，それは転移そのものについて共同で洞察を得ることと区別することはできない。転移に関する洞察が，患者が分析家の中に呼び起こそうと試みたものや，患者が実際に呼び起こされたと妥当にも判断したものについての新しい理解を含んでいる時に，この新しい経験は最も強力である。以前に言及したような，分析家に起因する抵抗に順応しようという患者の無意識的なニードの修正は，患者の逆転移についての解釈を，見かけ上は分析状況とは全く関係ないような連想の中に見つけることができた時，より起きうるだろう。その際に分析家は，逆転移についての患者の考えに防衛的であるよりはむしろ，分析家が実際にそれらについての欲求を持っており，それらを熱心に探しているということを患者に示すのである。

　患者が逆転移に関するどのような考えに抵抗しているのかを知る手掛かりとして，患者の連想をシステマティックに用いることは，社会的なパラダイムの解釈的な過程の重要な要素である[17]。それなしでは分析家が解釈を構成する時に自分自身の主観的な経験に過度に頼ってしまう恐れがある。そうなると分析家は，彼らが感じているものが，患者がそうであると想像しているものと一致していると自動的に想定してしまうという間違いをおかす危険がある。私はRacker（1968）を非常に気楽に引用させてもらっているが，逆転移の経験を神の託宣のように見なすことに対して彼自身が警告をしているにもかかわらず，彼は実際にこのような批判を時々招いているように思われる（p.170）。多くの場合最も強力な解釈は，分析家の個人としての反応にある何かと患者の連想のテーマの結びつきから構成されるというのは真実である。しかし連想が分析家の内的な状態の潜在的な解釈を示唆していて，分析家にはそれが驚きとして体

▼17　「患者の連想のシステマティックな使用」を奨励することは，メソッド的なもの the methodical と自発的で個人的なもの the spontaneously personal の間の弁証法の中で，メソッド的なものの方に偏りすぎたアプローチを促進するかもしれない。

験され，自分の意識的な経験に基づいたなら推察したであろうことを凌駕するような例もある。

　このように，患者の連想を，置き換えや同一化のメカニズムによる逆転移のほのめかしとして常に読んでいくこと（Lipton, 1977b; Gill, 1979, 1982a; Gill and Hoffman, 1982a, b）は，解釈を構成する分析家の逆転移の経験の必要な補完物であり，患者が伝えてくるものの中に反映されている彼の視点が，分析家自身が自らの中に気がついているものによって曇らされないよう保証するのである。

エナクトメントの役割と逆転移の開示

　患者が持つ新しい経験は，関与者たちが生じさせるものであり，それは彼らが生じさせるのにしばしば失敗しそうになったり，実際に失敗したりする何かである。つまりたとえ無言であったり偽装されたやり方であったとしても，彼らは転移－逆転移パターンをエナクトする寸前であったり，実際にエナクトしている最中であったりするのである。Gill や Racker, Searles, Levenson その他の人たち（最近の貢献者たちについては脚注 10 を参照）が Strachey や Langs のような保守的な批判者たちと異なっているところは，分析を通した転移－逆転移のエナクトメントの確かな流れを受け入れていることであり，それは患者によって体験されたこのエナクトメントが分析されるプロセスと一種の弁証法的な関係にあるのである。

　ここではっきりさせておきたいのは，私が言っているいかなることも，分析家の側が実際に逆転移の経験を持ったと認めることを要請してはいないということである。むしろ逆に，分析家が転移や逆転移の影響力と戦う際の助けとなるような「客観性」という追加因子はしばしば，相互交流における分析家の関与の性質が，患者のそれとは異なっているという事実に明確にゆだねられていると私は考える。これにより分析家がその逆転移反応を分析の目的に従わせることができる見込みも増すのである。Racker（1968）が「分析状況の神話」と呼んだもの，つまりそれが「病んだ人と健康な人の間の」相互交流であるというものは，皮肉にも逆転移の通常の告白が精神分析技法の一部として取り入れられるべきであるという主張をしている人々によって，受け継がれていくの

178 精神分析過程における儀式と自発性

かもしれない[18]。

　そのような通常の自己開示は，それが他の親密な社会的な関係性に関連しているのと同様に，治療者の全体的なパーソナリティを交換条件に引き込む。分析家がそのような状況で，相互的な再エナクトメントの神経症的な形式に陥ることに抵抗を示すような，なにか特別な能力を持つと考えるためには，彼らの精神衛生が患者のそれよりも非常に優れているという仮定に基づかなければならない。分析家が逆転移反応を開示するということは，抵抗されていたり，前意識的であったり，無意識的であったりするものをではなく，分析家の意識的な経験を過大評価していることを暗に意味しているかもしれない。同様にそれはわずかな言葉で患者についての彼らの経験の本質を捉えることができる分析家の側の並はずれた能力を意味しているが，他方の患者はといえば，分析家についての彼らの経験に関する何かに見合っているように思われる言葉をみつけるために何時間も費やすかもしれないのだ。

　別の言い方をすれば，逆転移を開示することで，次のような幻想の共有が促されるかもしれない。つまり分析家の行為に関係した，様々なそれらしい解釈が可能なような曖昧な要素が，実質的に取り除かれたという幻想である。いったん分析家が自分が感じていることについて話したなら，言葉通りにとらえて欲しいという彼の側の思い入れも増す可能性がある。患者はこの思い入れの増加分を感じたりそれに適応しようとしたりし，そのために治療者の内的な経験について継続的に解釈を行うことに対して患者の側から来る抵抗は非常に強力になりうるだろう。

　逆転移の開示はしばしば思慮に欠けたものである場合があるが，個人としての，自己を表すことのある程度の表現は避けられないだけではなく，望ましいことも時にはある（Ehrenberg, 1982; Bollas, 1983）[19]。実際，分析家が利用で

---

[18] Bollas（1983）は時には分析家が自分たちが陥っている逆転移の苦境の注意深い開示が有用であるということについて論じ，例を示している。自己開示の正当性を説明する試みとしては Burke（1992）も参照するとよい。私の見解では，技法的な原則に関してあまりにはっきりと定められたいかなるアプローチも，自己開示からその主要な利点の一つである自発性や本物らしさ authenticity を奪う恐れがある。私が思うに，主要な弁証法は分析状況の中で個人的な経験の側面を顕わにしようとする傾向と隠そうとする傾向の間のものである。そのことについての強調は，開示するかしないかの選択の個別的な瞬間に対してはより少なくなされ，パーソナルなものの表現か，抑制かという継続的な弁証法に対してより多くなされる。

[19] この主題に関する私の意見は，もともとは 1983 年に出版されたこの論文で取っている，

きる唯一の選択は，様々な情緒的な反応を表現することである時もある。注意深く聴くこともいかなる解釈も，必ずしもこの苦境の出口というわけではないかも知れない。なぜなら慣習的な分析的距離が過度に無愛想で強迫的でまがいものであるかのように両方の関与者に体験されるような雰囲気を，患者が作り出しているかもしれないからだ。

患者と治療者の間に生まれているのが，そこで起きていることには恐らく意味があり，それはまだ語られたり探索されたりせずにいるものの，そのうちそうされるであろう，という雰囲気である場合は，オープンで表出的な対人間の相互交流は，害になるよりはむしろ有益であろう。そしてそれが患者のための利益になるという何らかの希望を持った精神の中で回顧的に解釈されるようになるまで，しばらくの間そうあり続いていくだろう。言い換えると，解釈する行為が破壊的な逆転移の意味を十分に失い，患者がそれを聞いてその介入の内容を利用するようになるには，しばらく時間がかかる場合があるのである。

繰り返すが，そのような状況の中で解釈をする代わりに単に黙って待っていなくてはならないということではない。むしろある特定の種類の自発的な対人関係上の相互交流が，関与者の持つやむをえない選択肢の中ではもっともましなものかもしれない。あるいはさらに肯定的な言い方をするならば，それはその時点で漂っている様々な転移−逆転移の可能性の中ではもっとも健康なものかもしれない。そのような対人的な相互交流の「より健康な」タイプは，実際にそれらの中で比較的新しい何か，あるいは患者の病歴の中で病理的ではなく成長促進的な何かの弱い前駆体を持っているかもしれない。分析家のための安全な作業仮説は，相互交流が反復と新しい経験の複雑な合金を表しているというものである。分析家が彼らの貢献の価値を知っているつもりになることなく，患者がどのように相互交流を経験したか，何が繰り返されて，過去から続けられたかということを明らかにする際に患者の引き続く連想を彼らが導き手とす

どちらかというと保守的な立場からは離れ，徐々に変化して来ている。非対称的な設定から要請される制限はあるが，私は現在はその過程の中で個人としての反応に関して患者に対してオープンであるということがしばしば役に立つと考えている。そのようなオープンさは，エナクトメントが生じた時にそれを同定して探求するのを促進させる可能性がある。つまりそれは分析家のバイアスが彼の参加の仕方に影響を与える際に，患者がそれを同定して考慮に入れることを助けることができるのだ。そしてそれは自発的でパーソナルな関わりに対して，精神分析の規律との弁証法的な関係の中で，大きな治療的な潜在性の可能性を提供する。これらの考慮点は上記のテキストに記された憂慮との兼ね合いで検討されなければならないであろう。

るということが重要である。

社会的なパラダイムにおける歴史の探求

　転移−逆転移エナクトメントの長びく有害な形式に対して患者と治療者が有している重要な武器としては，治療者が相対的に距離をおくこと以外にも，患者の生活史の理解が進展していくことがあげられる。この理解は分析の中でエナクトされる転移−逆転移のテーマを，患者の起源に端を発する，より広い文脈の中に位置づける。その理解は患者の起源に触れて今ここで進行しているいかなるものにも結びつくことになった必然性や重要性から，患者と治療者を計り知れないほどに解放する助けとなる。批判的に分析過程を省察する分析家の程度と能力は，彼らが患者とは異なり，通常は彼らの個人的な連想を明らかにしていないという事実によって助けられている。分析過程を省察する患者の能力は，今起きていることを過去に起こったことに基づいて説明をすることができるかどうかにさらに大きくかかっている。そのような説明は，それが患者の関係性の作り方や知覚が彼らの特定の歴史からどのように由来するかを示しているために患者が持つ，人々と関わる別の方法が可能であるという確信の感覚もかなり増してくれる。ここでも修正されるものは単に現実の歪曲ではなく，患者が特定の方法で彼らの対人的な経験を形作り受け取るエネルギーの注がれ方 investment である。そればかりか過去もまた，何が本当に起こったかということを見つけようとする（トラウマ理論のように）ためでも，患者が何が起きたかを内的な理由のみから想像しているかを見つけようとする（ファンタジーとしての過去の理解）ために探求するのでもない。分析家の経験の信頼できる（必ずしも正確でなくても信頼できる）解釈者としての患者は，彼らの両親の経験，特に子どもに対しての両親の態度の，信頼できる解釈者としての子どもをその前駆として持っている（Hartmann and Kris, 1945, pp.21-22; Schimek, 1975,p.180; Levenson, 1981 を参照）。病因論における環境によって引き起こされた子ども時代のトラウマと内因的に動機づけられた子ども時代の空想という二分法は，精神分析状況における分析家の側の実際の逆転移の誤りと，現実に根拠がなかったり取るに足らない根拠しかなかったりする純粋な転移の展開との間の，誤った二分法と正確に対応している。

分析家の中の葛藤の患者の知覚

　分析家の関与は，一方で彼らの理解することへの傾向を，他方で彼らの補足型逆転移の反応を含み，分析家が関係性について持つ経験全体の一部として，現実の葛藤の感覚をしばしば伴う。私はこの葛藤は患者が分析家の反応として感じるものの一部として常に存在すると考える。実際患者の経験の非社会的な概念の一つの微妙なタイプは，複雑と言うよりはむしろ単純であり，多元的であるというよりはむしろ一元的である。分析家は客観的であるか，または批判的であるか，または誘惑的であるか，または脅されているか，または養育的であるか，または共感的であると見なされている。精神分析においては患者の経験に関する真に社会的な概念はいずれも，分析家の中の多少なりとも調和的であったり葛藤的であったりする傾向を患者が妥当に解釈することができて，患者が想像するもののいくつかは意識的かもしれず，彼らが考えるもののいくらかは無意識的かもしれないということを認めている。そのようなモデルにおいて，解釈者としての患者は，分析家の経験はたとえどのように異なっていても自分のものと同様に複雑なものであると理解している。

第5章

精神分析状況の社会構成主義的観点に向けて

共通のテーマ：新しいパラダイムへ？

　学術誌「Psychoanalytic Dialogues（精神分析的対話）」の創刊号に載せられた Aron（1991），Greenberg（1991），Modell（1991）による論文の一つの共通するテーマは，精神分析過程における分析家のパーソナルな存在と関与の重要性の強調である[1]。現実の，パーソナルな関係性のある種のものは，不可避的に発展すると考えられている。選択の余地があるのは，患者と分析家がそれに注意を向けるかどうか，であり，その選択が翻って，両方の関与者の経験の質に影響を及ぼすことになる。これらの論文は，分析家の一般的な属性に対する患者の知覚だけでなく，分析状況における分析家のその場の経験についての知覚を探求することは，少なくとも患者の経験のうちで抵抗されていたものを意識化することの価値と歩調を合わせていることを示している。もっと大胆に言えば，そのような探求は，分析家との特別な種類の情緒的な接触のための機会であり，治療的な可能性を持っていると考えられるという提案がある。

　三人の著者はすべて，分析家のパーソナルな資質についての患者の経験に対するさらなる注目が，患者の精神生活が最も関心を向けられ続けるような中で生じる必要があると認めている。Aron と Modell はともに，分析過程の「非対称的 asymmetrical」な必要条件を「相互性 mutuality」（Aron）や「平

▼1　　この章の元になるヴァージョンは「Psychoanalytic Dialogues」誌　1:74-105 に掲載された。イントロダクションで述べたように，もともとは本章はこれらの論文に対する討論として掲載されたが，私は本章は独立した論文として読むことができると考えている。全体を通して，特記しない限り，Aron と Greenberg とそして Modell への言及はこの創刊号における論文についてであり，私のこの討論はそれらに続いて掲載されている。

等主義 egalitarianism」（Modell）の原則と統合することの重要性を強調する。Greenberg は，患者の欲望の内在する源と，外的な世界，特に分析家についての患者の知覚をバランスよく探求するという意味での統合が形作られることを追及している。私たちは Aron と Modell の見解と Greenberg の見解の二重の原則に大まかな平行関係を認めることができる。それは分析状況の非対称的な側面が，内在している願望の出現や理解を促進すると考えられる一方で，分析状況の相互的な側面は，否認されて否定された分析家についての知覚をより明るみに出すものとみなすことができるからである。

　それぞれの著者は精神分析や関連する研究分野の中にある動きを同定し，その文脈の中で彼らの考えを位置づける。Modell はパラドックスについての彼の考えが物理科学の現代的な発展と同調していると感じている（p.14）。さらに彼は「現実の」，過ちを犯す人間としての分析家の関与を強調することが増していくことの根本に「批判的な消費主義 critical consumerism」があると考えている。Aron は彼の立場を精神分析理論の広範な動きと一致しているものと考えている。それは近年のフェミニスト社会理論や，母親−乳幼児相互交流の研究から現われたアイディアが触媒になっている（pp.30-31）。Greenberg は彼の考えを「理論的な風向きの変化」と一致しているとみなしている（p.58）。彼は環境の影響というニュアンスが最近になってより注目されるという動きについて，Freud の思考の比較的後年の中での発展に跡づける。Freud の自我心理学から生じたそれらの発展においては，不安の伴った知覚に対する防衛の役割がその重要性を増している。Greenberg はこの強調が様々な現代の理論家の仕事の中でさらに発展していったと考えている。

　これらの著者たちは同じ理論的なムーブメントや同じムーブメントの別の側面を念頭においているのだろうか？　そうであるなら，その本質的な特徴は何であろうか？　それは新しいパラダイムということになるのだろうか？　もしそうなら，これらの論文に表されている考えも含めて，それは現代的な実践や理論の構築を導いてくれる支配的なモデルとしてどの程度に定着しているのだろうか？

　私自身が信じるところでは，ある新しいパラダイムがこの領域に現れようと苦闘しているが，それはまだ完全には「登場」しておらず，ましてやしっかりと確立されているなどとは言えない。これらの論文や，その著者たちが自分自身の立場と一致しているものとして引用する理論的な仕事の多くは，古いパラ

ダイムから新しいパラダイムへの移行とみなすことができる。それらは移行期にあるため，古いパラダイムの残滓が新しいものの兆候とともに混ざり合っている。この議論において，私は勝手ながらこれらの三つの論文の著者を新しいパラダイムを「目指している」ものとみなすことをお許し願いたい。この見解は私自身の構成物 construction であり，もちろん，議論の余地はあろう。著者たちは私の新しいパラダイムの性質についての見解についても，ましてや彼らの業績と比較したそのパラダイムの現在の地位についても，賛成しないかもしれない[2]。

　まず真っ先に言いたいことは，私の頭にあるパラダイム・シフトはGreenberg や Mitchell（1983）や Eagle（1984）がこの分野での中心的なものとみなしたもの，すなわち欲動モデルから関係モデルへのシフトではないということである。簡単に言うと，私が精神分析の理論と実践において根本的で未だに初期段階にあるとみなしている変化は，精神分析状況についての理解のための実証主義的なモデルから構成主義的なモデルへの変化である（Berger and Luckmann, 1967; Schön 1983; Gill, 1983; Gergen, 1985; Stern, 1985; Protter, 1985; Hoffman, 1987; 第 4 章）。さらに，欲動論 - 関係論 drive-relational の軸と実証主義 - 構成主義 positivist-constructivist の軸という二つの軸を混同することは，多くの矛盾や混乱を導く。関係論的な観点への動きはいくつかの点で，認識論のより根本的な変化を導くかもしれないが，しかしそれと同一なわけではない。実際に古典的な理論の側面の中には，構成主義の観点への移行に導くものもある。Greenberg の論文でほのめかされていたように，それらがまさにその出現のための道を開いたようであるとさえ主張できるであろう。不幸なことに多くの場合，ポスト・フロイト派の理論は，Greenberg と Mitchell（1983）の基準で関係論的かどうかにかかわらず，構成主義への道をたどらなかった。そのかわりに自我心理学，対象関係論，自己心理学，対人関係論は様々で豊富な貢献をしたにもかかわらず，フロイト理論の実証主義的な側面を多くの場合は放棄したと言いつつも，それを延々と継続してきたのである（第 4 章;

---

[2]　この章を最初に発表をしてから，Greenberg（1995b）は，彼の著作「Oedipus and Beyond（エディプスを越えて）」についての私のレヴュー（Hoffman, 1995）への返答で，自分の考えが，自分のものではないある種の構成主義の理念と一致しているとみなされたことに異議を申し立てた。しかし私はいかなる理論でも明白な内的な不一致を同定することは有用であり，重要な明確化を導いてくれるはずであると考えている。

Hirsch, 1987 を参照)。

　私が第4章で「社会的パラダイム」と呼び，Aron と Greenberg が自分たち
の思考に影響を与えたものとして引用しているものは，関係論モデルと表面
上は似た言葉であるが，同じものではない。それは一人の人間としての分析
家についての患者の気づきの重要性をよりいっそう強調している。その特徴
は，幻想としての転移という視点から現実でもある転移という視点への動き
（Modell）や，患者の欲望の対象としての分析家という視点から欲望を持つ主
体としての分析家という視点への動き（Aron），あるいは内因に基づいた空想
の探求から分析家についての現実的な知覚の探求への動きという点に関して，
十分には，あるいはおそらくは正確にさえも記述されていない。

　ここで異なるステップが必要となる。それは特に，関与者が彼ら自身やお互
いについて持っていると考えられるような種類の知識についてのものである。
私の見解では，パラダイムの変化は，分析家のパーソナルな関与という考えが
構成主義や遠近法主義 perspectivist の認識論的な位置に結びついた時にのみ
生じる。分析過程への分析家の関与は，その結びつきに影響を与える限りにお
いてのみ，十分に考慮される。ここで私の主張を非常に具体的に言えば，分析
過程への分析家のパーソナルな関与は，彼が自分や患者について理解している
ことに継続的な影響を与えるということである。このモデルの一般的な仮説は，
分析家の理解は常にその瞬間の彼らの観点に依存しているというものである。
さらに分析家の関与が彼のパーソナリティのすべてのレベルに渡っているため，
それは意識的なものだけではなく無意識的な要因も含んでいるに違いない。し
たがって分析家が彼ら自身の経験やふるまいや患者のそれらについて理解して
いるように見えるものは常に疑わしく，常に分析家自身の抵抗の変動によって
影響されやすく，常に現れてくるかもしれない別の観点に取って代わられるか
もしれない。

　もちろんこれらの原則の一つのヴァージョンは，それが分析家に当てはまる
のとちょうど同じように患者にも当てはまる。構成主義的なモデルにおいて
は，分析家についての患者の知覚は，それらが単に現実から分離された空想
を反映しているという古典的な見方を反転させることで，そのある部分が突
然，単に客観的であるとか現実的なわけではない。私は Langs と Levenson が，
それぞれ非常に異なる形で，この反転に陥ってしまった理論家の顕著な例で
あると考えている（第4章，Gill, 1984b を参照。Langs については Greenberg,

1987, Levenson については Hoffman, 1990)。この考え方は，空想と現実が再配置されるというのではなく，私たちが相互の影響の世界へと移り，意味を構成したというものである。経験は絶えず形作られ解明される過程にあるものとして理解される。まだ形作られていない経験は，不定形ではないが本来的に曖昧であり，一連の説得力のある解釈や解明に対して開かれていると考えられる（Gendlin, 1962, 1964; Fourcher, 1975, 1978; Stern, 1983, 1989）。

　新しいパラダイムのためのよい用語を見つけることには問題がある。**構成主義**という用語は，時には現実を解釈するという意味を担い，相互的で対人関係的な影響を通して現実を形作ることを必ずしも意味しない。構成主義のこの意味は，しばしばテキスト読解をモデルにして作り上げられたが（たとえば Hare-Mustin and Marecek, 1988），そこで十分考慮されていないのは，二人の人間の間に展開する相互交流や対話の中には予め成立しているテキストはないという事実である。患者のライフストーリーは歴史的な再構成であるだけではなく，たった今，その場での相互交流により作られたり，構成されたりする一つの新しい歴史でもある。**社会的** social という用語には関与と対人的な影響という含意があるが，それが曖昧な現実に特定の意味を与えるという付加的な含意を必ずしも持っているわけではない。両方の意味を備え，関係モデルとの混同を避けるためにも，**社会構成主義的パラダイム**は有用だと思われる。また**関与−構成主義的** participant-constructivist という用語は長くて使いづらいが，このパラダイムでの分析家の役割を上手く記述してくれるだろう▼3。

　精神分析はパラダイムの問題の発展に関しては，現代の物理学や哲学や文学理論に比べて遅れを取っているかもしれないが，職業的な実践の世界では足並

▼3　**社会的** social や**構成主義的** constructivist といった用語は，それらに共通した含みがないならば，どちらかでも概念として十分かもしれない。社会的な関与という概念を徹底して適用しないのであれば，意味の選択的な構成という要因の考慮が必ず除外され，構成主義を分析状況に徹底して適用しなければ，過去と現在に関する社会的な要因の考慮が除外される。したがってその文脈によって，この章（もともとは 1991 年に発表されたものだが）において，私は時おり社会構成主義的なパラダイムの短縮形として，**社会的**や**構成主義的**という用語を使っている。
　構成主義と**遠近法主義** perspectivism，または**遠近法的リアリズム** perspectival realism という用語のメリットについての論戦は，この議論についての Donna Orange（1992）の解説と私の応答（Hoffman, 1992）を参照するとよい。Orange のように何人かの人々が，**社会構成主義**の語感からラディカルな相対主義と結びつけてしまうことが一つの理由となり，私は現在は**批判的構成主義**，あるいは**弁証法的構成主義**の方が，誤解が少なく私の意図をより伝えてくれると考えている。

みを揃えていないわけではない。Schön（1983）は，実証主義 positivism は[4]
それを放棄したとされている時でさえも，広範囲にわたる職業の中の支配的な
認識論であり続けていると，説得力のある主張をしている。これらの職種（そ
れは建築から都市計画，あるいは精神療法にいたるが）における実証主義の表
現は，Schön が「技法的合理性 Technical Rationality」と呼ぶアプローチであ
る。このモデルでは「職業的な活動は，有益な問題解決の中に存在し，それは
科学的な理論と技術の適用によって厳密なものとなる」（p.21）。対照的なパラ
ダイムでは（それを Schön は「行為 – 内 – 省察 reflection-in-action」と呼ぶが），
実践者は「状況と省察的な対話を行うが，その状況は独特で不確かなものとし
て扱われる。その状況との取引を通して，彼はそれを形作り，自分自身をその
一部にしている。そのため，彼が状況から見出す意味には，それに対しての彼
自身の寄与も含まれなければならない」（p.163）。このモデルにより作業を行っ
ている分析家たちは，自分の寄与が様々な形で記述され解釈されることだけで
なく，自分たちの貢献を理解する特定の仕方そのものが，彼らの分析過程への
参加と歩調を合わせる形で歪められていることを想定していることも付け加え
ておきたい。

新しいパラダイムに関して全体的，部分的に相容れない仲間たち

これらの論文の重要な点について論じるという主たる課題から離れてしまう
ように見えるかもしれないが，私は著者たちの見解や彼らが見定めているその
領域でのムーブメントに貢献しているものとして彼らが引用している文献の例
を批判的に見ていきたい。パラダイムの問題という点については，様々な理論
家により構成主義を信奉する程度に大きな差があるが，それらを暗黙の，ある
いは明らかな構成主義者として一緒に分類することから多くの混乱が生じてく
るかもしれない。

概して関係モデルはしばしば大雑把な仕方で不正確に構成主義的と見なされ
ているため，理論家たちは精神分析の実証主義的な伝統がいかに過去の遺物
であるかについてしばしば過大に評価する。Modell は単純な歪曲としての転

---

[4]　Schön は**実証主義**という用語を広い意味で使っている。「客観主義」対「実証主義」につ
いては第 6 章の脚注 2 を参照。

移や，現実の裁定者としての分析家という見方があたかも実質的に絶滅しているかのように語っている。私はこの概念の死についての報告はかなり誇張されていると考えている。それどころか，私は転移の非社会的な見方が「現代の精神分析実践において健在である」（p.60）というGreenbergに同意する。Greenbergは他にも特定の関係論者，特に対人関係論者が客観主義のある形式にいかに感染しているかについて他のところで認めているが（たとえば，SullivanとThompsonについてはGreenberg, 1981, pp.251-252, Levensonについては Greenberg, 1987を参照），この論文において古典的な欲動論が，この問題に関して唯一とまではいかないが，主要な犯人であるという印象を与え続けている。彼が新しいパラダイムに共感的であるとみなした何人かの理論家は関係論的であるが，何らかの点では実証主義的でもある。たとえばAronとGreenbergが社会的なパラダイムの重要な貢献者として言及するThompson（1964a）は書いている。「転移は完全に，別の人間に対する不合理な態度からなっており」（p.24），そして「精神分析において治療者は，患者の中の不合理な傾向について他のすべての治療者のそれとは異なった態度を取る。彼は支配したいと思っておらず，怒っておらず，軽蔑を感じてもいないが，かといってすべての美徳の鏡というわけではないということを患者に示し続けることによって，結局患者から見える独特な位置を破壊することを目指している」（p.17）。同じ論説の中でThompsonは，Greenson（1971）や他の理論家のように，患者の分析家に対してのいわゆる「現実的な」知覚に正当な敬意を払っているが，それは患者の不合理な考えからは明確に区別されており，それがどちらであるのかを決めるのは分析家なのである（第4章を参照）[▼5]。Greenberg（1981）は以前に，その不可避的で，ある意味で目をくらませるような絡み合いという考えを「対人的なアプローチの友好的で共存できる拡張」（p.254）と名づけた。私はそれどころか，分析家がこの方向に必然的に巻き込まれるという考えは，そのアプローチからのラディカルな分離であると考えている。さらにその考えは社会－構成主義的なパラダイムの重要な側面である。

　同様に，WeissとSampson（1986）は，彼らの理論の中で知覚を強調して

[▼5]　少し後の，あまり公式でない発言では，この過程についてのThompson（1964b）の描写はより構成主義かあるいは「行為－内－省察 reflection-in-action」の雰囲気を持っていた。このような矛盾は，臨床実践者の実際の作業の仕方は，少なくとも時おりは，自分たち自身の理論と矛盾しうるかもしれないというSchön（1983）の見解と一致する。

いるために，Greenberg によって引用されている。これらの理論家が「病理的信念 pathogenic beliefs」として認めるやり方や，それらを反証するために分析家が用いることができる態度やふるまいは，技法的な合理性のモデルと一致しているものの，非常に型通りで「処方的 perscriptive」（Greenberg, 1981 と比較せよ）なところがある。Weisse と Sampson が発展させた制御−克服理論control-mastery theory は，分析家が反復と新しい経験の曖昧な統合を含んだ相互交流の複雑なパターンに巻き込まれるのを期待することを奨励していない。同様に，それは分析家が自分の理解が分析過程の中で自分のパーソナルな関与によって不可避的に歪められていると予測することも奨励していない（Weissと Sampson についてのさらなる議論は Hoffman and Gill, 1988b を参照）。

　Schafer の仕事は特にパラダイムの問題という点から興味深い。なぜなら，彼は構成主義的な観点から精神分析についてあまりに多くを書いているからである。Greenberg は危険状況 danger situations における Schafer の見解に特に興味を持っている。しかし，精神分析状況に関して Schafer の構成主義が第一に注目しているのは，分析過程の中で浮かび上がってくる患者のライフヒストリーに，分析家の理論的なバイアスがどのように影響を与えているかであることに注目すべきである。パーソナルな関与の問題については，分析家は全く距離を取っており客観的なままである。Schafer の「分析的態度」では，「逆転移の**継続的**な精査」を通して分析家のパーソナルな影響が基本的に取り除かれている（p.221；強調を加えている）。逆転移の侵入は「分析的な矛盾 analytic incoherence という結果を招く」（p.228）。Schafer の著書である『TheAnalytic Attitude（分析的態度）』の全体の趣旨は，逆転移についての古典的な見解と一致している。つまりそれは時々起き，望ましくないものであり，それが侵入して来た時は克服されるべきものなのである。Schafer の提言，つまり転移と逆転移には不可避的な相互作用があり，それが同時に理解に影響を与えることや，Greenberg のいう不可避的な未発見の盲点などは，Thompson から引用された提言よりさらに許容範囲が少ない。Schafer が逆転移の「継続的な精査」が可能であると考えているようであるというまさにその事実は，そして彼がそのような精査が達成できると示唆していることについては言うまでもなく，分析過程についての彼の見解が構成主義というよりもむしろ実証主義であるという証である。

　Aron が発展させようとしている間主観性の概念は，少なくとも部分的には

自己心理学に基づいているため，その見解が特に社会-構成主義的なパラダイムからどの程度離れているかを強調することは重要である。第一にAronが言うように，自己心理学は理解の源としての分析家の主観性に焦点を当てているが，もう一つの別の意味では，患者のニードに関しては，強調点は完全に対象としての分析家，その主観性が明らかに「認められ」ない not "recognized"（Benjamin, 1988）人物におかれている。むしろ，自己対象転移は，私が後に述べるように比較的無私で理想化された他者へのニード，分析家の主観性を発見したり探索したりすることへの患者の関心と葛藤するようなニードに関係づけられている。第二に，「内省と共感」の過程への焦点づけの仕方さえも，分析家が関与-構成主義的なパラダイムの外に位置づけられるような性質のものである。Eagle（1984, pp.64-65），Mitchell（1988, p.296），そしてBlack（1987）が指摘しているように，自己心理学者たちが最終的に古典的な分析家がするのと同様に患者の経験の客観的で正確な読解が可能であると主張している事実から，そのようなパラダイムとの不一致は明白である。分析家の立場に関するそのような見解は，新自己心理学者たち neo-selfpsychologists のいくつかの例においても繰り返されている。間主観性理論の主要な提唱者である Stolorow でさえ，実証主義的な伝統を拒絶しようと決意しているにもかかわらず（特に Stolorow, 1988 を参照），時には，その中にどっぷりつかってしまっている。例えば，Atwood と Stolorow（1984）は以下のように書いている。

　　間主観的な状況が分析の進展を（中略）促進するのか妨害するのかということは，分析家の省察的な自己への気づきと彼自身の主観的な世界のオーガナイジングプリンシブルから脱中心化［Piaget を引用］し，それによって共感的に実際の患者の経験の意味を掴む能力に大きく依存している［p.47］。

　これは「新しい革袋に古いワインを入れる old wine in new bottles」ようなものだが，逆転移（特に役立つ可能性のある補足型逆転移）や分析家が持ちうるいかなる観点によっても汚染されていないような，患者の内的な生活の現実を捕捉する試みなのである。分析家の関与という考えはこの説明では重要だと捉えられていない[6]。

▼6　Stolorow と彼の同僚たちは彼らの視点を「遠近法主義的 perspectivalist」認識論の立場だとみなした（Stolorow and Atwood, 1992, p.123）。彼らの考えの中の客観主義に向かう傾向は「持続的共感的探索 sustained empathic inquiry」（たとえば Brandchaft and

間主観性理論が社会－構成主義的なパラダイムと一致するためには，前者は心理的な組織化と無意識の複数のレベルでの相互交流を含み込まなければならない。このモデルでは精神内界と対人関係を切り離すことは許されない。例えばBenjamin（1988）は，Aronが彼自身の間主観性についての視点への影響を与えたと感じている人物であるが，彼女はある意味では，社会－構成主義的な観点とは反対の立場を取っている。彼女の戦略は，彼女が間主観性の領域で比較的軽視されていると感じているものに向けた理論を展開する一方で，精神内界の領域は脇に置いておくというものである（p.21）。ある程度は，この戦略は一時的な方便である。彼女は精神内界の考察が切り離される時，間主観性理論は「一次元的」であり，二つの領域は「相互依存」しているということをみとめている（p.21）。しかしその戦略自身は，彼女の特定の主張のいくつかと同じように，彼女が用語の意味を，それらの統合によって必要とされるような再定義を行わずに受け入れようとしている印象を生み出している。たとえば彼女はこう書いている。「性愛生活の間主観的基盤は（中略）個人の中よりも**相互交流している個人の間の**緊張を強調する。（中略）これらの競合する観点は，お互いに相容れないものというよりは，単に違う問題について扱っているように私には思われる」（p.29）。このアプローチは精神内界のものと対人関係上のものという伝統的な二分極化に事実上屈してしまう。私は間主観性については，ヒエラルキーに組織された心理的なシステムのすべてのレベルにおける二つの相互作用として考えている▼[7]。複数のレベルの相互作用という概念は分析状況での関与という考えに十分な意味を与える。さらに言えば，対人関係と精神内界の領域を統合しようと試みる時，私たちはもちろんゼロから出発しているわけではない。Racker（1968）の論文は，1957年の「The Psychoanalytic

---

Stolorow, 1990, 改訂版であるStolorow and Atwood, 1992, pp.87-102を参照）のようなキー概念が中心的な位置におかれていることに反映されているが，彼らはそのパラダイムから間主観的な視点を救い出そうと格闘してもいるのである。それは例えば「共感的－内省的探索」の立場を，「分析家の心理的な組織化の，患者の経験への影響を避けたり，最小化したり，否定したりしようとはしないこと」と定式化していることなどに反映されている（Stolorow and Atwood, 1997, p.441）。

▼7　実際Benjamin自身が，彼女が明言していた戦略に反して，精神内界のものと間主観的なものを一緒にした用語で相互交流のパターンを扱っている。たとえば彼女の理論では，支配された人は支配する人と無意識的に同一化されていると理解され，その逆もまた同様である。間主観性についてのBenjaminの観点と私自身のものを比較した議論については，この議論についてのBenjamin（1991）の解説と私自身の返答（Hoffman, 1991）を参照するとよい。

Quarterly」にもとの論文が発表されたものであるが，それは彼の時代だけでなく，おそらく私たち自身の時代をも先んじていた。彼はこう書いている。

「精神分析状況の神話」における最初の真実の歪曲は，それが病気の人間と健康な人間の間の相互交流だというものである。真実はと言えば，それは二人のパーソナリティの間の相互交流だということであり，そのどちらの自我もエスや超自我，外的世界からのプレッシャーにさらされている。つまりそれぞれのパーソナリティは内的で外的な依存性や不安，病理的な防衛を持っており，それぞれの内的な両親と共にある子どもでもあり，それらのパーソナリティ全体，つまり被分析者のものと分析家のものはそれぞれ，分析状況のあらゆる出来事に反応するのである［p.132］。

Racker の逆転移の概念は，分析状況での分析家の主観性についての深く考慮された考えと，分析家の応答性 responsiveness という考えを統合する方向にかなりの程度踏み込んでいる。Racker にとって逆転移は，この言葉の響きとして Aron が反対を唱えているような，単に反応的 reactive なものではない。
　私は Greenberg が見出した「理論的な風向きの変化」（p.58）に貢献したこれらの論文の中で引用されたすべての理論家について論じることはできない。Aron は Hirsch（1987）と私（第 4 章）に続いて，Sullivan や Winnicott や Kohut を含めた様々な理論家が，分析家が彼ら自身の主観的な経験が患者の転移を「汚染する」ことがないように保つことができると主張し続けていることを指摘しているが，私はそれに同意する。この見解から引き出される結論は，分析家は彼らと患者が何をして，何を経験しているかについて，正確に判断する立場にあるということである。Freud の実証主義を超えた前進がここにないということは，欲動論から関係論的な観点への進歩を Aron が強調したことによって不明瞭にされている。実際，せいぜい言えることは，これらの理論家の一部によって取られている立場の内的に矛盾している特徴のいくつかは，構成主義的な解決に役立つということくらいである。しかし結局は，私は Kohut や Winnicott や Sullivan の社会－構成主義者の観点からの隔たりが，Freud のその観点からの隔たりよりも広くないとは確信できない。

Freud への回帰とそれを越えて：社会構成主義の淵で

Greenberg に戻り，外的現実の知覚を犠牲にして転移の「内因的な」決定因に焦点を当てる傾向の，歴史的な起源についての彼の分析を検討したい。Greenberg はそのため Freud に立ち返るが，私はそれは賞賛すべきアプローチだと考えている。なぜならそれはしばしば失われた洞察の再発見か，または現在の実践のいくつかの側面が持つ時代遅れの拠りどころや，破棄されたり修正されたりするべき理論への気づきをもたらすからである。しかし私は彼の Freud の理論化についてのレビューには啓発されたものの，無意識的な知覚の重要性について Freud が認識していたことに特に関係しているいくつかの著作には触れていないと感じた。たとえば私が考えているのは，「ドラ後記」（1905a）において Freud がドラに，自分についての何かが，K 氏のことを思い起こさせないかについて尋ねなかったことを後悔していると書いている（pp.118-119）ことである。この種の探求やその理論的な含意が Freud の著作でそれ以上に発展しなかったことは注目すべきである。それに加えて，フェティシズムに関する論文（1927b）は，非精神病性の否認と分裂の Freud の模範例としては理にかなっている。また興味深いのは，Freud（1940b）が思いがけずに彼自身の「防衛過程における自我分裂」を，それと同じ表題の論文の始まりの部分で記述してしまっているように思えることである。彼は「私はしばらくの間，これから書こうとしていることがもう長い間当たり前で明白なものとみなされていたのか，それとも全く新しい不思議なこととみなされるかがわからないという興味深い状態にいることに気が付いた。でも私は後者の方だと考えたい」（p.275）（岩波版，22 巻，p.263，一部を訳者が変更）と記載している。まさにここで言及した著作やその他に照らして（Freud, 1940b, Strachey による導入メモ, pp.273-274），Freud がここで見せた思い musing は，ここで彼自身の思考における否認 disavowal の重要性を否認している興味深い兆候であるように思われる！

しかしこれらの箇所は，単に Freud が外的現実の知覚に対する防衛という考えを発展させて，それに衝動の抑圧が得たような理論的な地位を与えることができなかったという Greenberg の提言を擁護しているだけである。ここでの議論のためにより重要なのは，Greenberg の Freud 批判がここで終わって

いるために，内因的な本能の圧力と外的世界の知覚という二分法を暗黙の裡に受け入れていることである。私は Greenberg はこの二分法から逃れたいであろうと思う。彼は欲動と外的な危険の相互依存という点についての Freud の思考の，一見すると逆説的な次元について言及している。彼は「患者を彼らのニードと彼らの生きている環境の相互依存を強調するという観点から聴くということが，最も望ましい」と書き，そしてこの姿勢を「優雅な曖昧さ the elegant ambiguity」(p.55) と呼んでいる。しかし多くの論文で，彼は二つの源の間の緊張関係という古典的な考えを受け入れているようであり，その二つはそれぞれ完全性を保持しているようである。Freud の現実の知覚と欲動により決定された空想の二分法に徹底して挑戦しないことで，Greenberg は Freud の思考が分析状況の構成主義的な観点に発展するためのさらなる大きな障害を同定できなかったのである。

　Freud の知覚についての見方は構成主義よりも素朴な現実主義と一致している。Holt (1989) が書いているように，「心理学や精神医学における彼の同時代人たちと同じように，Freud は知覚は現実と接触するという単純な問題であることは当然だと捉えていた」(p.285)。そして Schimek (1975) は，この問題に対する詳細な議論の中で，以下のように書いている。

　　Freud には知覚と記憶の内容が本来的な真実性という性質を有するという信仰や，事実としての現実と心的現実の二分法が足かせになっているように思われる。彼は知覚が，外的刺激の「客観的な」特徴と，直接的な経験を選択的に組織化し意味を与える「主観的な」欲動や個人のスキーマの間の相互作用を常に含んでいると想定するのではなく，純粋なる immaculate 知覚という概念を持ち続けた [p.180]。

　私はこの問題を，Freud が死への不安を，差し迫った減ずることができない危機状況とみなすことを怠ったこととの関連で論じた（第 2 章）。Freud は死は「体から切り離された糞便」のように「思い描くこと」はできないと不十分な主張をしている (pp.129-130)。Hartmann と Kris (1945, pp.21-22) は，Freud は少年が成長していく中でペニスに対する文字通りの脅威に出くわさないかもしれない以上，去勢不安の系統発生的な説明に向かわなければならないと感じていた点に注目した。彼らは男の子が両親のふるまいについて，その顕在内容のみではなく潜在的な意味の可能性を解釈して反応している可能性を

Freud が考慮しなかったことを示唆している。Freud の思考において，神経症の病因について幼児期の文字通りの誘惑から欲動により決定された空想（それは系統発生的記憶によって補われているのだが）への振り子の揺れは，ちょうど構成主義が提供することができるジンテーゼを待っている，テーゼとアンチテーゼのようなものである。しかし自我における知覚とそれに対する防衛の思考への Freud の回帰は，構成主義的なパラダイムへ転換する寸前に見えるものの，転換してはいないのだ。

　Greenberg 自身は，論文の全体を通じて，内的な影響と外的な影響の両極性に安住しすぎているように思われる。たとえば彼は「**衝動**だけでなく**観察**も，抑圧を受けるようになる」（p.59）と言ったり，Arlow が彼の患者は「**見ている** seeing とするよりもむしろ**欲している** wishing」（p.61）と主張していることについて証拠に欠けるといって反対をしたり，「患者はしばしば彼らが見るもののうち心地よくない側面から私たちを保護しようとする」（p.63）と言ったり，患者と分析家のそれぞれが「ユニークで**観察可能な**パーソナリティ」を分析状況に持ち込んでくる（p.63；強調を加えてある）と言っているのである。

　私はこれはある程度は言葉の綾だと思っている。つまり人は遠近法主義的な視点を持ちつつも，別の人の性質を「見ていて seeing」，「観察している observing」と語るが，それは次のような理解を伴っている。すなわちその意味については曖昧なふるまいの，単なる観察ではなく，ある程度の推論や推測を意味するという理解である。実際に大抵の目的にとって，すべての言葉に気を付けなければならないのは窮屈であるし，常に用語に引用符を付けるのは厄介すぎるように思われる。また究極には，あるカテゴリーの経験があり，それが合意による確認がなされた consensually validated 世界の一部としてあまりに受け入れられているために，それらが「構成物 constructions」であるという感覚は幾分学術的なものになっている。しかも Greenberg は［患者の］［分析家についての］結論のいくつかは，可能な限り最も明らかで具体的な観察が精緻化されたものかもしれないと感じている。それでも理論を発展させようとする際，パラダイムをシフトさせるべき時に，取り除かれるべきパラダイムがまだ非常に根深い時には，私は用語法についてより厳格にしようと試みることには意味があると信じている。この風潮の中での「観察可能なパーソナリティ」について話すこと，そして内因的なプレッシャーと外的世界の影響がどのような相対的なウェイトを占めているかという問題に関して，そのような用語や両

極化がどの程度問題なのかについて十分に扱うことなしに議論を行うことは，実証主義の火に油を注ぎすぎていると思われる。もちろんその火を消すことに関心を持っていると仮定した場合にはであるが▼8。

　Greenberg の論文には，Freud の実証主義的な二分法の残遺があるにもかかわらず，社会－構成主義的なパラダイムの発展への明らかな貢献がある。Greenberg は Freud の理論化における不均衡，特にその理論において知覚の重要性を統合しなかったことについて明らかにする際に，Freud のモデルが単に知覚を調整するだけではなく，知覚の意味を変えるような変革を，事実上まさに起こそうとしていることを暗黙のうちに示している。同様に Greenberg は，転移が現実によって貫かれているというその主張において，現実の関係性を強調しながらも，それを転移とは隔たったものとしてしか見ていないブランクスクリーンの誤謬性の「保守的な批判」すべてから彼自身を切り離している（第 4 章）。

　Greenberg 自身の価値ある臨床ヴィニエットは，遠近法主義的，あるいは構成主義的な態度の実践的な応用を例示している。彼は彼について何も知らないと主張する患者に「空想」を報告させようとはしないし，単に事実の観察を求めているわけでもない。その代り彼は患者が彼について「推測する speculate」ことを奨励し，オープンな感覚で患者の推測に耳を傾ける（pp.62-63）。彼はその待合室を汚いと知覚することが出発点として重要だと考え，実際に患者がそう感じたことを確認しようとするだけでなく，患者が「その汚さについてどう考えたか」を尋ねることによってもう一歩進めることを望んでもいる（p.71）。「［Greenberg の］実質的な収入が自分よりはるかに少ないと推測する十分すぎるほどの根拠を持ち，実際にもその通りであった」（p.64）経済的に裕福な患者とともに，Greenberg は患者によるこの「観察」だけでなく，そこから患者が治療者を前にしてどのように自分の成功を扱うべきかについて導く結論にも興味を持つ。その結論はといえば，ある意味では分析家についての他の印象により，またある意味では常識により導かれるのである。

▼8　「可能な限り最も明らかで具体的な観察」さえ「未構成な経験」の「カオス」の中から選択的に取り出されたものであるということには注意するべきである（Stern, 1983, 1989; Gendlin, 1962, 1964 を参照せよ）。別の個人や別の文化においては，これらの「事実」は同じようには意味を持たないかもしれないし，あまりに意味を持たないために気付かれることすらないかもしれない。

常識はこの過程における重要な要因である。常識が患者に，自分たちのふるまいが分析家からある種の内的な反応を引き出したらしいと伝えるのであり，そのため知覚的な確証の重要性は二次的であろう。Greenbergによって引用される例の中では，患者は自分があえて満足げにしたならば，分析家は羨望したり苛立ったりするだろうと想像するかもしれない。Greenbergは「患者が私よりも多くのお金を持っていることについて上機嫌であるような感情を表せるようになるには多くの時間がかかるだろう」と言っている（p.64）。Greenbergはこの例でははっきりと言ってはいないが，彼の論文の意図からすれば，以下のことを付け加えることができるであろう。それはこの「長い時間」には，分析家がこの問題に対する自分の気持ちと格闘し，自分が経験しているであろう苛立ちを伴った羨望のいかなるものとも折り合いをつけるために必要とされる期間を部分的に含んでいるということである。

総じて私たちは，患者は思いやりがあって，私たちの傷つきやすいところに触れることについての彼らの抑制を解釈する機会を与えてくれるという事実に，心の底では感謝しているということはないだろうか？　もしそうであるならば，そして私たちがその抑制について全く必要ではないという意味を込めて解釈しているならば，私たちは微妙な意味で不誠実である。私たちが経験していることや患者を侵害する時の私たちのパーソナルな特性と取り組むことは，社会−構成主義者の立場には重要な意味がある。しかし私たちの経験が定式化されて理解される仕方は，観点により左右されるのだが，それ自身が多かれ少なかれ定式化され変化する運命になる。さらに，分析家は不安と防衛（Levenson, 1990, p.300のように）だけでなく，経験の固有の曖昧さとも格闘をしている。

自分自身への注意を呼び起こすこと

GreenbergとAronはともに，患者が分析家に関して何を見定めているのかを探求することへの障害となるような，相互的な抵抗を克服することを分析家に求めている。Aronによる間主観性理論の応用から生まれたある考えがある。それは患者は分析家の精神生活について持つ印象に反応するだけでなく，分析家のパーソナルな性質を探求することに積極的な関心を持っており，それは母親の主観性についての幼児の関心をルーツとする基本的な傾向の一部だということである。この考え方は挑戦的なものであり，患者の好奇心についての非常

に異なった方向性の道を開く。こうして私たちはその好奇心を，禁じられていたり非現実的であったりする願望の転移上の表れとしてのみ見るのではなく，分析家との意味のある接触の比較的健康な探求とみなすよう促される。Aronは彼の患者にこれらの探求に対する抵抗に打ち勝つように積極的に励ましているという感覚を与える。その探求は分析家に自分自身についての新しい何かを発見させるかもしれないようなものである。私はこの点の重要性はいくら評価してもしすぎることはないと思う。私はこの発見が全く新しいものではなかったとしても，その人の個人生活に密接なことの中で，分析家がいかなる患者に対しても明らかにされるなど夢にも思わないようなものであろうということを付け加えたい。Aron が勧めるこの態度は，ある種のラディカルなオープンさを伴っている。このように作業を行うことで，Aron は勇敢にも，と私は思うのだが，患者のその抵抗のある部分を取り除いたり減少させたりする。その部分とは，そうでなければ患者が自分に帰するものであるとする根拠を有するもので，すなわち分析家自身が隠れていたり見えなかったりしていたいという願望，あるいは少なくとも分析家として保っている自己イメージを損なわれたくないという願望にとって好都合なのだ。

　Greenberg と Aron は，1983 年のこの問題に対する私の提案（第4章）の後に，分析家が実際に彼らの経験を開示することに反対するいくつかの議論を明確にしている。非対称の原則に従い，分析家が彼らが話すよりもずっと多くを聞こうとし，彼ら自身に対してよりもずっと多くの注意を患者に向けるとすれば，彼らが開示したどんなことであっても，患者とは違い，自分たち自身の経験にかなり容易に手が届くことができることを暗に意味してしまう危険がある。それでも私は Aron の次のような考えに同意する。すなわち分析家が，患者に対しての分析家の経験の諸側面を明らかにすることが意味がある時がしばしばあり，そうすることへのためらいについて語るということが適当な場合には，それも含まれるということである。その関連で患者が直接質問をしてきた時に，それに答えることについての葛藤に苦しむ過程を口にすることが，逆説的にではあるが，はるかに正直な自己開示となりうる。実際に分析家ともっと個人的に接触したいという患者の側のニードと考えられるものは，そのような率直さによって部分的には満たされるかもしれないし，もともとの質問自体は切迫したものではなくなるかもしれない。どのようなやり方で分析家が応じたとしても，そのようなやり取りは患者のニードや願望の性質や分析家の応答に

ついての感情をよりよく理解するために振り返って探求されなければならない[9]。

　しかし患者の私たちについての知覚を探求することは，しばしば自己開示の問題と取り組む必要性を生み出すことになるという認識は重要である。Greenberg は彼のどのヴィニエットにおいても，この問題には触れていないが，患者に分析家についての印象を系統立てて話すように促すことが，両関与者に新しいジレンマを生じさせることがあるということはありそうなことである。Aron はこう述べている。「一度分析家が彼らの主観性についての患者の知覚への関心を表明したなら，患者をじらしていることになり，分析家自身の内側に起きていることをもっと明らかにするようにプレッシャーをかけられるかもしれない」（p.40）。私であったらこの警告をもっと条件つきで，遠近法主義的な用語で言い換えたくなるところだが（たとえば「じらしているように経験されるだろう」や「開示するようにプレッシャーをかけられていると感じるだろう」のように），それでもこの警告は有益であり，重要な問題を問いかけている。しかし私は「自己開示には選択の余地はない。それは不可避なものである」（p.40）ということをすぐに付け加えるのは間違えであると考えている。なぜなら，ひょっとすると Aron の意図とは反対に，この見解は三つの可能性の間にありうる相違を過少評価しているからである。その三つとは，患者の知覚を探究することなく自分自身についての何かを漏らすこと，患者の知覚を探求すること，そして故意に自己開示をすることである。患者の知覚について関心を示すことに選択の余地があるように，故意の自己開示にも選択の余地がある。

　私たちはそれぞれの場合に，異なる方法で自分たちの主観性への注意を喚起しようと努め，患者の経験と私たち自身の経験への影響も考慮しなくてはならない。これらの波及効果 repercussions は完全には予測することができない。Ferenczi（1931）は結局，彼の「弛緩 relaxation」と「認容 indulgence」の原則が，禁欲と欲求不満の原則によって促進されたよりもはるかに大きな強度

---

[9]　伝統的な考え方，すなわち禁欲 abstinence と剥奪 deprivation の状況下で，この場合の患者の願望を探求することが常によいという考え方は，これも実証主義的な思考を反映しているのである。そこに含まれた意味は，患者の圧力に屈して分析家がその場を「汚す」ことをしないならば，願望やニードの「真実の」性質が明らかになるだろうということである。構成主義的なモデルでは，分析家がどのようなやり方で応じたとしても，それは患者の欲望の強度や質について何がその時に「発見される」かに影響を与えるだろうと考えられる（Greenberg, 1986; Mitchell, 1991 を参照）。

で，患者に子ども時代のトラウマを思い起こさせることを発見した。残念なことに，それらの患者との作業がどのようなものであるかについての，より十分な意味づけを私たちに伝える前に，彼は亡くなってしまった。これらの人々は分析家との関係性の中で相互性の要素によって誘惑されたと感じ，非対称性の原理が再び主張された時に見捨てられたと感じたかもしれない。Ferenczi はそのように子ども時代のトラウマを再体験する relive ことが分析の目的にかなうものでありうるという信念を持っていた。しかし患者は私たちの近づきやすさに引き込まれて，そしてその関係性の限界によってかえって傷つけられたりトラウマを受けたりしたと感じるということが，最適な関係に比べてより多く起きてしまうというのが現実である。私たち自身も，結局は予想していたよりも巻き込まれ，身を晒され，傷つきやすさを感じることになるだろう。Aron と Greenberg はある種の方法で彼ら自身を解放することについて語っているが，完全に制御可能で技法的な操作について語っているわけではない。難しいのは私たちの主観性が否定されたり，あらゆる種類の自発的でパーソナルな関与が禁止されるような位置に撤退することなく，このアプローチの複雑さについて把握することなのである[10]。

　根底にあるパラダイムがこの問題に関しては決定的である。患者の知覚を探求することが，単に「そこにある」何かに到達することだと考えるならば，唯一の選択肢はそれを意識化するか無意識のままにしておくかということになるわけだが，患者にとっての自己の気づきに価値があるということを前提とするなら，合理的な道筋は通常一つだけである。また実証主義的な視点からはその結果は特に問題とはならない。患者の無意識の読解者としての分析家は，患者の印象によって患者が恐れるほどには自分たちは煩わされないであろうことを余裕を持って確信するであろう。そうではなく，もし私たちがそのような探求を，第一に，以前には定式化されなかったような何かをしばしば説明するものと考え，第二に，驚くべき方法で関与者の経験に影響を与えると考えるなら，私たちはそこには単に無意識的な知覚を意識的なものにするよりも多くのリスクや責任があるということを認めなければならない。その代わりに私たちは，可能である多くの方法の中からある一つの方法で関係性を形作ることに貢献し

▼10　私たちの主観性をバックグラウンドに持っていることはそれが分析過程をコントロールできているという錯覚を生みやすいが，それはまた十分には予想できないような波及効果を及ぼすという選択でもあることを忘れてはならない。

ている。説明の過程と対人的な影響の瞬間の両方が，単に意味の発見だけではなく，意味の創造を伴っている。そして患者と分析家によって，彼ら自身についてや，お互いについて解明されるいかなるものも，それが口に出されたものでも心の中で考えられたものでも，彼ら自身の心の中やその間で次の瞬間に起きることに，それまでは知られなかった仕方で影響を与えている。

　過去において Gill と私は（たとえば，Gill and Hoffman, 1982a, b）転移分析のこの側面を十分に考慮していなかったと私は考えている。私たちは転移解釈の転移への波及効果について，特に実際に，患者の経験に対する分析家の寄与についての解釈がどのように影響するかについて書いた。しかし転移分析の「技法」を拡張することを通しても完全には捉えられないものを解放するというこの問題について，私たちは十分に取り組んだとは思っていない。**技法**という用語そのものが，ある程度のコントロールを示唆しているが，それはその分析過程の流動的な動きにはぴったりとこない（Schafer, 1983, p.291 を参照）。もっとオープンで柔軟な態度が求められるのである。分析家が絶えず戻っていくベースラインは依然として，その場の相互交流が関与者によって形作られているやり方についての批評的な省察であるが，その過程の定式化されていない側面が分析的な閉鎖 analytic closure を必然的に絶えず回避しているという事実について，より深い評価が行われなくてはならない。もし Gill と私が，関係性についての患者の体験を探索することが思いがけずに**逆転移**に与える波及効果をより十分な仕方で考察したなら，私たちはさらなる進歩を遂げたかもしれない。そのように考察したならば，転移分析がそうなりやすいある種の技法的な原理から私たちを解放するのに役立ったであろう。

　患者の経験が注意の中心におかれることが保証される手段として，そして分析家の関り合いが患者にとって過剰で究極的には外傷的なものになってしまう可能性を低くする手段として，非対称的なアレンジメントは重要であるが，それに加えて私は分析過程において分析家の主体性が現れることに対する葛藤や妥当で相互的な抵抗に関して，もう一つの重要な原因があると主張したい。精神分析の儀式性の全体が，ある意味で分析家の役割に伴うある種のオーラや神秘性を養って保護するように意図されていると言えないだろうか？　そしてこのオーラの残遺物は，私たちがそれを分析した後でさえ残っているのではないだろうか？　私はこの疑問が根本的な葛藤に触れていると考えている。その葛藤の両面が，分析過程に生じてくる際に尊重されて問題視される必要性がある。

一方は主体としての分析家の出現についての関心であり，もう一方は分析家の主体性の埋没についての関心である。この葛藤は疑う余地なく幼児期にその前駆体を持っている。原光景は両親のプライベートな経験として文字通りにも比喩的にも，嫌悪されるものであるだけでなく惹きつけられるものであり，それを嫌悪することは単に克服されるべき防衛であるだけではないことは確かである。分析状況では分析家の個人的な経験についてさらに知りたいという欲望と，知りたくないという欲望の間に重要な緊張がある[11]。さらに分析家が相互性の精神によって積極的に関わろうとすることが，患者にとってかくも意味がありかつパワフルなのは，それが分析状況の儀式化された非対称性によって促進された，理想化が背景にあるからであると私は思う。

分析状況における構成主義とパラドックス

Modell のパラドックスは，患者と分析家の双方のための分析経験の中心的な次元を指摘している。分析家の観点からは，それは比較的秩序だった臨床的な観点と，比較的パーソナルで自発的で感情的な応答との間の緊張関係とみなすことができる。当然ながら，前景では精神分析技法の一部となっていることも，背景においてはパーソナルな表出であったりするし，その逆もまた同様である。しかしこの警告をした上で言えば，相互交流に関与する二つの方法の間の弁証法という概念は臨床的に役立つものである。もし分析家を軽んじたり価値下げをしたりした患者が分析家にこう尋ねたとする。「私を不快に思ったり，腹を立てたりしましたか？」その答えを患者に明らかにするかしないかにかかわらず，通常は分析家の心の中の反応は「はい」や「いいえ」の説明よりもずっと複雑である。たとえ患者が非常に個人的な方法で分析家に接したとしても，分析家の経験は普通はこの交流についての臨床的な観点を含んでいる。このように Modell のパラドックスを考慮した場合，ほぼ十分と言える答えはしばしば，「はい」と「いいえ」の両方の説明を含んでいる。患者が尋ねている

---

[11] Aron（1991）の論文やこのディスカッションを含んだシンポジウム以来，Aron（1996）は，一方では相互性と自律性の弁証法と，他方では対称性と非対称性の弁証法とを区別することを提案している。彼は分析家と被分析者に関して，彼らの相互的な影響の不可避性だけでなく役割に必要とされるものの非対称性の重要さを強調した。彼の最近の著書（1996）では，分析過程のこれらの次元に関連した理論的で臨床的な問題が深く探求されている。

感情的な反応は，たとえそれが激しいものだとしても，その転移と逆転移の相互作用の文脈での意味について分析家が関心を持つことによって軽減されるということは十分あり得ることである。非明示的にも明示的にも社会−構成主義的なパラダイムに従って治療を行う治療者にとっては，パーソナルな応答と臨床技法的な応答の混合物についての認識はそれだけ生じやすいであろうし，そのパラダイムにとっては，この混合物は予想されるだけではなく，歓迎もされるのである。

　そのような直接的な質問がしばしば否認している前提は，分析家が関係性における役割に規定された性質に関連した何らかのパーソナルな経験を持っているかも知れないということである。ある場合には，分析家たちは自分たちの経験のこの側面について暗黙のうちに否認してしまうことで，唯一の合理的な選択が「告白する」か答えることを拒否するかだけであるという漠然とした感覚を持つかもしれない。実際のところその質問自身には，攻撃的なニュアンス，つまり Modell が言うように「分析家の足元をすくう」ような意図があるかもしれないのだ。だから分析家が直接に答えることを決めたとすると，その返答はその質問をどのように経験したかについての何らかの言及を含んでいることになるであろう。

　感情的な面はともかく，臨床的な観点は通常は分析家の経験の組織的な一部である。それは単に表面的な方法で付け加えられているだけではなく，必ずしも防衛的なものであるというわけでもない。これに関しては Modell が「人は怒りや，罪悪感や，性的な興奮などをその人が日常生活でそうするのと**まさしく同じやり方で感じる**」（p.24：強調を加えてある）と言うのは間違いであると私は考えている。その感じ方が「まさしく」同じであり，「この経験を治療的な枠組みに移すために精神的な労働を必要とする」と言うことは，分析家の経験のパーソナルな側面と技法的な側面を区画化して，分析家の経験の直截的な複雑さを過小評価することである。

　Modell は両方の関与者の分析的なやり取りの役割に関係した次元と，より個人ごとに異なるパーソナルな次元について言及する時に，いくらか一貫性を欠いているところがある。彼は通常は「二つのレベルの現実」について語っているが，時には情緒的な側面は幻想的なものとして，役割に規定された側面は現実として言及している。より重篤な患者について言えば，彼は「［治療者は］この関係が，結局は治療であるということを患者に念を押さざる得なくな

るかもしれない」（p.23）と語っている。ここで「結局は after all」という言い回しが意味しているものは何であろうか？ その状況が同様に「結局は」二人の人間のパーソナルな関係であるということに異議を唱えることができるだろうか？ パラドックスという概念は矛盾を意味しているが，私たちが患者と分析家の感情的なつながりを関係性の技法的な側面よりも現実的ではないものだとみなすようになってしまったら，矛盾はあまりにも簡単に解決されてしまう。その逆もまた真実である。Modell が私たちが日常生活でそうしているのとまさに同じように感情的に応答し，そして枠組みの妥当さを苦労して取り戻さなくてはならないと言う時，彼はもう少しでパラドックスを逆の方向に解決しそうになっている。それは人工的に押しつけられた分析的な規律よりも多くの「現実」をパーソナルなやり取りによって与えているという方向である。この点に関して彼は「『非現実的』な文脈での現実の情動」として語っている（p.24）。

治療関係のパラドックスについての Modell の考えは，そのパラドックスが人間の経験の一般的な現象をいかに代表しているかが明らかではないという点で，限界がある。Modell はそれを「矛盾している現象を，統合しようと努力せずに受容すること」（p.14）と呼び，別の文脈でこの問題を議論した William James や Winnicott のような様々な思想家を引合いに出している。しかし特定の治療状況の特異な性質にあまりにも強調点がおかれているため，より一般的な意味合いは見逃されているか，軽視されているのである。実際に Modell はなぜ分析状況の特有なパラドックスに耐えることが長期的には望ましいことであるかについて不確かなように思われる。彼はやや漠然とこう言っている。「パラドックスの受容が何らかの意味で精神衛生につながっているようである」（p.23）。

この論文における Modell の理論に欠けているものは，以下の洞察の普遍的な整合性である。すなわち個人の社会生活の様式がいかに現実的で不可避的に見えるとしても，それらは人間の有機組織体の能力や潜在性を反映した構成物とみなすことができるが，それらの特定の特徴に関しては必然的で不可避なものではない，という洞察である。社会的な現実は全くのでっちあげであったりするわけではない。Berger と Luckmann（1967）が強調して述べているとおり，**「社会は人間の産出物である。社会は客観的な現実である。人間は社会的な産出物である」**のだ（p.61）。この世界はそれ自身で社会的な構成物である。Mitchell（1988）は「自己愛的な幻想」と自己と他者の価値のより現実的

な評価の間の，相互作用の重要性について論じている。しかしこれらの評価は
それ自身が自己愛的幻想とみなすことができるような構成物である。実際のと
ころ，人々は彼らの存在の無意味さの潜在的な前意識的気づきの脅威や遍在性
に対抗して，彼らの生が意味を持つという感覚を作り出して維持しようとする。
すべての社会的現実は「砂上の楼閣 sandcastles」であり（Mitchell, 1988, p.195），
死すべき運命への気づきによって脅かされる。Berger と Luckmann（1967）
によれば以下の通りである。

　　他者の死の経験と，それに続く自分自身の死の予期は，個人にとってこの上
　ない限界状況となる。詳しく述べるまでもなく，日常において当たり前のよう
　になっている現実にとって，死は最も恐ろしい脅威をもたらす。（中略）死の合
　理化 legitimation はすべて同じ本質的な効果をもたらさなくてはならない。つ
　まりそれは重要な他者の死の後も人が社会で生き続け，少なくとも日常生活の
　ルーティンを継続できないほど麻痺させない程度に恐怖を和らげることで，自
　らの死を予期できるようにすることである。[p.101]（中略）すべての社会的
　現実は危ういものである。すべての社会はカオスに直面した構成物である。危
　うさを覆い隠す合理化が脅かされたり崩壊したりする時はいつでも，恒常的な
　名づけようのない脅威の恐れが現実のものとなる [p.103]。

　私たちは皆，数えきれないほどの同心円の世界の中に住んでいる。その最も
外側には，無限の時間と空間に横たわる私たちの死すべき運命の感覚がある。
内側に速やかに移れば，私たちは人類の歴史，私たちの属している文化やサブ
カルチャー，そして家族や個人史などを見出す。分析的な状況は，次のような
弁証法を提示するような特別な種類の関り合いである。それは自分が過去や現
在において一定の問題が生じるような側面を構成したような活動と，すでに確
立された所与との間の弁証法であり，この後者は過去に生きなければならな
かったような所与と，現在分析家との直接的な関係性の中で生きなければなら
ない所与からなるのである。
　一方で，この企ては非常に狭く焦点づけられている。患者の人生は複合的な
現実の中に位置づけられ，またそこに関わっているのであるが，その現実の中
の非常に小さな一部分のみが探求と批判的省察のために取り上げられる。残っ
たものは探求されることはなく，当たり前のこととされるような価値観や慣習
であろうし，それらの多くは患者と分析家により共有される。他方では，その

企ては二つ意味で野心的である。一つ目は，患者が自分たち自身や他者を経験する最も長期的で深く根ざしたやり方のいくつかに影響を与えることを目的としているということである。たとえばその試みは患者が養育者の権威に疑問を持つことなど到底考えられない時期にすでに確立した，患者の持つ価値観の中心部分に影響を与えるものかも知れない。二つ目は，患者と分析家が転移と逆転移の反復的なパターンに巻き込まれているあり方の認識が一般化されることで，これらのパターンが絶対的で不可避なものではなく相対的なものであり，それだけでなく，彼らの人生のすべての側面についても，原則的には同じように分析できるかもしれないことに，患者が気づくようになることである。言い換えると，患者は彼ら自身の経験に対して，暗黙の裡に構成主義的な態度を取るようになることを奨励されているのである（Schafer, 1983, pp.125-127; Protter, 1985）。そのような態度の影響の一つは，あまり自分自身をシリアスに捉えなくなり，自分自身へのユーモアの感覚を育むことである。しかしこの態度は情熱やコミットメントとともに生きることを排除するわけではない。Modell は分析家と患者の愛情関係と他の愛情関係を区別するところから彼の論文を始めている。前者の場合，「治療の目標が実現した時，パートナーたちは不可避的に別れるだろう。（中略）この分離はどちらの関与者にも忘れることができない事実である」（p.13）ということがその根拠となっている。しかし，この分離は最終的で究極的な分離と類似している。後者の文脈では，人生から意味を奪うことと同時に，彼らの人生をできる限り意義深く豊かなものにすることへの人々の責任感を高めるという逆説的な効果がある（第1章，第2章を参照）。

　分析過程において患者が自分自身や世界を経験する際の凝り固まったやり方が影響を受ける時，分析家の権威が重要な役割を演じる。分析状況は転移の背後にある必然性の感覚を脱構築するためだけではなく，患者の自己や他者の感覚の修正を含んだ，代替となる社会的な現実を構築するための設定である。「儀式化されたアレンジメント」と Modell が呼んだものは，分析過程における儀式化された非対称性を含んでおり，関係性がヒエラルキー的であるという感覚を促進する。分析家の権威は，彼らの職業的な専門技能性のみによるものではなく，分析状況が特別な注意を向ける存在，Schafer（1983）が分析的な「第二の自己」（p.291）と呼んだ存在を提供する能力を，比較的集中した形で誘発する傾向にあるという事実にのみよるわけでもない。私は通常はそれが特別な，

規則的な時間や場所と結びついた非対称的な治療設定によって生じてくる力も借りているのだと考えている。面接の頻度は，分析過程における情緒的な強度や変化を与える力を増加させる。

　精神分析は心理的に複雑な再学習の一種とみなすことが可能であり，そこでの大きな目標は，過去に患者の現実がどのように構成されたのか，そして現在においてどのような現実が構成されつつあるかについての批判的な省察を促進することであるが，その現在の現実は，反復と現在の構成物による新しい経験の何らかの混合物との関わりで構成されているのである。しかしこの批判的省察の過程に埋め込まれており，一般的に患者にとって肯定的となっている何かがある。分析家の態度は患者に様々なメッセージを伝える。それはたとえば以下のようなことを含んでいる。「あなたの主観的な体験に意味があるのです。あなたの人生に対する責任は，あなたの生育史と現在の生活状況の中であなたがコントロールできないような部分によって軽減されます。あなたには人生の質 quality of life に重要な影響を及ぼす力があります」。分析家の権威の魔術的な構成要素は，Freud の「抵抗とならない陽性転移」の拡張であり，疑いもなく自己心理学の「理想化転移」と密接なつながりがあり，探求されて部分的には理解されるかもしれないが，完全には解消されないだろう。さらにそうなることが必ずしも望ましいというわけではないであろう。

　Greenberg と Aron が示しているように，両方の関与者にとって，分析家を暴露から守る必要性があるなら，その必要性を不必要な理想化に意味もなくしがみついているものとして完全に退けることはできない。理想化のいくつかの側面は必要とされ，共同で作られて維持されている構成物であろう。これは行為は言葉よりも雄弁であるという例である。実際のところ分析状況の基本的な儀式的特徴，つまり定期的な来談，料金，個人的なことがらの表現の非対称性などは，そこから一時的に離脱したり修正されたりする可能性はあるものの，最初から最後まで無傷のままに残されているのが一般的である。確かにそれらは分析の終結後でさえ分析家が患者の精神生活の中に持っている特別な力を促進しているかもしれない。

図と地の関係，同時性，そして用語法の問題

　ここで理論的にも重要である用語法の問題の方に目を向けて，Aron の次の

ような提案を検討しよう。それはすなわち**逆転移**という用語は，分析家の経験について患者に責任があるというニュアンスがあるために放棄するべきだという提案である。私たちが新しいモデルを発展させようとする時，慣れ親しんでいる古いものを特徴づけている両極性から逃れることは非常に難しい。そこから逃れる道筋で最も魅力的でかつ欺瞞的なものの一つは常に，古い言説の用語（あるいはその等価物）を残したまま，誰がそれを言っているかを反転させたものである。そこから生じてくるのは，劇的だが表面的な変化である。古いモデルの困難さは，不可避的に戻って来て私たちを悩ます。それは抑圧されたものが回帰するのに少しだけ似ている。他方で**構成主義**や**間主観性**のような新しい用語を持ち込むことは万能薬とはならない。これらの用語も通常はある種の仕立て直しや再定義を必要とする。

　逆転移という用語についての，Aron の次のような意見に私は同意する。つまり分析状況で患者が応答しているかもしれない分析家の性質のすべての側面を意味するものとしてこの言葉が用いられる時，それは途方もなく拡張されてしまうというものだ。しかし Aron が，その用語が必然的に意味しているのは，分析家の経験が「彼の精神的な自己の中心から発していて，主観的というよりも反応的である」（p.33）と言う時，彼は彼自身が拒否したいであろうと思われる応答性と主観性の両極化そのものを，暗黙の裡に受け入れていることになる。私たちは応答性が同時に自己表出的であると理解されるようなモデルを求めている。ちょうど自己表出的な自主性が同時に相互交流の中で他者に対して応答的であると理解されるようにである。Aron と古典的な分析家は，彼らの両方が分析家の逆転移の体験における「主観的な」構成要素を強調しようと語っている時でさえ，同じものを意味しているわけではない。Aron は，新しいモデルの中で本質的なのは，患者と分析家の両方が，同時に主体と客体の両方であるということを認めることであると提唱している。しかし同時に主体と客体の両方であるということは，ある意味で，どちらでもないということである。なぜならそれらの用語の意味は，主に分極化の中で確立されたものであるからである。そこで私たちは様々なカテゴリーの間の境界線が変えられている新しい領域に移行したと考えるべきである。実質的に私たちは言説の新しい用語を持っているのであり，たとえ私たちが古いものを用いたとしてもそうなのである。

　以前にも内因性のプレッシャーと知覚の両極性に関して指摘したことだが，

私たちは，例えば，**転移，逆転移，現実，空想，精神内界的，対人的，主体，対象，個人的，社会的**といった用語に関して，常にカギ括弧に入れて言ったり書いたりするだろうしそうするべきであろうが，そうなると私たちの書いたものや話したことは馬鹿げたほどに厄介になってしまうのである。

　私自身は，伝統的な用語の多くを維持して，それらを変えるよりもむしろ再定義する（あるいは提案されている再定義を取り入れる）方を選ぶ。これは Gill と私が，実際に**転移**という用語でしようとしたことであり，そして**逆転移**という用語で試みようと私が提案をすることである▼12。実際にその用語の再定義は決定的なのであり，ここに極めて重要な問題の運命がかかっているのだ。再定義なしに，たとえば，McLaughlin（1981）が提案しているように分析家の経験を「転移」と呼ぶならば，私たちは患者の体験をそう呼ぶことによる過ちと同じものを犯す危険にさらされている。この場合，私たちは分析家を動作主 agent として認めることに熱心になるあまりに，分析家が患者がしていることにいかに応答的であるかについて軽視しているかもしれない。また Aron が示唆しているように，この戦略を取っていると，私たちはまさに頭がおかしくなるほどの用語法の混乱へ向かってしまうのである。実際に患者の体験を「逆転移」と呼ぶことで，分析家への応答性を強調するということは，分析家の経験を「転移」と呼ぶことで分析家がいかに「一連の相互のやり取りの口火を切る者」であるかを強調することの意義と同程度の意義を持つ。私たちが正気を保つためにも，またいずれにしろその用語は再定義されなければならないという事実を考慮した上でも，そしてこれがおそらくもっとも重要なことだが，分析状況を支配する非対称性の原則に敬意を払う意味でも，私は患者と分析家それぞれのために，**転移**と**逆転移**という用語を取っておくことが，様々なまずい選択の中ではもっとも害のないものと考えている。

　Aron が反対しているモデルにおいては，分析家は一連の相互のやり取りに

▼ 12　Racker（1968）は 1950 年代に逆転移の再概念化において大きな進歩を遂げた。それは内的対象関係の外在化という概念と，分析家が個人として複数のレベルで関わることとを結びつけることによってであった。何人かの著者，特にブランクスクリーンの誤謬性に対する「ラディカルな批判者」（第 4 章）は，逆転移についてそれが単に反応的 reactive であるという意味合いを含むことなく概念化するという，同様の立場をとった。しかし Racker 自身は社会構成主義のパラダイムには達していないかもしれない。なぜなら彼が逆転移の性質やそれが患者の経験について何を指し示しているかについてある種の確信を持っていたからである。

関与するとみなされるものの，それは患者が「口火を切った」ものだと主張されている。そこで展開されていく相互交流の全体の印象としては，それが本質的には患者の影響を反映したものだということであり，分析家は患者から与えられた役割や立場（それらはおそらく自分自身とは無縁であるものとして体験される）を演じているだけであるというものである。このモデルは Aron と Greenberg がともに反対しているものであるが，そこで起こってくることに対して，あるいは相互交流の性質やそこから生じてくる転移に分析家のパーソナリティがどの程度影響を与えているかについて，このモデルが分析家の責任を過小評価している限り，それに反対することは正しいと私は考える。

　しかしこのモデルの修正版については，この誤りを犯さないことになっているわけだが，私は多くが論じられなくてはならないと思う。この修正版では，最初から二つの方向の影響は同時の（しかし通常は不平等な）ものとして理解されている。Benjamin（1988, p.26）が指摘しているように，出来事の同時性はそれらの連続性よりも把握することがはるかに難しい。たとえばもし私たちが患者と治療者の間の相互交流の始まりに眼を向けた場合には，患者が予約を取るための電話をすることで先に最初の行動を起こしたというのは明白に思えるかも知れない。しかし同時に，分析家たちがこの種の関係性のために自分自身を売り込んだという事実に患者が応答したのだと主張する人もいるかもしれないし，それはいわゆる「消費者の需要を創造すること」の一つかも知れない。その観点からは，分析家が（すべての精神療法の文化や組織の代表として）「口火を切った」のである。Racker（1968）はこの点を誇張して以下のように述べている。

　　分析家は彼がそうしているように見えない時でも，パーソナルな性質を有する特定の連想を伝達している。これらの伝達は，玄関に「精神分析家」あるいは「ドクター」という札を掲げた時から始まっているという人もいるかも知れない。もし分析家が患者を病気にしたのではないなら，彼には患者を治したいといういかなる動機（無意識的な意味であるが）があるのだろうか？　このように，患者は単に患者であるということによって，すでに債権者であり，告発者であり，分析家の「超自我」なのである。そして，分析家は彼の債務者である［p.146］。

そして，分析家は過去の罪や失敗を償う機会を求めるために，患者を呼び

込んでいる。ここに，私たちが「主訴 presenting complaint」を再定義する根拠があるのである！

しかしすでに述べてきたように，私には伝統的な用語の割り当て方には未だに叡智が見られると思っている。関与−構成主義者としての分析家が，超然とした観察者ではなく，比較的順応性のある観察者としてふるまい，患者は語りエナクトするためにやってくるのである。しかし私たちはその過程の非対称的な性質を患者の転移と分析家の逆転移について語ることによって捉えることができる。それは図と地を逆転することによって，分析家の影響のインパクトに応答しているのは，患者の側であるような分析過程の流れを認める時でさえ，そうなのである。

その図と地の関係という概念は，社会−構成主義的なパラダイムへの移行にとって中心的なものである。その際のものの見方の変化は，次のような一般的な形式を持つ。すなわち分析家と患者の間で両極化させていたものが，双方の関与者のそれぞれの中で，複数の揺らぎつつ相互補完的な図と地の関係にあるものとして理解されるのである。たとえば，私たちが図と地を逆転させる時，患者の連想は解釈となり，分析家の解釈はパーソナルな表現を伴った連想となる。Searles（1975）は「分析家の治療者としての患者」について書く時，図と地を逆転させている。私たちは自分たちの職業的な会合を，精神分析的治療者と精神分析家の集まりと名づけている。それは表の面である。しかしその背景においては実のところ，そこほど精神分析の患者が集中して集まっている場所を見つけることはできないだろう。一般的に物事を，前面に出ている何らかの性質に従って呼ぶ一方では，結果として生まれる呼び方はしばしば背景にある補完的な面を含んでいるという理解を持っておくのがよいであろう。

結論：社会−構成主義的なパラダイムにおける一者理論と二者理論

パラダイムの問題は，人間の発達に関するプライマリーな諸問題や，人間の経験や行為を決定する上での中心的な特定のニード，願望，葛藤からは独立したものである。確かに構成主義的な立場は定義上，人間の性質について過度に確信的な主張をすることには慎重である。しかし発見的な作業仮設と推論的な

提案や仮説に従った理論構築には何の妨げもない[13]。

　社会－構成主義や関与－構成主義の用語は，精神分析状況での継続的な相互交流に関するものであるが，それらは経験や動機づけの主として社会的でない性質への配慮を排除するものではない。それはたとえ経験や動機づけが不可避的に社会的な文脈における付加的な意味を伴うとしても，である。論じられたそれぞれの論文では，欲動論から関係論への，あるいは一者的な観点から二者的な観点への移行という，私の目からは誤解を与えるような位置づけを与えられてはいるが，それらにおいては個人としての患者を見失わないことが強調されている。Modell は，患者の欲望の現れが生じるためには，分析状況の非対称性という条件が必要であることを強調する。Aron もこの非対称性について，そして分析家が彼らの自己表現のための「空間」を見出すことの重要性について書いている。Greenberg は分析家についての患者の知覚を探索している時でさえ，「内因性の」要因に対する注意を放棄しないことが重要であることを強調する。

　構成主義的なパラダイムは，経験のうち相対的に社会的な側面と相対的に個人的な側面の両方を考慮することを実際に要求している。Berger と Luckman（1967）は「主観的な生育史は，完全には社会的なものではない」と強調することに腐心しており，彼らは経験における個人的なものと社会的なものの間の弁証法を論じている（Ghent, 1989; そして 1991 年にこの論考が最初に掲載された後のものとしては，Benjamin, 1995; Seligman and Shanook, 1995 を参照せよ）。どちらの側面が表に出ていても，背景でそれを補足するものの文脈においてのみ理解することができる。そのどちらも他方の派生物としてのみ概念化されるべきではない。セクシャリティは一次的な対象関係的な側面だけでなく，一次的な自体愛の側面も持っているかもしれない。愛の経験は，自己中心的で自己愛的な次元と，他者を主体として認める次元の両方を持っている。運動機能または認知機能を働かせることは，それが生み出す直接的で内在化された満足体験としてだけでなく，それに付加された社会的な意味や報酬という点

---

[13]　私は今ならここを次のように修正したい。弁証法的構成主義は，それ自身が子どもと同様に大人の被分析者にも適用されるために，人間の発達に関する理論的な意味を持つ。ひとことで言ってそれは常に危険な凝縮であり，一方でその人自身の経験を形作る自由と，他方では外的な影響への反応という，両者の間のバランスを取るという根本的なニードを示している。さらに十分にこれらの意味について明確にしようする試みについては第8章の結論を参照するとよい（同様に Hoffman, 1995 も参照）。

でも理解することができる。私たちは言語が必然的に社会的なものであり，そのような抽象的な体験の中で，純粋に個人的なものとみなされるものなどないと考えるかもしれない。しかしまだ定式化されていない体験は，それが発語以前の子どもの生というモル的 molar な意味であろうと，各瞬間ごとの暗黙の体験という分子的 molecular な体験であろうと，単に生物学に還元できるというだけでない，比較的非社会的な面を持っているものとして認識できるのである。統合的な理論は経験の性質の両方の源を考慮に入れるのであり，人間の経験においてはどちらも純粋な形では明らかにされずに，絶え間ない図と地の弁証法的な相互作用に反映されるとみなすのである（Flax, 1996; Fourcher, 1975, 1978; Ghent, 1989; Gill, 1994; Greenberg and Michell, 1983, pp.400-408; Slavin and Kriegman, 1992; Stern, 1983, 1989)。

　これらの論文が焦点を当てている問題については，人間としての分析家と十分に触れ合うことの患者にとっての益に関しては，動機の二者的で関係的な側面が前面になる一方では，一者的な個人の側面は背景に退いている。しかし自分たちの分析家が欲望する主体であり，自分たちのような人間であることを否認したり，無視したりすることを患者にとっての益は，正反対のことをする。それは経験の個々の一者的な次元を強調する一方で，関係性の次元を背景に退けるのである。前面に出ているいずれの面についても，その意味や威力は，部分的には背景になっている面に依存している。私たちは古典的な精神分析理論が個人内の次元に偏重しているのを修正することに熱心になるあまりに，関係的な側面への偏重の方に偏り過ぎて，それぞれを孤立させてしまわないことが重要である。精神分析状況を理解する上で社会−構成主義的なパラダイムへ移行することは，必ずしもそのような逆転を必要としていない。強いて言えば，それらの相互依存という点からそれぞれの適切な再定義を行って二つの観点を統合することが必要なのである。

第6章

精神分析的交流における確信と不確かさ

客観主義から社会構成主義へ

　精神分析的実践の認識論は，臨床的な応用からかけ離れたメタ理論の領域にある哲学的な主題と考える人も一部にはいるかもしれない。しかし実際には，分析家がどのように作業をするか，彼らが分析過程において患者や彼ら自身に対してどのような態度を取るかや，彼らが自らの役割の範囲内で，何かを自由に行えると感じたり余儀なくされていると感じたりするかということと直接に関係している。この章で私は，分析状況に適用される現実についての構成主義的な観点の主要な特徴を定義することに加えて，その観点の実践的な意味合いのいくつかを伝えることを試みたい。

　第5章では，私は精神分析過程における分析家と患者の相互交流の性質を概念化するための，二つの主要なモデルやパラダイムが競合していると述べた[1]。私はこれらを実証主義的または客観主義的パラダイムと，社会構成主義的パラダイムと呼んだ。これらの用語は哲学的な文献の中では様々な意味合いが込められていることを考えると，私が表現したいものにとって最善であるかもしれないし，そうではないかもしれない。最近の論文で，Donnel Stern（1991）は私が関心を持っているモデルには Gadamer の解釈学的 hermeneutic な思考に最も明確な根拠があり，Habermas の解釈学的な観点とはあまり一致していな

　　この章の以前のバージョンは「精神分析状況における社会構成主義的な観点のいくつかの臨床的な意味合い」というタイトルで 1992 年の「Psychoanalytic Dialogues」誌（2: 287-304）に発表された。

[1]　私はパラダイムという用語を，インフォーマルな意味で，つまり「モデル」や「観点」と同義で使用しているのであり，Kuhn の科学的な革命のテーゼと関連したフォーマルな意味でではない。

いということを示している。しかし，Fourcher（1992）の見解に倣い，私は
構成主義的な観点は非言語的で言葉に変形されることに抵抗する無意識の過程
を考慮しなければならないと考えており，それは Gadamer が十分に扱ってい
ない問題なのである。総じて，哲学と臨床的な精神分析理論の接点に関する
Stern と Fourcher の著作は私自身の思考に影響を与えた。私の使用する用語
のいくつかが耳慣れなかったり，馴染みがないと感じられたりするかもしれな
い使い方のせいで，読者が実質的な問題から気を逸らせてしまわないことを望
んでいる。この点でこの主題に関する私の関心が，主に精神分析状況で作業す
る仕方に由来するのだということを認めることは重要であるかもしれない。認
識論的な議論は，その作業の方法や患者とともにいる方法の根底にある想定を
解明する試みを表している。もちろん上手くいけば，その説明は臨床的な方針
へとフィードバックされ，それを形作り支えることを助けるのである。

　私が実証主義的 positivist あるいは客観主義的 objectivist なパラダイム[2] と
いう言葉によって意味しているものは，分析家や精神分析的療法家[3] が患者
との相互交流の外側に立つことができ，そうすることで患者の病歴や精神力動
や転移について，そして彼ら自身が各瞬間に何をすべきかということについて，
かなり確信に満ちた仮説を立てて判断する能力があるものとして分析過程を
考える立場である。このモデルは，Schön（1983）が「技法的合理性 technical
rationality」と呼び，Fourcher（1995）が Bourdieu（1990）に続いて「主知主
義 intellectualism」として言及したバージョンであるが，その中で分析家は自
分たちの理論，研究，そして以前の臨床経験の基礎として知っていることをシ
ステマティックに応用することで，即座の，そして長期的な結果を成し遂げる。
このアプローチは暗黙の裡に診断的で，処方的 prescriptive である。分析家は
患者の心理的な障害や目下の心の状態を評価し，何らかの理論的な枠組みの中
において処方されるアプローチや介入を行う。実証主義的な観点は，ある種の

[2]　実証主義という用語はここではいくらか大雑把に使われている。それは概ね Bernstein
　　（1983）の客観主義 objectivism という用語の用い方や Protter（1985）の対応 − 本質主義
　　correspondence-essentialism という用語の用い方と一致する。すなわちそれは，自然科学
　　における文字通りの実証主義と，Protter が「新カント派の解釈の隠れた本質主義」と呼
　　んだものの両方に関連しているのだ（p.212; Bernstein, 1983, pp.8-16 も参照）。
[3]　私がこれから展開する主張は，精神分析的精神療法と精神分析の両方の伝統的な様式に適
　　用できると考えている。それらの様式を区別することの妥当性は，弁証法的構成主義の観
　　点からは薄れている。本書のイントロダクションのこの問題に関する議論を参照していた
　　だきたい。

開放性を排除はしない。一つのアプローチや介入が「有効でない」なら，別の
ものが試されるだろう（Pine, 1990 を参照）。しかしこれは社会構成主義の観
点が促しているものとは非常に異なった種類の開放性である。この問題につい
ては後で戻りたい。現時点で私が強調したいのは，実証主義的な観点が精神分
析的な相互作用に応用される際の中心的な特徴は，次のようなことを意味する
ということである。すなわち分析家は，理論についての知識と技法的な原則と
して受け入れられていることに従うものとして，患者がしていることや経験し
ていることについての分析家の感覚だけでなく，あらゆる瞬間の自らの関与の
性質についても，確信することができるということである。

　精神分析における実証主義に対して比較的確立されている批判は，Schafer
（1983）の例のように，患者の個人史と力動の全体像を描き出す中で求められ
る種類の真実に対してのものである。実証主義的なモデルでは，解釈は患者の
経験，過去，現在のかなり確証された事実との関連で判断される，と主張され
ている。私が**限定的な構成主義的観点**として言及するような，それに代わるモ
デルでは，患者の経験はより曖昧で柔軟性があるものと考えられる。解釈はあ
り得る多くの方法の中から，患者の経験をオーガナイズするいくつかの方法を
示唆する suggest ものだ。示唆 suggestion は，実証主義的な枠組みにおいて
は分析過程における例の疫病神であるが，新しい枠組みにおいては，いかなる
解釈にも本来備わっている側面となる。実のところ重要な意味で，この枠組み
において解釈は示唆**なのである**▼4。こう述べたからと言って，患者の経験によ
りよく見合った解釈が可能でない，というわけではない。ただし説得力のある
解釈にはもっと幅があり，どのような路線の解釈で行くかを決める際には不可
避的に，分析家の側からいくらかの影響があるものと理解される。「データ」，
すなわち患者の連想や患者のふるまいのその他の側面は，患者自身の問題と決
めつけることはできない。この構成主義の精神分析への限定的な適用において
は，分析家の理論的な観点が患者の生活史や分析過程での現在の経験を包括し
たナラティブを選択的に形作っている方法に特別な関心が向けられる。

　私はこの限定的な構成主義的批評は，それ自身は妥当だと思うが，私が精神
分析過程における実証主義的な思考の核心だとみなしているものに批判を加え

▼4　この論文のオリジナルの形の出版を待つ間に，私は Stolorow（1990, p.124）による論文の
　　中で，強調された同様の主張と出会った。

ないままである。特にそれは分析家が分析過程において各瞬間ごとに自分たち自身の行動のパーソナルな意味合いを知ることが可能であるという考えに疑問を呈していない。分析家が自らの行動に対して持つ姿勢には，回顧的な側面と予期的な側面がある。回顧的に言えば，これは分析家が自分のパーソナルな貢献が患者の経験に含んでいるものについて，ある時点までは知っている，というある種の確信に関係している。限定的な構成主義的批評は，一方で解釈の理論的なバイアスと，他方で患者の経験が何であったのかという「現実」との間の関係性の性質に注意を据えている。しかしその焦点づけは，分析過程への分析家のパーソナルな関り合いについての古典的な見解を何も修正していない。たとえば，Schafer（1983）の「分析的態度 analytic attitude」では，「逆転移の**継続的な**精査」により，パーソナルな要因が除かれていることになっている（p.221；強調を加えてある）。そのような逆転移は古典的モデルにあるように，Schafer によれば時々起ることであり，原則として回避できる侵入とみなされる（第 5 章；Stern, 1991, pp.74-76 を参照）。しかし私が「社会－構成主義的」観点と呼んでいるものにおいては，連続的なのは逆転移の流れなのであり，その精査が連続的なのではない。Stern（1983, 1989）が「未構成の体験 unformulated experience」と呼んだものの流れに，省察的になりながらついて行くことは，全く不可能である。どんな瞬間においても，その可能性のほんの一部だけが注意を払われ，象徴的な思考を経て展開されるのである（Fourcher, 1975, 1978）。さらにその流れから選択されたものは何であれ，多かれ少なかれその時の無意識的な逆転移の特定の流れの影響を反映している。このモデルにおいては患者が抵抗している自分の中の何かを分析家が見出すのとちょうど同じように，患者も意識的あるいは無意識的に，分析家の抵抗する何かを見出すかもしれない。社会－構成主義的な観点の臨床実践への含みは，分析家が自分の影響についての患者の意識的，無意識的な解釈に特別な関心を向けることが推奨されるということである（第 4 章を参照）。

　私が今述べたことは，分析家の態度の**回顧的な**側面，彼らがすでに行った部分に関係しており，つまり分析家のパーソナルな関与がある瞬間まで患者の経験に影響を及ぼした仕方に関係している。精神分析における限定的な構成主義的批評によって批判されないままである第二の領域は，**予期的**な活動のパーソナルな次元である。この観点からは，分析家がある瞬間にどのように行動するかを決断するということに関連している。言いかえれば，それは分析家が患者

の（そして彼ら自身の）生活史を単に解釈するだけではなく，それを少しだけ**作る make** ことにも貢献しているということに関連しているのだ。実証主義的で限定的な構成主義のモデルは，分析家が比較的距離をおいた傾聴者や解釈者というスタンスを居心地よく取ることができるという見解を共有している。なぜならそのようなスタンスが転移の出現や洞察の発展，さらにはおそらく副産物としての新しい経験の促進にとって有利となると想定されているためである。より徹底した社会−構成主義的なモデルでは，比較的距離をおいたスタンスが価値を持つ可能性があるという感覚は保持されているが，そのようなスタンスが自分自身や患者にとっていかなる瞬間にも意味を持つかどうかに関する不確かさの感覚があり，それと同時にその他の種類の相互交流も可能で有用であるという認識を伴っている。しかしそれは他の種類の関与，たとえばより情緒的な関わりを反映しているようにみえる関与が，関与者たちにとって持つ意味に関して，比較的距離をおいたスタンスの場合に比べて，より透明かといえばそうではないということを強調することは重要である。この観点から作業を行うことで，分析家は彼らがそれぞれの瞬間にいかなることを行う選択をしたとしても，リスクと個人的な責任についての新しい感覚に直面させられる。

社会−構成主義的なパラダイムにおける精神分析的な本物らしさ AUTHENTICITY

　社会−構成主義的なパラダイムのこれらの特徴は，分析家は何らかの確信を持って患者に語りかけることは決してできないということを意味するのであろうか？　そのために，分析家は常に自己への疑いにさいなまれたり，常に患者の見解を受け入れたりすることを必要とするのであろうか？　そのようなモデルでは分析家の権威として何が残っているというのであろうか？

　逆説的なことだが，このモデルでは分析家は彼らの心にあることを話すことについて，より自由である。何らかの外的な基準に従ってまさに「正しい」ことをするという標準的なやり方を排することで，自発的な種類の表現について以前よりも余裕が生まれ，そうした自発性はその人の見解についての確信を表現することも含んでいるであろう。社会−構成主義的なモデルでは，パーソナルなものと技法的なものの間の弁証法的な運動がある。どちらも他方から分離された純粋な形では存在しない。一方では分析家の解釈は，逆転移を反映し

ている。言い換えると，それらはパーソナルな表現である（Jacobs, 1986; Gill, 1982a, 1991）。他方では，パーソナルで情緒的な反応は，解釈の形成の際に利用されうる。言い換えると，それらは技法に取り込まれるようになる（Racker, 1968; Ehrenberg, 1984; Tansey and Burke, 1989）。この観点から不可能なことは，分析的な治療者が彼ら自身の主体性を完全に超越することである。結果として生じる特別な種類の「不確かさ」は，分析家を自由に「彼自身でいられる」ようにする。つまり彼らを分析的な役割の範囲内で，彼らという人間であることに自由にするのである。その役割は分析家に，自分たちの関与の性質を定期的に批判的に省察するように強いる。分析家がある時点で患者に話すことに確信を持っているからといって，そのような関わりについて可能性はあってもまだ発見されていない意味についての疑問が分析家の心に残っていないとは限らない。そしてその関わりには分析家がそこで果たした役割も含まれるのである▼5。

　このモデルに従っている分析家たちは，実証主義者が提供するような客観的な種類の知識を有すると主張したり求めたりしないのであるが，その事実があるからといって彼らが私生活での経験，一般常識，特定の臨床経験，様々な理論の把握などの様々な源から蓄えられた理解を利用しないというわけではない。理想的には，これらの理論は実証主義的なくびきを解かれ，特定の瞬間に特定の患者といる分析家に上手く適応されるであろう。

　実証主義的なモデルから構成主義的なモデルへのシフトについて，その中心的で実際的な意味合いを表現するならば，それは客観的な知識に基づく確信が減少するにつれて，分析家の主観的な経験に基づく確信が増加することである，と言える（Mitchell, 1991, p.153 を参照）。このシフトにおいては，理論や研究，あるいは臨床経験の積み重ねに基づいてこれまでに「知られていた」ものは棄却されない。ただしそれらの知識が持つ権威は微かに減少する一方で，それに

▼5　自分の心を知っている，という主張は，ほんの一歩でも間違えれば権威主義につながってしまう。Adam Phillips（1996）は「啓蒙主義の Freud」，つまり「私たちが何者であり，私たちがかつて，そしてつねに知っていた（そして求めていた）ことを私たち自身に思い出させてくれる」Freud と，「ポスト・フロイト派の Freud」を対比する。後者はまさに「この啓蒙的な計画への風刺家である。彼は自己－知の不可能性や，専門性の限界，特に道具的理性や社会的な統制の犠牲になってしまうような自己－知のバージョンについてのエキスパートであった。自分が誰であるかを知っているということは，人にあれこれ指図することを意味している」（p.6）。

比例して分析家の言動の基礎となるような分析家のパーソナルで，主観的な経験への尊重が微かに増す。その経験とは，すでに述べた様々な理解の源を含んでいるが，それだけには限定されない。理想的に言えば，新しい種類の不確かさと新しい種類の開放性がこの変化に伴っている。実証主義的な枠組みにおいては，不確かさと開放性とは主として，あるアプローチについてそれが「有効か」あるいはそうでないかという予測のもとにそれを試し，それが失敗したならば，別のアプローチを試すことができるという理解を意味する。この種の開放性は，その人の目的だけでなく，それらに到達するための様々な手段に等しくアクセスできるという特定の前提を想定している。こうして分析過程を促進するために治療者は反応の一つのモードとして，たとえば共感的なものを試みることができる。そしてもし何らかの基準に従った場合に最初のものにあまり実りがなかったならば，最終的にはより直面的であったり，積極的に解釈を加えたりするものへと移行していくかもしれない。

　Pine（1990）が推奨するような名人芸的な折衷主義を用いるならば，患者の感情状態の理解に至ったりそれに作用したりするために，様々な理論的な観点の間を自由に移動することができる。それはいくつかの症状と闘うために一連の薬物を試すことと少しだけ似ている[6]。もっと広く言えば，オープンな心を持った実証主義が推進するのは，次のような考えである。それは分析家は，自分たちの仮説の正しさについて不確かであり，それらが反証されることへの心の準備ができている科学者のような立場にあるという考えである。しかし社会－構成主義的なモデルでは，もう一つの不確かさの源泉があり，それは次のような疑問に由来する。すなわち回顧的な側面からは，私が言ったりしたりしたことの意味について何がまだ理解されていないのか？　というものである。そして予期的な側面からは，この時点で患者と私にとってどのような関係の仕方ができるであろうか？　今や本当の意味で表出的 authentically expressive で，

---

[6]　Greenberg（1995a）は Pine を精神分析技法の進展の三つのステージのうちの二つ目を例示するものと理解している。一つ目は古典的なフロイト派であり，まったく処方的 prescriptive なものである。二つ目は，分析家の側にはより柔軟性を認めているが，「そのバリエーションはもっぱら患者のニードにのみ依存している」（pp.11-12）。さらにまた「特定の分析家の望み，恐れ，信念は技法的な選択の合理的な決定要素としては考慮されない」（p.12）。第三のステージのみが，完全な相互交流モデルの意味合いを認めており，そのため「分析において起こることのすべては，それぞれの関与者のパーソナルな貢献を反映している」と理解される（p.13）。

かつ同時にそれが患者の経験の新しい理解や，新しいポテンシャルの現実化 realization を促進するような方法で今患者と関係することができているのだろうか？　というものである。ここで分析家の不確かさは，彼らが患者とともに作り上げた現実がどのように選択されたかということについてであるが，それは無意識的な動機のあらゆるものを含む，様々な理由によって分析家や患者が認めていなかったり知ることができなかったりする他の可能性を代償にして選択されたものだったのである。たとえ分析の長期的なゴールが実際上の目的のためにかなり十分に確立しているとしても（そしてもちろん，それらさえも再考の対象となるが），構成主義的な文脈ではその場の手段と目的は完全には認識することができず，少なくとも部分的に，両方の関与者によって作られている途中のものとみなされるかもしれない。

　分析家を利用できる available ことに関しては，それを限定する要素としては，関与者の気質と資源 resources だけでなく，分析家と患者の特定の種類の相互交流に対する無意識的な関心や，それに関連した他の形式に対する無意識的抵抗がある。たとえば治療者がある瞬間に共感的であるか直面化を促すかは，治療者が内的反応として，利用できるどのようなものを持っているかに大きく関連しているのであり，分析家の経験からは切り離されて構築された，患者のニードにのみ関係しているのではない。その瞬間に患者が誘い出したもの，分析家の感情状態，分析家の抵抗，分析過程について分析家が理解したものなどの組合せにより，分析家はあることを話したり話さなかったり，このことではなくあのことを言ったりすることを「決める」。私たちは，あるパターンとして認識されていることについて，それが言及されないままでいかに長く続くのか，あるいは治療者が「当り前のこと」を言いそびれたりしそびれたりすることで自分を（あるいはお互いを）責めることがいかに多いかを知っている。この種の非難めいた態度が考慮をせず，また十分に尊重しないものは（通常それを単なる不運な逆転移と価値下げするわけであるが），分析家のふるまいについて，それが反映している性質を考え合せた場合にそこに見られる可能性のある叡智である。

　私は分析家が何をしたり言ったりするかを「決める」と言ったが，通常は思考と行動の間には，線形で継時的な関係性はない。行動は主として分析家の「未構成の経験 unformulated experience」（Stern, 1983, 1989）の中の無数の考えがそのまま表れたものとして生じている。分析家はその経験に基づいて多くの

確信を持つかもしれないが，分析家の主観性が複数のレベルに渡って絡んでいるというまさにその事実のために，彼らが言ったりしたりすることを選択するいかなることも，その意味や叡智は一定の不確かさを伴っている。

　たとえば，分析家が患者によって繰り返し価値下げをされ，様々な解釈や理解の試みにもかかわらず，その価値下げが容赦なく続いているのを感じたならば，分析家は怒りの感情の高まりと，それが正当なものであり表出してもよいという確信を感じるかもしれない。最近の論文で，Frederickson（1990）は突然患者に対して激怒をした瞬間の例を挙げている。患者はこれまでも長い間彼を挑発し続けたが，その日は彼に立ちふさがって怒鳴り続けていたのだ。Frederickson の言葉によると，「私は素早く立ち上がった。私の顔は彼からわずか3インチの距離だった。私は奮い起こせる限りの大きな声で『黙れ』と怒鳴った」（p.483）。分析家はそのような瞬間に，単に患者へのいくらかの冷静な理解に基づいてどうするべきかを判断をすることはできない。分析家の情動の強さは考慮されなければならない。関係性の健全さのためには，そしてそこには確かに分析家の心の平穏も含まれているが，分析家が感情的に応答することは重要であるかもしれない。

　Winnicott（1949）は，Frederikson が自身の仕事の背景として引用している逆転移の中の憎しみについての論文を書いたが，彼が述べているのは，分析家は彼らが経験している「憎しみ」が「客観的」なのか否かの判断をしなければならない，ということである。それが客観的である時のみ，分析家が彼らが感じたことを表現することが理にかなっているのである。Winnicott のこの問題についての定式化は，それが常に一貫しているというわけではないものの，概ねにおいて実証主義者のそれである。それは分析家に「客観的な」基準に基づいてそのようなアセスメントをする権限を与えている。同時にそれは，「彼らがその主観的な経験に基づいてかなりの程度まで行動するという権利は否定する。もちろんその経験はおそらく，患者のふるまいがどの程度非常識なものであったのかについての考慮を暗黙の裡に含んでいるだろう。その考慮とは，その文化に属するほとんどの人，ほとんどの治療者でさえもが，その分析家が起こしてしまったような反応を自分ならいったいどの程度起こしうるのか，という考慮と言いかえることができるであろう。この文脈では，患者の他者との関係性のパターンとしてすでに分かっているものも考慮されうるだろう（Tansey and Burke, 1989）。しかしそのようなアセスメントは，およそ真の意味で客観

的ではありえない。さらに社会−構成主義的なモデルでは，分析家は他の人が
どのような応答の仕方をするとしても，彼ら自身に特有で，個性的な応答が分
析過程の中でその位置を占めているという立場を取る。分析家が求める理想と
して客観主義に置きかわるものは特別な種類の本物らしさ authenticity である。
しかし人間主義的−実存主義的なオリエンテーションによって奨励される本物
らしさとは異なり，社会−構成主義的なモデルの本物らしさは絶えず精神分析
的な懐疑主義と批評的な省察の対象となる（Sass, 1988）。

　Frederickson の例では，患者と分析家が腰を据えて，分析家が自分の気持
ちをもう少し詳しく話した上で，もうこれ以上叫び声に耐えることができな
かったのだと患者に言うと，患者はこう言った。「結構じゃないですか。あな
たから初めて人間的な応答を聞きましたよ」(p.483)　▼7。それに続く検討では，
父親から虐待されていた患者の立場に分析家がいたことが示された。そして患
者は今は父親に同一化していたのだった。分析家が「黙れ」と怒鳴った時，彼
は実質的には子どもの時の患者を弁護して，間接的に共感をしていたのであ
る。その出来事が提示された様子からは，その怒鳴ったエピソードの後になっ
て分析家の応答の意味が明確となったのは明らかであるように思われる。それ
でも筆者の論述は，自分の爆発がまず第一に，自分が子どもの声として話して
いたという気づきに基づいたものであったという印象を与えている。実際に彼
は，虐待する父親ではなく虐待されている子どもに同一化していると感じる時
は，そのような怒りの表現が適切であると判断できると主張している。私はこ
の定式化は，実際はもっと自発的でパーソナルであったように思われる応答に
ついて，事後的に説明したものと考えている。そのようなパーソナルな応答は，
患者の生活史と精神内界のどこかにフィットするという予感を含んでいるかも
しれないが，それらの予感は行動の瞬間にはむしろ微かなものであろう。その
瞬間に，分析家は自分のために声を上げることを余儀なくされていると感じて
おり，その行動は多くのことを意味する結果になり，後に起きることは完全に

▼7　その精神分析過程の経過は，Tower（1956）によって報告されたヴィニエットの中のもの
　　と非常によく似ている。それは何カ月もの間，容赦なく虐待的であった患者に対して，分
　　析家がアポイントを忘れてしまうという形で，彼女の怒りを無意識的に表現してしまった
　　というものである。次のセッションで，分析家は簡単に言う。「すいません，忘れていま
　　した」。それに対して患者は答えた。「あのねえ，ドクター，あまりあなたを責める気には
　　ならないんですよ」(p.238)。Tower は，このエピソードが「この強固な抵抗の最初の突
　　破口」となったと報告している（p.238)。

は予測できないであろうということを分かっているのである。

　Frederickson の例は極めて上手くいったが，出版物となっているヴィニエットとしては驚くべきものではない。それでも私はそれを報告する著者の勇気を賞賛する。しかし出版された例の中で，治療者の側のそのような怒りの表出の後で，患者が出て行って決して帰ってこなかったというような例に出会うことなど，どの程度ありえるであろうか？　そのような報告を発表することを控えたいという気持ちは理解できる。もし発表されたら，私たちの多くが分析家の「プロらしくない」ふるまいを真っ先に非難することになるのではないだろうか？　しかし，後に起こったことに基づいて，独断的なやり方で行動を裁くことは誤解を招く。実際のところ，行動が起きた瞬間には，常に複数の予兆がある。その瞬間に分析家の感情の本物らしさ emotional authenticity はそれ自身で何かの価値がなくてはならない。本物らしさが頼りにしているものは，分析の文脈での一般的な論拠として，患者と分析家の間に共通の感情的な素地が十分にあるだろうという希望であり，そのため嵐が去った時，関与者は患者の対人関係のパターンや患者の精神内的な世界のどこかに，分析家の応答のいくつかの側面を位置づけることができる。

　Frederickson の話は，より一般的な状況の中で生じた，分析家の意識的な観点と患者の意識的な観点の衝突の例である。分析家は患者が無意識的に表しているものについて特定の考えを持っているかもしれない。それは患者が知らないでいたり認めなかったりすることにたくさんの力を注いでいる何かであるかも知れない。もし患者がセッションとセッションの間に分析家に接することができないことに激怒して，とんでもない時間に分析家の家に繰り返し電話をしてきて，自分の要求に不合理なところが全くないと信じているとしたら，何らかの揉めごとにつながるであろう。ここでの鍵は，パーソナルで主観的な確信の感覚に基づいて話すということであり，その一部は逆転移に由来するということである。たとえばこの例では，それは分析家個人としては受け入れがたい方法で侵害されているという感覚であるかも知れない。このモデルでは分析家はいくつかの外的な基準に単に従って「正しい」ことをしようとするのではなく，自分たちの経験の多様な側面を統合することを試みる。それらは Racker（1968）が「補足型同一化」として言及した，患者のふるまいに対する彼らの補足的な反応の考慮を含むが，それには留まらない。これらの感情的な応答は，通常は患者に対する分析家の反応の全体のうち一部を占めるに過ぎ

ない（p.67）。応答全体のうち残りの部分は，分析家の専門家としての目的や責任についての感覚を含み，それは理解を促進し，変化を促進する関係性のための機会を提供しようとすることである。

　分析家の専門的な立場にとって欠くことができないのは，理論やそれまでの臨床経験に基づく知識である。引き続き同じ例について言えば，侵害されるという感覚には，患者のふるまいが持ちうる意味についての，ある程度出来上がった考えがことごとく付随しているかもしれない。Frederickson の例のように，何らかの役割の逆転が起きているかもしれないし，患者は分析家には別の人生があるということに対して怒りとともに抗議しているのかもしれない。補足型逆転移は，その重要性についてのこれらのいくつかの，理論的な背景を伴った思考とともに体験される。あるいは少なくとも，そのような可能性が探索されることへの期待とともに経験される。分析家の経験の独特のニュアンスには，患者のパーソナリティや生育歴だけではなく，分析家自身の生育歴も反映されているという意味で，分析家の確信は条件つきである。また患者は内的な圧力によって突き動かされているだけではなく，相互交流における分析家の関与の仕方に応答していると理解される。

　たとえば，分析家は自分が実際以上に役立つ用意があると患者に思わせるようにふるまったかもしれない。被分析者と分析家はどちらも他方の経験に応答し影響を与えている。見解に衝突がある時，関与者の一人にとって前景となっていることは他方にとっては背景となるであろうし，その逆もそうであろう。さらに背景にあることは，それぞれの関与者の中で無意識的に抵抗されていることに対応しているかもしれない。しかし構成主義的な立場は，分析家が常に患者の意識的あるいは前意識的な見解に同一化することを要求しないし，分析家が患者の経験やふるまいに影響を与えることの罪を強調する見解に同意することを要求もしない。そのような要求は，転移−逆転移パターンに対する患者の責任の代わりに分析家の責任を強調するが，それは古典的なモデルで推し進められる二者の関係性の単純な逆転となっているのである。構成主義的な見解では，分析家は客観的な科学者の立場を主張することで「権威を振りかざす」ことなく，彼らの経験に基づいた立場をとることができる。

二, 三の日常的な例

　私は患者とのこのような作業の仕方を例示することがいかに難しいかについて，ひとこと言いたいと思う。これらの困難のために，私はいくつかの個々の例と同じくらい多くのことを，遠回しに語ろうと思う。そのような瞬間として私が例に選ぶものは，Frederickson の例のように，比較的ドラマティックなものになる傾向がある。したがって，患者とのそのようなあり方がルーティンのものであるという感覚を上手く伝えることができない。私が話していることは，部分的には一種の自然さであるが，どのように自然にふるまったのかという例を挙げることは少し奇妙なことに思える。なぜならある意味では，そうした経験を公に発表することで，そのパーソナルで自然な性質の感覚を損ないかねないからである。それは，患者とのパーソナルな関わりの瞬間をその人が意図したものよりもはるかにシステマティックで技術的な何かに変えてしまう。それは「アプローチ」になり「技法」の一つになり，「操作」にさえなる。実証主義的な枠組みにおいては，そのような例を発表する際には患者の秘密保護について気を配るが，社会−構成主義的な枠組みでは，患者との関わりの一貫性，互いのプライバシーの感覚，その親密さの保護への気配りへと移る。しかし関係を自発的でパーソナルなものとしてのみ考えることは，それの持つより技術的で意図的な側面を無視することにより，それを不正確に表現することになっていることは疑う余地がない。

　以上に述べたようなためらいはあるが，このモデルにより可能となり，推奨されるような日常的な出来事の一般的な例について，ここに提示したい。私はその考えを簡潔に伝えるためにいくつかの例について，印象付けるような描き方をしたい。

　最初の例は，私の直接的な臨床経験からは一歩離れた，スーパーバイザーとしての体験である。私は一つ気が付いたことがあるのだが，それはスーパーバイジーによる問題の定式化が，私が患者に伝えてはどうかと彼らに提案することとまさにそっくりだということである。スーパーバイジーがしばしば陥る苦境があり，それは大雑把にいえば次のように私に伝えられる。「X と言いたいんです。でも，Y のことが心配なんです」そうなると私は最終的に，治療者にたとえば次のようなことを言ってみることを考えてはどうかと勧めることに

なるのだ。「あのねえ，私はあなたの話を聞いていると，あなたの友達や奥さんに対する不満が分かってあなたの側に立ちたくなってしまいます。しかし私は似たようなことが私たちの間にも起こったので，この人の立場にいると感じ，ある程度共感していることを認めなければなりません」。もちろんそのような言葉を提示用に作り上げる際には，言いよどみやイレギュラーな言葉など，自然な会話につきものであり欠かすことができないようなものを取り除いている。

　他方ではそれがあまり押しつけにならないことも重要である。時には治療者はある事柄について何も言わない方がいいだろうし，それは自分の中に予想される感情に対する懸念のためだけではない。外部のコンサルタントは通常，治療者と患者がその主題について話す方法を見出すことを提案するだけに留めるのが賢明であろう。その問題は患者が何の用意があるかという診断上の問いには還元できない。それは確かに患者が何の用意があるのかを含んでいるが，しかしそれは治療者が何の用意があるのか，あるいは何を心地よく感じるのか，より広く言えば，この特定の関係が特定の瞬間に何に適応できるのかをも含んでいる。

　治療者が患者と話し合うことによってではなく，通常は自分で引き受けて解決するような，一般的でよくあるジレンマがある。それは，患者の何かへの願望が，発達上の欠損やニードか，それとも葛藤的な願望を反映しているのかについての問いである（Mitchell, 1991 を参照）。私は次のように言うことは問題ないとよく思う。「あのね，あなたが安心感やガイダンスを求める時，私は時々それを差し上げたくなってしまいますよ。なぜなら私たちはそれがあなたが決して持ったことがなく私から本当に必要としているものだろうということを一緒に考えてきたからです。しかしその前提が間違っていたり，不必要な種類の依存を永続させるような方法であなたと関わったりしているのではないかという心配も時々しています」。私はこの種のことを言ったことで害を及ぼしたということは，思い出す限りない。そのようなジレンマや葛藤を患者と議論することで，エナクトされるか，またはいつでもそうなりかねないような関係性のパターン（それらは様々な種類の内的な対象関係に根づいている）の共同の探索がしばしば促進されるのである。

　もし患者がセッションの最初に，どこから話したらいいかわからないと言ったなら，患者の心に何が浮かんでいるのかを静観したり，話し始めることの困難さの意味を探索したりすることはおそらく十中八九は理にかなっているだろ

う。しかし時には，治療者が口火を切ることによって先に進めるのは悪い考えではないかもしれない。特に治療者が本当に聞いてみたいことが頭にある時にはそうである。分析家はセッションの終わりにより中断された何かを取り上げることに関心があるかもしれない。あるいは治療者は，何かについての意味をセッションの後で思いついて，それを今持ち出しているのかもしれない。分析家が時々このようにして，あるいは別の方法で慣習的な儀式の枠から離反しようとする時，患者は普通はそれをとてもありがたいと感じるものだ。そのような離反はしばしば，分析家側で彼ら自身が定められたパターンを抜け出す用意があるということを伝える。私の印象では患者たちは抵抗を克服して新しい問題を取り上げることによって報いてくれる。確かに Gill が彼の多くの著書の中で指摘しているように，分析家が無意識に関わっているような何らかのエナクトメントが生じているかもしれないため，そうした可能性に絶えず目を向けることは重要である（特に Gill, 1991 を参照）。しかしそのようなエナクトメントはいずれにせよ常に起きている。慣習となっているルーティンに儀式的に固守することは，それ自身が無意識的なエナクトメントでもありうる（Jacobs, 1986）。時にはルーティンから離反することは患者（そして自分自身）に次のことを示すという利点を持っている。すなわちこれらのルーティンは重要ではあるが，フェティッシュではなく，関係性における分析家のパーソナルな側面の感覚を葬り去っているわけではないということである。

　これらの例はむしろ陳腐であり，そこに含意された比較対象は実体を伴っていない。私がこの小論を準備していた時，その点で私は数年前に読んだ古い論文によって励まされた。私はその論文を取っておいたのだが，幸運にもそれを掘り起こすことができた。それは注目に値するものの，ほとんど知られていない Schafer（1974）の論文である。そこで彼が展開するのは，精神分析的な治療者が一般には用いることがないような，ある関わり方があるという考えであり，それを「患者に話すこと talking to patient」と呼んでいる。Schafer はそれを私たちが試みるべきであると提案しているのだ。ところが，と彼は主張する。「私たちはあまりにも長い間自動的に，本質的に非人間的な言い回しを使うだけで満足していた。それはとても安全で有効で，とても筋金入りで真実であるように思われていたのだ」（p.511）。Schafer はこの「非人間的な言い回し」と代替的な選択肢，つまり彼が「自由に話すこと speaking freely」や「自己表出的 self-expressive」な話し方と呼ぶものとの間の比較についての多くの

230　精神分析過程における儀式と自発性

日常的な例を挙げている。ここでそれらを二つ，三つ挙げてみると，「何てひどいんでしょう」と言わず，「あなたはひどいと感じたに違いないですね」と言ったり，「おめでとうございます」と言わずに，「あなたは自分自身をとても誇りに思うに違いありませんね」と言ったり，「そのように生きるのはとんでもなく大変なことですね」と言わずに，「あなたの人生はあまり満足がいったり楽なもののようには思えません」と言ったりするようなことである（pp.511-513）。結論で，Schaferは書いている。

　　私はこの議論全体に関わっている疑問に，ついに直面しなければならない。それは私の提案が陳腐なものかどうかということである。多くの人たちはそうだと思われるだろう。人は私が以前に言及していた擬似分析的なモデルによって強いられている精神療法家ではなく，経験があって，リラックスしていて，人間的であるいかなる精神療法家によっても自然になされていることを描いたり，薦めたりしているだけではないかと判断するかもしれない。私がその判断に同意しないとしても，驚くにはあたらないであろう［p.514］。

　Schaferは，精神分析理論に広範な貢献をした。しかし残念なことに，この論文で表されている考えには，改訂された逆転移理論や治療的な関わりについての徹底して構成主義的な視点から必要とされるような根拠づけを決して与えてはいない。その代わり先に述べたように，彼は分析家のパーソナルな関与に対する実証主義的な態度を永続させる限定的な構成主義的見解を弁護し続けた。その態度はひるがえって，Schaferがこの比較的早期の論文で反対していた非常に科学的で非人間的な言い回しimpersonal dictionの根拠をもたらすのである▼8。

本当らしさAUTHENTICITY，社会構成主義，そして精神分析的規律

　結論として強調したいのは，私が語ったすべてのことは，分析家が精神分析

▼8　そのSchaferの論文の「精神療法で患者に話すこと Talking to Patients in Psychotherapy」というタイトルは，論文自体が持つ次の点での曖昧さと深く関連している。それは彼の論点が，精神療法と対置された本来の精神分析には当てはまるのかどうか，そしてどのように当てはまるのかということである。しかしながら，Schaferが精神分析家のために「非人間的な言い回し」を弁護していると思い描くことは難しい。

状況のある種の基本的な特徴についての感覚を，骨の髄まで持っていることを前提としているということである。私が考えるありのままの本質的なものとは，以下の通りである。限定された時間と場所。分析過程におけるパーソナルな表現の非対称性。患者の経験，意識と無意識，過去と現在を探索することに対する主要な関心。分析家自身の関与についての批判的な省察による関り合い。患者の発達を促進する手段としての関係性全体についての感覚，である。この文脈におけるすべての相互交流は，**精神分析的な**相互交流として分析家によって経験される。そこに例外はない。分析家が情緒的に反応をしているか，天気について話しているか，あるいは患者の幼児期について話しているかにかかわらず，分析状況という刻印は関与者には決して失われないはずである。

　最後に述べたいのは，第5章で記したように，社会−構成主義的なパラダイムにおける分析の中心的な目的は，転移の中で表現されるような分析家の権威の脱構築と表現することができるものの（Protter, 1985），目標は患者の自己や他者の感覚が変わるような代替的な社会的現実の構築でもあるということだ。分析過程の治療作用のこの側面では，分析家の権威は力強く逆説的な役割を演じている。精神分析状況の儀式化された非対称性（Modell, 1991; Aron, 1991; 第5章も参照）は，その反響がどんなに分析されたとしても，理想化の要素，Freud の「抵抗とならない陽性転移」の拡張されたものを促進するであろう。

　パーソナルであることと技法的であることの相互交流の弁証法とともに，分析家の役割は，もう一つの弁証法を伴う。すなわち一方での，パーソナルな在り方と技法的な専門性の組み合わせと，他方での主に分析状況の儀式的な面に由来する神秘性の要素の間の弁証法である。ある意味では，社会制度としての精神分析に埋め込まれている分析家の権威の非合理的な要素は，関与者には捉えようがないかもしれない。Sass（1988）の論文で引用されている，ドイツ・ロマン派の Schlegel による次の提言は，その点を伝えている。「究極のところ，あらゆるシステムは（中略）いくつかの（中略）力点に依存しており，それは闇の中にとどまらなくてはならず，すべての重荷を支えて支援し，人がそれを合理的な分析にかけた瞬間にそのシステムは崩れ去ってしまうのだ」（p.258）。私は分析家と患者による問題の批評的な探索が，分析家の役割を完全に明るみに出すことも，それが伴う力を危うくしたりすることもないと思うが，分析状況の根本的な非対称性に損害を与える行動は不運な影響を持つかもしれない。私が話してきた類の本物らしさ authenticity は，そのような障害となる行動と

混同されてはいけないだろう。それとは逆に，その本物らしさは精神分析状況が分析家に要求する特別な種類の規律を実際に含み込むのである。

第7章

表出的な関与と精神分析的な規律

　次のような場面を想像していただきたい。患者の話が時間の終わりになって
もなかなか終わらない。もうすぐ終わりになるだろうとは思う。それはあと数
秒のように思われる。しかし彼は話し続けている。彼は何か大事そうな話の真っ
最中である。どんなジェスチャーや言葉で，私は彼を遮ったらよいだろうか？
私は彼がとても傷つきやすいと感じている。私は彼が時間を忘れていることや，
それに対する抵抗を探索しようと試みるべきであろうか？　もし次のセッショ
ンまでそれをしないならば，私はそれを取り上げる機会が見つけられないかも
しれない。原則的には，私は以下のようなことを言うべきであろう。「申しづ
らいのですが，ここでおしまいにしなくてはなりません。セッションの終わり
に私たちに起きることについて，意味を考えるべきかもしれませんね」。しか
しその状況そのものの中で，そう言うことは非常に難しいと思われる。

　また別の患者はセッションの終わりの二，三分前に立ち去ろうとした。怒ら
せてしまったようなこともすぐには思い当たらない。これは彼女が分離に対処
するためにしばしば用いる一つの方法である。私はただ彼女に行かせるべきだ
ろうか，それとも「あの，まだ，二，三分ありますよ」とか「さぁ，どうぞお
座り下さい」や「お尋ねしますが，私の面接時間はもう終わりですか？」など
と言うべきであろうか。おそらく私はもっと直截的な解釈を提供しようとする
べきかもしれないし，彼女のふるまいによって私の中に誘発された感情を言語
化しようという試みを，おそらくそこに付け加えるだろう。しかし，私の心に
思い浮かぶ唯一の解釈が，以前に何度も提供したものであるならば，私はそれ
を繰り返すべきであろうか？

　また別の例では，患者はある政治的な問題に関する自分のスタンスについて，

　この章の以前のバージョンは 1992 年に「Contemporary Psychoanalysis（現代の精神分析）」
誌（28: 1-15）において発表された。

話のついでに語った。たまたま私の立場は彼女のそれに真っ向から反対であり，そのことについて彼女に話してその理由を説明したくなった。私たちの間のラポールは良好であったが，この種のことについてはインフォーマルに話すことはなかった。私は彼女のこれまでのコメントから，彼女が私についてもっと知ることに葛藤的であることを知っていた。私はこの機会を捉えて，この葛藤がそこに表現されている可能性について解釈するべきであろうか？　一方では，「私がこの問題をどう考えているかについてお知りになりたいでしょうか？」と単に尋ねるだけで十分のようにも思われる。他方では，私が意見を表明したいと思っている以上，そのような質問は操作的であるとも感じる。

精神分析過程における行動と理解の弁証法

　これらの瞬間の治療者の選択は技法の問題として十分記述されるであろうか？　分析家がすることに正解などあるのだろうか？　多くの人は「それは状況による」と言うかもしれない。さらに多くのことを知る必要がある。必要な考慮点のいくつかを挙げるだけでも，患者の病歴や力動，分析的な関係性のこれまでの経緯，転移の状態，そしてセッションにおける分析過程の性質などがある。結局私はあなたに私が知っていることをほとんど何も話してない。いや，「私の心に起きた」ことをほとんど何も，と言うべきであろう。実際には，明示的な思考は行動しようと感じている瞬間や行動の瞬間は全くないかもしれない。それはすべて，Donnel Stern（1989）が言ったような「未構成の経験 unformulated experience」であり，Gendlin（1964）の用語では「暗黙に経験すること implicit experiencing」であり，Bollas（1987）が言ったような「未思考の知 unthought known」であった。しかしたとえ私が患者について知っていたことの多くを詳細に説明することができたとしても，私たちは自信を持って，私たちがするべきことを決められる立場にあったのであろうか？　患者の精神状態の正確なアセスメントは可能なのであろうか？　そしてもしそれが可能であるなら，それは分析家の理想的なふるまい方を確立するのに十分なのであろうか？　そのような理想の概念化は個々の分析家が経験しているかもしれないことから独立しているのであろうか？　実際のところ私たちは「患者の発達のレベルや現在の精神状態のアセスメントに基づけば，これをするのが最もよいことである」と言えるのであろうか？　あるいは私たちは「分析家が

これこれを経験していることから，おそらくそれやこれを言ったりできるかもしれない」と言えるのであろうか。

　私は治療者がそのような瞬間に行うことは，臨床的ないし理論的な高度の洗練を表すかもしれないが，常にパーソナルなものの表出でもあり，いかなるシンプルな意味での技法的な原則も，それが適用されたものとしてのみでは理解することができないと考えている。さらに行為によって表現されたことの完全な性質は，治療者にとっても患者にとっても，あるいは他の誰にとっても透明ではない。第一にそれが反映するふるまいや経験は，本質的に曖昧であり，数限りない説得力ある説明や解釈を受けることになる。第二に相互交流の関与者として，自分のふるまいと経験を解釈する分析家の仕方は，無意識的な要因にある程度影響されているに違いない。そのような要因やそれらによる影響は，処方 prescribe され得るものではないのは確かである。つまりそうした瞬間には，治療者が患者の全般的な状態やその場での心の状態についてさえも，正確な診断的アセスメントを行い，それに基づいて単に何らかの適切な介入を施すということは不可能なのである。

　もし治療者が行うことが非常にパーソナルなものの表出であるとするならば，普段の社会的な場面における私たちの応答の仕方とどのように異なるのであろうか？　もちろんその違いは，治療者が相互交流に対して，そして自分自身の情緒的な経験に対して，どのような態度を持つかというところにある。私の考えているモデルは，私が精神分析状況の「社会－構成主義」（第5章），（後に「弁証法的構成主義」に取って代わられる用語）としたものだが，それによればそうした態度はパーソナルなオープンさと分析過程についてのある種の観点との組合せを必要としている。実際，私が取り上げた例についての表現は，特に次の事実を記載していなかった点で不完全なものだった。それはそれぞれの事例において私にとって重要であったのは，分析的な作業の文脈における私の応答の重要性について，少なくともいくらかの好奇心を持っていたということである。私は自分が関与していた場面は，患者の動機づけやパーソナリティ構造の側面と，私自身のそれらの側面を反映するような分析過程に意味を持っているという感覚を持ち続けていた。それで私がセッションの最後に患者の話を遮ることについて気まずい思いをしながら謝ろうと，患者に時間の終わりまでいてくれるように懇願しようと，セッションの中に私の政治的な見解を差し挟もうと，関係性の分析的な目的の文脈において次のようないくらかの確信を持って

いた。それは私が患者との協力により，これらの瞬間を，患者の経験と関係性のパターンを探索するという過程の一部に変えることができるという確信である。

Lipton（1977a）は，ねずみ男の事例での Freud のアプローチに関する論文で，分析家のふるまいの中でパーソナルな表出という側面を，技法という名のもとに収めるのは間違いであると主張する。Lipton は Freud がねずみ男に食事を提供した例を用いて，次のいずれとも意見を異にするという。つまり技法的に**正しくない**（なぜなら分析できない転移的な反響を与えるかもしれないから）という根拠によってそのようなふるまいに反対する人々と，Alexander やおそらくある種の欠損モデルの理論家のように，患者の診断によっては，それは技法的に正しいとみなせるかもしれないし，患者に修正感情体験を提供するシステマティックなプログラムに取り組むことさえ考える人々である。その代わりに Lipton は，Freud が取ったと彼が考える態度に合わせて，後にその転移的な反響が患者の連想（p.268）に姿を現さない限り，そのような行動を重要な技術的な意味合いはなく，単にパーソナルで自発的なものとみなすことに賛成する（p.268）。

Lipton はより統合的な可能性を考慮することができなかった。それは分析家の行為は，自分たちのパーソナルな経験のある側面の真正な genuine 表出と，理論に導かれたもの theoretically informed との両方として，分析家に直接的に経験されているという可能性である。Donald Schön（1983）が「行為－内－省察 reflection-in-action」と呼んだこのモデルで作業をする分析家たちは，ある瞬間に彼ら自身のパーソナルな関り合いの意味についての特定の仮説に気づいていることがある。また別の場合には，彼らの関与の意味合いの可能性についてあまり形を成していない考えを持っているかもしれない。それでも彼らは自分たちの応答について次のような一般的な感覚を持っている。すなわちそれらが患者によって促進されており，それらが患者の関係性のパターンや治療者のそれに関連した意味合いを持っているという感覚である。言い換えると，Heinrich Racker（1968）が 1950 年代に発表した一連の論文の中で最初に描写したものに従うならば，分析家は転移と逆転移が絶えず形作られ，お互いを部分的に照らし出しているような関係性のフィールドの中に，自分の行為が埋め込まれているという感覚を絶え間なく持っている。このアプローチでは，治療者がパーソナルなものを明らかにしたり表現したりするような仕方で関与

する用意があることは，特別な種類の精神分析的な規律にとって必須とは言わないまでも，付加的な部分として理解することができる。

　私が考えている立ち位置は Lipton と Racker の立場の統合ということになる。この観点で作業する分析家は Racker と同様に，彼ら自身の逆転移の経験に基づいて転移についての仮説を立てる傾向がある。Racker とは対照的に，そして Lipton と同様に，分析家はそれに続く患者の連想から現れる驚くべき可能性について大いにオープンであろう。それらの可能性は分析家の心に思い浮かばなかったかもしれないし，彼らが逆転移の中で意識化したものに基づいて立てた予想を踏み越えるかもしれない（Stern, 1990 を参照）。

　分析過程の流れの容赦ない連続性については，誤解があってはならないだろう。ここでの私の焦点は慣習的な分析的ルーティンから離れた表出的な行為の瞬間にあるが，それらのルーティン自体は，すべての分析的な出会いを貫いている対人交流的な応答性と自己−表現の多少なりとも波風を伴った流れから身を守る聖域をほとんど提供はしない。第一にある人が分析家という独特の役割に身をおくことを決めたというまさにその事実には，おそらくパーソナルな意味合いが浸みわたっている。そうしてこの役割において従来期待されているような，傾聴や解釈といった行動は，それらのタイミングや仕草や，それらの内容（解釈の場合には）に関して，つねに自己−表出的である（Jacobs, 1986）。分析家と患者の間で生じたことについて，彼らが比較的穏やかな批判的考察の中にあると分析家が感じても，その瞬間にも分析家は批判的な探求を逃れるような，新たなパーソナルな表現となるような行動の真っ只中にいる。このように一方ではあからさまな自己−開示の行為は解釈の発展の一部であるが，他方では解釈という行為はそのものが，転移と逆転移の中の無意識的な要素によって部分的に支配されている関係性の「シナリオ」（Gergen, 1988）あるいは「配置 configurations」（Mitchell, 1988, 1991）の流れに常に埋め込まれている。

関与のタイプを分類する方法　・

　私は分析家の側の外見上表出的な関与のタイプを分類する試みは有用だと考えている。なぜならそのような分類は特定の種類の臨床経験を認識し，照合し，そこから学ぶことを可能にするからである。その方向でまず努力を行った結果，私の頭に思い浮かんだのは，様々なタイプの表出的関与は少なくとも四つの独

立した問題に関するものとして記述することができるということである。それ
らは以下の通りである。(1) 関与の内容（たとえば，敵対的なものか愛情ある
ものなのか，深刻なものかプレイフルなものか，支配的か服従的かなどである）。
(2) 関与がどの程度その場で予測不可能な形で起きたか，あるいは逆にたとえ
自発的な仕方で始まったとしても，どの程度計画されて意図的だったのか。(3)
分析家の関わりについて，それが分析家自身の内側から出てきたそうしたいと
いう気持ちと比較した場合，どの程度患者からのプレッシャーへの反応として
体験されたか。(4) それを単独で取り出した場合，分析家にとってどこまでそ
れが患者の過去の繰り返しになっていると感じられるのか，あるいはそれが患
者にとって比較的新しい経験と感じられるのか。

　繰り返し述べなくてはならないが，分析家が行うすべてのことが，これらの
うちのどれかに位置づけることができるような，ある種の関与を意味している
のである。私は慣例から逸脱したものと即座に感じられるために目立ってしま
うようなやり取りのみを考えているわけではない。そのようなやり取りはパー
ソナルな性質がより明白であるために特別な関心を持たれるかもしれない。し
かし慣例と一致していることでパーソナルな意味合いが欠けてしまうわけでも
なく，ただそれらの多くは瞬間ごとに分析家がアクセスすることはできないの
である。

　これらの四つの問題について簡単に述べるが，それらのうちの一番最後の，
反復から新しい経験までの連続体についてここでは多くの注意を向ける。

内　容

　内容の問題に関しては，ある種の関与のタイプはその他のものよりも一般に
受け入れられる。たとえば，プレイフルであるよりも真面目である方がより受
け入れられるだろうし，もしプレイフルならば，軽薄だったりくだらなかった
りするよりも，微かにユーモラスである方がより受け入れられるであろう。分
析家がプレイフルであることの果たす役割に関する Ehrenberg（1990）の報告
とそれに関する Feiner（1990）の討論は，一種の気まぐれな軽率さ whimsical
frivolity さえ，長い目で見れば分析的に役立つことがあり得るということを示
し，新しい境地を切り開いた。怒りの表現も通常は受け入れがたいと考えられ
ているが，第 6 章で論じられたように，Frederickson（1990）は分析家の側の
憤怒の瞬間的な表現でさえ患者のために啓発的で治療的な経験として組み入れ

られるということを示している[1]。

予　期

　予期の問題については，一方の極には予測できないようなその場での反応がある。ただし分析家は多かれ少なかれそのような応答への準備性を有しているであろう。極度に痛々しい出来事が語られた場合にはたじろぎ，冗談には笑い，予期せぬ展開にはショックを表したり狼狽したり，喜んだり，賞賛したり，怒ったりするであろう。もう一方の極として，分析家はその患者に対して最もよいと思われるような特定の態度や姿勢を「能動的に追求する」かもしれない（Goldberg, 1989）。時には予測しなかった，自発的な応答として始まったものが，一つのやり取りの仕方として特定の分析のルーティンの一部へと変わるかもしれない。行き詰まりを克服するために，たとえば分析家はより多く，または少なく話したり，より多く，または少なく自己開示したり，特定の方法で患者に挨拶したり，特定の方法でセッションを終わらせたりするであろう。彼らは共通して関心のあるテーマについて患者ともう少し多く話したり，患者が読んだり書いたりしたものを読んだり，座る位置を変えたり，ある患者が来る予定の日に着るものを変えたりすることさえ，決めているかもしれない。Alexander の計画された行為とは異なり，私が想定している種類のものは，やり取りの中で分析家に生じる，そうしたいという気持ちの真正 genuine で応答的で，時には創造的な表現であり，その気持ちはそのようなことでもなければ抑え込んでしまうかもしれないようなものなのである（Bader, 1995 を参照せよ）。分析家や患者はふるまいがどのように分析過程を促進させるかについて，多少なりとも定式化された勘を備えているかもしれないが，行為ははるかにパーソナルに表出的で応答的であり，患者が何を「必要」としているかについての客観的な評価が示すものにはあまり関係しない。それは患者に各瞬間に修正体験を提供しようとするかなり体系的な試みと比較してそうなのである（Mitchell, 1991 と比較せよ）。このアプローチでは，診断に基づいた治療計

---

[1]　一つの重要な新開拓地は，性愛転移と逆転移についてであり，そのことは最近のそれらに関する文献数の急増に反映されている。その中に「精神分析的対話 Psychoanalytic Dialogues」誌の「逆転移における情熱 Passion in the Countertransference」という草分け的なシンポジウムがある（Tansey, 1994; Davies, 1994a, b; Hirsch, 1994; Benjamin, 1994; Gabbard, 1994, a, b. そして，Gabbard, 1996 も参照）。

画の厳格な実施を伴うものとは異なり，分析家は彼らの関与が意味するもの全体についての不確かさの感覚を維持し，そのふるまいについて患者が意識的ないし無意識的に経験するかもしれない様々な仕方についてのオープンさを維持している。

この意図的な関わりの連続体のそれぞれの極は，潜在的に他方と関係した特徴を持っている。瞬間ごとの応答は，それらがまったく自発的であるように見える時でさえ，理論的で技術的に導かれているかもしれない。反対に，計画されていて明らかな根拠を持つと思われるものも，同時に分析家が気づいていないような強力な逆転移の態度の表出であるかもしれない。

自主性 Initiative の感覚 対 患者からのプレッシャーへの応答

「自主性」対「患者からのプレッシャーへの応答」の問題に関しては，私が冒頭で示した例を思い出していただきたい。時間がオーバーした患者と時間前に立ち去ろうとして起き上がった患者は，その場ですぐに何らかの応答をしなくてはならなかったという意味では，自分の政治的な見解について話した患者よりも，私により多くのプレッシャーを与えた。しかしここでもまた，その連続体の二つの極は図と地の関係にある。患者からのプレッシャーに対する応答と見えるものも，その背景では分析家の中の何かを表してもいるし，分析家の自発的な自主性であるように見えるものも，その背景では患者の中の何かへの応答でもある（第5章を参照）

反復 対 新しい経験

この連続体のそれぞれの極は，他方の極と関連している特徴を持つ可能性がある。一見したところ，何か古いものの一部であるようなものが，新しい何かの一部であることが分るかもしれないし，同じように表面上は新しいものの一部のようなものが，何か古いものの一部でもあることが分かるかもしれない。反復の一部であるように思われることが，過去の現在からの分化を推し進める方法が少なくとも二つある。一つ目は，過去に根差していて分析状況において患者が引き出そうとしている関係性のパターンについて，それを手に取ることができて，生き生きとし，近づきやすいものにすることで省察できるようにすることである。このことについて Racker（1968）は，1958 年に最初に発表された論文で，「患者によって引き出された役割の束の間の実演 performance に

続いて，起こったことやエナクトされたことについての分析が行われること」と語っている。そのような相互交流を通して「私たちは，（中略）患者が分析家に演じて欲しい役割や，なぜ彼がそれを望んでいるかを，より生き生きと示すことができる」（p.69）と彼は続けている。私には全体的な文脈からみて，Racker がこの過程について考えていることは，役割を演じること role-playing という言葉の響きほどには，意図的で計画的なものではないことは明らかだと思われる。いずれにしても，反復の瞬間的な出現は，その瞬間を詳細な探索の対象にすることによって（Gill, 1991），あるいは，時にはそこで起きたことについてそのような批判的な省察を行うことがきっとできるであろうという二人の合意によって，少なくとも部分的に打ち消されているのである。患者が分析家の精神分析の目的や患者の長期的な幸福全体へのコミットメントに関して信頼の念を持つようになる際，見かけ上の反復の瞬間さえ，過去との違いの感覚が浸透しているかもしれない。

　そのような瞬間が分化を促進させることができる二つ目の方法は，次のような単純な事実を通してのものである。すなわち反復しているといわれる内容を仔細に見た際には，おそらく過去の相互交流と同等ではなく，それと類似的な関係を持っているに過ぎないという事実である。実際には，いかなる精神分析療法においても促進され得るような有用でかつ強力な分化は，病理的なタイプの相互交流と，それとは文字通りに正反対のものとの間ではなく，病理的なタイプの相互交流と，それらの比較的健康な変種との間のものである。信頼できる一般化が可能な分化は，侵入的な両親と，患者に対して決して侵害的でない分析家との間ではなく，ある種類や程度の侵害と，別の種類や程度のものとの間のものである。つまり病理的で自己愛的な親と徹底して無私な分析家との間ではなく，病理的で自己愛的な両親と，自己愛的な性質が患者の成長への誠実な関心と統合されているような分析家との間のものであり，また性的に虐待する両親と性的な形跡を見せない分析家との間ではなく，そのような両親と，たとえば患者の容姿を一見いちゃつきのようにも受け取れるように誉めるものの，患者に一貫した敬意を向けて，患者の別の性質に注意を払い，患者の成長のために労を惜しまない分析家との間の分化である▼2。

▼2　　性愛転移と逆転移の領域全体は，非常に複雑で難解なものであり，本書では深く探求されているわけでは決してない（前の脚注を参照）。私は構成主義的な観点から，性的な感情を含んでいる精神分析的な相互交流においては，控え目な表現という芸を駆使しなくては

242　精神分析過程における儀式と自発性

　これらのより微妙な形においてのみ，患者の人生における他者から分析家を分化することだけではなく，患者から分析家を分化することの一般化が可能なのである。一般に，患者と分析家には，文化に由来する多くの共通した属性がある。それぞれのパーソナリティがあまりに異なっているために患者の主たる養育者との体験に根差した内的対象の特徴が分析家の個人的な性質に少しも反映されないということは起こりえず，特に患者がそれを分析家の中で引き出そうとする場合はそうである。患者の過去の対象の結びつきの影によって実質的に汚染されたくないという分析家の望みは，多くの論文の著者もそれが望ましいことを示唆しているが（この問題についてのレヴューと議論については第4章を参照），それは無駄な試みであるだけではなく，新しくより健康な同一化の対象としての分析家に，患者を近づきがたくしてしまうかもしれない。Mitchell（1988）が述べているように，「分析家が患者の関係性のマトリックスに情緒を伴って入って行き，あるいはその中に入っていることを発見することがないのなら，あるいは分析家が患者の窮状にある意味で魅せられたり，患者の投影によってかたどられたり，患者の防衛によって反感を持たされたりフラストレーションを感じさせられたりしないのなら，治療は十分に噛み合っているものとはならず，分析的な経験のある種の深さは失われている」（p.293）。

　この問題が特に複雑になるのは，患者が両親像やその他の重要な対象と同一化して，患者が子どもの頃にいた位置に分析家が配役されるという形でその人との関係性のパターンがエナクトされる時である。しばしば分析の目的の一つは，そのような同一化の支配から患者を解放すること，あるいはこの種の部分的な同一化でさえ患者の存在を完全に規定してしまうという感覚から，患者を解放することである。このように一方では患者は，過去の両親像に対して自分が反応したように，治療者が自分に反応するのを見てみたいと思うことがしばしばある。他方で患者は，自分と自分が同一化していたもとの対象との違いについて分析家が認識していることが，その応答に表されているかを，暗黙の裡に問うてきているかもしれない。

ならないということを，言うのみである。関与者によって言われたことは，両者の経験の中で，単に存在することを反映しているのみではなく，存在していることやこれから存在するであろうことを創造する。関連するリスクと潜在的な利益は考慮に入れられなければならない。構成主義的な観点をこの主題に適用する私自身の最近の試みとして，Davies（1998a, b），Hoffman（1998）を参照するとよい。

反復と新しい経験の弁証法：いくつかの実例

　反復と新しい経験の複雑な相互作用のいくつかの側面を示すために，私は初めの二つのヴィニエットに戻ろうと思う。

　数分早く出て行ってしまおうとする習慣のある，例の患者に関してであるが，もちろん雰囲気はその時々で異なっており，私はそれぞれの時に違ったことを言ったりしたりした。私たちがこのパターンから得た理解の一つは，彼女は私の方から切り上げられることによる屈辱から身を守るために機先を制しているだけではなく，自分が父親の時間や注意を切望する立場に追いやられていた時の父親の立場にも同一化しており，私はといえば今やその時の彼女の立場にいたというものである。そのようなエナクトメントが作りだす反復と分化のための機会が極めて複雑であることは過小評価されるべきではない。最も単純なレベルでは，患者は自分が早く去ることについて私が無関心ではないことを望み，私が彼女が早く去ってしまうのではなくむしろ多くの時間を過ごしたいと望み，父親が望んでいたよりさらに彼女との時間を望むことを確かめたいのだと私は言いたい。それを越えたレベルでは，彼女は父親との同一化に私がどのように対処するかについて知りたがっている。彼女がそうしたように私も時々少しだけ価値下げされたように感じただろうか？　私はフラストレーションや欲求不満や不快感を経験しただろうか？　私は私自身の能力を示そうとしただろうか？　もし私が，「あと二，三分ありますよね」と言ったとすると，彼女は「何か二，三分で特別な話ができるんでしょうか？」とか「えぇと，私はもう終わったので，何か先生が話したいことはありますか？　ここに座って，お互いににらめっこをしても，何か意味があるんでしょうか？」というようなことを言うかもしれない。この時点で，彼女は肩をすくめて，「それで？」とでも言うように，私を見て言葉を待つだろう。時々彼女は父親に対する自分の気持ちが「正常」であることの何らかの承認を欲しいようであった。それは分析家が何か決められたルールに従って機械的にふるまうことでは彼女が得られないような承認であったのである。しかし私は彼女が描いた父親の姿に彼女は多少類似はしていたものの，それとは非常に異なっていると私に気が付いて欲しいのだろうとも思った。つまり彼女はずっと暖かく，全体として寛大で，ずっと自己－批判的だということである。私の立場は，子どもとしての患者の立場の上

に立った明らかに有利なものであったが，パーソナルなレベルでは，現在の患者と過去の彼女の父親との違いというもう一つの要素もあった。それにより私にとっては，彼女が彼との関係において用いることができたものよりもより多くのユーモアやオープンさや受容性を持って彼女に応答することが可能でありかつ望ましいものとなったのである[3]。

　私が政治的な意見を表明したくなった患者については，事態の結末は反復と新しい経験の相互交流という点でも興味深い。実際に私は意見を差し挟み，それはちょっとした論争を生んだが，私にとって親しみの感じられるものであった。次のセッションで,患者は次のような夢を報告した。「私はあなたとどこか,公衆の場で会いました。私はあなたと親密なことになってしまうような気がしました。私たちはあなたの部屋に戻りましたが，それからあなたは急用のために出ていかなければなりませんでした。あなたはいませんでしたが，私はあなたのベッドで眠りました。それから私は起こったことのために，治療を止めなければならないと分かるんです」。

　患者は少し可笑しそうに，自分が転移の上での性的な雰囲気さえ感じられる夢を見たことは前進であり，それについて話す勇気を持てたことはさらに大きな前進だと感じられると言った。彼女は実際には性的なことが何も起きなかったことを笑い，自分が消極的であることについての冗談を言った。彼女は夢の中でさえ私に急用のために席を外させて，事態が行き過ぎないようにしなければならなかったことが可笑しいと思ったのだ。私は彼女に，私たちが治療を脅かすような禁じられた何かをすることに関して他に連想することがあるかどうかを尋ねた。言うまでもないことだが，私は政治についての会話に関する彼女の考えを引き出そうとしていた。彼女は思い出せなかったので,私は尋ねた。「政治についての話はどうでしょうか？」彼女は呆気にとられてから笑い出した。もちろんそうに違いなかった。その証拠に彼女がこの瞬間にそれについて忘れていただけではなく，その会話を交わしたまさしくその日に後になって，彼女はこれらの政治的な問題について「誰か」と議論したという明確な記憶を甦ら

---

[3]　私がここで述べて描き出していることは，投影同一化の力動と関係している。しかしこの概念が精神分析過程に適用される時は,分析家の適応が子どもとしての患者の適応より（あるいは内在化された対象との関係における患者の自己の適応より）優れているというニュアンスを含むが，そこでは患者が分析状況でのおとり provocateur としても同一化している両親像とはしばしば異なっているという点を認めてはいないのである。

せたが，どうしてもその人が誰であるか思いだすことができなかったのである！　このことは彼女にとって驚くべきことであったが，それは彼女は私との議論が何か禁じられた危険な関係性と同一視されていると無意識的に感じたに違いないことを，自分自身で認めたからである。このことが特に印象的だったのは，彼女は政治的な議論の最中に何か少し「変だな」と感じたが，それに好感を持ち，気持ちよくセッションを終えたからである。私たちの意見は明白に異なっていたが，彼女は自分自身の立場を守り続け，この全体を楽しいと感じた。また，ここで彼女はこの夢を報告していたが，それは彼女が私といて実際により自由で解放的であると感じ，私による彼女の承認と彼女自身の内的な承認の両方の感覚が強まり，それがあたかも彼女の無意識的な不安と罪悪感を凌駕したかのようであることを示唆していた。

　私はここでこの患者との最後のセッションの話に移りたい。それは数カ月後のことである。私たちは治療が彼女にどのように役だったのかについて振り返っていたが，彼女は驚いたことに，もし治療全体の中で最も影響があったと考えている一つの出来事を選ばなければならないとしたら，おそらく私たちが政治について議論した時のことだろうと言った。彼女はどのようにそれが実際に作用したのかを説明するのは難しいと言ったが，それはたとえ一瞬であれ，患者の役割から踏み出すことを自分自身に許し，私からも許されたことに関係していると考えていた。つまり自分を対等な仲間 peer と見なし，私からもそう見なされているということと関係していたのである。

　彼女の生育史には，兄の陰で育ったという事実があった。彼は両親から，そして彼女から崇められていた。実際に彼女はいつも彼よりも非常に劣っていると感じており，議論をしても彼と対等にやりあえると感じたことは一度もなかった。それで私たちの政治についての議論が他にいかなる意味を持っていようと，私がこの兄と同一視されている限りにおいては，一方では彼と私の分化を促進し，他方では脅かされる幼い妹としての患者の自己イメージと，尊敬に値する知的な大人としての自分自身についての彼女の感覚の分化を促進するようであった。また分析過程は分析的なルーティンから逸脱した際の夢に触発された省察を含めた全体が，禁じられた近親姦的な願望と野心と，女性としてのアイデンティティの感覚を強化したいという患者の願望の分化に貢献もした。

　患者は夢の中で，起きてしまったことのために治療をやめなければならないという考えを持ったわけだが，この夢の最後の思考は何を意味しているのであ

ろうか？　患者は見た目には素晴らしい終結を数カ月後に迎えたわけだが，このことは患者が時期尚早にやめたのではなく，夢でほのめかされた危険は現実のものとはならなかったことを示唆している。当然ながら結末についてのそのような楽観的な理解が，文字通りの意味でさえ，最終的な一言となるわけでは必ずしもない。時には患者は数カ月あるいは数年後に戻ってきて，何か話さないままだったことや，終結の時点で患者や分析家が認めることに抵抗していたりしたことを治療者に話すこともある。この事例では，その様な形で戻ってくることは，転移の側面がより十分な形で徹底操作されたのではなく，逃避という形で行動化されることを，夢の終わり方が予言していたのであろうという見方を導く。ここで重要なのは，一つの観点はかなりの確信と決着の感覚を生み，重要な実際的な決断と関連づけられるかもしれないが，それは常に多かれ少なかれラディカルな改訂を受けることにもなるということである。

結　語

　精神分析状況における相互交流の特定の瞬間が，古い自己および対象表象を永続させるような病理的な反復を促進するのではなく，分化を促進するポテンシャルを有するのかどうかを決定するものは，究極的には分析過程の長期的な目標に対する分析家のコミットメントである。患者と分析家が長期のコミットメントを有するという確信が強い時には，様々な種類の自発的な相互交流による途中休憩が生まれる余地がある。言うまでもなく，ある患者と作業する際には，たとえ一時的であるとしても，分析家の信頼性を破壊したり，重大な疑いを投げ掛けたりする多くの種類の相互交流がある。実際に精神分析状況のある特定の基本的な儀式的特徴は，通常は分析家の必然的な理想化の要素を保護しており，それはおそらく損なわれるべきではないであろう。その点は以前に議論されている（第1章，3章，そして5章）。しかし分析家のオープンで表出的な関与は，それが極端でないなら，転移と逆転移の絶え間ない相互交流の感覚と統合されて，最終的には患者の経験に対する統制された関心の下におかれ，分析的な作業にとっての大きな利益となるに違いない。

第8章

弁証法的思考と治療作用

教典を放り出すということ

　分析過程における分析家のパーソナルな関与の必然性と有用性について，十分な認識を持つ傾向は，その勢いが増している。1950 年代の Racker やその他の人々に始まる多くの分析家たちは，お互いの業績を知っているか否かにかかわらず，自分たちの情緒的な体験や，広い意味での逆転移を用いることで，患者についての理解を深め，分析過程における新しい治療的な可能性を切り開いていくことができたと報告している。この運動に貢献した分析家たちが，主要な精神分析学派の多くの垣根を越えた様々なバックグラウンドを持っていたことに注目することは重要である。それらの学派とは，古典的なフロイト派，クライン派，対象関係論，対人関係論である。確かにこの思考の潮流に貢献した著者の中には，多くの重要で興味深い違いもある。しかし彼らが報告する臨床経験については，より一般的に受け入れられていたり，彼ら自身の受けた訓練に含まれていたり，いくつかの意味でより伝統的であるとみなされうる分析作業の仕方から，ある意味で，明示的あるいは非明示的に**逸脱**しているという感覚をいかに含んでいるかということが，それらの共通点として私の印象に残った。そこには，Jacobs（たとえば 1990, pp.450-451; 1991），Natterson（1991），Ehrenberg（1992），Mitchell（1991）やその他の人たちが言及したり，彼らの論文のいくつかでほのめかしている「教典を放り出す throw away the Book」感覚がある。さらにその感覚は分析家に限られてはいない。患者はしばしば，

この章の元のバージョンは，以下に掲載された。The psychoanalytic Quarterly, 63: 187-218, 1994.

分析家の慣習的な態度，あるいは分析家が彼らの特定の分析的なコミュニティに許容されうると考えている態度と，そこからの逸脱の瞬間の間に大きな緊張関係があるということに気がついているという印象を受けるのだ。

　そこで私は伝統や，より「精神分析的に正しい」と思われるスタンスからの逸脱の感覚が，その経験の治療作用にとっていったいどの程度重要であったり本質的でさえあったりするのかと考え始めた。もし重要で本質的だとしたら，その運動に加わっていた私たちの仲間は，困ったことになってしまうと思われた。私たちは一冊の教典を捨てたり，取り戻したり，また捨てたりということをいったい何度できるのだろうか？　私たちは反抗や解放の感覚を引き続き信じることはできても，その生々しさは時間とともに褪せていくと想像されよう。結局のところ，私たちが自分自身の因習打破的な考えをあたかも隠したままにし続けているわけではないのである。反対に，分析過程について新しく編纂された本が生まれている。それらは，Searles（1965）の『Schizophrenia and Related Subjects（統合失調症と関係主体）』や，Racker（1968）の『Transference and Countertransference（邦訳：転移と逆転移）』，Gill（1982a）の『Analysis of Transference（邦訳：転移分析）』，Levenson（1983）の『The Ambiguity of Change（変化の曖昧さ）』，Ogden（1986）の『The Matrix of the Mind（邦訳：こころのマトリックス―対象関係論との対話）』，Bollas（1987）の『The Shadow of the Object（邦訳：対象の影―対象関係論の最前線）』，Mitchell（1988）の『Relational Concepts in Psychoanalysis（邦訳：精神分析と関係概念）』，Tanseyと Burke（1989）の『Understanding Countertransference（逆転移を理解する）』，Modell（1990）の『Other Time Other Realities（別の時間，別の現実）』，Jacobs（1991）の『The Use of the Self（自己の使用）』，Natterson（1991）の『Beyond Countertransference（逆転移を越えて）』，Ehrenberg（1992）の『The Intimate Edge（親密さの接面）』，Stolorowと Atwood（1992）の『Contexts of Being（存在の文脈）』，そして Spezzano（1993）の『Affect in Psychoanalysis（精神分析における感情）』といった論文集である[1]。これらの

▼1　この章のオリジナル版が1994年に発表されて以来，分析過程での分析家の主体性の位置づけに焦点を合わせた文献がさらに多く出現した。それらの多くの作品の中で，上の文中で述べていなかった著者によるいくつかのものは以下の通りである。Aron, 1996; Benjamin, 1995; Cushman, 1995; Davies and Frawley, 1994; Frankel, 1995; Gabbard, 1996; Kantrowitz, 1996; Stern, 1997; and Winer, 1994.

本全体に流れる精神が教典になった時には，私たちはどの教典を捨てたらよいのだろう？　ひとたび新しい伝統が生じ，それがその原則として少なくとも微量の抵抗を要請しているようであるならば，私たちはどのようにその伝統に自発的で創造的に逆らうことができるであろうか？　また古いものに反抗することは，新しいものに従うことであり，従うことは私たちの社会の重要な部分が30年か40年の間保持することができていた創造的な反乱や自発性や発見の味わいを減ずるかもしれない。

　さらに次のように考えることには，十分な理論的，常識的な根拠がある。それは患者と分析家がともに持っている自発的な逸脱の感覚が，分析過程において分析家の主体性が出現することによって与えられるどのような修正体験においても，中心的で決定的な特徴でさえあるということだ。分析家がパーソナルな表出や関り合いをより深めていく中で，彼がある種の内在化された慣例から離れていくと患者が感じる時，患者は特別な方法で認められていると感じる理由がある。その逸脱は，その内容や患者からのプレッシャーの性質がいかなるものであろうと，分析家側からの情緒的な関わりを反映しており，それはその特定の患者に彼が示す独自の応答なのである。しかしそうは言っても内容自体に意味がないということではない。それぞれの逆転移の使用や表現は，治療的，非治療的，反治療的な要因の相対的な寄与を量るために個別に調べられなければならない。しかし私は逸脱そのものの中に，その内容にかかわらず何か治療的な可能性があると言いたい。分析家の情緒的な応答のために，かつての病理的な対象との結びつきのエナクトメントが生じていると思われ，それが Ghent（1992）が良性のニードと正反対の意味で悪性のニードと呼んだものを満たしている時でさえ，患者へのその場での応答性を尊重する形で標準的で技法的なスタンスから**逸脱する**という文脈は，現在の状況での明らかな関与を，「悪い対象」のそれから「よい対象」へと変形させるかもしれないのだ。反対に分析家が表面上は患者の悪い対象と対照的であることを保証するために，特定のスタンスに儀式的に固執する時，患者へのその場の応答性を犠牲にした上での技法的なスタンスの**遵守**の文脈は，現在における表面上のよい対象としての関与を悪い対象としてのそれに変換するかもしれない。

　あからさまな自己開示的なふるまいに，自己愛的で自己顕示的で，搾取的な可能性が認められるのはよくあることである。しかしいかなる自動化されたルーティンでも，患者はそれを患者と個人として関わることへの分析家の側か

らの抵抗，つまり一種の身勝手さの表れとみなしてもおかしくない。患者は分析家のことを次のようにみなすかもしれない。すなわち患者のニードへ創造的なやり方で応えるということをせずに，寛いだ様子で教典に定められたことに従って「正しいこと」を行い悦に入っているとみなすのである。それとは別に，あるいはそれと同時に，患者は分析家がいかなるパーソナルな関わりをも恐れているとみなすかもしれない。もし患者が要求がましい両親を負担に感じたり彼らに搾取されたりしていると感じていたなら，自分自身の要求を決して表立っては伝えない分析家と両親の間には，対称線が引かれるかもしれない。その場合の共通項は，両親や分析家のふるまいが，患者のその場での経験やコミュニケーションへの応答性によって促進されるのではなく，固定され予め定められた内的な圧力によって促進されるという患者の感覚かもしれない。ここでも分析家は，時にはほどよい対象 the good-enough object であるためには，見かけ上は悪い対象の方向にある程度は引き寄せられてもいいということを示さなくてはならない。他方では悪い対象の行動と同じ内容となるかもしれない行動は断固として回避する努力はまさに，分析状況における悪い対象を構成するのである。

　古典的な技法の儀式への固執に関して，Searles が 1949 年の論文で以下のように書いているが，それは二度出版を断られ，Robert Langs（1978-1979）がついに発見して出版したものである。

　　患者への変わらない「冷静沈着な関心 dispassionate interest」という古典的な態度に固執しようとする分析家は，患者がそのようなふるまいによって苛立たせられるのに常に気がつく。結局のところそうしたふるまいは，日常生活の中で彼らがスキゾイドの他者を相手にするとき以外には対処しなくてもよいものなのだ。そのような冷静沈着なふるまいは，たいていは患者が子ども時代にスキゾイドの両親のいずれかと持った気の滅入るような関係性の繰り返しに過ぎず，またそれ自身が分析家によって，患者に敵意を表現する方法として無意識的に使用されがちであるように思われる。分析家が常に制御された方法で，患者への彼自身の感情を開示することはしばしば，このように患者のもっとも強い抵抗の源を取り除く。それは患者が分析家に情緒的な影響を及ぼしていることを分析家に強制的に認めさせたいという患者のニードである［Searles,
1978-1979, p.183］。

しかし古典的な技法は，特に頑なに実践された場合には，冷淡に見えるとい

うお馴染の批難の標的となる。私はそれが実は，大部分の主要な理論的な立場に共通するような問題のスケープゴートや身代わりであり，問題のある家族における IP（患者とみなされた人）のようなものであると言いたい。古典的な立場と比較してより暖かで「人間的」な代替手段として自らを明確に売り込んでいる主張においては，問題がどこに表現されているかを見極めることはより難しいが同様に重要である。自己心理学はこのような観点の一つである。自己心理学の技法の中心的な原則は「持続的共感的探索 sustained empathic inquiry」である。そのような「優しい benign」原則に従うことで悪い対象の影を分析家に投げ掛けることはできるであろうか？　私は可能であると考えている。Slavin と Kriegman（1992）の議論を検討しよう。

　　共感は極めて深遠でかつ本質的な価値を与えられた真に親密な相互性の兆候としてではなく，一つの技法としてかなりの程度の真実味を伴って実践されるということは大いにありうる。実際に患者は次のようなことを知り，あるいはこれから知るようになる。それはある人間の実質的な発話のみが患者自身の主体的な世界や発達的努力の妥当性の肯定を行うという形をとる際，その人自身がある種の自己欺瞞や欺瞞に陥りやすいということである［p.250］。
　　治療者が患者の主観的な世界において支配的なテーマや意味と思われることのみに波長を合わせたままでいようとすれば，実際には多くの患者はそれを治療者の側の自己を防衛する戦略と感じる。（中略）さらに私たちが治療者に帰するようないかなる個人的な防衛にもまして，共感的なモードを外見上一貫して用いることは，一部の患者にとっては，治療者が自分のある側面を隠していたり，自分自身の利益を追求していたりするように感じられる。その利益については，患者はよく分かっているものの治療者は直面することを疎ましがっているのであるが，まさに患者の利益から重要な意味で逸れている。私たちは，このように患者の主観的な世界に浸りきることは（中略），時には，分析家の現実についての，実質上のオープンな表現によって補完されなければならないという事実に直面しなくてはならない［pp.252-253］。

そのような「オープンな表現」でさえ標準化や機械化に向かう傾向の犠牲になるのを免れることはほとんどできない。分析家の自己開示は共感的探索と同様に，偽物らしさ inauthenticity に対する万能薬ではありえない。Bromberg（1984）は書いている。

分析家の選択が彼の患者からある見方をされたい（たとえば分析家として正直である，親切である，サディスティックではない，革新的であることに「自由」であるといったような）というニードによって動機づけられているなら，自己開示は技法となり，そのような技法は「もし私がこれをしたら，患者はこうするだろう」というモデルに基づいた他の介入のように機械的で線形なものであろう。おそらく，「パッケージ化された」あらゆる人間の性質と同様に，自己開示も元々の関係性の成分（相互性）を失って，Greenberg (1981) が「処方的prescriptive」と呼んだものになる可能性がある。その目的がかなわなかった時は通常はその理由のためである。そこには分析的な成長を作り出す本物らしさauthenticity や，自発性や，未来に対する予測できない影響力が欠如しているのである［p.541］。

ある患者たちは特に，精神分析的な決まり文句を匂わすようなものや，何らかの仕方で教典に従うことや，慎重でいつも変わらぬ精神分析的な口調にさえ敏感で，それを耐えがたく感じる。その口調が冷たく距離をおいたものか，暖かく「共感的」であるかにかかわらず，そうなのである。それらの患者は私に精神分析的な公式見解やそのような口調で終わらせてはくれないために，しばしば私にとって治療的な効果を持っている。彼らは私に新たな方向でものごとを考え通し，私自身が一個人として応答するように挑んでくる。もちろんステレオタイプ的なふるまいに対する耐え難さは，時には極端で防衛的ともなりうる。分析家のふるまいの紛れもない技法的な側面を患者がいくらかでも受け入れられることは，関係性や分析過程が成立するために不可欠である。しかしどれだけそれらが安全な分析的環境に貢献していたとしても，分析家の関与の際立って形式的で，ロールプレイ的な側面は，患者の不信感を強力な磁石のように引き寄せてしまうものでもありうる。そしてこれは当然のことだが，分析家のふるまいの人工的なものについてあからさまに不満を言う一人の患者の陰には，それについて何も言わない，あるいはそれを否認する無数の患者がいる。分析家は彼らに対しては，その問題への偽装された形での言及を，夢やその他の連想の中に探さなければならない(第4章参照)。いくつかのケースでは，患者は単に攻撃者（として感じ取られたもの）と同一化し，長い間，時には何年も触れられたり手を差し伸べられたりしたという感覚なしに，そのふりだけをし続けるかもしれない。この点について Lipton (1977a) は，自己愛パーソナリティ障害があると考えられている患者は，パーソナルな関係性のために自

らを用いないような分析家に，実は防衛的で，無意識的な同一化をすることがあると提示している。

新しい音階での精神分析的な規範

そこで疑問が生じる。もし私たちが精神分析の技法的な立場と行為の原則を無批判的でシステマティックに適用することに固有な危険性を認め，患者との自発的でパーソナルな関り合いから生じるかもしれない潜在的な利益を認めるなら，なぜ単純に前者を排除して後者を徹底的に育てないのであろうか？　当然のことであるが，それではまったく上手くはいかないだろう。私たちはそのとき単に，平等主義の仮面に隠されているような，ある尊大な主張とともに患者とのパーソナルな関係に入っていくことになる。その主張とは，単に私たちとともに時間を過ごすということがなぜか治療的である，というものである。また私たちは包括的な技法としての，「本物 authentic」とされるようなパーソナルな関り合いを促進していることになるが，そのアプローチはその真正さgenuiness という点において，狂信的に禁欲的なスタンスと同じくらい疑わしいであろう。いや明らかに，分析家が普通の社会的な状況で生じるであろうその種のパーソナルな関り合いを，患者との間では控えるべきであるという要件には，多くの叡智が含まれているのである。

分析家の情緒的な関与を認めて建設的に使用することの重要性は，現在において強調されるが，実践において疑いもなく不可欠であり続けるような，分析的な抑制という特別な感覚を，私たちはどのように概念化するべきであろうか？　おそらく私たちすべてが同意するような，抽象的な原則の鍵は以下のように述べることができる。分析家はおおむね一貫した方法で，十分な金銭的な（あるいはその他の）代償を前提として，彼ら自身のパーソナルな応答やその場での欲望を長期的な患者の利益に従属させるよう努めなくてはならない。そのような一貫した従属は，分析家の分析過程への彼らの関与を持続的で批判的な探索の文脈でのみ，最適な形で活用することができる。そう，たとえ報酬はよかったとしても，それはかなりの要求である。ひょっとすると私たちが程よい両親に期待する以上の要求なのである（Slavin and Kriegman, 1992, p.243）。幸運なことに規律は条件つきのものとされなくてはならない。なぜなら私たちには現在患者と分析家のニードの相互依存についてのより多くの確信があるた

めである。分析家があまりに禁欲的であったり、あまりに自己否定的であったりするなら、分析家が患者の影響から生き延び、それを有益とすることへの患者の健康なニードは、満たされることはないであろう。このように、一方で精神分析的な規律の感覚は、分析家の関り合いの程度や性質に対する制限を含んでいるが、関与者によってなされているいかなる自発的でパーソナルな相互作用についても、その背景をも提供する。他方では分析家が自分自身が患者によってかなりの程度に影響を受けるにまかせ、知られるにまかせているということがいかに重要であるかということについて、現在の私たちは理解しているが、それによって、その制限は以前よりは条件つきのものとなっている。したがって分析家が欲望する主体 desiring subject（Benjamin, 1988）としての自分自身を表す瞬間は、それが以前に特徴的であったような逸脱の先鋭な感覚とともに経験はされない。現在教典を**放り出す**代わりに、それを一時的に背景に退ける一方で、分析家の特有の自己表現が前景に移っている。反対もまた同様である。分析家のより標準的でフォーマルな、超然として省察的で解釈的な立場が前景にある時にも、彼らのよりパーソナルな関り合いを反映した関係性の側面は依然として背景に感じられるのである。

弁証法的思考

　私がちょうど述べたことは、分析過程での分析家の関与についての思考の弁証法的な方法ということになるが、それは Benjamin（1988）, Ghent（1989）, Mitchell（1988）, Ogden（1986）, Pizer（1992）, Stern（1983）その他の人々が説明したり発展させたりしようとしているものである。弁証法という用語は哲学においては長い歴史があり、様々な意味を含んでいる▼2。私の目的にとって、Ogden（1986）による以下の定義は有用である。「弁証法は二つの対立する概念のそれぞれが他方を作り、知らせ、保ち、否定し、そしてそれぞれが他方との力動的な（常に変化する）関係に立っている過程である」（p.208）。

▼2　Ghent（1992, p.156）は**弁証法**という用語が、緊張が解かれ統合に向かう動きという意味を含んでいるために、ある時点でこの弁証法という用語を避けることにした。彼は**逆説** paradox という用語の方を好んだ。しかし私は、弁証法は正反対のものとの間の相互作用のダイナミクスを意味しているという長所がある一方では、逆説はより静的であるように思われると考えている。いずれにしても、私は緊張の意味を含めているのであり、解決 resolution の意味を、ではない。

弁証法的な方法で考えたり話したりすることは難しく，時には混乱させられるものである。私たちの精神分析的な概念の多くが二分法的な思考を意味している。空想 対 現実，反復 対 新しい経験，自己表出 対 他者への応答，技法対 パーソナルな関係性，解釈 対 エナクトメント，個人 対 社会，精神内界 対 対人関係，構成 対 発見などであり，分析家 対 患者でさえそうである。これらの両極性が一連の互いに相容れない対立物を構成するという感覚がある。しかし弁証法的な観点からそれぞれのペアの両極について考える時，私たちは外見上対照的な特徴を認めるだけでなく，それぞれの極の他方への影響や，それぞれの極が他方の中で表現されている側面さえも見つけ出すことを要求されている。それはお互いに対置されている二つの鏡として考えることができるであろうし，そこではそれぞれの中で終わりのない一連の反射がみられるであろう。精神分析的な規範と表出的な関与の間の関係性は，その意味で弁証法的である。

　分析的な規範の側については第一に，それが専門職どうしの交流の中でどれだけ学習され内在化されたとしても，そのような態度は分析家の骨の髄まで入り込み，彼ら自身の非常に重要な側面を表している。第二に，そもそもその規範は単に外側から押し付けられたわけではなく，他者の経験に対する注意に関して分析家が持つ潜在的な力の特別な種類の発達を表している。そして第三には，分析家が部分的には規範に従った専門家の役割という文脈の中で話しているものの，彼らの**声**はパーソナルな表出のままでありうるし，そうあるべきである。第 6 章に記したように，弁証法の効果は，Shafer（1974）が「患者に話す talking to patients」と呼んだものを促すことであり，それは「偽精神分析的モデル pseudoanalytic model」に従う分析的治療者の間で広がっていると思われる「非人間的な言い回し impersonal diction」とは対照的なのである。弁証法のもう一方の極に関しては，分析家の側のパーソナルな自己開示や自発的な行為の瞬間は，全体としての分析過程の中で自分たちがどこにいるかという感覚により位置づけられ，直観的に導かれうる。その感覚は相互依存的で，外見上解釈的なやり取りと，外見上非解釈的なやり取りとの複雑なモザイクを含んでいる。そこで第 7 章で論じられたように，一方で精神分析的な規範は自己表出的でありえるし，他方で分析家の自己表出は，精神分析的な規範の複雑で直観的な種類のものを反映しているかもしれない。

　分析家の患者に対してのパーソナルで情緒的な応答は，それが表現される時，患者のニーズ needs や願望 wish の何らかの形の満足を伴うかもしれないし，

そうではないかもしれない。古典的な精神分析理論の技法においては禁欲が評価されるため，差し控える withholding 態度はより「正しい」姿勢と結びつけられる傾向がある一方，患者からのプレッシャーに「屈する giving in」ことは分析家の内側からの何かの好ましくない侵入と結びつけられやすい。Kohutや Winnicott のような欠損理論では，精神分析過程の本質的な部分として，特定の種類の願望充足を正当なものとした。同時に彼らは新しい種類の制度化された偽装をパーソナルで逆転移的な傾向のために導入した。Mitchell（1991）は，患者の欲望 desire を，発達上必要な応答への「ニーズ needs」として特徴づけられるものと，禁止された近親姦的な意味を持つ充足への「願望 wishes」と呼びうるものとに分類し，それへの分析家のパーソナルな態度の影響を論じた。彼はそのようなアセスメントは単に患者にとって何が客観的に真実であるかについての「診断的」なものではないと主張する。むしろそれらは転移と逆転移の複雑な組織を表現し，それは回顧的にのみ，つまりある種のエナクトメントが起きた後になって，しばしば有効な形で探索することができる。他のところで，Mitchell（1988）は，転移の中で自己愛の問題を扱う分析家が持つべき最適な姿勢についての報告の中で，弁証法的な思考の優れた例を私たちに提供している。「お互いにたたえ合う関係性」の中で関わることを分析家に誘いかける患者について，Mitchell は以下のように書いている。

　　分析的な意味で建設的にそうした誘いかけに応じることには用心が必要であり，それを単純な公式で表すのは難しいことである。しばしば最も役に立つのは言葉ではなく，それらが語られる口調である。自己愛的な統合の中において被分析者と合流することと，同時にその統合の性質と目的を問うことの間の微妙な弁証法にこそ，もっとも有効な応答がある。それらは被分析者の幻想へのプレイフルな参加と，なぜどのようにしてそれらがそれほどシリアスなものになったのかを不思議に思う好奇心の両方であり，被分析者の安心感と他者への関り合いにとっての必須条件である［p.205］。

　ここで以下の点を強調しておきたい。この章での私の関心は，パーソナルな情緒を持った分析家の在り方と，役割により決定された分析家のふるまいの間の弁証法であり，それぞれの内容については問わない。どちらも患者の願望に対しては，表面上それを充足するものにも，欲求不満にするものにもなりうる。広い意味では，この緊張は次の二つの間にあるものと考えることができる。一

つは両関与者が程度の差こそあれ感じるであろう誘惑，分析状況の外で体験する（あるいはそのように体験すると想像される）であろう関り合いに似たものへの誘惑であり，もう一つは両関与者が程度の差こそあれ持つであろう感覚，つまり分析状況に独特な抑制を必要としているという感覚である（Modell, 1990 を参照）。患者が分析家とのパーソナルな関係性を望んでいる限り，患者から一般的な種類の「欲求充足」についてのプレッシャーがあると考えることができる（Searles, 1978-1979, 上記の p.196）。「自己表出的」ないしは「パーソナルに応答的」な仕方で関与する分析家について話す時，私は彼らが患者に対して，ある意味では分析状況外であることを想像して応答したくなる傾向について念頭においている。しかしパーソナルな応答性と分析的な規範の間の弁証法を評価するという観点は，それらの傾向の間に緊張関係があるにもかかわらず，それぞれがかなりの程度で他方に反映されてもいることを認めることである。このように「自然に」ふるまう分析家は，分析家としての彼らのアイデンティティにとって不可欠な規範の感覚を自分の活動の中に統合するであろう。そのような統合的な行為の可能性があるからと言って，（広義の）精神分析的な訓練に先立つ応答のタイプとその影響を直接反映するものの間の相違から生じる潜在的な緊張関係が取り除かれるわけではない。

精神分析的な権威，相互性，そして本物らしさ AUTHENTICITY

　精神分析状況は独自の設定，儀式であり，そこでは分析家は社会によって，そして患者によって，特別な種類の力を与えられる。その力は彼が自分の役割の一部として受け入れるものである。私はその力が，子どもの自分自身および彼の世界の感覚を形作る両親の力と，心理的な連続性を持っていると考えている。分析家の権威の魔術的な側面は，彼らの相対的な近づきにくさと匿名性によって強化されている。分析家には一種の神秘性があるが，それを私たちが完全に払いのけたいかどうかは疑わしい。その意味では私たちが分析家として，いかに転移の分析を通して私たちの権威を解釈したり脱構築しようとしたりしても，通常は分析の間もその後でさえも，分析的な枠組みを解体しないということは特筆すべきである。私たちは普通は患者を家に夕食に招待したり，彼らの家を訪れたりもしない。その代わりに患者の人生の中に，私たちの持つある特別な種類の道徳的な存在を保護しようと苦心する。

治療作用に関してであるが，分析家は患者への眼差し regard が患者にとって特別な意味を持つような権威であるという単純な考えにも，一理あると私は考える。私たちはそれを分析し去ろうとはせず，たとえそうしようと試みてもできないのである。場合によっては，分析家によってその眼差しが届けられ，患者によって受け取られて統合されるようになるまでには，多くの作業を要するかもしれない。しかし分析過程が役に立った時に，患者としてあるいは治療者としての私たちの多くが，そうした承認の要素を含んでいないと感じることなどあるだろうか，と私は思う（Bromberg, 1983; Schafer, 1983, pp.43-48）。私はその出来事が真正な仕方で起こる可能性が高くなるのは，その分析家が眼差しのある種の質を生み出すような位置にいるだけでなく，患者もそれに類似した位置にいるからであると考えている。**分析家**への眼差しは，部分的には，彼が患者について知っていることよりも患者が彼について知っていることの方がはるかに少ないという事実によって育まれる。相対的な匿名性という要素は，分析家の力の不合理な面にだけではなく，より合理的な面にも貢献する。ともかくも分析家は比較的守られた位置にあり，その位置は彼らのパーソナリティの最も寛容で理解があり，温和な側面を促進しやすい。私は「理想化」をある種の相互的なものとして（たとえば「他者をさらに理想的にする」というように）捉えている。分析状況や，しばしば患者自身が，人としてより「理想的な」分析家の性質，Schafer（1983）が分析家の「第二の自己」と呼んだような性質を育てるのだ。しかしそれに対して**患者**への分析家の眼差しは，彼が患者のことをあまりに多く知っており，そこには患者の困難さの起源やそれらを扱う患者の奮闘も含まれているという事実によって育まれている。さらに当然のことではあるが，どちらも相手と一緒に住むところか，限られた分析状況の外では相手と関わる必要がないため，互いに相手のより厄介な性質からかなり保護されているのである。

　何人かの執筆者たちが「相互性の原則」と「非対称性の原則」との間の相互作用という点で論じたことと一致しているのだが（Aron, 1991; Burke, 1992），**患者が分析家を自分たちと同じような人間だと知覚することと，優れた知識，叡智，判断や力を持った人間と知覚すること**の間には，現在進行形の弁証法がある。分析家についてのそれぞれの見方は他方によって非常に色づけされている。一方が前面に出ている時には，他方がいつも背景にある。そのため私たちの中で患者とのより相互的で平等な関係性を作り上げたい者は，その相互性に

力を与えるためには，いかに分析状況の儀式化された非対称性に頼っているかについて否認したり忘れたりすべきではない。その非対称性，つまりヒエラルキー的な関係性は，相互性の精神による私たちの関与の仕方を，より強烈な形で患者にとって**意味を持つ**ことが可能なものにする。それは患者が自分を創造的な行為者として，究極的には自分自身や他者からの愛に値する人間としてみなす視点を築いたり構成したりするのを助けるのである。分析を行っているある二者にとって，ある瞬間やある時間の経過の中で，これらの間にどのようなバランスがとられるべきかということは，決定したり調整したりすることが非常に難しい。またそれは技法的な定式化に従うことよりも，むしろ分析家による本物らしい authentic 類の関与から生じてくるべきである。分析家が外見上表出的な関わりと，比較的スタンダードで権威を強調するようなテクニックとの弁証法に関して，自分たちをどこに位置するべきかを明確に知ることができないが，その事実がまさに，患者といることの包括的な本物らしさの源泉である。それは不確かさとの戦いの感覚や，「二股をかける」ことに積極的であることや，患者と分析家にとって，いかなるコースを辿ったとしてもその無意識の意味を考察することへのオープンさにより特徴づけられるのである。

臨床例

　ではこれらのアイディアが，ある臨床経験にどのように関わっているかを見てみよう。私はダイアンという 20 代後半の独身の女子医学生と会っていた。私たちは私が地元の精神分析協会の候補生として行っていた分析のただ中にあった。分析過程においてその精神分析協会は，どちらかといえば近寄りがたい分析的超自我の具体的な表象（そしてそれが外在化されたもの）としてそこにあった。2 年目のある時期から，ダイアンはカウチに横になることを拒否し，その上で上体を起こしていた。通常は患者が体を起こしている時には，私はカウチの反対側の椅子に座る。しかしこの事例では律儀にも，私はカウチの後ろの（実際には 45 度の角度にある）椅子に座った。まるで「ルールを破っているのはあなたであって，私ではありません。私には関係のないことです」とでも言うかのようにである。私には彼女がどのようにして上体を起こして座り始めたのかについてよくわからない。そうすることに私は反対をしていたが，徐々になし崩し的に生じた変化であったように記憶している。少なくとも私はそれ

に反対していて実際に彼女にそう言った。しかしちょうど私が異議を唱えた時に，彼女が振り向いていたずらっぽい笑顔を浮かべ，それに誘われて私もわずかに微笑み返したこともあったのは否めない。そして彼女が単刀直入に「あなたはカウチがこの分析過程にとって本当に必要だと思っていますか？　私は自分にとってはアイコンタクトの方がずっと重要だと思います」と尋ねてきた時，私は端的にこう答えた。「そうですねぇ，分析過程は分かりませんが，私が訓練を終えるにはこれは必要なのでしょう」▼3。そのことについての私の確信がいくらか軽減されたのは，私が選んだスーパーバイザーが独自の考え方をする傾向があったという事実による。(もちろんスーパーバイザーがそのような問題において常に最終的な決定権を持っているわけではないが)。彼はダイアンが横になる方が好ましいと考えていたが，彼女が上体を起こしていることが重大な問題であるとは考えていなかった。重要なのは何が起こっているにせよ，意味を探求しようとすることであると彼は考えていた。しかしダイアンは横にならないことに疑いもなく関係していることがらについて，それを分析することに必ずしも熱心ではなかった。彼女は人生における現実的な困難を抱えており，それを私に話してその重要性を理解して欲しかったのだ。彼女は私にとっての分析の素材となるような連想を提供しようなどとは考えていなかった。彼女は，自分にとって重要であることがらそのものについて話しているつもりでいた。彼女は私がそれらを額面通りに受け取り，自分がそれらに直接的な方法で対処することの助けとなって欲しいのであった。

　すなわち彼女はおそらく「分析不可能」であり，せいぜい精神療法のための候補者ではあっても，精神分析のための候補者ではなかったのであろう（精神療法と精神分析の区別についての議論は Gill, 1991，「分析可能性」についての伝統的な見解への挑戦については Bromberg, 1983, Gill, 1991, Ehrenberg, 1992 を参照されたい）。しかしながら，これで話が終わったわけではない。私が発見したものは，そして分析過程にとって非常に重要だったものは，もし私が中間地点で妥協していたなら（それは，彼女にとっては4分の1の歩み寄りで私には4分の3に思えたのだが），通常の分析的な意味で多くの非常に困難

▼3　私は長い間にわたって，彼女にカウチを使用することの様々な根拠を伝えた。私はまたカウチの使用について絶対的な確信を持っているとはとても言えないことも認めた。それでも私はそのような設定での経験を積むことに重大な関心があり，そのような経験が分析協会の訓練プログラムの利点の一つであると考えていると言った。

な作業を行うことが彼女にはできるということであった。最初に私が顕在的な問題について，真摯で幅広い関心を示したならば，潜在的な意味についての共同の探索はしばしばその後にやって来るであろう。しかしそれだけでなく，学習されたものはそれが何であっても，常に生々しく生き残るのである。解釈はその他の種類の相互交流と一緒に煮込まなければ，患者はそれらをまったく噛まないであろうし，ましてや飲み込んだり消化したりしないのである。

　横にならないということに関して私たちが次第に認識するようになったのは，ダイアンにとっては予約の時間にオフィスにやって来るということ自体が，いかに屈辱的な服従[4]であるかということであった。私が座っているのに自分が横になっていることは，傷ついたダイアンにとってはあまりの侮辱だったのである。彼女の父親はホロコーストの生存者であり，家庭においてありとあらゆる取るに足らない問題について強迫的で専制君主的であった。持ち物はすべてあるべき場所になければならず，妻や子どもたち（二人の兄たちと妹）は常に時間通りに行動せねばならず，レストランのウェイターやウェイトレスは迅速にサービスを提供せねばならず，そうでなければ，彼は激怒するのであった。彼の厳格で権威主義的なあり方は，時おりナチの迫害者たちとの同一化のように思われた。彼は非常にカリスマ的でエネルギッシュな男性であり，ビジネスで成功し，熱心なスポーツマンでアウトドアの愛好家でもあった。ダイアンは幼い頃は父親のことを，力強くて心躍らせるような人物として崇拝していたが，結局は彼を極端に自己中心的で，時間や金銭や愛情の表現を出し惜しみするのだとして捉えるようになり，ひどく失望し幻滅してしまった。ダイアンが上体を起こしたままでいることを私が非言語的に受け入れる中で，私は意識的に彼女の父親からの脱同一化を行ったのである。分析協会の存在は私にとって，慣例からの離脱を受け入れてそれに加担することを，難しくも容易にもしていた。難しくしているのは，私のトレーニングへの実害への恐れであり，容易にしているのは，伝統的なやり方で行うことへの私自身の関心を，防衛的な形で外在化することができたためであった。もし横にならないことが私にとってどうでもいいことなら，私は患者にごまかされたと感じたり怒ったりする必要はなかったのだ。むしろ患者に感謝され承認された裏切り者であることの楽しみ

▼4　Ghent（1990）は，良性の形で放棄する「降伏 surrender」と，悪性の形で支配される「服従 submission」の間の有用な区別を描いている。

に集中できたであろう。

　私が患者の父親との脱同一化を行ったということは，全く正確というわけではなかった。言うまでもなく，父親のパーソナリティには他の側面もあったからである。私が父親の迫害的な超自我から脱同一化したという方がより正確であり，その超自我は彼や彼の周囲の人々の行動を情け容赦なく支配し，さらにそれは患者自身にもかなりの程度で内在化されているものであった。しかし父親にはもう一つの側面があり，それは微かにではあるが，明らかにされることが時々あった。すでに述べたように，父親は愛情を示すことが非常に困難であった。たとえば挨拶する時や別れる時，父親は娘と何らかの触れ合いを望んでいるかのように患者の近くに体を寄せるのであるが，彼の方から触れることはできなかったのである。彼女の方がいつも率先しなければならなかったのだ。患者は時には父親が多くの感情を表すことができずに内側に封じ込めているように感じた。そのため彼女が横になっている姿勢から段階的に体を起こす動きの中で，患者と私は彼女の父親との経験のこの側面を弱められた形でエナクトした。向き合って会うことについて主導権を取ったのは彼女であり，彼女の父親のように抑制的で，両価的なやり方で応じたのは私だった。

　エナクトメントが「弱められた attenuated」と言う時，私は原光景と分析光景の間の微妙ではあるが決定的な違いについて念頭に置いている。第一にこれらは量的に評価することは不可能なことではあるが，私は自分の葛藤が彼女の父親のものよりも激しくはなく，また患者の意志に「屈服する」ことには苦痛よりも喜びが，恐怖心よりもプレイフルな気持ちがあったことについて，かなり確信を持っている（あるいはそう考えたいと思っている）▼5。その証拠に私たちは時々それについて笑うことができたのである。それは私にとっては彼女が分析的な儀式に我慢できないことについて，彼女にとっては私がそれに非常に関心を持っていることについてであった。第二にエナクトメントそのものは，それが省察の対象として広く一般的に認識されるような文脈の中で起きた。私たちが実際にいつでもそれについて省察をしていたわけではなかったとしても，今起きていることには，私たちが見たり認識したりしたこと以上に意味があると理解する雰囲気があったという事実や，私が積極的にこれらの意味につ

▼5　背景では，エナクトメントは逆の意味を持っていたかもしれない。患者は父親と同一化し，彼女が子どもの頃にいた立場にいる私に，自分の意志に従うように要求していたのである。

いて関心を持っていたという事実のために，全体の状況は患者の生育歴で典型的だったものとは非常に異なったものとなっていたのである。全体としてみれば，患者の心理的な状況と私自身のそれとの間に十分な類似性の感覚があったために強い相互の同一化が促進され，また両者に十分な違いがあるために微かに新しい存在の仕方や関係の持ち方を探求することができたと言えるであろう。

　私が父親の迫害的な超自我からの脱同一化を行ったと言う場合，もう一つの不確かさのためにこれが言葉足らずになってしまっている。そもそも私が彼女の父親と同一化できるのは，私の人生において同一化の対象となった誰かと類似した性質を，その父親が持っている限りにおいてである。同様に脱同一化は，それらの内在化された対象に関連した私自身の経験の中でのみ生じるのは勿論のことである。患者の内的対象関係の外在化（Sandler et al., 1969）は，それが分析家の内的対象関係の中で「仲間 mate」を見つけ出さない限り，起こることはありえない。私はこれが一部の著者たち，Jacobs（1991）やMcLaughlin（1981, 1988）などが，自分たちの人生の物語が患者の物語とつながり合うことに気がつくような地点であると思う。私は分析過程の中の経験が自分自身の生育史を直接反映しているという確信を持ち，それを患者に伝えたいと思っている時でも，ちょうどそれらが彼らの中の何ものかに光を投げ掛けているかもしれない時でさえ，患者の経験の中の特定の詳細を補ったりそれとパラレルな関係にあるような私の子ども時代の特定の詳細に，必ずしも注意を惹きつけられるわけではない。もちろん分析状況外での私の経験はしばしば患者に影響を受けるし，私の人生のその部分は逆転移の一側面として自動的に精査の対象となる（Feinsilver, 1983, 1990）。この事例では，私の分析協会への所属は，精神内界－生活史的な意味が自分にとって何であれ，患者の父親との関係とパラレルなものであった。

　ここには選択されたアプローチに関係するものと同様に，パーソナリティに関した違いが確かにある（Jacobs, 1991, p.44 を参照）。それにもかかわらず，逆転移の根拠として特定の生育史に注目することは，そこにどのような利点があろうと，患者とのその場の経験のニュアンスに取り組むことを損なうこともあり，特に患者を直接巻き込むやり方ではそうであると私は考えている。与えられた精神分析的な時間の中で，分析過程は連続的であり，分析家は自分の過去を振り返るための「タイムアウト」を取ることで得られる利益なしに応答することを求められており，そのことを心に留めておくことは重要である。か

つて 1950 年代に Racker は，そして近年の Gill，Ehrenberg，Donnel Stern，Mitchell などの著者たちによる臨床経験は，分析家の個人的な生活史の詳細に言及することのない，今ここでの患者との転移と逆転移の集中的な作業を例示している。しかし一つの分析の全体の流れを通してみると，これらの著者たちが彼らの作品の中で描写している種類の省察と，Jacobs と McLaughlin によって描写された種類のものが統合されることが，多分理想的なのであろう。

　私がこれまでに述べたことのすべてが，ある意味でこれから述べる私とダイアンとの作業における一つのエピソードへの導入となっている。私は分析的な規律とパーソナルな関与の間の，そして格式ばった分析的な権威（それは背景で静かに作用していた）と，自発的で相互的な雰囲気の間の弁証法的な相互交流によってどのように治療作用が生み出されたかを，このエピソードがさらに例示していると考えている。

　私たちの分析は三年目になっていたが，ある転移の側面がますます顕著になっていった。それは彼女のニードに対するある種の母親の没頭の要求であり，彼女は母親が彼女をないがしろにしてその没頭を妹のルイーズのために取っておいたと感じていたのであった。実際に分析の中で起こったことのいくつかは，私が患者の幸福を願い不安に駆られて消耗するあまり，半狂乱になったり「ヒステリック」になったり，「頭がおかしく」なったりすることへの要求として理解することができた。患者が二歳の時にルイーズが生まれてからの母親は，ルイーズに対してまさにそうだったのである。ルイーズは健常児よりも小さく病弱であり，傷つきやすい幼児であったという。私はダイアンが何か傷ついたり落ち込んだりしても，圧倒されることなく高いレベルで機能することができていたという意味のことを示唆したが，それはダイアンの頭の中では，彼女の困難さを過小評価し，ルイーズのニーズに関しては過大評価していた母親のことをしばしば連想させた。ダイアンは自分がルイーズに激しく嫉妬し，ルイーズと母親の両方に敵意を向けていると感じていた。そのために彼女は自分自身を可愛げがなく貪欲で恩知らずだと感じ，そのことで自己嫌悪にさえ陥っていたことが，問題をさらに複雑にもしていた。これらが分析に影響を及ぼし，彼女は自分が極端に難しい患者であり，私が彼女をお払い箱にしたいと思っているとしばしば感じていたのである。

　最近新しいアパートに引っ越した後に，患者は新居に隣接したダストシュート［訳注：各階で投入されたゴミが管を通して下に集積される仕組み］から聞

こえてくる騒音が気になって仕方がなくなるようになった。ダイアンは医学部の高学年生としてストレスに満ちたローテーションをこなしていたが，突然眠ることも勉強をすることもできなくなった。彼女は怒りと不安に我を忘れていた。私たちはその騒音が明らかに迷惑な性質を有することを認めたが，さらに私はそれが転移の内外で持っている様々な意味について探求した。とりわけ私たちが理解したのは，彼女の父親が類似した状況下でそうすると思われるまさにそのやり方で，彼女がそれに反応していることだった。すなわち完全な，半ば狂乱した没頭と強烈な不寛容さによってであった。

　ある朝患者は電話で，いつもの午後遅くの時間ではなく早めの時間に予約を要求してきた。しかし私は時間の調整がつかなかった。彼女はいつもの時間に来た時，私がドアを開くやいなや，待合室でこう宣言した。「私は一つの理由のためにここに来たんです。たった一つの理由です。それはバリウム〔訳注：米国でポピュラーな精神安定剤であるジアゼパムのこと〕が少し必要なんです。それを手に入れることを手伝ってくれないなら，今すぐにでも帰ります！」

　それでも彼女は嫌々ながら重い足取りで中へ歩いてきた。もちろん彼女は私が心理士であるということは知っていたが，私が誰かを知っていて，その人から私が直接もらうのは無理だとしても，彼女が薬物を投与してもらえるように紹介できるはずだと考えたのであった。彼女は前者の選択肢の方を望んでいた。なぜなら彼女は誰かに会って診察を受けるという試練を経験したくなかったのであり，それは私もこのような状況下では荷が重過ぎると考えていた解決方法であった。彼女はただあまりに苛立っていたために，今すぐに自分を落ち着かせ，睡眠をとることができるようなものが必要だった。それらすべての意味については，私たちは後になって考えればよかった。そうしている間も，彼女は仕事に行き，授業に出席し，そして勉強をしなければならなかった。私は彼女の幸福と私の分析の純粋さのどちらを大事にしていたのであろうか？　私は世間の人々がどう考えるかを気にかけていたのだろうか，それとも彼女が本当は何を求めているのかについて気にかけていたのだろうか？　私はとりわけある種の精神安定剤がたった今役立つということが事実であったとしても，彼女が持っている多くの資源の中で，私からそれを得ようとする考えは非合理的であると指摘するということで，「適切な」分析的態度を維持しようとした。私からそれを欲しいという彼女の要求は，何か他のことを表しているかもしれず，その何かは非常に重要であるが，彼女に錠剤を与えることは，そのニードが何

であったかを明確にするよりはむしろ不明瞭にしてしまうかもしれない。彼女は最も知性的な意味でしかこれを理解せず，私が額面通りにこの問題に対処するようにと容赦なく要求し続けたであろう。

　さてこの状況における分析家の立場について考えたい。私にはどのような選択肢があるだろうか，そしてそれらはどのように概念化されるべきであろうか？　私は分析家として，患者のふるまいの意味を探索しようとすることに限定されていると考えるのが，私たちにとっては当然だろうか？　私は分析過程についての私たちの理論の多くがこの立場を取るだろうと考えている。患者が欲求不満と怒りで反応するなら，そうすればいいであろう。それらは明らかに分析的に理解される必要がある感情である。それらは分析家からの過度な影響なしに，患者の内的な力動を最も明らかに反映している状態であると言われている。しかし私たちが分析家は常に患者が経験するいかなるものをも「構成する」ことに関わっているとする立場を取り，規則に従うことに固執することは，それから逸脱するのと同じくらいに挑発的であり得ると考えるならば，他の相互作用の仕方を考慮するためのドアが開かれたことになる。また分析家は彼らが何をすることを決めたとしても，不確かさの感覚やリスクや責任と格闘しなければならない（Hoffman, 1987, Mitchell, 1988, 1991; Moraitis, 1981, 1987; Stern, 1983, 1989）。この格闘は，自発的な表現と技法的な厳格さの弁証法の中に位置づけられているが，それ自身に大きな治療的な可能性があると私は考えている。それは患者と分析家の多様な可能性に最も開かれているために，新しいよい対象であることの最も本質的な部分なのである。

　ともかくその後ダイアンとの間で起こったことは以下の通りである。患者からのプレッシャーで，そして私自身のニードやおそらくは直観から，そしてそれが「暗黙 implicit」（Gendlin, 1973）で「未思考 unthought」（Bollas, 1987）で，あるいは「未構成 unformulated」（Donnel Stern, 1983）なものであったにせよ，私はダイアンに処方をしてもらえるように頼むことができる内科医がいないかどうかを尋ねた。彼女は，いることはいるが，長い間診察を受けていなかったので，彼がそれについてどう思うかわからないと言った。私は「では，電話番号を教えてくれたら，私が今すぐに彼に電話してあげますよ。」と言った。彼女は「本当ですか？」と少し喜んで同時に驚きながら答えた。彼女は私に電話番号を渡し，私は電話を掛けた。私が医師が電話口に出るのを待っている間，ダイアンは嬉々として囁き始めた。「おかしな話よね。友だちにこうしてもら

うこともできたし，自分でだってできるわ」。彼女は微笑んではいたが，いくらかきまりが悪そうでもあった。私は彼女の医者が受話器を取るまでの間に電話を切ろうかと考えたが，それを最後までやり遂げようと決めた。私は自己紹介して，もし彼女が求めるなら，何か軽めの精神安定剤を貰えるとよいと思うということを言った。彼は基本的にはそれは問題ないが，ダイアンが自分で電話するべきだと言った。私が電話を切った後，ダイアンと私は話し始めた。そして彼女は初めて，そのやり取り全体の意味について探求することを受け入れた。

　ここで再び立ち止まって，何が起きていたかについて考えてみよう。なぜ彼女は私との関係をある型に力づくではめようという，強迫の手を休めることができたのだろうか？　なぜ彼女は投影同一化の牢獄から突然抜け出すことができたのであろうか？　Ogden（1986）は弁証法の観点から投影同一化とその代替物について記述した。

　　対人関係的には，投影同一化は遊ぶことのネガである。つまり投影する者が外在化した無意識的空間の中で役割を演じさせるべく，他者を強制的に服務させることである。この過程の受け手側への影響として，その人の主観的な状態を心的現実として経験する能力を脅かすことになる。その代わりにその人の知覚はパーソナルな構成とは反対の「現実」として経験される。この過程は象徴的な意味が発生して理解されるような，受け手の心理的な弁証法的過程が制限されていることを表している。投影同一化の投影する者もその受け手も，パーソナルな意味合いの広がりを経験することができない。それどころか，不可避であるという強力な感覚だけがあるのである。どちらの当事者も彼自身や他者について，現在体験しているとは異なる形では，あるいは強烈さが軽減された形では体験できないのである［p.228］。

　ダイアンとの作業においてここでも鍵となるのは，図と地の逆転という観点で考えることであると私は思う。前景に出ているのは，患者がオフィスに入ってきた時，攻撃的で無分別に相互交流を形作ったやり方である。彼女は実質的にこう言っている。「**私**とあなたが一緒にいる時には，これが私でこれがあなたです。それが結論であり，他の選択肢はないんです」。しかし背景にあるのは，**私**から生じている投影同一化である。なぜなら私が何かにつけ患者の経験の意味を探求することに無反省に全力を傾けている限り，彼女に以下のように言っているのは私だからである。「私とあなたが一緒にいる時には，これが私

でこれがあなたです。私が分析家で，あなたが被分析者です！　それが条件です。それを取るか捨てるかです」。これは独裁的な父親が独裁的な父親と角を突き合わせている事例なのだ。そして私が「今から内科医に電話をしますよ」と言った時，私は「見てください，関係性のこのあり方について神聖不可侵なものなど何もありません。あなたと私にはともに実現できるような他の可能性があります」と言っていたのである▼6。私はこうも言っている。「私はあなたの要求に**抵抗**するかもしれませんし，何があなたにとって最も利益なのかも確信が持てないかもしれません。しかしそれらの要求の**いくつか**を聞き入れたとしても私の命に別状はないことは確かだと思っています。私は私自身の意思を表現できるような聞き入れ方を見つけることができます」この例では，私が「聞き入れる」ことは私の側の自主性を意味し，そこには攻撃的な要素もあった。それは彼女のブラフを見抜くことになり，彼女には不意打ちとなった。患者の方では，私のやり方でやらなくてはならないという要請への服従の感覚から逃れており，そしてその時まさにそのやり方でそれをやるということへの関心を**彼女自身の中で**自由に見つけ出すことができたのである。つまりそれは，相互交流を形作る彼女の役割を省察し，分析し，見ることである。そのエピソードは Benjamin（1988）によって簡潔に述べられた手法に合致しており，それは Winnicott の考えに由来している。「私が誰かに働きかける時，彼が影響を受けることは不可欠であり，そのため私は自分が存在していると知ります。しかし彼が完全に破壊されてしまわないことも不可欠であり，そうすることで私は彼もまた存在していると知るのです」（p.38; Fourcher, 1975, p.417 も参照）。

　これらのすべてが，背景で静かに機能している分析家の儀式に基づいた威力とともに生じている。それは相互の認定と応答性の瞬間に強力な影響力を有し，相手を支配するか，自虐的に服従するかしか生き残る選択肢がないような早期の対象関係のきわめて破壊的な影響を克服する何らかの可能性を与えるのである（Benjamin, 1988; Ghent, 1990）。患者が私が電話をしたことに反応を見せた時，それをしたのが私，つまり彼女の分析家であり，患者の精神生活で特別な

▼6　「関係性のこのあり方について神聖不可侵なものなど何もありません」と言っても，分析的なアレンジメントのいくつかの側面がそうであるということは否定しない。その一つは根本的な非対称性であり，精神分析の目標との関連で確かに神聖不可侵である。さらに**すべて**を個別的な基準で決定することはできない。特定のパラメーターの標準化は，ある意味では，分析状況において安全な雰囲気に貢献するものである。

位置を占めている人物であったことに意味がある。また非対称的でヒエラルキー的な設定という側面は，理想化の要素という背景を提供し，それがそのような相互性の瞬間に累積的に，深く根づいた長年の内的，外的な対象関係のパターンに影響を与えるのである（Berger and Luckmann, 1967 と比較せよ）。

　私が彼女の医者が電話口に出るのを待っている間，患者が「おかしな話よね。自分でだってできるわ」と囁き始めた時，私は電話をかけ通した。なぜであろうか？　おそらくそれはちょっとしたプレイフルな仕返しであったかもしれない。まるでこう言っているかのようである。「あなたは私を 30 分もの間，責め続けましたね，今度は私の番ですよ」。私の側の攻撃性は枠組みの侵犯すれすれであり，一つの行動化であり，ひょっとすると，患者の枠組みへの挑戦への報復であった。その挑戦とは，ダイアンが私が候補生の立場であることを知っているという意味では特に攻撃的な意味を持っていたのである（Elizabeth Perl, 私信）▼7。それでもそのやり取りのプレイフルな側面は，私たちが新しい種類の移行空間へ入っていったことを意味していた。また私が行った態度の変更は，一つのスタンスから別のスタンスへの私の動きを反映しており，それは同様に，私が治療作用の中心的な構成要素であると主張している不確かさとの戦いの要素を示している。

　そこで臨床状況における話を続けるならば，このエピソードの意味についての探索は数週間の作業の中で散発的に続き，いくつもの重要な洞察が生じた。まずダイアンは私がその日の早い時間に彼女と会わなかったためにとても怒っていたことを認めた。彼女は笑って言った。「本当は，私は大したことを望んではいなかったんですよね。望みすぎでしたか？」私はこう言った。要求する

▼7　それは後になって考えれば後悔すべきものだったのかという問題がある（Judy Kantrowitz からの私信その他により提起された）。私はおそらく何らかの「逸脱」をするよう求められていたが，あれほど極端でなかったなら，さらによかったのかもしれないと言いたい。たとえば，セッションの間であっても患者に内科医に自分で電話するように勧めることができたであろうし，患者が「おかしな話よね……」と言うや否や，すぐに電話を切ることもできたであろう。分析家の関与についての批判的な観点が維持される際に伴わなくてはならないのは，「間違い」がしばしば治療作用という布に織り込まれているかもしれないという逆説的な認知である。自己心理学において「変容性内在化 transmuting internalizations」を導きうる，トラウマとはならない共感の失敗，より最近では，「破壊」と「修復」の連続的な影響（Beebe and Lachmann, 1994）は，弁証法的構成主義の観点における「関与の失敗 participation errors」と類似しているかもしれない。私たちはそれらの失敗をあえて起こそうとはしないが，しかしそれらが生じた時にはその不可避性や建設的利用の重要性を認めるのである。

こと自体には問題はないが，私が都合をつけられなかったことで激怒するとなると話は別であろうし，彼女は疑いなくそのことが分かっていたことであろう。さもなければ，と私は言った。「あなたは**そのことに**怒ってやって来ていたはずですよね。私があなたにバリウムを都合することには積極的になれない，ということを見越して怒ってくるのではなく」。彼女は自分でも子どもじみていると分かっていることを正当化してくれるような何かを必要としていた。それは自分が会いたい時にはいつでも私が彼女と会ってくれるという要求であったのだ。

　この要求はもう一つの非常に重要な問題と結びついていた。それはもう一つの小さなエナクトメントであったが，現実的な問題として確固として存在していたために私たちがそれまで十分に検討していなかったのである。彼女はアパートの騒音について強迫的なこだわりを見せていたが，私は実際はそれがすでに述べたこと以外にも相当な回数の電話と関連していたことを指摘した。これは私たちがその月は週3回だけ会っていたという事実を考慮すると興味深い。それは患者が忙しいスケジュールのために週に4時間の予定を作ることができないと主張したためである。私は非常に気が進まず，「嫌々ながら」，お互いに都合のつく4時間目を探し続けるという合意のもとにこれに同意をした。ところが今になって，非常に驚いたことに，患者は私が「あまりに簡単に」屈服したと感じたということを認めた。彼女は私がもっと戦う態度を取ると思っていたのであった。ここでバリウムを要求する場合のように，逆転移の中の必要性の感覚（私たちは週に4回会わなければならない）が打ち消された時，転移上の要求を特徴づけていた必要性の感覚（私たちは週に3回まで減らさなければならない）も打ち消される。彼女はそれが私にとって（そして彼女にとって）勝ち目のない状況であったことを認めた。私がそれについてより頑なであったなら，彼女は私が彼女を犠牲にして**私**にとって最善のことだけをしていると考えたかもしれないからである。しかし実際には，その時彼女は私が彼女と多くの時間を過ごさなくてもよくなったことで気が楽になったのだろうと考えた。彼女はアパートのゴミの騒音に対して彼女がそうであったのと同じくらいに，彼女が私にとって煩わしいのだと考えた。あるいは別の見方をするならば，彼女は捨てられて，自分のすべての惨めさに対処しなければならず，それはダストシュートのゴミの音に象徴的に凝集されていると感じた。この流れの全体は，彼女と母親との関係の再現であり，たとえば彼女が忙しく都合のつく時間がな

いと言うと，母親はこれ幸いとばかり，と患者は感じたのだが，（遠い郊外の）家にこもって全く訪ねて来ないのであった。ちなみに（念のために記しておくが），この直後に私たちは週4回の面接を再開し，およそ3年後の分析の終わりまでその頻度を続けた。

　私が内科医に電話したことに関しては，彼女はとてもありがたく，感謝していると言った。なぜならそれが私が「少しおかしく」なっていたことを意味していて，それは時々なりふりかまわない状態になってしまう彼女自身の感覚を私が理解しているということを意味していたからである。これは私が彼女がなりふりかまわない状態になっているのを感じて，彼女のために何かをしたいと思ったということと，私自身も必死になっていると感じて，一時的にであっても，それを示そうとしたということの両方を意味していた。エナクトメントのおかげで私と患者が理解し始めたのは，彼女がどれだけ私に彼女のために必死になって欲しいかということであった。それはちょうど彼女の母親がルイーズに対してそうであったと彼女が考えていたのと同じようなやり方でなのである。両者の違いは私が「ヒステリックになる」ことは好奇心や批判的な内省の対象でもあったことである。私の注意の質は全体として，患者やルイーズが母親から得たものよりもよいものであったと信じる理由がここにある。

結論：エディプス的，および前エディプス的弁証法と治療作用

　患者が以前のセッションで，バリウムや，面接の頻度を減らすことや，彼女の人生への直接の「援助」などについて強引な要求をしてきた時，彼女は分析家–対象を「破壊」しようとしていたと言えるかもしれないし，私は集中砲火を浴びている私自身の部分を守るためにどこまでのことをするかを決めなければならない立場にあったとも言えるであろう。それはもちろん，私の一部分にすぎない。それは「本当の自己 true self」と呼べるような私の一部分ですらない。少なくとも完全にそう，というわけではないのである。この患者との治療をする際に，私が「本当の自己」と呼ぶであろうもののある部分は標準的な分析的立場を捨てたかったが，一方で別の部分がそれにしがみつきたがっていたのである。逆に彼女は独自の包括的な眺望や，専門的な経験，彼女の人生に影響を与える特別な力を含んだ人物としての分析家である私を失いたくないという患者の部分も，それに反対する抗議をしつつも持っていたのである。

ある人はこの状況をエディプス的な用語に翻訳して次のように言うかもしれない。すなわちこの患者（ほかの患者でも同様だろうか？）は私が分析協会や教典，分析的な規律（そこには治療の経過において，私自身のパーソナルな応答や直接的な願望を患者の長期的な利益に従属させるという私の能力を保護してくれる禁欲原則が含まれる）と「結婚した wedded」ままでいるということにエネルギーを注ぎ込んでいるのである。彼女はおそらくは，その結婚の脆弱な点を見つけ出してそこにつけ入り，そこから私を誘い出そうとする時でさえ，そのようなエディプス的な勝利が「ピュロスの勝利［訳注：割に合わない勝利］」であるということを心のどこかで知っていたのである。その点で長期的に見れば，彼女はおそらくいくつかの争いごとに勝ちたいとは思っていても，戦争そのものには勝ちたいと思っていなかったのかもしれない。結局子どもは両親（あるいはその代理）二人と愛し愛されたいし，両親がお互いに愛し合っていると感じたい。同様に患者の最も深いニードは，私のパーソナルな関り合いと，私の治療態度のどちらかと言えばそっけなく理論的で解釈的な側面との相乗効果だったのである▼8。

さらに抽象化のレベルを，エディプス的な問題としてだけではなく，前エディプス的なものを含むものまで上げたならば，この「三角形」は患者と，患者がその場で表現する願望に答えることに専心する分析家と，その他の自己愛的で対象関係的な思い入れのある分析家により構成されることになる。親が他の興味の対象に向ける思い入れは，その親が子どもに対して呑み込むような，あるいは近親姦的な関り合いを差し控えることと直接に結びついているが，それと同じように，精神分析理論や「禁欲の教典」自身を含めた，他の対象への分析家の愛着もまた，患者との過剰で窒息させられるようなパーソナルな関わり合いの回避と結びついている。患者の側は，自分とは異なる主体としての分析家を破壊しようと試みているように見えるが（それは分析家の内的な弁証法の崩壊を強制することを意味しているが），分析家が生き残ることに重大な関心を持ってもいるのである。ここで患者の両価性に戻ろう。分析家の中にある緊張

▼8　この精神分析状況によってもたらされた，エディプス的なライバル関係が修正されて解決される機会はかなり脆弱なものである。なぜならライバル的な愛情対象（それは同胞だけでなくエディプス的なライバルも当てはまる）の位置にある人々を，患者は愛情の資源や対象として利用できないからである（この問題のさらなる議論については第 10 章の議論を参照）。

の対応物として，患者の中に類似する緊張がある。患者は分析家のように，他者に心を奪われている部分や自分たちを排除する側面があり，その他の自己愛的な，あるいは対象関係的な関心も持つ。それらの両側面が弁証法的な関係の中で，ともに生き残りともに成長しない限りは，患者は全体としての人間として生き残れなかったり，ましてやほとんど成長できなかったりする。そしてその弁証法は分析家の中に，補完的な生きた力動的な緊張関係という対応物を有するのである。それぞれの関与者が自分の中に持つ緊張関係への耐性は，相手の中にある緊張関係の創造的な可能性に耐え，それを育てることと歩調を合わせているのだ（Benjamin, 1988 を参照）。

　私は分析家として，私の中で葛藤を起こしている忠誠心と私の好みの間で，まさにどのようなバランスをとるべきかを各瞬間に知ることなどできない。それどころか，私自身の葛藤に関連した側面は，いかなる時にも無意識的であるように思われる。実際には，一般的な分析的治療者は彼ら自身の動機を特権的に知ることはできず，彼らは有利な立場におかれているにもかかわらず，患者にとってまさに何が最善かを知ることはできないと覚悟しておくことはあながち間違っていない。このために，最も統合的で本物らしい authentic 態度は疑わしさと開放性の合金でなくてはならない（Hoffman, 1987）。分析家が強い信念を伴ったある種の関わりを持つ際，いかなる瞬間でも不確かさの感覚が背景にあるかもしれない。さらに分析家がたとえ何をしたとしても，私たちは「逆転移の意味と使用」（Racker, 1968）に熱心になるあまりに，私たちの影響が現実の時間の中で現実的な衝撃を与えているということを忘れるべきではない。それは解釈を必要としている夢のような，ただのちょっとした顕在内容に過ぎない（Kern, 1987 を参照）というわけではない（確かにそうには違いないが）。第3章で論じたように，分析家の関与には，比喩的に（あるいは象徴的に）理解されるものと，同じ関与が文字通りで（あるいは実際の），そして患者の人生に直接影響するものとして理解されるものがあり，それらの間には弁証法がある。いずれの場合でも作業はその根底に，不確かさへの耐性と，それに伴うラディカルでしかし決定的な種類の開放性を必要とするが，そのことは魂の探求や折り合いをつけること，そして変化することへの準備性を含み，様々なやり方で時間をかけて伝達される。

　すべての分析状況に潜んでいる悪い対象は，分析家か患者のどちらかを，その葛藤の片方の側（たとえば分析したい側）に絶対的にコミットするように引

き込むものであり，その結果もう一方の側（たとえばもっと自然で，パーソナルなやり方で応答したい側）が見捨てられて抑圧されなければならなくなる。程よい親は，それぞれの子ども，配偶者（またはその他の人），そして自分自身へと注ぐエネルギーのバランスを維持する。彼らはこれらの相互依存的でまだ競争的な愛着の間の不可避的な緊張を認めているが，そのどれも見捨てないのである。さらに子ども（とその他のそれぞれの子どもたち）に対する配慮の性質は，彼ら自身の中に同じ種類のバランスや緊張への耐性を尊重し促進する。同様に分析家は，彼らの多様な両極性の両方を維持する能力を通して，彼ら自身や患者の中の「専心的 single-minded」な悪い対象の脅威と戦い，新しい経験のための基礎をつくることができるのである。弁証法的に考えることはそれ自身が，患者の多様な目標や可能性が分析家のそれらと交わることで生じる複雑さを把握するために，分析家が行う格闘の力強い表現であるかもしれない。分析家の役割は儀式に基礎づけられた神秘性と権威によって高められ，その格闘は精神分析過程の中の治療作用の中心的な立場を占めるのである。

第 9 章

精神分析過程における儀式と自発性

精神分析的な儀式

　精神分析過程には定められたルーティンがある。そのルーティンは象徴的で喚起的 evocative で変化を与える類のポテンシャルを有することで，精神分析過程にある儀式のオーラを与える[1]。そこには定められた場所と定められた料金がある。それぞれの予約は通常は 45 分か 50 分の長さである。カウチを使うかどうかにかかわらず，一般的には座る配置は毎回同じである。カウチが使われる時には，それ自体が状況の特異性やその異質性，あるいはまるで肉体から離れたような分析家の声の神秘性を増すのである。

　これらの「外来性の extrinsic」要因（Gill, 1954, 1984a）に加えて，分析過程それ自身の中に根本的な非対称性がある。患者は「自由に連想し」，それによっておそらくは彼らの情緒的な生活の構造を曝け出すように求められる。分析家は奇妙なことに，隠れたままか，匿名的なままである。ここで奇妙なことに，とは，通常の社会的な行為の規範と比較して，ということである。分析家たちが行った分析過程における彼ら自身の主観的で，パーソナルな応答の役割の概念化の仕方には，かなりの個人差があったが，Ferenczi の晩年の実験にもかかわらず，この非対称性を完全に壊すことを推奨する人は，いたとしてもごく僅かである。もし私たちの文化に，そうした種類の過程のための余地が残されているとしても，一方が他方に支払いをして内密な心理的援助をする専門的な

---
[1]　Catherine Bell（1992）は書いている。「儀式化は特に特権的な対比を築く行為の仕方であり，それ自身をより重要で力強いものとして他から差別化する。そのような特権的な区別は儀式化された行為を立場として支配的なものにするような，文化に特徴的な様々な方法によって示されているかもしれない」（p.90）。

サービスにおいてそれが何を意味するかを想像することは確かに難しい。かなり早期に Ferenczi（1932）が陥った問題の一つは，彼が他の患者との経験についての守秘義務を守り通しながら，頭に思い浮かんできたことを RN［訳注：Ferenczi の被分析者であり，彼は RN と相互に分析し合うという実験を行っている］に自由に話すことなどとてもできなかったということである。なぜならそれらの経験こそまさに，しばしば彼の頭の中に浮かんできたものだったからである（p.34）。

　もちろん分析的な枠組みは治療関係の全般的な境界を提供する。それは患者と分析家の双方を保護する多面的な足場と言える。それは精神分析的な「遊び」を続けられるための特別な「可能性空間」を準備する（Winnicott, 1971; Modell, 1990）。Modell はこう言っている。「分析家と被分析者の情緒的な関係の自発性と予測不可能性にもかかわらず，技法の一部として制度化されて，枠組みや慣習的なルールに貢献しているような，ある種の情緒的な常数 affective constants も存在している」（p.30）。それらの制度化された常数は，通常は設定の固定された側面と結びつくことで，安全な環境を提供するものと考えることができる。その環境とは，現実の分析的な作業のためのコンテクストを提供するもの（作業同盟のように）か，あるいはそれ自身が多くの治療作用の媒体となるようなもの（抱える環境のように）である。この観点から精神分析的な儀式からの逸脱は，それらが促進するように意図された安全な雰囲気や，それらが心身に栄養を与え発達を促進するポテンシャルを危険にさらすと考えられるかもしれない。

枠組みは聖域を創り出すのか？

　しかし分析的な枠組みが標準的で，安全環境を確立するという観点には重要な対立項がある。第一に，設定の標準化ができる範囲は限られている。精神分析的な儀式は，それらが実行される方法に関して多くのバリエーションがある。したがってもし儀式が非常に頑ななやり方で分析家によって**固守されたならば**，それ自身が分析家によって選択されたものとして患者によって経験されるであろうし，その動機づけに関しては非常に疑わしいものとなるであろう。もちろん，枠組みの文脈の中で続いていく相互交流については，言うまでもないことだが，標準的な枠組みが明確に定義されうるわけではない。たとえば，

午前9時に分析家がドアを開けて「お入りください」と言い、9時50分に「終わりの時間です」と言うまでの間、彼らが言うかもしれないことは、それらの出発点や終着点ほどは予想することができないのは明らかである（あるいはそうでなければならない）。しかし、その時間の始まりや終わりにさえ、分析家が笑ったり、あるいは眉を顰めたり、あるいはどちらでもなかったりするような幅があるのが実情でもある。彼や彼女は「やあ、ボブ。入って」と言うかもしれず、あるいはただ「こんにちは」と言うかもしれないし、何も言わずに少しだけ頷くだけかもしれないだろう。終わりには、分析家は「時間です」と言ったり、「ここでおしまいにしなくてはなりません」と言ったり、「ここでおしまいにするのは難しいとは思いますが、もう時間が来てしまいました」と言ったりするかもしれないだろう。

　セッションの終わりは特に興味深い。それは最後の瞬間であるために特別な重みを持っている。それがどんな後味を残したとしても、少なくとも次のセッションまで引きずりやすい。そして、それは心地よい味わいでなければならないということではない。時には、落ち込んでいたり、怒っていたりなど、不愉快な調子で終えることがセッションにとって「最善」であると思われることもある。しかし終わりへの分析家の寄与の仕方には、選択や不確かさや、責任の要素があるということを認めることは重要である。セッションの終わりに私たちがすることは、私たち個人としては責任がなく、ほとんど「決まりに従う」のみのような標準的なルーティンに従うことだけだといくら考えたくても、すべてのセッションの終わりが共同の構成であり、それは部分的には私たちによって選択されているのである。どれほどそれが与えられた客観的な境界線のまわりで組織化されているものと感じていてもそうなのである。

　ある患者が、終了の約1分前に、次のように言ったとしよう。「私は今日は堂々めぐりをして、どこにも行き着けないように感じます。率直に言って、私はあなたに会って以来、それほど変わったとは思えません」。そしてそれから沈黙してしまったとしよう。今や30秒も残っていない。分析家としての私は、重苦しく感じるであろう沈黙の中で20秒ほど待って、それから単に「終わりの時間です」と言うこともできるかもしれない。その時私たちはある雰囲気の中で終えることになる。私はいずれにせよそれは**患者が**その雰囲気を選んで終えたのだと自分自身に言い聞かせることもできる。患者の行動や時計がその結末を創ったのであって、私がではない、というわけである。それが患者や標準

的な制限時間によって作られた終わりであるため，それは患者と私によって受け入れられ，おそらくは次に私たちが会う時に探求されるべき「正しい」ものである。確かに患者はセッションの終わりの主要な設計者である。しかしこのままにしておくことは，私が最後の数秒の間沈黙して行動の方向を**選択すること**で結末を共同で創造していたということを否定したままである。第一に私はその時が何時だったかを秒レベルまではおそらく知るよしもなかったし，実際に知らなかったわけだが，もし知っていたとしても，患者が話した後でちょうど2，3秒経ってから時間が来たことを告げることができただろうし，私がそうしたよりも20秒よけいに待つこともできたであろう。ここには選択肢があり，三つの非常に異なる情緒的な色合いを持った終わり方を創り出したであろう。そうしてもう一つ，患者のコメントに実際に直接応じるという選択肢がある。無数の可能なコースがあるであろう▼2。患者が作り出した雰囲気と闘う側としては，もし適切なようであれば，私はこう言うことができるであろう。「あなたがそれをまさに最後になって言ったことに意味があると思いますよ。実際それは去らなければならないことへの怒りを表現するあなたなりのやり方のように思えるんです」。あるいはひょっとするとこう言えるかもしれない。「本当ですか？　私はとてもよいセッションで，多くを達成したと思っていましたよ。あなたはここで何度も話し合ったようなやり方で，自分や私を貶めているのではないでしょうか？」　たとえ私が何を言ったとしても，私はコメントをした直後に，「時間が来ました」と言う選択肢もあれば，それを2，3秒待って患者に反応の時間を与えるという選択肢も持っている。後者は，時間を過ぎてしまったり，患者の反応を誘っておきながら話を遮らなければならなくなるかもしれないというリスクがある。そこで私はこう言うかもしれない。「残念ですがもうお終いですので，この私の言葉を最後にしなくてはなりません」。重要な点は，これらの選択肢，つまり沈黙の様々な長さや，私がするかもしれない様々なコメントは，違った終わり方や違った現実を構成するということである。さらにその瞬間，選択と行動を行う一瞬には，何をすることが「正しいこと」なのか

▼2　もちろんこれは仮説的な例であるため，私が言う可能性があることには比較的制約がない。しかし実際の事例ではさらに狭い範囲の中に押し留められているものの，それでさえも無限の可能性がある。「無限」であることは「無制限」であるということを意味していない。第3章に示したように（p.77），「5と6の間には無限の数値があるが，その範囲外のあらゆる数値は除かれている」のである。

について知るすべはない。実際，患者や関係性にとってたった一つの「正しいこと」などありえない。その瞬間は不確かさに貫かれている。第一に私には患者が言ったばかりのことについて，それを言うことで何を意味していたのかがわからない。第二に，私は沈黙するか話すかのいずれをしたくなる気持ちについても，その十分な意味もわからない。そして第三に，何をすることを選んだとしても，それによりどんな機会が失われているのか，もし私が違う方向を選んだとしたら何が起こったのかが私にはわからない。分析的な枠組みによって与えられた安全性は，それらに伴う不確かさや不安を患者や分析家に免れさせてくれないという点で，限定されたものである。

　究極的には，「程よい終わり方 good-enough ending」を構成することは，終結における課題であり，それはすべての分析の結果を左右する上で決定的となるような分離の過程である。しかしセッションごとの終わりや分析全体の終わりに関連した境界状況は，すべてのセッションのいかなる瞬間も同様であり，常に分析的な儀式によって構築されていると同時に，二人の関与者の創造に任されてもいるのである。このようにあらゆる瞬間に一種の反跳現象 ricocheting が生じる。それは儀式と自発性との間の弁証法的な相互作用であり，与えられたものと創り出したものとの間，役割によって決定されたものとパーソナルなものとの間，制限と自由との間に生じるのである。

　実際一般的に言って，私たちは神経症の中で二分法的な極に分かれた二つの組織に悩まされていると言える。それは一方の内的・外的な制約による息の詰まるような服従と，他方の「とんでもないことが起きる」ようなコントロールの喪失のどちらかの選択をしなくてはならないという感覚である。私たちは分析を通して，そのような二分法的な思考が弁証法的な思考に置き換えられたり，外見上正反対のものが相互依存的な統合の感覚に置き換えられたりすることが可能であると期待している。この点において，おそらく私たちはFreudのアフォリズムを，いくらか修正された形で，再確認することができるだろう。「エス［と超自我が，お互いに分割されて］あるところに，［それらの弁証法的な関係性を調停するところの］自我を有らしめよ」（Freud, 1933, p.80 を参照）。

　より詳細な臨床例に移る前に，枠組みを一種の聖域と見なすこととは対極的な，もう一つの点について議論しようと思う。分析家のふるまいを完全に標準化することは不可能なだけではなく，枠組みの固有な特徴は単純に良性のものではない。Racker（1968）は患者が補足型逆転移について思いをめぐらせ始

280 精神分析過程における儀式と自発性

めるために，現実の人間としての分析家との出会いは必ずしも必要ではないと語っている。彼はこう言っている。

　分析家は彼がそうしているように見えない時でも，パーソナルな性質を有する特定の連想を伝達している。これらの伝達は，玄関に「精神分析家」あるいは「ドクター」という札を掲げた時から始まっているという人もいるかもしれない。もし分析家が患者を病気にしたのではないなら，彼には患者を治したいというどんな動機（無意識的な意味であるが）があるのだろうか？　このように患者は，単に患者であるということによってすでに債権者であり，告発者であり，分析家の「超自我」なのである。そして分析家は彼の債務者である［pp.145-146］。

　しかし償いたいという動機そのものは，比較的良性 benign なものであるにせよ，分析家がそのかなり独特な役割を担う根拠として患者が分析家に帰することのできる唯一のものであろうか？　患者の安全の感覚がもっと脅かされるような別のものがあるように私には思われる。分析家は社会において，理解することや，愛や，理想化された対象のある種のニードを発見した人物ではなかったであろうか？　彼は文化を（通常は白人の，都会に住む中流階級と上流階級に特に注目しつつ）を眺めまわし，「私は多くの人が持っているこの種の愛着に対する飢えや渇望を利用するべきではないだろうか？」と考えたのではないであろうか？　分析家はまた，あまり個人としての危険に曝されることなく彼らの自己愛を養う方法を見出した人，あるいは親密さを恐れつつそれを渇望し，多くのコントロールや距離を維持しながらそれを得る方法を見出した人，あるいは彼らの特別でお気に入りの存在になりたい人々（もし繁盛しているならば，**多くの人々**）に対して彼らが持つ威力の感覚を楽しめる人でもなかっただろうか？　最後にこれらのすべてを「程よい親 good-enough parent」という名のもとに隠し，その「程よい親」はと言えば安全な抱える環境を「客観的に」提供し，それに抗して生じてくるあらゆることを「神経症的な転移」へと手慣れた解釈をすることで武装しているとしたら，それに勝るものなどあるだろうか？

　これらの動機やその他の類似物は，分析的な枠組みの暗い悪性 malignant の側面を形成している。その側面を私たちは通常は否認しているのだと私は思う。私たちがいかに自分たち自身を，完璧でないかもしれないが，「程よい」ことは確かであるような理想的な両親になぞらえようとするか，そしていかに私た

ちがいわゆる「悪い対象」が分析空間に入ってくることに，患者の過去の病理
的な側面の影響をみようとするか，ということには驚くべきものがあると思う。

枠組みを構成する儀式は疑いもなく分析過程にとって必須のものであり，そ
れらからの逸脱は確かに，それらを宗教的に遵守する場合以上ではないにして
も同程度に，それが利己的な性質のものではないかという疑いを招く。私が問
題にしているのは**その二分法が整然としていること**である。つまり枠組みへの
固執が安全を創り出し，枠組みからの逸脱は危険を創り出すというような考え
方についてである。たとえ枠組みの大部分は有益なものであったとしても，そ
れが完全な聖域を作り出すことはない。なぜならこれまで述べてきた通り，分
析過程の現実の協同構成者としての分析家のパーソナルな関与を除外すること
はできないからであり，その枠組みを規定している特徴は，それ自身が疑わし
いものであるからである。

精神分析的な儀式は有用な曖昧さを備えた素地を提供する。それは新たな経
験や発達のためだけでなく，神経症的な反復のためのものでもある▼3。この現
実を認めることには，少なくとも二つの重要な臨床的な意味合いがある。まず
第一に，分析的なルーティンに対する患者の意識的，無意識的な異議や，それ
らに対する憤怒さえも，真剣に取り上げられなければならない。つまり私たち
は患者の世界に入って彼らの観点からそれを見る**以上の**ことをしなければなら
ないということである。私たちが患者の観点は子ども時代に起源を有する欠損
や未解決の葛藤に由来するものと見なす限り，そして患者が最終的にはより発
達的に前進した観点から物事を見られるようになることを望んでいる限り，そ
れは微妙に見下した態度であるかもしれない。そうではなく私が言っているの
は，成熟した「健康な」大人の観点からでさえ枠組みの何が不都合となりうる
かを認識しているのであり，そもそもそれに喜んで従う人にこそ何らかの病理
を疑わせるということである！　それを必要としている人は，搾取されること
への誘いを受け入れるよう駆り立てられる人であり，そして分析的な枠組みは
極めてもっともらしく，そのような誘いの手を差し伸べるものと考えられるの
だ。枠組みの悪性の側面を認めることの臨床的な意味合いとして，抵抗となら
ない**陰性**転移（Guidi, 1993 を参照）や合理的な抵抗を認めることを挙げたが，
その意味合いの二番目は，そのように認めることは，標準的なルーティンから

▼3　この本の pp.203, Macalpine, 1950 を参照。

の瞬間的な逸脱が好ましいポテンシャルを有すると考える理論的な根拠を提供するということである。特定の限られたやり方で逸脱をする用意があるということは，柔軟性のないやり方で枠組みを維持することに伴う搾取的な意味合いを相殺するかもしれない。分析家が自発的でパーソナルな応答性と分析的な儀式の間のバランスをいかなる瞬間にも確実にとるには，どのようなコースを辿ったらいいかを知る方法はないし，そこでとられたバランスは分析家が完全にコントロールできるようなものにはなりえない。患者の信頼の基礎が最善な形で確立されるのは，分析家がその問題と格闘したという証拠や，どのような道筋を取ったとしてもそれを省察することに対してオープンであることを介してであることが多い。それは多かれ少なかれ患者の応答や直接的，間接的なコミュニケーションによって促進される。これらの考えを背景として，臨床経験の断片をより詳細に見ていくことにしよう。

分析設定の中での恐怖症に直面すること：予期せぬ機会

　ケンという私の患者が，その日初めてダウンタウンにある建物の 21 階にある私の個人オフィスを訪れた。私たちはそれまでにおよそ 3 年の間，私の大学のオフィスで週 4 回会っていたが，そこは 7 階だった。その大学のオフィスには，小さな窓が一つカウチの足もとにあった。しかしここでは，二つの巨大な窓が，カウチに横になる患者の右側の向かいの壁に，6，7 フィート離れてあった。この患者には高所恐怖があった。高い場所というテーマは，抑うつ，不安，強迫観念と恐怖症の混合した，症状の複雑な絡まり合いの中心にあった。ケンは高所などの特定の状況にいることを想像するだけでも，そしてそれらの状況に実際におかれた時には無論，深刻なパニック発作に見舞われた。ある時彼はある都市を訪れた。そこで彼にとってとても重要な主題についてのプレゼンテーションをすることになっていたのである。しかし間際になって，彼は狼狽し困惑しつつ発表を辞退しなければならなかった。なぜなら会議が開かれる部屋に行き着くためには，吹き抜けを見下ろす通路を手すりを伝いながら通らなければならなかったのである。しかし彼の反応はその時によって様々であり，場合によっては身動きができなくなるかもしれないような状況でも，何とか乗り切ることができたこともあった。全体として言えば，彼は非常に有能で機知に富

んだ人物であり，彼自身が精神医療の関係者で心理療法家であった[4]。ケンは愛妻家であり，3人の幼い子どもの父親でもあった。

　大学のオフィスでは，ケンは概ね快適であると感じていた。彼はセッションの最中には不安だと感じることはほとんどなかった。時には彼はセッションの後で，エレベーターを待っている間に不安になることがあったが，それはそのエレベーターが窓に隣接していたからである。彼はしばしばそこで待つかわりに階段を使うことを好んだ。彼はあるファンタジーを語ったが，それは言葉で上手く言い表せないような助けを求めてオフィスに戻ってくるというものだった。彼は私に慰められたり，場合によっては一緒にエレベーターを待ってもらったりすることを考えた。しかし彼はそのような衝動を行動に移すことはなかった。総じて彼はいつも分析状況における伝統的な限界を尊重し，彼を困らせるものを表現して探求するための文脈として，その分析状況を活用した。様々な点で彼は理想的な被分析者であり，多くの夢を報告し，今ここでの転移や，発生論的な観点での転移の問題について経験して省察した。

　私の予定とケンの予定が変わったことで，私たちの週4回の面接を最初の頃は1回，その後2回を私のダウンタウンのオフィスで行う方が都合がよくなった。そこで会うというアイディアは最初は私から持ち出された。大学は休日のために閉まっていても私は臨床を行っているという日が来ることが分っていたからであった。ケンは最初はその誘いを断ったが，後になって彼の方からそうしてみたいと言い出した。この機会を利用して自分の高所恐怖について分析の文脈の中で取り組みたいというのである。しかしそれでも私たちは，その選択肢が可能になった今，ケンはそれに挑戦しなければならない内的なプレッシャーを感じているという事実について，それを私が彼に望んでいるのではないかという感覚とともに検討した。そして私がこれを予期せぬ事態の展開であるかもしれないと思ったのは事実である。二つの場所を組み合わせることは，患者が直接恐怖症と直面する機会を提供したが，それは Freud（1919）がそのような症状にとって必要であると述べていたことである。そしてそれは分析的なルーティンの中に直面化を織り込んでおくことができるという点で有利であった。後者はより「安全」な設定とより「危険」な設定の間の交互の体験を含んで

---

[4]　この章の草案段階では，この情報は扮装されていた。それを読んだ後で，患者はその偽装により分析過程の雰囲気からあまりにもかけ離れたものになっていると感じて，その必要はないと言った。

たかもしれない。

　この時私たちは 21 階での最初のセッションを終えたところであった。ケン
は何とか不安や眩暈の大きな発作なしでこの時間を終えることができた。彼は
始まった時には非常に不安だったが，彼が予想していたほどではなかった。特
に窓のブラインドが下げられていたこともよかった。それはケンのリクエスト
により，前もって私がしていたことであった。彼はこう言った。「私は窓に引
き寄せられてしまうのではないか，自分をコントロールすることができないロ
ボットやからくり人形のように，制御不能になってしまうのではないかと恐れ
ていたんです。そうなったらあなたはどうしてくれるのでしょうか？　私を止
めてくれるでしょうか？　もちろん私はあなたがそうしてくれるだろうと感じ
ています」。私は，彼が何か自己破壊的なことをするのを私が体を張って止め
るのを望んでいるであろうと言った。彼はそうすることが彼の利益となるよう
な，意志と力の証明だと感じると言った。彼は夢を報告した。「長い木の板を
乗せたトラックがあります。どういうわけか私はすべての板の下に行くんです。
すると板がトラックから私の上にすべり落ち始めて，このままだと押しつぶさ
れるかもしれないということを知りました。しかし私は慌てずに脱出しました。
誰か助けてくれる人がいたかどうかは覚えていません。おそらく自力で外に出
たのだと思います」。彼はトラックの荷を下ろすことは分析の比喩であると自
発的に考えた。それから彼は父親を連想した。彼は父親のことを体格がよく腕
力も強いが，一緒にいると安心するどころか，常に脅かされていると感じた。
彼が言うには，父親は「常に勝ちたがっていた」が，自分は父親として，子ど
もとは遊び心を発揮して騒いで楽しんでいる，と言った。私は「ここでの私と
あなたの面接は，あなたにとって多くの意味があると思います。あなたに影響
を与えているのは高い所そのものというだけではないんでしょうね」と言った。
患者は言った。「こんな目にあわされてとても恨めしく思うこともできますよ。
でも**一緒に**この部屋にいて，大抵はともに分析過程の中にあることで助かって
いると感じています」。こうしてあれほど気を揉み，恐れていた最初の回は終
わりとなった。私は「時間です」と言い，ケンは体を起こした。彼は少しだけ
震えているように見えた。それから彼は私を見てこう言い，それに私は少し驚
いた。「**それほど**具合が悪いというわけでもないんですが，エレベーターまで
ついてきてもらえないでしょうか？」

正念場：行動の中での思考

　私はこのような地点では，いったん立ち止まって，分析家の立場を考えてみるといいと思う。なぜなら分析家が患者のリクエストに対してどのような態度をとるかを，後知恵を用いることなく考えることは，一つの練習として有用だからである。

　患者の問いかけがなされた瞬間に，私は行動するように求められていた。「タイムアウトを要求して」よく考えてみるわけにはいかない。もし私がためらったり，「ええと，ちょっと考えさせてください」とか「あなたが感じていることについて，もう少し話していただけますか？」と言ったなら，もちろん私はある特定のやり方で**行動**したことになる。行動することなしに，ただそれについて考えるという方法はなく，私がどのように行動しても，それは私自身にも患者にもある種の複雑な意味を持つかもしれないのである。行動する**前に**考えるべきであるという，精神分析的に高く評価されている常識的な考えは，この点ではほとんど，あるいは全く役に立たない。もちろん「それについて明日考えて話し合いましょう」とは言えない。今が正念場なのである。私がすることは，私について，私たちの関係について，そして患者についての**何か**を表している。それは線形的な，思考に続く行動というわけではないが，それでも思考で充満した行動，あるいは思考でいっぱいの行動であるかもしれない。

　治療者がすることの何が正しかったり最善だったりするのかについて問うことに，意味などあるのだろうか？　多くの人は「場合による」と言うだろう。患者について，生育歴について，力動について，転移の状況について，そしてこの目下のセッションでの分析過程の性質について，もっと知る必要があるのである。結局私は自分が知っている，あるいは知っていたことのほとんど何も話していない。「私の心に浮かんだこと」のほとんど何も話していないと言えるだろう。しかしたとえ患者について考慮すべき点を挙げた先ほどのリストに関するすべての問題について，私が詳細に説明することができたとしても，私が何をどのような態度ですべきだったかについてよりよい決断ができることになるのであろうか？　患者の心の状態の正確なアセスメントは可能なのであろうか？　そしてもしそれが可能だとしても，それで十分なのであろうか？

　分析家がただ患者のアセスメントに従って行動するべきであるという観点に

代わる観点は，以下のことを当然のものとする。それは分析家は複合的でほんの部分的にしか意識化していないような自分の思考や感情の組織に関連して行動するということである。行動の瞬間には，パーソナルなことがらに関して表出的であることと，その人の技法的な原則や診断的なアセスメントに見合ったものとの間にはっきりとした分け目はない。表出的な関与と精神分析的な規律は絡み合っている（第7章）。分析家がすることにとって「正しい」ものや最善のものがあるならば，**関係性**について可能な限り多くの考慮点を**統合するような**ものであるかもしれない。たとえばスーパーバイザーやコンサルタントの観点からは，意味のある情報は，分析家の経験の性質を含まなければならない。そしてスーパーバイザーの行うであろう示唆は，分析過程の中での分析家の関り合いが考慮されたものであろう。スーパーバイザーは言うかもしれない。「患者は見たところこれこれを経験していて，あなた［分析家－スーパーバイジー］はこれこれを経験していたと仮定すると，これこれをしたり言ったりすることが役に立つかもしれないのではないか？」 私はこの分析家の経験の「……と仮定すると」が，批判を免れるべきであると言っているわけではないことを強調したい。結局ある特徴が私たちの経験に少なくとも含まれる可能性を高めたいために，私たちはある特定の態度と観点を洗練させようとする。それらはたとえば，共感的に聴くことや理論に基づいた理解，私たち自身の関与の批判的な省察，などである。実際この本での私の意図の一部は，最適な分析的態度についての私自身の感覚を伝えることであり，それは一連の逆転移の経験を分析過程を促進するために構成的に用いることを可能にするものである。

いくつかの背景：幼児期の欠乏した愛情と怖れられた衝動

すでに述べた通り，私は患者の情報のうち，その瞬間に私のとった行動に関して意味のあるもののごく一部しか伝えていないのは確かである。実際のところ，私がその時自分自身に定式化することができたことは，記憶から手繰り寄せることができたことのみによるのは言うまでもなく，私が処理していた情報のおそらくごく一部だけであろう。守秘性を考慮することにより，私が正確に伝えることができるものにさえも，さらに制限が加えられる。最後に，選択されたいかなる情報がいかなる形で組織化されようとも，それは適切で説得力すらあるような数多くのナラティブ説明のうちの一つに過ぎない（Schafer,

1992)。それらの特徴を備えたものとして，ここに患者の病歴の中からいくつかの特筆すべき点を示す。

　ケンは一人っ子だった。彼の母親はアルコール依存症であり，非共感的で自己中心的な夫とは疎遠になっており，痛々しいほど孤独で，しばしば抑うつ的であった。患者が15歳の時，彼女は薬物を飲み，頭にビニール袋を被せて，患者の化学セットのブンゼンバーナーからのガスの吸引を組み合わせて自殺をした。患者はある日学校から帰って家に鍵がかかっているのに気がついた。ドアにあったメモには，父親が帰ってくるまで，隣の家に行っているようにと書かれていた。その後父親と患者は地下室への曲がりくねった階段を下り，そこで母親の死体を発見した。そこには患者に宛てられたメモがあり，こう書かれていた。「私はこうしなければならなかったんです。これ以上我慢することはできませんでした。あなたはこのまま幸せな人生を送ってください。あなたは立派よ」。この行為において母親は，「程よい」終わり方では決してなく，息子が生涯抱えていくような破滅的な終わり方を構成した。

　患者の父親はセールスマンであった。彼は非常に自己愛的であり，一種の虚勢に満ちたマッチョなスタイルを持ち，患者のニードや傷つきやすさの感覚への応答性という点で明らかに非共感的であった。父親の「競争心」はあまりに極端で，それはしばしば悪化して事実上の虐待となった。それをよく物語る一つの話がある。患者が10代の前半の時，一対一のバスケットボールをする際に，非常に背の高かった父親は，患者のすべてのシュートをブロックして，ゲームに10対0で勝ち，満足げであった。実際にケンは大人しく，繊細なタイプで本の虫といった感じであり，しばしば父親は彼のことを特に好きではないのだろうと感じていた。実はケンは父親が彼の二人の甥のことを好きなのだと思っていた。二人とも狩りや釣りが好きであったが，それらは患者にとってはぞっとするほど嫌な活動だったのである。

　ケンには母親については微かで断片的な記憶しかなかった。特に印象的であったのは，彼がバスタブの中にいる彼女の体の各部分について，明瞭なイメージを伴った生々しい記憶を持っていたことであった。たとえばそれは特に彼女の胸であり，彼はそれを素晴らしいと思っていた。彼は彼女の顔を思い出すことはもっと難しく，ましてや一人の人間としての感覚を取り戻すことの困難さは言うまでもなかった。分析の最初の年の終わり頃に，患者は彼の10代前半のある時のことを思い出した。彼は母親が彼女のベッドで正体なく酔っ払って

いるのを見ており，父親はその頃頻繁に出張していて，その時もそうだった。頭の中で「彼女とセックスをして妊娠をさせようか。そうすれば多分彼女を元気づけて幸せにすることができるだろう」と思っていた。ケンは彼の母親が死ぬことへの意識的な願望も持っていたが，母親が死ねば自分は父親と二人になってしまうと気づくことで，ある程度は撤回された。彼は何度も父親が飛行機事故で死んで旅行から戻ってこないことを希望と不安をもって空想していた。彼は時には父親をとても恐れもした。ある時彼は遊園地の乗り物に父親と乗ることを拒否した。高いところで車から突き落とされて殺されるのを恐れたからである。

　このように，おそらく患者の幼児期の雰囲気の重要な側面は，近親姦や父親殺しや母親殺しや子殺しの衝動の噴出の危険に満ちたものとして特徴づけられるであろう。私たちは彼がおかれた環境の様子を，危険な誘惑の中に一人で置き去りにされたと感じていたものとして描いた。彼は自分や他者が，自分たちやその両方にとって破壊的となるような衝動を行動に移すことがあまりにも容易であったという感覚を持っていた。彼は自分の意志だけが，破滅的になりうる行為を妨げることができるように感じたが，その意志はしばしばその挑戦を受けて立つことができないように思えた。結局彼のモデルは両親だった。究極的な責任の放棄を意味する行為を通して，彼の母親は最終的に恐ろしい選択をすることで彼のもとを去った。彼は人間が自分のコントロールを越えた力に動かされて自分の命を奪うことがあることを証明しようとすることができた。もし彼が窓から飛び降りたら，あるいはより正確には，もし窓の外に彼を引っ張り出そうとする力として経験したものに屈してしまったなら，彼はこう言うことができるであろう。「これこそが彼女が経験したことに違いない。彼女は私を愛していたけれど，自分自身を止めることができなかったのだ」。しかしもし彼が「私にとって大切な人たち，子どもたちなどは，いったいどうなってしまうだろうか？」という考えによって自分自身を押しとどめるとしたら，彼女はなぜ彼のために同じようにすることができなかったのか，あるいはそうしなかったのかという狂おしい疑問が彼に残されていた。

エレベーターまでの同伴：「境界」空間での経験

　ここでケンのリクエストに戻ろう。注目していただきたいのは，「正式な時

間」が終わった後に，それが生じたことである。私たちはその時，あらゆる分析的なセッションで生じる，あるインターバルの中にいた。それは正式に割り当てられた時間の終わりから患者がオフィスを去る瞬間の間である。私はそれが枠組みの内側と外側の両方であるために特に興味深い時間であると考えている。それは人類学者のVictor Turner（1969）が「境界的liminal」として定義したものと同様の場を占めている。Turner（1969）は述べている。「境界にある存在はこちらにもないしそちらにもない。それらは法や伝統や慣習や儀礼によって指定され配列された地位の間のどっちつかずのところにある」（p.95）。Turnerは特定の部族の文化の通過儀礼において特に反映されているものとしての境界性liminalityに関心を持っているが，彼がそれについて言う必要があったことは，他の社会生活の側面に一般化することが可能である（Furcher, 1975を参照）。実際に社会生活の**基礎をなしている**基本的な弁証法は，境界性の状況下で**露わになる**。これは自発的で，平等主義的な相関性の弁証法であり，Turnerが「コムニタスcommunitas」と呼ぶ，構造化されたヒエラルキー的な役割関係性である。

　人間の相互関係にはあたかも二つの主要な「様式」があり，それらは並置されていたり互いに入れ替わったりするようにみえる。第一のものは，経済的・法的・政治的な価値が構造化され分化された，しばしばヒエラルキー的な社会のそれであり，それは人間を「より多い」か「より少ない」かによって区別する。第二のものは，境界的な時期に認識されるものであり，構造化されていない，あるいは簡素な形で構造化された，あるいは比較的未構造のコミタトゥスcomitatus，共同体community，あるいは仲間集団communionとしての社会のそれであり，それらは儀式における長老たちの一般的な権威に服従する平等な人々で構成される。（中略）個人や集団にとって，社会生活は，高い地位と低い地位，コムニタスと構造，同質性と区別，平等と不平等を連続的に経験することを含む一つの弁証法的過程である［pp.96-97］。

さらに，私の分析過程についての見解とも非常に一致しているが，Turnerは次のように述べている。「叡智とは，その時と場所により**与えられる**状況のもとで，構造とコムニタスの適切な関係を常に見出し，いずれか一方の様式が最高潮の時にはそれを受け入れつつ他の様式も棄て去ることをせず，その一方の現在の勢いが使い果たされた時には，それに執着しないことである」（p.139）。

ともかくも時間終了時には，私たちは「こちらにもそちらにもいない」という，

奇妙な境界地帯に入る。私はそれについて検討することが役に立つと思うが，それはそれ自身のためだけでなく，より明確に分析過程全体の中での儀式と自発性の間の弁証法を際立たせるからである。その戦略は精神病理学を学ぶことによって，いわゆる正常な精神過程を学習することに似ている。セッションが終わった後のオフィスの中での時間は，皮肉にも通常の精神分析のルーティンの一部になっているわけであるが，この症例では私たちはこの時間だけではなく，オフィスの外で患者と時間を費やすという見込みもあったのである。これらの二つの境界地帯においては，一方は他方と比べてより儀式の外側にあったわけであるが，ケンと私の関係のよりパーソナルで平等な側面が強調され，それは役割に限定されたヒエラルキー的な側面から部分的には解放されていたため，二つの間の緊張は普段よりも鋭敏に感じられた。

　私はケンのリクエストに「もちろん」とだけ言ってすぐに応じ，一緒にエレベーターへ歩いて行った。私がその場で感じたのは，そのリクエストを断ることは，あるいは躊躇いを見せることでさえ，この上なく料簡が狭いということであった。なぜならケンにとってはこのオフィスでのセッションに耐えるということ自体が大変な試練だったからである。私にはそもそもこの場所で会うというアイディアは私自身が言い出したことであるという考えがあった。また患者のリクエストは，彼の側の攻撃的な自主性の表れと言えたが，それは普段の彼にはないことであった。彼にとってそれはリスクのあることであったろうし，もし私が断ったら，彼は失望するだけでなく，屈辱を感じるかもしれないと私は考えた。私はもちろんバスケットボールで彼のシュートを妨害する父親のようにはなりたくなかった。私にはそうなることの危険は，リクエストに応じることによる危険よりも大きいように思われた。またそのリクエストが非常に珍しいものだったため，私は患者を信用して，それを促したどんな創造的な知恵にも敬意を表したいと感じた。私がもう一つ考慮していたのは，私が長期にわたって，個人として役立ってあげられるという印象を彼に与えていたために，患者がリクエストをするような素地が出来上がっていたということである。いずれにしても，ケンと私は廊下で待っている間に，エレベーターについてのちょっとしたお喋りをした。それは急行タイプのエレベーターと各駅タイプのエレベーターについてであったり，どのエレベーターがどの階に止まるかとか，彼がどれで上がってきたかなどであった。2分ほどしてその一つが開いて，ケンが中に入った。ちょうどドアが閉ろうとする時に，私たちは握手をした。そ

れはいつもの別れ方ではなかった。私にはどちらから先に手を伸ばしたのかは
わからない。

　患者がその体験について次の日に述べた回想を取り上げる前に，私はエレ
ベーターのエピソードについて「分析外」の相互交流の例としてここで話した
い。私たちは廊下で交わした会話の性質についてどのように概念化できるだろ
うか？　表面上はそれはこの上なくありきたりなものでしかなかったであろう。
ほんのちょっとした，特に面白くもないお喋りであった。しかし私たちが待っ
ている間に，少しだけ緊張した空気や，わずかなぎこちなさ，そしてそこで起
きていることにほんの少しの特別な「負担感」が生じているという感覚があっ
た。分析家はそのような状況を全く居心地よく感じるのが理想と言えるのだろ
うか？　患者もまた，彼の分析の終結が近づくにつれて，その親密さを快適に
感じると言えるのだろうか？　私自身の見解は，関与者のそれぞれのパーソナ
リティの違いにかかわらず，そしてそれぞれが経験してきた分析的な仕事の量
や質にかかわらず，おそらく緊張の名残りはあるというものである。なぜなら
分析家はそこ，つまり廊下では，精神分析的なルーティンの時間や場所，限定
された役割に規定された相互交流の外側にいることになり，彼らの分析的な役
割の陰から現れて，いつもよりもさらに完全に，患者と同じような人間として，
傷つきやすい社会的で身体的な存在として，身を晒すからである[5]。この時に
は Turner の用語でいう「コムニタス」，つまり平等や相互性の感覚が前景に
移動し，役割によって決定されたヒエラルキー的な構造が背景に移る。この図
と地の反転は，両者が分析家の相対的な不可視性に多くのエネルギーを注いで
いたために，葛藤的に感じられやすいであろう。分析家は相対的に匿名的な位
置にいることで自己愛的な傷つきから保護されているが，そのことが，包括的
な視座を持ち，専門的な知識を建設的に用いるという分析家の能力を強化する。
儀式のこの側面は，被分析者に対する分析家の権威に，いくつかの合理的な根
拠を提供している。しかしそれらの合理的な根拠以外にも，分析家の権威には
不合理な構成要素がある。それはある種の神秘性[6]であり，それが分析家

---

[5]　この高められた可視性の感覚は，通常のセッションの中でも起こりうる。たとえば時々分
　　析家が窓を開けるために動いたり，家具の配置や分析家の座る場所が変わったりするよう
　　な時である。
[6]　その権威と神秘性は**アイロニカル**なものである。なぜなら私たちの文化において，それら
　　の根拠は大きく浸食されているからであり，そして分析過程自身の中で転移の分析による
　　批判的な探求を受けるからである（第1章，第3章を参照）。

に特別な種類の威力を与えている。その魔術的に高められた力の分だけ，分析家は病理的な対象関係と戦えるチャンスが生まれる。その病理的な対象関係は，患者が考えられるようになる前に，あるいは最も重要なのは，批判的に考えられる程に大人になる以前に取り込まれていたのである。そして分析家の相対的な匿名性のみのために，患者は分析家に魔術的な力を与えるのであり，それは全知全能で，愛する両親を切望する力を，ある程度弱められた形で表しているものなのである。

　そのため，私たちがエレベーターで待っている時のお喋りに若干の緊張やぎこちなさが伴っていたことは驚くに値しない。しかし分析家の特別な権威が，合理的な構成要素と不合理なものの両方とも，それらの状況で解消されていると主張することは誤解を招きやすい。忘れてはならないのは，図と地の反転が弁証法の一方を他方のために犠牲にするということを意味してはいないということである。むしろ二つの極，つまり自然発生的で平等主義的でインフォーマルな関与の極と，権威づけられて役割関係的で形式的な関与の極は並んでいて，相乗効果を与えながら，一方が他方の影響を強化しながら，作業を続けていく。個人的なレベルでは，多くの関係性のテーマが演じられ続けており，それらは私がここで言及できる以上のものであり，実際関与者が過去において気づいていたり，あるいは振り返って気がついたりしたことよりも，多くのことである。一つには，これは私が患者と一緒に行った一種の逸脱行為であり，精神分析的な「権威」，部族の「長老たち」に対する，さらには私自身の（そして患者自身の）精神分析的な良心の一部としてそれらを内在化した権威に対しての，ちょっとしたいたずらである。しかし私が持っていた感覚は，その逸脱行為は小さなものであり，許されるもの，ひょっとすると建設的なものでさえあるというものである。私たちはともに翌日には分析的な枠組みの中に戻るということを知っており，その枠組みから逃れたまさにこの合間が，つまりこの比較的「枠のない frameless」経験と Grotstein（1993）が呼んだものが，おそらくいつもの分析的な探求の対象となるであろうと十分に予測している。私たちは廊下でのやりとりについて，それがまるで夢の顕在内容の一部であるかのように，その潜在的な意味を探索することができるであろう（Kern, 1987 を参照）。

　部分的にはこの予測によって助けられて，私は逸脱を行うまさにその瞬間に，患者と私が**破滅的ではない逸脱**，すなわち**近親姦的でも自殺行為でも殺人的でもない**規則違反を構成しようとしていることに，暗黙のうちに気がついて

いた。私たちは一緒に部屋の外に出ようというこの違反行為を，21階の窓から飛び出すことや，母親との近親姦の深い穴に引き込まれることや，母親を殺すことや，父親を殺すことや，母親が自分を殺すことから区別しようとしていたのである。これらのシナリオでは，患者は親の役割か，あるいは子どもの役割で，それを補完する立場に分析家を配役させるのである。すべてのこれらの潜在的な区別において，新しいものが古いものの陰から現れることが望ましいのであるが，すべてのこれらの可能性が特別な力を持っている。なぜならそれらは分析的に理解されていたり，これからそうされるというだけでなく，背景でそれらに関与し，それらを認めているのが分析家だからなのである。ケンが言った「私たちがここで一緒に居る」という患者の感覚をより生き生きとしたものにすることによって，その瞬間に際立って患者自身と同じような人間であることによって，患者の意識的な判断を信頼することによって，私にとって最も快適な域を超えて無理をすることによって（それは患者が無理を押して私のオフィスに来ることへの返礼なのだが），金銭が払われないいくらかの時間を患者とともに過ごすことによって，そしてこれらの他のすべてのことが同時に起きたりすることによって，私は分析家として，患者の心を抹殺するような両親のふるまいの影響を克服する戦いに挑む機会を少なくとも持った。私は儀式に基づいた立場によりもたらされる私独自の権威の衣をまとう分析家として機能したのである。私には以下のようなメッセージによって患者に手を差し伸べる機会があった。「あなたは価値のある人です」。「あなたは十二分に生きている権利があります」。「あなたはそれらの木の板の下で生き埋めになる必要はありません」。「あなたの感情は大切です」。「あなたはかけがえのない個人として尊重に値します」。「あなたは私や自分自身を破壊することなく，私に具体的な影響を及ぼすことができます」。「あなたの欲望は，それが従来許されていたことに反していたとしても，必ずしも致命的なことではありません」。「実際にその欲望は害があるのではなく，多くの利益をもたらす可能性があります」[7]。つまり，私は患者にある種の奥深い認知や承認を提供する立場にある。しかし変化させる力があるものはこの単独の行為ではなく，自発的な応答性と分析的な儀式に準拠することとの間の緊張と継続的な格闘を行うこと，Turner（1969）

---

[7] その点は，Strachey（1934）の変容惹起的解釈 mutative interpretations の治療作用についての論点と概ね類似しているが，それは分析家が患者の「エス衝動」を受容することに関してなのである。

の言葉によれば，「いずれかの様式が最高潮の時にはそれを受け入れつつ，他の様式も棄て去ることをしない」（p.139）ということである。

　ここで分析過程の詳細に戻り，患者の体験について考えてみたい。彼はそれを翌日に比較的快適な大学のオフィスで報告したのである。

患者の省察：ニードと願望を共同で構成する

　「あなたにエレベーターまで一緒に来てほしいとお願いした時，私はあなたがイライラしていたのではないかと思いました。でも廊下でのあなたは，好意的で優しく支持的だと感じました。私はあなたにそうお願いすることにとても複雑な思いがありました。実は十分に気分はよくなっていたからです。どうしてもそれが必要というわけではなかったんです。私はまるで溶けてしまって，あなたにエレベーターの中に注いでもらう必要があるようには感じませんでした。それでももしお願いをしなければ，ちょうど土壇場になって身動きが取れなくなってしまうのではないかと恐れていました。それから，私はあなたがどのくらい柔軟なのかを少し試しているのかもしれないことも意識していました。それはあまり褒められたことではありませんね。おそらくほんの少し不誠実なことです」。私は尋ねた。「あなたは前もってそれを計画していたのでしょうか？」　ケンは答えた。「はい，一種の非常事態のための計画としてです。でも，それはある種のおまじないのようなものになっていました」。私は言った。「それでは，ちょうど私がただあなたと一緒に行ってほしいという願望が，それ自体で重要だったんですね」。ケンは答えた。「はい，そして私が恐がっているという言い訳がなくても，ということなのです」。

　それから患者は私の仕事がどうなっているかについて関心を示した。彼はもし私の同僚たちが事情を知ったなら，彼と一緒にエレベーターに向かったことに，賛成するだろうかと疑問に思った。彼もまた私の行為の誠実さに対する懸念を表した。ひょっとするとそれには自己を美化するような目的があって，自分の独立心旺盛な心を他の人に印象づけたり，自画自賛するためではないか。彼は自分の疑いが両親への不信感から来ているかもしれないと考えた。彼は自分の幸福について，両親がどの程度，どのような質の関心を持っていたか疑わしい部分があると感じながら育った。母親は彼の優れた成績をとても喜んでいるように見えたが，人が妬むことを恐れて，彼がそれらについて人に話すこと

を望まなかった。そして成績は母親との間のある種のやましい秘密であり，母親に対してだけの，特別なプレゼントとなった。彼の次の連想は以下のようなものだった。「えぇと，それから何か性的なことも起きていました。私は小さな女の子を服の下から覗いていました。隣の家の小さな女の子との性的な遊びもありました。私たちはクローゼットの中で交代して，パンツを下げて，自分自身のものを見せ合いました。そこはとても小さな家でした。私の母親が奥の寝室で何が起こっているか知らないなんてことがあるでしょうか？」

　このヴィニエットには多くの問題が含まれている。私が強調したいのは，私が彼の要望に応じた**後に**，患者が彼自身のふるまいが操作的なものであったという可能性を自分から口にしたという事実である。実際に彼が事実上言っていたのは，禁じられたエディプス的な願望，つまり私が分析的なコミュニティと「結婚」することを危うくする可能性があった願望を，彼が発達上のニードとして偽装させたかもしれないということだった。しかし彼は私にリクエストをしていなかったら「土壇場になって身動きが取れなくなっていたかもしれない」ともコメントしている。彼がもしリクエストをして私が断ったなら，彼がパニックになっていたことは容易に想像された。そのリクエストに何らかのやましさがあるという考えは十分に形成されたり固まったりしなかったために，自分自身でそれを口にすることはできなかったであろうし，ましてや私に対しては言えなかったということは十分ありえるあろう。患者のリクエストに応じるという行為は，そのリクエストが必要でなかったかもしれないという彼の感覚の出現を促進したが，他方では，もしそれに応じることを拒絶したり，気が進まないような様子を見せたとしたら，彼が必死で援助を必要とした時に私がそれを与えようとしなかったのだという気持ちを彼の中で促進したかもしれない。分析家の応答の仕方は，その瞬間に患者の中で創造されたり「構成された」りする経験に影響すると言えるであろう。これこそがまさに，精神分析における「構成主義」の中心的な意味合いの一つである。すなわち患者の経験は何もないところからいきなり生じるのではなく，むしろ部分的には，分析家がしていたり，伝えていたりすることの結果なのである（第5章と第6章；Mitchell, 1991）。関与者の経験の相互交流は，その意味で構成されたのであり，言わば「事後的 after the fact」に意味を付け加える解釈という意味ではない。それ以前にある

のは「事実」そのものの能動的な構成なのだ▼8。

　患者が自分のリクエストが持っていた不法な要望という性質について省察し，それから子ども時代の「禁じられた」性行為を連想したことは特別に興味深い。なぜなら，すべてのエピソードが私自身と患者との間の葛藤を背景にして生じていたからであるが，そこでは彼の症状は**部分的には**セクシャリティや攻撃性に関する未解決の葛藤と関係していると言うのは通常は私であり，彼の方は自分の問題はもっと単純に，自分が十分に評価されて，愛されたと感じられないということに根差しているという立場を取っていたのである。ある時彼は2年間の分析の作業をまとめ，自分が分析で学んだことの核心は，彼が人々から好かれたいと望んでいることだと考えていると述べたが，その定式化は私自身の解釈による貢献の複雑さと深みには少しばかり達していないように私には思えた。時にはケンは極端に気持ちを揺り動かされるような夢を報告した。それらはセックスと暴力のイメージに溢れていたが，幾分それに無関心なように語られ，まるで彼がそれらに退屈しているかのようであった。一方で私はそれらが何を意味しているのかについてのアイデアで溢れかえっていた。私たちは，この光景は一つのエナクトメントであるという理解にいたった。そこでは患者は，欲情をそそるが無気力で朦朧として酩酊した母親のようであり，一方で私は子どもの頃の彼の立場にいて，私の精神分析的な「欲動」とともに取り残されていたわけである。そして少しシェーマティックな言い方をするなら，私はジレンマに陥っていたことになる。私は積極的に解釈し，一種の強姦者として経験されるかもしれなかった。あるいは私はより受動的で従順にもなり，ある種の悪気のないネグレクトにより患者一人が漂うに任せ，患者は半ば無意識的で麻痺したような状態で，彼の母親と同一化していた。

　ケンは精神分析に非常に関心があり，Freud や Kohut の著作の多くを読んでいたことも付け加えておこう。彼は私をどこに位置づけることができるか十分に分からなかった。なぜなら私がコフート派ではなかったことは，彼には明らかだったけれども，「フロイト派はこういうものであろう」という彼の先入観に私が合致してもいなかったらしいからである。私が嬉しく思ったのは，彼が分析の中で，二つの観点のある種の統合を含み込むような自己の理解に至っ

▼8　ここでは「逆因果 backward causation」という意味はない。その問題は相互交流を通して発達したものとしての経験の構成であり，それは私が「構成主義」の「遠近法主義的」な側面と呼んだものである（第6章を参照）。

たことである。そしてその統合はむしろ私自身の見解に近いものを表していたことは驚くには値しなかった。しかし私にはいくらか失望だったのは，彼は自己心理学は私たちが達成した統合を包括できるものだと未だに考えていたことだった。それで結局私たちは妥協のための折衝をした。もちろん幸いなことに，私たちは健全な意味で相違点を持ったままであった。

実存的な，そして症状としてのパニック

　患者のパニックを症状として理解することは難しくないかもしれない。それは様々なやり方で解釈することができるだろう。私が以前に言及したのは，それが彼や他の人が途方もなく破壊的な衝動を行動に移してしまうことを，彼自身も他の人も抑えられないのではないかという感覚を反映しているのであり，その感覚は様々な外傷的な出来事や彼の人生のテーマによって形成されたものだということである。患者は常に人間性の感覚を失う危険にさらされ，いつロボットや怪物や，非常に破壊的で本能のおもくむままの動物になってしまうのではないかと感じていたと言うこともできるかもしれない。興味深いことに，彼が最初に私に言ったことの一つは，私の本棚に Kohut の本があったのを見て嬉しかったということであった。それは彼が「欲動の束 a bundle of drives」と見られたくなかったからだということであった。患者はあるぞっとするようないくつかのイメージに憑りつかれていた。そのうちの一つは，普通の外見の女性が皮膚の下に完全に機械的な装置を隠しているというものであった。彼の心を支配したもう一つのイメージは，ある種の爬虫類，またはカエルの一種であった。それは彼がこれまで出会ったものの中で最もぬめぬめとして醜いものであった。彼はこれらのイメージに嫌悪感を覚えたが，心の中から追い出すことができない時もあった。彼にとっての重力は，彼自身の本能的な生活が彼を引きずり下している力を意味するようになっており，母親は比喩的には墓から彼を近親姦的な罠に引きずり込もうとしていたのである。

　転移においては，患者のパニックは私に乗っ取られたいという切望と，激しく競争的な野心との間の葛藤をめぐって組織化された。中心的な課題は，私の良性の影響（解釈を考慮することを通して，彼に対する私の眼差しの吸収を通して，選択的な同一化を通して）の可能性を，去勢されるような同性愛的な服従として患者が無意識的に経験しているようなものから区別することであ

る▼9。補足的な課題は，私たちの関係における彼自身の健康な野心や競争心の表現と，殺人的な傾向を区別することである。患者にとって考慮することが重要だと感じられるようなことを私が言った時，一種の眩暈を伴った，本格的なパニック発作がオフィスの中でしばしば生じた。時々「殺すか殺されるか」あるいは「レイプするかレイプされるか」というような支配的で無意識的なパラダイムが，患者の支配的な調子で話すことと受動的に聞くことの間の葛藤に象徴的に反映されていた。時には私の話を妨害し，言わば私の「シュート」を妨害しようという患者の切迫したニードは，本格的なパニック発作の形を取った。私が話す時，彼は横向きになり，カウチの背の方を向いた。

　これらは症状の基礎をなしている力動について私たちが検討したもののほんのいくつかであった。しかしケンのパニックを症状としてのみ考えることは，その実存的で普遍的な意味合いを見えにくくしてしまう。症状はしばしば，現在において何が可能かについての部分的な誤った評価を含むものとして捉えられ，それは発達過程において最適ではなく必要ではない経験と関連している。多くの人は，精神分析において，新たな理解や，修正的な対人関係の経験によりこれらの困難が軽減されうると言うであろう。その経験は発達を促進し，心理的な苦境を扱うための方法としての症状の必要性を回避するのである。たとえ私たちが分析の治療作用が単に無意識的なものを意識的なものにするということだとはもはや考えず，むしろ「交渉」したり心を開いたり，世界の中での新しい在り方を促進したりすることだと考えても，健康への道筋が皮肉にも自己欺瞞の増加を伴うものとなるとは考えそうにもない。それが単に無意識的なものを意識的なものにするということではないことは分かっていても，私たちは意識的なものを無意識にすることだと考えることは嫌悪するのである！　しかし私は真実の中核はその一見逆説的な考えの中にあると思う。

　人間の意識は以下の認識を伴う。それは私たち自身や他者にエネルギーを注いで関心を持つということは，破壊的な喪失の危険だけではなく，その喪失の不可避性についての絶対的な知識を持つということだ。私たちにとっての試練は，たとえ私たちがまさに崖っぷちに向かっていて，そこから落ちることを避

▼9　その問題は Freud（1937）が「生物学的な岩盤 biological bedrock」と呼んだもの，つまり女性性の拒絶に関連しているように見える。Freud によれば，男性ではそれは自分たちが分析家（おそらく男性）によって影響されるのに甘んじることができないという形式を取るが，それはそのような影響が去勢と同等であるためなのである。

けることができないと分かっている時でさえ，生きることに最大限に携わろうとすることである[10]。ケンは正しい。私たちは**確かに**その窓の外に飛び出すのである。そこでは破壊的な不安，完璧に打ちのめされるような恐怖が常に理にかなっていて，その欠如が常に不合理であるという意味がある[11]。これは人生にエネルギーを注ぎ楽しむことは，ある意味では死について考えることを避けることであることを意味しているのである。それはブラインドを下ろすことを意味し，防護壁の陰に，分析家のカウチの陰に縮こまることを意味している。もちろんここには一つのアイロニーがある。なぜならその回避がもっとも賢明な道筋であると認める時，不合理なことが合理的になるからである。私たちは「砂の城」でも建てた方がよいかもしれない（Mitchell, 1986）。そうでもしない限り私たちは無意味さという眩暈に一人苦しまなくてはならないからである。迫り来るそれらの存在を十分に知りながら，それでも私たちは生きることを可能にするために，死すべき運命や私たちにつきまとう究極的な無意味さの感覚から**注意を**逸らさなければならない。普遍的な悪い対象は人間のおかれた状況に他ならないものとして，私たちのすべてにとって，そこにある。それと戦うために，私たちは集団や家族やコミュニティや文化の中で，ともに団結をして私たちの価値の感覚を作り維持する。その素晴らしい取り組みは，人間にとってはちょうど鳥が巣を作るのと同じように自然なことなのであるが，その一部として，私たちは子どもたちに対して，彼らが批判的に考えることができる前から，その心身を愛に浸すのである。私たちは，彼らが省察的な意識の攻撃に耐えることができ，そしてある種の維持される現実を社会的に構成する仕事に携わることができるようなやり方で，彼らの価値の感覚を確定する（Berger and Luckmann, 1967; Nagel, 1986 を参照）。

　このような自己の価値の確定はまさに，私の患者であるケンが最もそれを必要として，最もそれを受け入れる用意があった臨界期に，重要な権威，すなわち彼の両親から十分に得ることができなかったものである。彼はその段階で，私たちすべてを取り囲む空疎さへの気づきを和らげるような愛情と承認を

---

[10]　ランク派の Jessie Taft（1933）はこう書いている。「とても単純に言ってしまえば，人間の問題はこれだけかもしれない。つまり，人が永遠に生きることができないならば，そもそも生きることに価値があるのだろうか？」（p.13）

[11]　Freud は残念なことに，彼の理論構築において，死への不安を真剣に取り上げなかった。その省略にはあらゆる防衛的な否認の徴候がある（第 2 章；Becker, 1973）。

300 精神分析過程における儀式と自発性

十分に得られなかっただけでない。彼の母親は，おそらく自分自身の言葉にできないほどの苦しみの結果として，無慈悲な全世界の厳しい現実に対して彼女の存在が提供したかもしれない穴だらけの防護壁を取り去ってしまった。その代わり彼女は苦悶の中で，破壊的なメッセージを彼に与えた。それは遺書の中で明白に，ではなく，むしろまがいものの形でなされたのである。その語られないメッセージは母親と子どものプロトタイプ的な結びつきの危うさへの注意を喚起したが，それは同時に子どもの自己の感覚の危うさへ注意を喚起している。彼女の意図の誠実さがどのようなものであれ，母親の表面上の表明，「あなたは立派よ you are great」は，「あなたは取るに足らない you are nothing」という隠されたメッセージを伝えており，そのメッセージは，私たちの意味や価値の感覚を支える重要な背景となっている支持は神によって権威づけられたものではないという事実を明らかにしている。むしろそれらは，ただの人間の構成物である以上でも以下でもなく，人々が築き上げて破壊する力を持っている生活のための基盤である。もちろんそれを知っていることは，すなわち意味がある自己という私たちの感覚が部分的には幻想であるということを直ちに知ることになる。もし Mitchell（1986）が書いているように「ナルシシズムは幻想的な価値の付与を伴う」（p.108）ならば，価値の付与に幻想ではないものなどあるのだろうか，と人は問うだろう▼12。

　死の壊滅的な現実に直面して残されるものは，生を肯定するのに十分なだけそこから背を向ける必要性である。そのような肯定への道のりは（子どもととともにいる両親によって達成されうるものを越える分については）しばしば儀式の魔術性を含む。葬儀の式典やその他の喪の儀式化された側面は，悲嘆への支持と，遺族の持つ確信を結びつける試みとして最も明瞭に機能するような社会的な実践の一つである。その確信とは，遺族にとって生き続けることには意味があるという確信である。Freud 自身は彼の合理主義にもかかわらず，精神分析の治療作用において，不合理な構成要素を認めるようになった。「続・精神分析入門講義」（1933）では，Freud は「エスのあるところに自我をあらしめよ」と言ったのと同じ一節の中で，「神秘的な実践」の心理的な影響について論じ，明らかに不承不承にではあるが，「精神分析の治療的な努力は**似たよう**

▼12　Winnicott の分析の中で「希望の瞬間に出会って調和しに行く」こと（p.115）を引き継いだ Mitchell（1986）を参照されたい。

な方向のアプローチを選んだと認められるかもしれない」と述べている（p.80;
強調を加えている）。

終結の断片

　私は最後にケンの分析の終結段階におけるいくつかの非常に豊かな夢を報告
したい。終結のおよそ５カ月前に，彼はある広場にいたという夢を報告した。
そこでは「動物園からたくさんの動物が放たれていました。アルマジロや，私
が作りあげたアリクイのような大きいウロコ状のものを持つ動物などです。そ
の体中の皮膚に襞がありました。その皮膚はあまりに多くのウロコに覆われて
いたために顔が見えませんでした。とにかく気持ち悪かったんです」。同じセッ
ションで，ケンは次の夢を報告した。彼は下町の通りを歩き回っていて，性的
な興奮を感じてマスターベーションをしたくなったという。彼はオーガスムに
達しそうだと感じたが，まずは彼は女性を見つけなくてはならなかった。彼と
目を合わせ，暖かい生き生きとした表情で見つめてくれるような女性である。
これらの夢において，私たちは患者の中に緊張関係を見ることができる。それ
は心を欠いた肉欲の生活への恐怖と，対人的な関り合いと個人としての完全性
を自身の性愛性と統合しようとする模索との間の緊張関係である。
　患者はその統合の達成の援助を**私に**任せることに困難を抱えていたが，それ
に関連して程なくして彼はある夢を報告した。それは彼が食べている魚か何か
の中に蛆虫がいて，それがミバエの幼虫のようなものに変わったという夢だっ
た。彼はそれらのいくつかを口に入れたが，嫌悪感と嘔気を覚えて吐き出して
しまった。私たちは患者が私から何かを取り入れることに対して持つ嫌悪感に
ついて話し合った。それはもしかしたら，性的な葛藤と関係したある一連の解
釈のことかもしれないが，より広範囲には，私が一人の男性として，彼に提供
するいかなるものでもそうであったかもしれない。そして終結のおよそ１カ月
前に，患者は以下の夢を報告した。

　　私は地下室にいました。誰かがドリルで侵入しようとしていました。夢の中
　のその地下室は要塞のようでした。かんぬきと錠前のついた大きなドアがあり
　ました。誰かがそれにドリルで穴を開けようとしていました。私はドアのそば
　に立っていましたが，ドリルが貫通して刃の先がほとんど見えるように感じま
　した。私は向こうにいるのがあなただと思いました。私にはもし指をドリルの

先に触れたら，私がここにいて，そして生きているということがあなたに分かるかもしれないという考えが浮かびました。でもそれって危ないですよね。(笑)こうやって話すと随分男根的な話になりますね。私にはどれくらい大きいドリルか分かりません。もしそれにあまり近いところに立っているなら，それは体の中を貫いてしまうかもしれないです。それで恐怖はありますが，なぜか私はそれでも大丈夫だと感じられたのです。

このように，患者は母親と同一化しているものの，自分を母親から分化させようと必死になっていた。彼は母親が自殺をした地下室にいて，私は外側にいる。おそらくあの恐ろしい日に学校から帰ってきてドアに鍵がかかっているのに気がついた時に，彼が外側にいたように，である。しかし今は，何らかの救助活動が起きている。救われるため，接触を取るためには，彼はその男根的な対象に触らなければならないし，私自身がドアを破って彼に手を伸ばして触れるのに任せなくてはならない。そうするために，彼は接触が必然的にセクシャルなものであるという感覚を克服するか，あるいはより望ましくは，私たちの出会いの中でいかなる性的で攻撃的な局面にもさほど脅かされずにいなければならない。最終的に彼は自分が母親に到達することが不能 impotent であると感じているにもかかわらず，自分を私に到達させなければならない。ここにおいて，彼はそのような「目覚め awakenings」がまずもって不可能であるということを証明することで，自分自身を免責しようというニードを克服しなければならない。

そしてこの章の私のテーマについて言えば，夢の中の接触の瞬間は，家宅侵入の瞬間に生じた。誰かがケンの家の地下室に押し入ってきた。侵入者はおそらく，彼が居場所を持っていないところに，彼が所属していないところに入ってきた。法律は破られ，患者の個人的な空間は侵された。確かにこれは前例，生きるための処方とはなりえない。ドアの鍵は安全のためにあり，私たちが安全と呼べるようなものとともに生きることができる環境を作る。それは私たちが絶滅の恐怖から隠れるような安全という幻想を得られる環境さえも創り出している。しかし私たちの「安全装置」は収穫逓減の法則の地点にたどり着く時があり，一時的ではあっても不活化させる必要があるかもしれない。分析的な枠組みがそうである。それは私たちを保護するためにそこにあり，意味の探求と価値の承認の両方に特に助けとなる環境を作り出す。しかしそれは暗く，息苦しい側面を持っている。特にそれを深刻に捉え過ぎて，あまりに熱心に遵守

し過ぎた場合にはそうなのである。このように理想的な抱える環境は，枠組み
そのものが構成されたものであることが十分に理解されているものなのである。
つまり分析家のパーソナルで自発的な関与と統合されていることによってより
豊かになるような，一連の儀式的な活動なのである。そのような関与は時には
枠組みからの限定的な離脱，境界空間への進出，という形を取る。しかしより
一般的には，分析過程の儀式的で，役割によって決められた側面と混ざり合っ
た自然さや自発性の性質を含んでいる。そして分析は生きることの一つのモデ
ルとなる。つまりそれは経験に飛び込むこととその意味を省察することの間の
豊かな弁証法のモデルとなる（Becker, 1973, p.199）。分析家にとって，それは
患者と同じ一人の人間として，同じような種類の傷つきやすさを持ち，患者と
存在することと，**皮肉にも**文化や患者自身によって理想化されて権威づけられ
た張本人であるということが統合されていることで，患者に個人的な重要さや
価値を授けることにつながる。それにより患者は，子ども時代の傷つきのうち
最も深刻なものを，そこに人間存在への過酷な侵害が付け加わったとしても克
服する機会を得るのである。

補　遺

　最後の時間に，ケンは私に贈り物として一つの化石の彫刻を持ってきた。そ
れは彼が父親と化石探しに行った時を起い起させるものだった。その記憶はそ
の時初めて思い出された，彼の父親についてのきわめてわずかな好ましい記憶
の一つであった。その贈り物は，患者によって分析の発掘物の象徴として解釈
されたが，一つのメモがつけられていた。それは言うまでもないことだが，母
親が彼女の「終結」に残していったものとは全く異なるものだった。ケンのメ
モの一部分はこうであった。「あなたが私にとって意味したものすべては書き
つくせないです。あなたにはそれがお分かりでしょう。私はあなたに私の人
生に関わってもらおうとし続けるでしょう」。私が終わりの時間だと言った後，
私たちはその境界空間，分析の「内側」と「外側」の両方である瞬間に，躊躇
いがちに佇んでいた。私がケンと握手するために手を伸ばした時，彼は「もし
よろしければ，私はハグの方がいいんですが」と言った。私たちは抱き合って
別れを言ったが，それによって，最後の時間と分析にとっての程よい終結を共
同構成できたことを願う。

第10章
精神分析における程よい終結を構成する

出口なし

「人間の死ぬのはいつも早すぎるか——遅すぎるかよ。でも，一生はちゃんと
けりがついてそこにあるのよ。一本,線が引かれたからには,総決算しなけりゃ。
あんたは,あんたの一生以外の何でもないのよ」(人文書院『サルトル全集8』「出
口なし」伊吹武彦訳) これは Jean-Paul Sartre の「出口なし」でイネスが言っ
たことである。彼女と二人の「死んだ」仲間であるガルサンとエステルは，地
獄の鍵のかかった部屋に永遠に閉じ込められ，そこで道徳的な過ちに関して自
分自身やお互いに永遠に直面し続けなければならない。今や後悔や埋め合わせ
のための行動の時間は残されていない。

経験の意味を築き上げること：現在と過去

ある意味では，人生における各瞬間はそのようなものである。それは私たち
が生きるのに永遠に立ちふさがる。さらに私たちが行った選択がいかなるもの
であったとしても，それは私たち自身の一つの側面だけを表している。他の多
くの側面の可能性は必然的に犠牲にされる。私たちの選択のいくつかが短い経
験のみを形作る一方で，その他の決定がより重要な私たちの人生の部分をかた
どる。私たちはいかなる瞬間もそれが経験された仕方を変えることができない
が，**後になって思い起こした**どの瞬間についても，それが私たちにとって持つ
意味に影響を与えるような選択をすることができる。もし私たちが喧嘩をした
後で誰かと縁を切ることを選ぶとしたら，私たちは実質的にはその喧嘩を終わ
りへの序曲として，ラクダの背を折った藁のようなものとして［訳注：我慢の

限界を超えさせる最後の一押しのこと]，解釈することを選んでいる。もしそうではなく，口論の翌日か翌々日に，その人を愛情のこもったジェスチャーで驚かせるなら，そしてその人との相違を解消するなら，実質上，私たちは最初の出来事を親密な関係性を築きあげる上での難しい転機と見なすことを選択することになる。それは最終的には相互の理解や信頼に貢献したというわけである。行動それ自体が，関係を断ちきるにせよ，愛情のこもったジェスチャーをするにせよ，それが喧嘩の構成された観点を表しているか否かにかかわらず，暗黙にその意味を解釈している。喧嘩の真っ最中に，その人の前意識，未構成の経験（Stern, 1983）は，断絶の可能性と和解と親密さの増大の可能性を含んでいるかもしれない。両方の筋道の兆候は，それぞれ無数のバリエーションとともにあったであろう。また，それの生じ方は無数の起こりうる**外的な**経験に影響を受ける。全く異なる問題についての成功や運のめぐり合せやちょっとしたよい知らせは，私たちの気分をよくし，より寛容で融和的なふるまいを促進させるかもしれない。反対に，失敗やちょっとした不運や悪いニュースは，私たちの機嫌を損ねさせ，より怒りのこもった，不寛容な応答を促進させるに違いない。死は後年の経験から早期の経験を再解釈することによって私たちの経験の意味を修正するあらゆる機会を終わらせる。そして死を予期することは，最終的な境界線を予期することを含んでいる。

経験の意味を確立すること：選択と偶然性

　もちろん多くのことは，私たちが母胎に宿った瞬間から，私たちのコントロール下にはなかった。全くの偶然が私たちの日常の経験に関係するし，言うまでもなく私たちの人生の歩みにも関係してくる。私たちは生まれながらにして持つ遺伝子構造や環境を選べなかった。私たちは出生してくる家族や，文化，歴史的な時代を選べなかった。そして人生を通しての私たちの経験の大部分は，私たちが作ったものではない状況によって形作られている。広大な偶然を背景にして，個人の持つ選択のための能力はかろうじて明滅しているだけのように見えるかもしれない。それでも主観的な見地で詳細に見ると，その能力は非常に重大な結果を招き，個人に自らの人生の道筋を決定する上で限りない責任を与えている。

　私たちは通常は患者ができるだけ彼らの人生をコントロールできるようにな

ることを手助けしたいが，彼らが偶然性や恣意性や意味のなさという現実に取り組むのを手助けもしたい。Adam Phillips はこう言っている（1994）。

　私たちの人生の多くが明らかに偶発的である以上（私たちは，私たちの誕生や両親や身体や言語や文化，思考や夢や欲望や死などを，いかなる意味においても意図したり選んだりしないのである），精神分析的な観点から，私たちと私たち自身との関係，私たちと対象との関係性だけでなく（いわば，三番目のペアとして），私たちと偶然の出来事との関係を考慮する価値があるかもしれない [p.9]。

同じ文脈で，Jane Flax（1996）は「成功した」分析の結果についてこう書いている。

　患者は自分が多重的でしばしば矛盾している物語とともに生きることができることを学び，進行中の人生の格闘の中で必要に応じてそれらを改訂する能力を発展させる。それに劣らず重要なこととして，患者は意味の欠如やナラティブな組織化の限界，そして不可解さの根深いしぶとさに耐えることを学ぶ。意味や物語の筋書きを構成する能力は，人のあらゆる力がそうであるように限界がある。ある出来事や経験はランダムに起こったり，理解するにはあまりに怖ろしすぎるものであったりする。時には私たちは単純に，それらに意味を見出したり，信じられる物語の筋書きにそれらを合わせたり，それらの原因を理解したりすることができないような経験に直面する。それらは生きることができるような意味の体系に取り込まれたり，含み込まれたりすることができない。私たちにできるのはそれらの存在やそれらの私たちへの影響のいくつかを記録しておくことだけである [p.589]。

分析家と患者が彼らの選択に対する責任を負うことは，起こったことは何でも自分たちの落ち度によるものだと言うことではない。それはむしろ，私たち自身の意図した影響，意図しない影響，そして私たちが管理できないその他の要因による影響の曖昧な混合物を受け，十分に取り組むことである[1]。分析家から見ると，これらの「その他の要因」の一つは患者自身の意志である（Thompson, 1994 を参照）。時には分析家は，ある単純な現実を統合すること

---

[1]　Schafer（1976）が言うように，患者は実際には自分がコントロールできたことに対する責任はないとする一方では，彼らが何もすることができなかったことについての責任を誤って背負っているかもしれない。同様のことは分析家にも言えるであろう。

に対する患者の抵抗と共謀する。その現実とは，何らかの動き movement が起こるという可能性にさえも，患者側の意志による行為が必要とされているということである。分析家は定義上，その意志による行為を起こ「させる」ことはできない。患者は責任を逃れたいかもしれないし，十分な分析や十分な理解と治療過程により，行動上の変化にせよ物の見方の微妙な変遷にせよ，あたかも感染症が抗生物質によって克服されるのと同じようにそのような変化が「生じる」ことを望んでいるかもしれない。嫌悪は行為者としての体験全体に対して向けられ，そこには出来事の流れに影響を及ぼす力と，その人のコントロールが及ばない支配的な要因の大きな影響の両方を感じることが含まれる。時には患者は有利にことを進めようとし，何が起きるかもわからず，違った選択をしたら何が起きていたかもわからないような厄介な状況の下で選択をすることを拒む。そのような場合（と言ってもおそらくすべての事例に当てはまるであろうが），出来事の流れに対して限られた影響力しか持てないという不安を受け入れさせることが，精神分析の目的とさえ言えるであろう。実際は，責任ある行為者であり選択の主体であることは，未来を知ることが完全にできるという無意識的に空想された「理想的な」状況下では意味を失う。ここで繰り返すが，全知全能の**超自然的な**存在という属性が，もし何らかの形で**人間**存在の前につけられたなら，その属性がまさに高めようと意図している生命の次元を破壊するだろう。未来を知ることは（生きられることのないすべての未来と比較したそのメリットを含めて）選択の意味を蝕み，それはちょうど不死の見通しが私たちが知っている私たちの存在の意味を広げるのではなくむしろ蝕む（第1章で引用して論じた Nussbaum, 1990, 1994 を参照）のと同じである。

時間制限療法としての精神分析：死とその他の種類の終結

精神分析には常に明らかに時間制限がある。少なくとも，分析家の死や患者の死によって終わりになるのである。これは当り前のことだが，しばしば私たちが真剣に取り組んでいない現実でもある。分析を終わらせるか否か，終わらせるとしたらそれはいつなのかという被分析者の質問は，次のように言い表されるかもしれない。「私たちのどちらかが死ぬ前に，私は分析を終結させようとしなければいけないでしょうか？」分析家か患者が末期の病であったり年老いていたりする時には，この質問の深刻さは明らかである。このうち特に後

者は，かなり一般的に生じる状況である。しかもこの文脈において自明なこと
は，他のすべての治療関係においても背景に流れている。しかし私たちの中で
どのくらいが，その年齢は別として，自分か患者が死んだ場合どうなるのかに
ついて患者と話し合ったことがあるだろうか？　彼らは告知されたいだろうか，
もしそうなら，誰によってであろうか？　この問題について話し合った患者た
ちの中で何人かは，私の死亡を「噂」によって聞く方がよいとはっきりと語っ
ていた。そのことは私が彼らに意見を聞かなければ知ることができなかった（あ
るいは探求することができなかった）ことである。その問題をすべての患者と
議論することは不自然であったり賢明ではなかったりするかもしれないが，私
の推測では私たちのほとんどはそれをしなさ過ぎることに問題があるのだ[2]。
後述する例のように，患者か分析家のどちらかに終わりが近づいていると信じ
るべき理由がある場合もある。このようにその主題は私たちに迫ってきて，そ
れを扱う以外の選択がなくなってしまうこともある。

どちらが先に死ぬのか？　86歳 対 54歳

　私はおよそ12年間マニーとの分析を行っている。患者は今や80代半ばであっ
た。彼は50年以上の間，分析治療を受けていた。そして前の3人の分析家を
見送っていた。その経歴のために私は時々，私が死んだ場合に彼がどうするだ
ろうかという疑問を口にすることとなった。私がこれを言った時は二人で笑っ
たが，私はそれでもこのあまり起こりそうもないことが起きた場合に，彼が選
ぶ対象として2，3人の名前を挙げておくことになった。結局50代の人々が
80代の人々よりも先に死ぬということは毎日のように起きている。死亡欄を
見れば，それは非常に明白である。それが起きた時には中年の集団は困惑する
が，全く予想外なことというわけではない。私たちはその年代のずっと前から
人の体は老化し始めているということを知っているし，中年で心臓が機能しな
くなったり，脳に至る血管が詰まったり，癌に侵されたとしても，意外なこと
ではない。私たちは，死亡欄を目にすると，死亡者が生前に持っていた不健康
な要素で自分には当てはまらないようなものをそこに探す。多分彼は喫煙家で

---

[2]　Cohen（1983）とFirestein（1994）は治療者の死という万一の可能性に患者を備えさせる
　　　ような特別な方法について提案した。Garcia-LawsonとLane（1997）はそれらの提案を
　　　概説したが，その主題がその分野の中で未だに非常にタブーであると述べている。

あったり，太り過ぎであったり，先天的な心臓の欠陥や何らかの慢性的な疾患があったり，ひょっとしたら遺伝的な体質があったりして私たち自身とは違ったのだ，というわけである。しかし深いところでは，私たちはよくわかっている。健康予防ダイエットの Adell Davis は 70 歳で癌で死亡したし(正確には「中年」ではないが，予想されたよりもかなり若かった)，予防的ランニングプログラムの Jim Fixx は 52 歳で突然の心臓発作で死んだ（ランニングをしている間に）。冗談ごとではない。私たちが自分の死に方やそのタイミングについてコントロールできることなど，嫌になる程ちっぽけなのだ[3]。

「無宗教者」に共通した観点と承認の問題

こうしてこの高齢の患者と私はともに，共同作業の常なる同伴者として，彼や私の死すべき運命という厳しい現実を，躓きつつ歩んだのである。実際にそれらはしばしば前景に移動してきて，それ自身が作業の中心となった。マニーと私は来世についてはいかなる形でも信じないということを共有していた[4]。マニーは来世を信じないことや，死が言葉にできないほど異質で恐ろしいものであると強調することを誇りに思っていたことは明らかであった。それは彼の慰めであり，自分たちの「信念」により「惑わされ」ている人たちへの道徳的な優越性であった。彼はその問題についてあらゆる代案を持っていると感じていたわけではない。時には私は彼と一緒になって，「信じる人たち」の慰めを盲目的に拝借できることを「祈る」という，見下しを伴った喜びを持った。

分析を通して様々な機会に，私はそれぞれの瞬間が貴重なものであり，十分に生きる価値があるという私の哲学を彼に伝えた。そしてそれを可能にするた

---

[3]　皮肉なことではあるが，この章を完成させた後，私はいつもの身体検査を受けていて，その一つであるトレッドミルによるストレス・テストで若干の不整脈が見つかった。私には何の症状もなく，定期的にトレーニングをしていたので，全く思いがけないことであった。ストレス・テストでの陽性の所見によりさらなる検査が行われ，そして最終的には 1997 年春に予防的な冠動脈バイパス手術を受けて成功した。もちろんそのエピソード全体は私や私の患者すべてに私自身の脆弱さや死すべき運命という現実をもっとも鮮烈で具体的なやり方で，思い知らせることとなった。この経験がマニーやその他の人たちとの作業に与えた影響については，また別の著作において扱われている。

[4]　タイムズマガジン紙（March 24, 1997, p.73）によれば，マニーや私はアメリカ合衆国では紛れもなく少数派である。アメリカでは調査を受けた 1,018 人の中のわずかに 4％だけが死が「存在の終わり」を示していると考えているというのだ。

めには，死について考えることをいくらか回避する必要があった。そうせずにどうやって彼は，妻とのディナーや，コンサートや，世界の様々な地域への旅行や，日々の仕事での活動や，分析での洞察やパーソナルなつながりの瞬間などを楽しむことができるであろうか？　彼の将来の感覚は今や途切れていた。彼は「自分の生涯」には完了しそうにないいくつかのプロジェクトの最中にあることを知っていた。しかし課題はいかに彼が持っているものでやりくりをし，それらを最大限に利用するかということであった。必要とされているのは否認denial ではなく，そしてそれは可能ですらなく，抑制 suppression の意識的な様式であった。私は彼の経験の価値を擁護する。私は現在の 1 時間，1 分，1 秒は，10 年，20 年，あるいは 30 年前の同じ長さの時間に比べて同様の価値があると言いたい。それらは受容され味わわれるものとしてそこにあり，その時に貴重だったものであり，それらは今も貴重なものである。彼は私の年齢だった時はそうした態度を取ることができたかもしれないが，現在ではそれがもっと難しくなっていると言う。私は，私がそう言うのはたやすいということや，私がもし彼の年齢に辿り着けたとして，そうなった時自分が説いたように実践できるかどうかはその時になってみないとわからないと言った。私は彼の勇気を賞賛し，私は率直に言って彼のように上手くはできないのではないか，と言った。また私はもし自分が死ぬ前に彼が死ぬとしたら辛いことだと言った。彼の不在は私のスケジュールの空き時間以上のものになるであろう。それは私の人生の中の空白となり，悲しみの源になるかもしれない。彼は私にとって多くのことを意味していたから，私は彼を惜しむであろう。私はそのことを彼に知ってほしい。人には言えるうちに確かに言っておきたいことがあるものである。

　しかし，この承認を与える私は何者であろうか？　マニーは私を，前の分析家たちよりも，限られた能力しか持っていないものとしてみていた。彼は皮肉っぽく，しかし愛情を込めて，私の相対的な不能さ impotence について話した。彼は魔術的な力を前任者たちに認めていたが，私に対してはそこまでではないと感じていた。むしろ彼は私に同一化し，私も彼にそうした。彼は自分はその絆の価値を評価するが，それは代償を払ったものであり，その価値が本当にあるのか時々分からなくなると言った。彼は未だにすべての力を有している保護者を求めていた。それでも彼は全体として，この生き方，つまり幻想のない生き方が，よりよいと感じていた。マニーの前の分析家たちの死が，私のパーソナルな面の可視性や，私の限界や傷つきやすさの暴露と結びついて，マ

ニーの万能的な世話役の願望の喪失についての喪を促進した。これは言い換えれば，転移のこの側面の，少なくとも部分的なワーキングスルーであった。私がこれまで一貫して述べているように，分析の枠組みに組み込まれている非対称性のために，その喪やワーキングスルーが**完全**なものとなることはないであろう。それでもマニーは現在ではこれまでにないほどに，それを手放す準備ができているようであった。彼は毎週３回から２回にセッションを減らした（前の分析では４回のセッションであった）。そして冬に使うためのパームスプリングスのコンドミニアムを賃貸した。それらは変化の兆しであり，86歳の現在における新たなる自律性への備えであり，それはこれまで以上に彼自身で，「単に」人間であることの資源だけでやりくりしていくことへの備えであるように見える。

なぜマニーは終結していないのか？　マニーの生活史と神経症

　読者はその何年もの分析を正当化できるものなどあるのだろうかと思っているかもしれない。マニーはずっと以前に終結しなくてはならなかったのではないか？　私は彼の「尽きることのない」依存を促進させるために彼と共謀していたかもしれないのではないだろうか？　私は彼を搾取してはいないだろうか？　彼はある種の神経症にかかっていて，私やその他の人がそれをある程度は治癒させるべきではなかったのではないか？　「マネージドケア」［訳注：米国における，長期にわたる高額の医療を抑制するためのシステム］の人々はこの「終わりなき分析」をどう考えるだろうか？　私が最初から彼の分析家であったならば，おそらく彼は「治療」を終わらせるいくつかの健康的な方法を見つけ出しただろうという考えが私には思い浮かぶ。それは自分を慰めるための考えかもしれないが。

　さらにマニーには疑いなく独特の神経症を見て取ることができ，それは彼が格闘している人生における実存的で普遍的な苦境の中に埋め込まれていた。マニーは子どもの頃に虐待をされていた。彼は子どもの頃括約筋をコントロールできるようになる前に，腸を空にするために強制的に浣腸をされていた。彼の母親は横柄で支配的で，侵入的で暴力的でさえあった。彼女はマニーの父親を殴り，父親は彼女の怒りの爆発の前に縮こまっていた。患者は父親が彼女に立ち向かったという出来事を一つも思い出せない。そして彼女はマニーに夫の悪口を言い，彼は彼女の人生の中で特別であり，世界の中心であり，「授かりも

の」なのだという感覚を与えたが、それは彼の自己の感覚を作り上げるのではなく彼を窒息させた。この育ちの瘢痕として彼が持っていた症状は、急性の抑うつと不安の発作、親密になることの困難さ、旅行恐怖、そして彼が「噛み砕いたり噛んだりする」と呼んでいる見たところ不随意的なチックのような動きや、その他のものであった。彼はストレス状況下にある時に自分を落ち着かせる自体愛的な試みとして、一種の噛んだり吸ったりする行動を作り出していた。それはいくらか苦痛ではあったが、その感覚も彼が様々な心理的苦悩の源を遮断するのを助けた[5]。子どもの頃の彼は、母親に叩かれて様々な形での服従を強いられるか、父親がその種の言語的、情緒的、身体的な虐待を受けているのを見ているしかなかった。自分が何もできない子どもであった時、他に何をすることができたのであろうか、と彼は懇願するように尋ねた。統合された対人的な関係の持ち方から自己愛的で自体愛的なメカニズムへの退却は、転移の中では常にモノローグに向かう傾向に反映されていた。私はしばしば自分が話すためには、彼の話を遮らなくてはならないと感じた。そのような時にも、マニーの注意を得るのは難しかった。マニーはしばしば頷くだけで、まるで私が何も言わなかったかのように話を続けた。私たちが確認したのは、私からの影響を彼の侵入的な母親からの影響と区別するのは容易な仕事ではないということだった。それと同時に、まさにその種の支配への飢えが続いており、それは強力な男性の権威者による影響への切望を伴っていた。その妥協形成は、どうやら以前の治療者たちとの間ではあまりに強固に形成されていたが、私との作業で徐々にその手を緩めていった。その妥協形成とは、神のような力による保護や承認の空想を取り入れる一方で、分析家の（一個人としても分析的にも）人間としての影響による潜在的で現実的な効果から尻込みをすることだった。

　マニーの分析への献身ぶりは時には全能の庇護者に対する期待だけでなく彼自身の誇大妄想的な傾向も覆い隠した。時には彼は身体症状について医者に相談するのを嫌がった。それらは心身症的であり、分析的理解によって治すこ

---

[5]　この自己を落ち着かせるメカニズムは Ogden（1989）が「防衛の自閉－接触モード」として定義し論じたものの一例である。このモードの目的は、「感じられた形 felt shapes」に基づいた、原初的で象徴化される以前の、自己の感覚を確立することとなっている。Ogden はこう書いている。「病的に自閉的な形や対象との体験は機械のように予測可能であり、それが人間存在の持つ避けられない不完全さや十分に予想することの不可能さの代用となる。決して変化しない自閉的な形や対象は、絶対的に信頼できる安らぎや保護をもたらす力を有し、それに競って勝てる人間などいない」（pp.59-60）。

とができると主張したのである。私は彼自身の願望を解釈したが，その願望とは，彼が表すあらゆる症状はたとえ無意識であったとしても，彼自身の意志の表現であってほしく，それは裏返せば私によって治療可能であるということである。医学的な症状として診断されて治療されるものとは別にして，マニーの情緒的な状態は何らかの薬物によっても改善するように私には思われた。私は彼には「噛み砕いたり，噛んだりする」ような，いくつかの症状があって，それらは早期のトラウマへの適応として深く染みついているために準器質的な基礎をなしていると考えられるだろうと主張した。おそらく分析的な探求と解釈はそのような状態には限られた範囲でしか影響力を持たない（van der Kolk, McFarlane, and Weisaeth, 1996 を参照）。最終的には彼は焦燥を伴った抑うつと不安のかなり深刻なエピソードを体験し，精神科医にかかることに同意し，そこで新しい抗うつ剤の一つを処方され，それを2年間きちんと服用した。私の印象では彼の症状はかなり軽減されたようである。また薬の影響は，エディプス的な問題に取り組む機会をもたらしたが，それは薬なしでは不可能だったであろう。特にマニーは私が薬物の威力に対して羨望の念を抱いているのではないかと心配をしていたが，それは私に一つのことを示す機会を与えてくれた。それは，私に彼の人生の唯一の治療的な要因となりたいという願望がいかにあったとしても，どのような手段の組合せであっても彼には可能な限り最善の援助を受けてほしいという私の願望の方が強いということを証明する機会であった。薬物に対する私の「友好的な」態度は，マニーと他者との関係を支持したいという親の模倣となった。その他者にはもう一人の親も含まれており，マニーの母親の態度とは正反対であった。彼女はマニーに独占的に献身を要求し，父親が息子と関わろうとする時はいつも邪魔をする傾向にあった。そしてそれによって患者は忠実であることに罪悪感を伴った葛藤を背負わされたのであった。

　このようにマニーの事例の場合は，薬物はエディプス的な問題のいくつかを治療的に扱うための基礎を提供した。しかし未解決のエディプス的な困難さに関する修正体験の生じる場としては，分析状況はかなり限定されていると認めることは重要である。結局ライバルとなる愛情の対象が，患者にとっての愛情の源や同一化の対象として出現する機会はほとんどない。患者は分析家が関心を分散させていることや，他への愛着を向けていて，それらの愛着による利益を直接受け取ることなどできないことと折り合いをつけなくてはならない。そ

のライバルは健康で健全な家族の場合には見出せるが、不在のライバルからの愛を無意識的で不毛な形で希求することは、多くの分析を終わらせることを困難にする要因ともなりうる。ちなみにこの点は、エディプス的なライバル（分析家の配偶者のような）を見出すことができないことと同様に、愛情の源としてのライバルの兄弟の表象（他の患者のような）を見出すことができないことにも当てはまる[6]。

変化のための探求 対 時間や老いることの新たな破壊的なトラウマ

　時間とともに、マニーは変わっていっているようであった。彼は前よりも聴くことができたり、聴くことへの嫌悪について、ユーモアをこめてコメントできるようになった。彼の症状はその重さの点でも頻度の点でも減少した。しかしその時、何かが高まっていた。もし古いパターンによる軛を逃れる機会があったとしても、それは人間のおかれた状況に組み込まれた「反復」によって危険にさらされていた。いまや死が彼に襲い掛かっており、再び彼を寄る辺のない子どもや、容赦のない運命の犠牲者にしていた。分析が時にはそのようなコースをたどることがありうる。時間とともに吸収された治癒と修正の経験は、新たなトラウマの強烈さにより蝕まれる可能性があり、そのトラウマには、老化に伴って生じるものも含まれていた。時が癒すと言う人もいるが、しかし時間が残酷に古傷を開いて、塩をすり込むというのも事実である[7]。マニーは彼**自身の**死のみに直面していたわけではない。私が彼と作業した月日の間に、彼と親しい多くの人が亡くなった。最初の妻、長女、多くの友人などである。彼の社会的なネットワークが次第に減少し、葬儀への出席が彼にとってほとんど日常的な活動になった。

　マニーは最近ある事実を知り、心が張り裂けそうな苦しみを味わっていた。彼の二番目の妻、この世界に残された彼の最も親しい友人が癌と診断されたの

---

[6]　第8章の結論で論じたように、分析家が分析的な規律という「教典」と「結婚」することと、それによる患者への利益は、分析状況でエディプスの部分的な類似物と、そのポジティブな解決の可能性の基礎を提供する。しかし言うまでもないことだが、「教典」はライバルとしても愛の源としても、愛の対象としても同一化の対象としても、生きている人間には程遠い。

[7]　早期のトラウマと老いることのトラウマの間の相互作用に関する議論については、Aarts and Op de Velde, 1996 を参照せよ。

である。その手術が予定されていたが，マニーはそれをとても恐れていた。彼は妻が結婚しようと説得したことに怒りを感じた。彼女は「私はあなたに優しくしてあげるわよ」と言った。彼は様々な点で彼女がそうしてくれたということは認めた。しかし今や，彼は彼女に裏切られたと感じた。彼女は彼に「嘘をついた」のだ。**彼女**が**彼の**世話をすることになっており，その逆ではなかった。彼は母親が容赦なく彼の後を追ってきて，箒の柄で彼を叩こうとする夢を見た。その夢は異常に鮮明でリアルであり，彼は母親がちょうど夢の中と同じことを行った出来事を思い出した。しかし今は母親ではなく，死の生々しすぎるリアルさが，彼と彼の愛する者に容赦なく忍び寄っていた。

　したがってマニーがこの時まで分析を終わらせなかったことも，そして彼が分析を終わらせることは，不可避的な場合を除いては「決して」ないであろうとも，ほとんど恥ずべきことではない。分析的な治療は，ある疾患に対する一つの標準化された治療としてみなすべきではない。そこには始まりと中間と終わりという標準的な段階として定められた道筋があるわけではない▼8。どのように終結となるか，あるいはどのように終結にならないかは，私の経験ではきわめて変動しやすい問題である（Golland, 1997 を参照）。時には分析は背景にあって人生を支え，それは多くの人々の人生における宗教の機能に類似している。私たちは人々にどのくらい長く教会や寺院の行事に参加する必要があると思うかを尋ねようとは思わない。私たちは宗教的な機関は継続して存在して人々を支えるためにそこにあると考えている。ある人たちにとっては，分析的な治療もそのような役割を持つかもしれない。それは宗教的な基盤が，現代において非宗教的なものとして形を変えたのである。

　Freud（1937）は分析的な理解が「自我の強さ」に比べて「本能の強さ」を必ずしも克服することができないという事実と折り合わなければならなかった（pp.225-226, 230）が，それと同じように構成主義的な分析家も，分析的な関係が環境の失敗も含めた過去の複雑な影響を克服できないこと▼9に加えて，分

▼8　ちなみに，多くの身体的な疾患が慢性的であり，それらのための標準的な治療は，生涯に渡るということについて誰も疑問に思わないということを認識することは重要である（たとえば腎不全のための透析など）。

▼9　心的外傷後ストレス障害について次々と発表されている文献（van der Kolk, McFarlane, and Weisaeth, 1996 など）が疑いの余地なく明らかにしているのは，トラウマが生涯に渡って心理的な適応に圧倒的な影響を与えるということである。実際，分析だけでそうした種類の混乱を改善できると考えるのはあまりに無知であろう。

析治療の間に生じた不幸やトラウマの衝撃を必ずしも克服できないという事実と折り合わなければならない▼10。それらのトラウマのうちのあるものは不可避的に生じ，そもそも時間の経過の中での本来的なものである。それらは積み重なる喪失や老いていく経験，選択肢が狭まること，そして死の予期などである。マニーと私自身の場合もそうであったが，過去の影響と結びついたそれらの一連の出来事から明白になるのは，患者が何らかの形で正式で最終的なやり方で分析を終結しようとするならば，患者はことさら不必要に事態を捻じ曲げなくてはならないということだった。概して分析の終結を周到に計画して構成することが誰にとっても望ましいと主張することは，頑ななまでに客観主義的と言われるであろう。

　しかし私たちは精神分析を宗教機関になぞらえることに性急になる必要はない。精神分析を，科学的に裏づけられて技術的な合理性のある治療であるとみなすことが還元主義的で誤解を招きやすいのと同じように（Hoffman, 1987そして第6章を参照），それを因習的な性質を持った宗教的な信念体系と同等であるとみなすこともまた，還元主義的で誤解を招きやすい。第一に精神分析は，ラディカルに自己−批評的な作業であって，分析過程それ自身とその言説の両方の根底にある前提それ自体を疑うことができるものであり，またそうでなければならない。残念なことに，分析的な実践と理論化はしばしばその理想に沿えなかった（Cushman, 1995; Flax, 1996; Wachtel, 1983）。Flaxはこう書いている。「精神分析のラディカルに社会的で哲学的な意味合いの多くは，失われたり不明瞭にされたりしたが，それは一部には分析家が自分自身の理論の立て方が影響を受けている社会的な文脈を不十分にしか批評しなかったためである」（p.581）。しかし分析的な治療は，最善の場合は，多くの組織化された

▼10　Freud（1937）は分析が成功をもって終結することの最も大きな障害として生まれつきの本能の強さを強調したが，彼は「偶発的な」要因の影響を認めてもいた。すべての分析の目的が成し遂げられ（それはトラウマ的な要因のある事例の転帰である可能性が最も高いが），「それが確かに終結した」と言える場合でさえ，Freudは次のように言っている。「このようにして回復した患者がもう二度と，分析が必要となる障碍を生み出すことがない場合，こうした免疫のどれほどの部分が，運命の慈悲−（それによってあまりにも過酷な試練が患者から遠ざけられたのかもしれないからこう言うのだが）−によるものなのか，わたしたちにはもちろんわからない」（p.220, 岩波版，21巻，p.249）。彼はすべての症状の緩和で分析が終わった女性の例を挙げている。彼女は回復した後の最初の何年かの間は常に訪れた不幸に耐え続けた。しかし子宮摘出を受けたのちに，心の障害に陥り，それは分析のさらなる試みによってはどうすることもできないことが分かったのである（p.222, 岩波版，21巻，p251）。

宗教の表現とは異なって，関与者が自分たち自身の顕在的な経験やふるまいに対して深い懐疑的な態度を持つことを促進し，その探求の範囲はその根底にある価値観や前提にも及んでいる。さらに多くの精神分析の患者にとって，分析過程は「支持的」であるが，それはある意味ではきわめて批判的な挑戦となり，解釈的である**から**である。それは，Slavin と Kriegman（1992）が「生来的な懐疑論」（p230）として特徴づけた人間の心が持つ自然な傾向，絶対的な権威を信じたいという生得的な欲求の対極に位置するものと私が考える傾向に働きかける。このように逆説的なことであるが分析家の解釈的な行為は陽性転移を引きつける磁石の一つであり，たとえそれが陽性転移を破壊すべく働いている間でさえそうなのである。第二に，精神分析を単にそれ自身の目的としてではなく，目的のための手段と考える十分な理由がある。その原則はあまりに誇張され過ぎているかもしれないが，人々は通常はよりよく取り扱いたいと思う問題や，取り除きたいと思う症状や，変えたいと思うような存在の仕方とともに治療に訪れるのも確かなのである。分析家の機能は，多くの点で親のそれと類似している。それは親密な関係性を通して発達や変化を促進し，その関係性自身が両者により価値を高められるが，その関係は常に脱皮されていく過程にある。ある点では，分析家は親のように，自分自身がもはや必要ではない存在となるように努める。このように，彼らはしばしば自分たちが外的な優れた威力が具現化された存在として患者からの愛着を向けられることについて，それを促進するよりもむしろそれに挑戦するように努めるのである。

計画された分離を通して終結することの価値：
人生を引き受けることを促進する

　分析的な関係の中で多くの変化が促進されうるが，私たちの文化において，私たちが関心を持つであろう発達のステップがあり，それはしばしば現実的な分離なしには達成できないものである。その意味で単純に「よくなった get better」から終了するというようなわけにはいかない。むしろそれは終了して現実の喪失による痛みを吸収することが望ましいような地点に到達することである。そうすることでそのはるかによい much better 状態に達し，さらなる発達上のステップであるとお互いに理解しているような段階に至るのである。
　それぞれの分析が固有のものであるにもかかわらず，私たちは望ましい発達

上の進展について何かを言うことができるのであろうか？　私たちが発達に対して行う主張には文化的な偏りがあるため，そうすることは確かに問題がある（Flax, 1996）。それを心に留めているのであれば，少なくとも私たちの文化の中で何が精神分析の共通の対象となるかということを明らかにする試みには価値があるかもしれない[11]。

　目的の一つは，理想化された保護者からのさらなる自律性の感覚であるかもしれない。「自律性autonomy」は現代の西洋社会において悪名高く過大評価された特性である（Cushman, 1995; Flax, 1996; Hoffman, 1995）。おそらくその概念の狭い意味を乗り越えるためには，他者をもう少し現実に捉えることでその人への依存を克服するという意味ではなく，自分自身に母性的な没頭を向けている万能的な保護者に注いでいるエネルギーを放棄するという意味で考えるとよいであろう。「抵抗とならない」と言われている陽性転移は，それがその分析過程の治療作用にとって必要であるにもかかわらず，批評的に検討されなければならない（Stein, 1981）。私たちは常に分析的な設定の非対称的な側面が磁力のように人を惹きつけるという点と，その設定は健康で親密で相互的な関係性のための規範では決してなく，それに適合してもいないという事実を，心に留めておく必要がある。外部における近しい関係性は，分析状況におけるいわゆる「理想的な」側面と比較した場合には見劣りすると，患者はしばしば感じる。分析家はこの見方を問題視しなければならず，さもないとこれが破壊的な自己達成的予言self-fulfilling prophesyになってしまうからだ。分析を終えることはその退行的な利益の放棄を促進できる一方で，平等や相互性が期待できるようなその他の関係性が，より上手くいく機会をもたらす。それは結局のところ，患者の中で転移対象に取って代わる候補になるかもしれないいかなるものや人にもコミットする意思を促進し，その空想の「不出来な代用」を受け入れる準備性を高め，またもう一つの，より現実的な価値の基準との関係においては，それらは決して代用ではなく，彼ら自身が本来の愛着対象であると考えることを促進する。これらの新たに見られ評価される愛の対象は，他者だけではなく，健康な「自己愛の変形」（Kohut, 1966）を経た患者自身も含んで

---

[11]　全く抽象的な話であるが，Heinz Werner（1957）の「定向進化原則orthogenic principle」によって発見された進行を，発達の全般的な特徴として考慮することは役に立つであろう。それによると，「どこで発達が生じてもそれは相対的なグローバル性や，分化の欠如した状態から，徐々に分化や分節化やヒエラルキー的な統合の増進した状態に至る」（p.126）。

いるのである。最終的には，制限への寛容さと価値の評価は同時に，そして相互依存的なやり方で自己と他者に広がっていく。

このように，たとえ多くの患者にとって分析を受けることによる継続的な利益はその代償を上回るとしても，分析過程には明らかに医原性の影響の可能性もあることも考え合せなくてはならない。それは長年に渡って，その人が十分なコミットメントを行う可能性に対する微妙な障壁として機能するかもしれない。実際に「現実世界」の経験は，それ自身のために生きられるものというよりはむしろ，分析という製粉機にかけられる穀粒のようなものとなる。その「製粉機」の働きの中にしばしば，変身的な魔術や，時間の制御や，不死への望みの残滓が隠されている。その間は分析の外側のものすべてが，分析の中にある場合よりもほんの少しだけ重要でないかのようである。患者としての私たちはそれによって自分たちの選択がどのような影響を持つかを十分に感じずに済む。私たちは，時間の容赦のない流れについての苦痛を伴う認識や，それぞれの瞬間の不可逆性についての痛切な気づきからは距離を取っている。それと同時に私たちから奪われているのは，その固有の意味がより十分に認識されるような体験の潜在的な強烈さである。分析を終結に至らせることは，より完全にその人の人生の経験を所有して，その構成について大きな責任を取るということを意味しているかもしれない。それが起こるために，私たちがさらに直接折り合いをつけなくてはならないのは，私たち自身や他者の限界の影響であり，自分の存在にとっての「所与」となるものであり，私たちに配られている持ち札なのである。多くの人にとって発達的な達成が終結の必要条件ではありえない。なぜなら，その達成が生じるために終結が必要なものだからである（Renik, 1992 を参照）。Mitchell（1993）はこう述べている。「分析を去る際に驚きを持って実感するのは，これからは十分に自分の人生に責任があるという感覚である。分析が提供した宙吊りの状態は，役に立ち必要であり，充実させるものであったが，もはや終わったのである」（p.229）。

マニーのエピローグ

この章を書いている間に，マニーとの作業は新たな局面を迎えた。彼の妻は癌の手術からかなり回復し，二人は計画していたパームスプリングスでの「休暇」計画を復活させて，少なくともその一部を取ることにした。しかしこの休

暇についてはこれまでとはあることが違っていた。戻る明確な日程が定められていなかったのである。マニーは1，2カ月，あるいはそれ以上不在になる可能性があった。したがって私にとってマニーのために時間を空けておく意味はなかった。彼は戻ってきたら一か八か電話してみると言った。こうして私たちは曖昧な中断に直面した。それは普通の意味での完全な休暇でもなく，完全な終結でもなかった。私はそれが彼にいい意味での準‐終結 half-ending を構成する機会をもたらすと判断した。それは患者がこれまで分析では決して経験できなかったものであった。「最後のセッション」で，私は彼に贈り物をした。それらは2冊の本であり，宇宙や生命の始まりについてや進化など，すべてマニーが関心を持っていると私が知っていることに関するものであった。贈り物につけられたカードに私が書いた文章の一部分を示す。「『卒業』おめでとう。もしこれらの本が人生の意味についてまだ持っている疑問のすべてに答えられないとしたら，あなたには絶対に（上級の，卒後コースのような）分析がさらに必要です」。マニーは心を動かされ，また喜んだ。彼はもししばらくの間死なないならば，確かに帰ってこようと考えていたが，私がこの機会を一種の終わりに変えたことに感謝した。彼は冗談で，もし私が彼を必要とするなら電話をすることができるように，後で手紙を書くか電話をするかして，パームスプリングスの彼の住所（その面接の時には知らなかった）と電話番号を伝えると言った。次の日に彼は待合室に私への封筒を置いていった。そこには地元でのコンサートのチケットが2枚入っていたが，それは彼がいない間で出席することができないものだった。数週間後，彼は仕事の関係で2，3日戻ってきた。予定された2回のセッションの最初に，彼は私が贈った1冊の本（Carl Sagan と Ann Druyan の『Shadows of Forgotten Ancestors（邦訳：カール・セーガン，アン・ドルーヤン著，佐々木敏裕訳『はるかな記憶‐人間に刻まれた進化の歩み』〈上，下〉（朝日文庫）文庫‐1997)』）について意気揚々と話した。そして，これまでに彼が読んできた本以上ではないとしても同じくらいに面白かったと言った。彼はいくつかの考えに刺激され，見違えるほど生き生きとそれらを私に伝えてきた。彼は私がこれまでに会ってきた中で最も健康に見えた。そして彼は私たちの面接がなくて淋しかったけれども，パームスプリングスで妻と素晴らしい時間を過ごしていると報告した。彼は仲春にはシカゴに戻り，治療を再開したいと思うと言った。しかし私が彼の予約時間を他の人に渡してしまったと言った時も，彼はむしろ平然としていた。彼は「わかりました，戻った時

に会っていただける時間があれば何でも結構です」と言った。セッションの2回目には，彼が取り組んできたいくつもの業務について若干の誇りと満足感とともに話した後で，以下のような夢を報告した。

　私は最初の分析家のオフィスに向かっていました。しかしその建物の前には大きな群衆が集まっていて，私は通り抜けるのに苦労しました。群衆はロビーにもいました。それで私はちょうどスパイダーマンのように外壁を登ろうと決めました。私は容易にそうすることができたんです。それから私はバスルームの窓から入って，彼のオフィスにたどり着きました。「遅れてしまいました」と私は言いました。分析家は答えました。「はい，そうですね。あなたは1時間11ドルで3時間分かかるのはわかっていますね」。

　彼は最初の分析家は，暖かくとても人間的だったという点で，私を思い出させると言った。建物の前の人々は私の他の患者を表していて，そこには彼の以前の予約時間を取ってしまった人も含まれており，「遅刻」は彼の旅行期間についてのものであり，つまりいつ戻るか決めていなかったことを意味しているのだと彼は考えた。11ドルでの3時間の罰金について彼が考えたのは，それが長い間の私たちの面接の頻度と，料金の一部，正確には10分の1と一致するようだということであった。夢というタイムマシンの中で，ひょっとすると彼は私たちをインフレ前の時代に連れ戻したのかもしれなかった。3時間を請求されることは，彼の不快感や，彼が来れなかった時間の料金を請求しないという形で，私が私欲をおざなりにしていることへの彼の罪悪感かもしれなかった。彼は壁を登ることが何を意味するかについてはわからなかった。そして私たちのためにそのイメージを明らかにするような連想はなかった。私はそれが若々しい活力の感覚を回復したことを気まぐれな形で表しているのではないか，と言った。夢の中で彼の最初の治療者が現れて，彼を50年前に連れ戻したという事実は，自分が若々しい力強さとエネルギーを持っているという感覚を表してもいた。私はまた，壁に登るというイメージは彼が私にとって特別であるという感覚を持つことを意味し，たとえ彼に何か通常とは違うことが必要とされたり，私自身がかなり無理をすることになるのではないかという心配があったとしても，最終的には私に近づくことができるという自信があるということを示唆していた。私は彼に贈り物をしただけであったが，それは標準的な分析における相互交流とは言えないのである。壁を登ることは特に，進化につい

ての本，彼自身の適応性，「適者生存」について表しているかもしれない。私にはその時は考えなかったが，それは私が彼に与えたもう1冊の本がRichard Dawkins の『Climbing Mount Improbable（ありそうにない山を登る）』であったことは関係しているかもしれない。明らかに思われることは，様々な移行対象によって守られて高められた準−終結は，マニーの資源だけでなく，私や分析過程との関係の永続的な側面についても確信する能力を高める促進剤であったということである。

外的な状況との相互作用と終結の準備

　終結のタイミングは微妙な問題である。外的な偶発事や心配事にみえるものにたえず襲われることのないような，終結のための空間を作り出すことは実質的に不可能である。しかしこれらの外的なこともできる限り分析的な作業と統合されなければならない。被分析者が分析家の援助を受けつつ自分の人生をコントロールする能力を最大限にすることに，両関与者がエネルギーを注ぎ込む傾向があるために，分析の間だけでなく終結の後も運が大きな役割を演じることを受け入れることは，両関与者にとって難しいことであろう。

　分析家側の視点からは，自分たちの各瞬間の，ないしはある期間における影響力ということを考えた場合には，運という要因は明らかである。私たちは自分たちが提供するものがどのように受け取られるかについて，明確に知ることはできない。剥奪されて犠牲者となっていると感じている患者に対して，分析家が危険を冒して，「あなたが他者や分析家に関わるやり方には過剰に批判的で要求がましい両親との同一化の特徴が見えるかもしれませんね」と示唆し，それが共感的な応答どころか疎遠さや防衛を促進する時，この世に存在するいかなる機転やタイミングを用いてもよい結果は補償できないだろう。私は何度もそのような示唆への彼らの反応や怒りのこもった抗議に驚かされた。もちろん予想外の経験からは，私が学ぶことができる何かがある。それは私が介入する前には考えることができなかった何かである。しかし「同じ」直面化が将来同じような状況で同じように受け取られるかどうか知ることができると考えるのは錯覚であろう。それは同じ患者についてもそうであるが，異なる患者であればなおさらであろう。分析家が行ういかなることでもそれぞれの瞬間に十分に固有性があるために，それは現実のリスクの要素を伴う。自由な行為者

としての患者に敬意を持つことは，私たちの意図した影響と患者の応答の間の
ギャップを認めることであり，そのギャップは部分的には，患者の選択の能力
によって埋められている。

　そのギャップを埋める他の要因は無数にあり，もちろん患者の生育歴の重み
から，別の人が前の日に患者に偶然言ったことと私たちが言ったこととの合致
（あるいは合致の欠如）まですべてが含まれている。投影同一化の解釈の応答
として，例えば上記の例では，患者はその時に，あるいはひょっとしたら一週
間後に「それは確かに私の友だちが昨日の夜に言ったことです。私はそれにつ
いてよく考えてみた方がいいと思います」と言うかもしれない。あるいは，「そ
れは馬鹿げてます。あなたはまるで何でも私のせいと思いたいのでしょう。私
の友だちは，自分の分析家は決して，自分の方に矛先を向けてくることなどし
ないと言っていますよ」と言われるかもしれない。議論のために，私が両方の
文脈で提供したものの利点を前提としよう。すると分析作業のための同盟者に
「加勢してもらう」ような患者と，敵を連れてくるような患者の違いは確かに
あるものの，その力は必ずしも予想できるやり方で結集するわけではなく，予
想外の外部からの影響は時には恐るべきものとなるかもしれない。

　私たちは患者の人生が制御不能な出来事のすべてに影響されている可能性を
感じる。患者が最終的に愛着や親密さのリスクを冒そうとしていたまさにその
時に，恋人が患者を拒絶する。患者の傷つきやすさはピークになり，落ち込み
は大きい。患者の中で，必死の思いで撤退して，怒りに満ちた抑うつに沈み込
み，転移の中の敵意のある依存に退行することを望む側は，その正当さが証明
されたのだ。また別の患者は，彼がいかなる種類のコミットメントについても
抱く激しい両価性に耐えてくれる人を探す。その人は患者の関係性を破壊する
多くの努力にもかかわらず，患者から離れない。その結果，患者は修正体験の
機会を得ることができる。私たちは分析過程のおかげで，分析の外での関係は
より上手くいく機会があるのだという考えに慣れている。しかし分析の外部に
おける偶然の関係性の影響によって，分析的な作業がよりうまく行くというこ
とも，それ以上に真実とまでは言えないとしても，時には同じくらいに真実で
ある。ここでも分析的な作業が単独に支配している要因であるとみなすことは，
その力を非常に過大評価し，患者の人生における発達の機会の力を過小評価し
ていることになる。

第 10 章　精神分析における程よい終結を構成する　325

終結と分析後の繋がり

　ダイアンとの分析については第 8 章で論じているが，その終結の 5 年後に，彼女から手紙を受け取った。5 年間の治療作業の後の，彼女との終結は良好なものではあったが，とてつもなく素晴らしいというわけではなかった。彼女自身は自分がよくなったと感じているようであった。彼女は以前よりも抑うつ的ではなくなっていたし，仕事は上手くいっていた。しかし終結した直接の理由は，彼女が別の都市にある彼女が専門とする分野のレジデントトレーニングに受け入れられたからであった。彼女はキャリアを積むことに加えて（彼女は分析の間に看護から医学部へ移ったのだ），男性を見つけて結婚し，子どもを持つことを望んでいた。ダイアンは以前よりも関係を持つことへの準備ができていると感じていたにもかかわらず，家族を持つことに関する願望の実現に関して，いくつかの疑問があった。彼女は親との関係がモデルとなったような男性たちとの関係を持つことへの欲望を，分析が和らげてくれたと思うと言った。彼女が惹きつけられる男は自己愛的で支配的な傾向があった。彼女は優しさや平等主義，性差別をしない態度を男性の中の弱さと同一視していた。私たちの関係性の質を評価することを含めた分析的な作業を通じて，その欲望の強さはいくらかは減少し，一方で優しく共感的な誰かとの関係性への欲望が増加した。しかし十分によい相手を見つけることは容易ではなかった。彼女は結局は，一緒にいるのが時には大変に感じるような人のままであった。彼女は要求がましく，そして極めて批判的で，親密さについて臆病でもあった。それに加えて，彼女が会ったよい男性はすべて既婚者のようだった。つまり彼女は未来への希望と多くの疑念とともに去って行ったのである。

　私が終結の 5 年後に受け取った手紙では，ダイアンは素晴らしい男性と出会って結婚したこと，妊娠をしたこと，これまでに夢見ていたよりもずっと幸せであることを報告していた。彼女はこう書いていた。「あなたはこれがご自分が治療した暗い魂の持ち主と同じだなんて信じられないでしょう」。その男性は彼女にとって理想的であった。とても頭がよく，親切で，紳士的であった。彼は彼女の厄介な気性に寛容であったが，同時に葛藤が生じた時には毅然としていられるだけの自負を持っていた。彼女にとってはそれ以上望むことができないような人だったのである。私は驚き，かつ喜んだ。私が驚いたのは，もし

彼女が結婚したならばその関係性はもっと葛藤に満ちたものであろうと思って
いたからであった。そしてもちろん彼女が満足なパートナーを見つけられな
かったり，出産適齢期の間には見つけられなかったりするという可能性も大い
にあった。彼女の分析の良好な「転帰 outcome」のこの側面は，分析でははっ
きりと「ありそうなこと」として透けて見えたわけではなく，ましてや「確か
なこと」ではなかった。しかしそれは起こったのである。それは部分的には間
違いなく，患者の著しい強さのためであり，そして多くの発展が生じた分析の
ためであった。しかしそれは全くの幸運で起きたことでもあった。この特定の
男性が現れる必然性はなかったのである。たとえばダイアンは，それほど相性
はよくないものの十分に上手くやっていけるだけの誰かとめぐり会っていたか
もしれない。その結果として彼女の人生はより困難なものとなったかもしれず，
患者は愛し合っているという感覚を育てて維持するために，もっと苦労しなけ
ればならなかったであろう。言い換えると，分析の表向きの「転帰」はあまり
ポジティブなものではなくなっていたであろう。もちろんここで明らかなのは，
「転帰」という言葉がそれ自体で全く誤解を生みやすいということである。な
ぜなら，生じていることは多くの変数による関数であり，分析過程はそのうち
のたった一つの変数に過ぎないからである。

　ここで，私は第9章で扱った事例ケンの終結と分析後の出来事に立ち戻って
みようと思う。第一に，私はある終結の側面について報告したいが，それは以
前に分析状況の中で生じた問題に焦点を当てた文脈では記述されなかったもの
である。ここでは外的現実，精神内界の問題，そして関係性の問題が織り合わ
さったものを含めた終結の側面を見ていきたい。第二に，私はこの患者との分
析作業について書くという経験の側面について書いてみようと思う。そこには
彼に発表する許可を求めることも含まれている。そのような事例発表には総じ
て臨床的な文脈があり，したがってそれは分析過程それ自身の中で重要な出来
事である（Stein, 1988a, b）。

　ケンは分析の4年目が終わりに近づき，彼の学問的な業績により見合ったポ
ストを見つけようとそわそわしていた。しかしちょうどシカゴで空いた2，3
のアカデミックなポストに就くことに失敗したばかりの時に，ケンは運よく別
の州での魅力ある仕事の可能性を探り始めた。それは必ずしもケンの望んだも
のではなく，アカデミックというよりは臨床的で管理職的なものであったが，
地方の美しい地域にあり，リーダーシップと多くの責任のある立場を伴ってい

た。そしてそれは精神保健サービスの提供についてケンが持っていた信念に合ったプログラムを作成して実行するために彼の才能を利用する機会をもたらした。それに加えて，彼はこの機関の人々にとてもよい待遇を受けていた。これが分析の中で終結の可能性が持ち出されていたある時点で生じた。私たちは多くを達成できたと感じた。慢性的な抑うつはなくなり，過度の飲酒も止んでいた。患者の結婚生活は性的な意味でもそれ以外でもより堅実で満ち足りたものとなり，他方では子どもたちや他の人たちとともに過ごすより自然な喜びの経験が多くあった。患者はある日一つの顕著な変化を報告した。それは彼の娘が彼のくすぐりのツボを見つけたということであり，そして彼はくすぐられて，それを初めて楽しむことができたというものである。これは Adam Phillips (1993) が書いた一種の重要な経験である。しかし私たちにはやり残したことがあり，それを患者は推測ではあとおよそ 1 年くらいかかると考えていた。一つには高所恐怖症があり，それを克服できたように思われる時も多いものの，彼は未だにそれに悩まされていた。仕事に関する見通しの一つとしては，彼は幸か不幸か高いオフィスビルがほとんどない小さな町に引っ越すということがあった。

　したがって私は患者が懸念していたのと同様に，彼がその進歩にもかかわらず，早すぎる終結をしようとしているのではないかと懸念しなければならなかった。もしこれが Sampson と Weiss の用語でいうところの「試験」であるなら，私はどうしたらそれに合格できるのであろうか？　ケンはこの時点でその可能性を探求するという形で行動化をしていたのであろうか？　背景では，私たちは彼の母親の早すぎる「終結」のモデルを持っており，彼は彼女に同一化してより「自然な」終わりが来る前に分析を終わらせようとしている可能性もあった。この時期の患者のある夢の中では，王室の一人が処刑され，外科的に手足を切断されていた。私たちはその夢を，彼が分析や私に対して，あるいはそれはひょっとすると私の理想化された表象や，私が持っていると彼が想像した膨れ上がった自己イメージに対して行っている暴力かもしれないと解釈した。それと同時にケンは，彼のもとに来ている魅力的な仕事のオファーに関して，私がその価値を理解していることをとても望んでいた。もし彼が去ることを決断するなら，私がそれに賛成して私たちの達成を喜び，そして彼が終結やその先にある試練を扱える資源を持っていることを私が確信していると，彼は感じたかった。私はそれが私にとってはいずれにせよ勝ち目のない状況である

ことを認めた。なぜなら私はあまりに容易に彼を行かせてしまうか，あるいは支配的で押しつぶすような方法で彼をつなぎとめるか，というリスクを負っていたからである。分析家として，私はケンの選択の様々な意味を探索しようと努めることができたし，それはもちろん彼が私がどのような態度を示していると考えるかという文脈に従ってもそうであったのである。しかし私は「白状する come clean」こと，つまりその時々で私が何を感じたかをできるだけ伝えることが重要であると感じてもいた。そして実際に私が通常感じていたものは，自分にも確かなことは**わからず**，それについていくらか葛藤しているということであり，私はそれを伝えた。私はケンが分析を終わらせることに私が反対しているという印象を持って去るならば，私の賛成のもとに去るのに比べて分析の終結が全く異なった意味を担うであろうとも言った。実際終結の経験は，分析的な中立性の神話を非常に際立たせるものの一つである（Winer, 1994, p.183 を参照）。私たちは終わり方の共同構成に関与する仕方について責任を取らなければならない。それは避けて通れないのである。私たちが採用して従おうと選んだ観点は，第一にそれに先行する「データ」によって劣決定 underdetermine されていて，そして第二にそれに従うすべての「データ」を色づけするような極度の影響力がある。

　この例では，事態が進展するにつれて，そのオファーは時間とともにますます私にとって魅力的に思えてきた。ケンが私に見せるために持ってきたその地域の写真は素晴らしく，私を羨ましがらせるのに十分であった。おそらく私はその時に，そのオファーが彼や彼の家族にとってよいことであろうということを「わかった」と感じたのであった。彼の妻にも向こうで彼女のキャリアによい見通しがあり，またそこの学校は素晴らしかった。私たちは終わることの様々な意味を，極めて段階的にあれこれと考え続けたが，私はそのよい話に夢中になっていった。ケンが現地を訪れて関係者と会い，驚くほどの給料と手当での契約にサインをしたと報告した時，私は嬉しくなって，すぐに駆け寄って祝福した。言うまでもないが，その瞬間にパーソナルで自発的に応答しないことがより中立的とは言えない。そうしないことは非常に**異なった**やり方で患者の経験に影響を与えるのである。

　「早すぎる」終わり方を創ることが反復される危険性については，ここでの目的は，過去の痕跡のない何かを形作ることではなく，その痕跡を含みながらも違った新しい何かを創ることなのだと私は言いたい。難しいのは類似性の文

脈の中での違いを形成することである。第7章で論じられたように，それが私たちが提供することができる最も力強い差異化 differentiation であると私は考えている。そのために，例えば終結しようとする患者の行動に「攻撃者との同一化」の要素があるとしても，彼の多くの行動の中に，彼の親の様々な別れや放棄を特徴づけたものよりもはるかに健康的なものがある。第一に彼が主導者であり，自分自身のために何かをするリスクを，Winnicott の言葉を借りるなら「無慈悲に ruthlessly」，つまり私の好みやニードに関係なくおかしている点に価値があると私は考えている。第二にそれは彼の誘いかけであったが，彼はその分析過程の中で，標準的な分析的意味においても，一種の影響力のあるパーソナルに関り合ったパートナーとしても，そして信頼された権威としてさえも，私に関与するように頼んできた。そして三番目には彼は私たちの間でつながりを保ったままにし，私に彼がおかれている状況を知らせ，彼の別れのメモ（第9章を参照）の中に書いたように，「彼の人生に［私を］関わらせ」続けようと懸命になったのである。

　私はケンが去ってからおよそ2週間後に，彼から手紙を受け取った。その中で彼は以下のことを書いていた。

　　私はあなたとの最後のセッションの次の晩に夢を見ましたが，多分あなたが興味を持つと思います。私はいくつかのクリスマス・プレゼントをもらったのですが，もう一つあったはずだと確信していました。それ［贈り物］が最も重要なものだったので，私は不安でいっぱいになりました。それから夢の中で私は分析について夢を見ていて，その夢は私が分析を止めたのは早すぎたのではないかという恐怖を表していると理解しました。しかし目が覚めた時に，夢を解釈することができたので，それに勇気づけられたように感じました。それで私は，分析自体の内容よりもむしろ，過程としての人生についてや，自分自身をどのように分析するかという能力が，「最も重要な贈り物」なのかもしれないという考えを持ちました。

　ケンの「自己分析」の能力が高まったことの価値は，それが与えた何かの洞察や，それが反映した自律性にだけではなく，それが支えた分析や私とのつながりの感覚に属していると言っても差し支えないと私は思っている。

論文を書くこと：分析家の治療者としての患者

　患者との治療作業について書くことを，患者と関わる一つの形式として体験することなしに行うことは不可能であると私は考えている。つまりそれは潜在的な聴衆や読者としての，あるいは除外され，論文が書かれることが伏せられている人としての患者である[12]。本書の第9章となった論文は，終結から6，7年後に書かれた。私はその終結以後も何度かケンとの接触を持っていた。通常は彼からのクリスマスや新年の手紙であり，彼自身や家族のその年ごとの報告と合わせたものであり，ケンはそれをすべての家族の友達や親戚に送っていた。私は彼の手紙を受け取ったという通知や，それについてのいくらかのコメント，そしてその分野内の同僚どうしのやり取りとしてその度に応じていた。論文を書き始めた時，もし私がその治療作業について書いたとしてもかまわないと思う，と彼が分析の中で一，二度さりげなく言っていたことが私の頭にあった。しかし概して私は彼の「許可」について確信を感じていなかった。なぜならそのコメントは「連想」という精神状態の中でなされたものであり，言い換えれば，私が文字通りに取ると思っていなかったかもしれないような彼の考えだったからである。たとえ彼がそれを予想していたとしても，彼がそのようなことを望ましいものと感じさせるようなすべての**不健康な**理由の探索をたくさんすることに多大なエネルギーをつぎ込んだ覚えもなかった。結局私は彼の同意が欲しかったのである。それでこれを書き始めた時，私はそれについての不安や罪悪感の疼きをほとんど感じていなかった。最初は，私はエレベーターのエピソードについてだけ語るつもりであった（実は私たちの両方が参加した学会で簡潔にケンに話していたことであった）。それはそれから長くなっていき，別の部分も合わさり始めた。ある時点で，私はエレベーターのエピソードといくらかの終結について記述したが，まだいかなる生育歴も含めていなかった。結局私は全体の過程の流れを伝えるためにはその背景を含めることが重要である

▼12　Stein（1988a, 1988b）は，患者との分析作業について分析家が書くことの臨床的な意味合いについていくつか論じているが，ここで私が焦点を当てているような，両者のある種の相互的な承認の可能性については探索を行っていない。ちなみに第3章で論じた患者と同様に，この章で論じた他の患者，マニーとダイアンも，私が彼らの分析について書いたものを読んでコメントし，賛同してくれた。

と判断した。それぞれの部分が付け加えられて，論文が形になり始めると，私は患者がそれをどのように感じるかが心配になっていった。これは何か搾取的なのではないであろうか？　そして私は私たちの関係の誠実さやプライバシーを傷つけているのではないか？　ちなみに私は「守秘性の維持」がこの問題のすべてを捉えているとは考えていない。私はそれをもっと関係論的な意味で考えているのである。

　私は患者が論文を読んだ時にどのように感じるかについても考えなければならなかった。特に彼が同じ世界にいたので，私は彼にそれを見せないということは想像できなかった。しかしこの私はケンと約千時間を過ごし，常に彼との間で起きていることには機転がきき敏感であろうとしていた。しかしその私が，彼が論文に遭遇した瞬間にどのような精神状態になるかについては実質的に何もわからないままに，私は彼に自分自身について客観的な仕方で読むことを強いるのである。そこには彼の子ども時代のトラウマの詳細についてもすべて描かれていて，彼の母親への性的な反応や彼女の自殺の細かな記述も含まれていた。私は彼を犠牲にして利己的なことをしようとしているのではないかという感覚が高まった。それは彼を傷つけ，怒らせ，私に従うことにプレッシャーを感じさせるのではないかと怖れた。そしてそこには確かにプレッシャーがあった。というのもその論文が多くの作業を含んでおり，私がそれにとても多くのエネルギーを注ぎ，それを発表して刊行したいと強く望んでいることは明白であったからである。

　私が経験したことは，かつて私が分析的な枠組みの暗い部分と呼んだものの延長であり，それらは患者にとっては搾取的だと経験しても無理のない分析過程の側面であった。そして第9章で用いた言葉を借りると，その経験は境界空間で続いており，それは分析状況それ自身の内部でありかつ外部なのであった。

　この問題に対するケンと私のやり取りは一連の手紙という形を取った。まず私はこのような方法で彼に押しつけることについて申し訳ないという気持ちを表した手紙を添えて，彼に論文を送った。私は論文がどのように出来上がったかを簡単に説明し，彼の反応が私にとって重要であることを伝え，彼の身元の偽装が十分だと思うかを尋ね，その論文の「無言の共著者」であったことに対しての感謝を示した。私は心配しながら手紙と論文に対する彼の応答を待った。彼は私が分析について書いてしまったこと自体に気を悪くしたり怒ったりするのではないか？　彼は私がその治療作業や彼について腹の立つようなことを書

いたと感じるだろうか？　彼はそれらのことを全く違う形で覚えているであろうか？　そして最後に，論文を読むことは現在の彼の生活を害するような破壊的なものであろうか？　そのために2週間後に私がケンの最初の文章を読んだ時には，大きな安心があった。「私がエレベーターに一緒に来てもらうことで規則を曲げるようにお願いしていることを知っていたことや，次の日に私がなぜ自分があたかも操作的で不正直で，あなたを試したようだと感じたのかということをさらによく説明しています」。

ケンは続けて，彼の生育歴の様々な面について読むことが実際にはいかに衝撃的であったかということを語った。「それは驚くべきことです」，彼はこう言った。「抑圧が何をできるかということが，です」。しかし，彼が過去とのこの新たな出会いを建設的に用いたことは明らかであった。彼はそれを新しく統合的なやり方で行った。すなわち手紙を受け取った数日後に，彼は生まれた町を妻と子どもと訪れ，母の姉妹を訪ねたのである。彼が書いたことによると，それは「無意識の仕業」であったという。

その手紙には分析過程の私の感覚をはっきりと確証しているいくつかのコメントが含まれていた。たとえばケンは分析家の「さらに暗い動機」についての私の省察に同意し，それ以外のいかなる見解を持つことも間違いなく否認を表していると考えた。彼は分析家の「可視性」の問題に対する関心を表し，彼自身のさらなる見解を提示した。

　患者は物理的な空間の変化だけでなく多くのことに心の波長を合わせていますが，それらは分析家の口調や，ムードなどの変化であり，多くのものが分析家の意識的な気づきやコントロールの外側にあります。私はあなたが2，3日の間，鼻風邪をひいていた時のことを何度か思い出したようです。その時はいつもあなたがいっそう人間的で，私と対等になったように思えました。そしてもちろん，患者は分析家の［相対的な］匿名性を守ることに，分析家とともにエネルギーを注ぎます。しかし私はカーテンの後ろから覗きたいという欲望を確かに経験しました。時には私はこれを一種の悪戯心，枠組みと戯れることとして感じました。そしてあなたが書いたように，私たちのどちらもこれが分析的な探求を受けることになるだろうと予想をしていました。

ケンの恐怖症に当てはめられるような，神経症的な不安と実存的な不安の相互作用に関しては，ケンはこう述べていた。「私は自分の恐怖症が命の儚さの

認識という金塊を持っていたというあなたの理解にとても感謝します。私は他のすべての人が否認していて，自分ただ一人が本当に正気な人間だと感じたと言ったことを覚えています。私はそれを言ったことが（そしてあなたがそれを退けなかったことが），私にとって治療的な瞬間であったと思います」。

ケンは「2年間の分析作業をまとめるならば［彼は］人々に［彼を］好きになって欲しいということがわかった」，と言うことによって「盛り下げて」しまい「気恥ずかしい」と言った。しかし彼は続けて，おそらく**私が**彼を好ましいと思っているということが重要だったことを，より直接的に示唆した。ここではおそらく，私が見かけは単純すぎる患者の定式化にあまりに失望してしまい，解釈することができたかもしれない転移のほのめかしが見えなくなっていたのであろう。

ケンは最後に論文について私を誉めた。彼は「協力者であることを誇りに思い」，論文が評価を受けることを望んでいると書いてあった。

私が手紙を受け取った時に感じた安心感を言葉に表すのは難しい。第一に，それには実質的な意味合いがあった。私は多くの作業を注ぎ込んだその論文を，発表や出版のために使うことができた。しかしそこにはまた私自身にとっても，より深く心理的で治療的な影響があったのである。結局私の動機には自分自身のニードを彼のそれに優先させ，**私の**自我に「悪い対象」の影を残したという側面があったわけだが，私はそれをケンに許されたと感じた。彼は悪さを許してくれただけではなく，私が論文を書くことの**よい**面を評価もしてくれた。彼は論文が彼に及ぼした害よりも益の方が**実際には**多かったというのである。書くことや素材を使う許可の願いについて何らかの操作的で搾取的なものがあったとしても，それは論文が提供するに違いないよいものによって帳消しになった。そのメッセージを私に伝えることによって，患者は私が彼について書くことを選んだことについての私自身のポジティブな自己価値を高めてくれた。それは私が**彼の**逸脱のポジティブな価値を高めることに貢献したように，であった。そして私は，これが分析が提供する修正感情体験の一つの側面であることに思い至った。それは患者が単純に，私たちは過去の「悪い対象」よりもよりよいということを学ぶということではないが，結局はまわりまわってそこに至るのであろう。むしろ患者は私たちが本当は悪くて価値がないもの**である**ようなあり方を許す方法を見つける。私たちが分析家という存在として持つそれらの側面が許されるとするならば，私たちが提供すべきよいものは同化されるで

あろうし，患者は変化するであろう。そして私たちは名誉を回復したと感じることができるのである。私たち自身の名誉回復のニードの貪欲さには未知なところがあり，それはこれを探求するという永遠の営みは，私たちが生計を得るために行うこととして表してきたという事実の背後に隠されているからである。

　私の返事では，Searles（1975）の論文「分析家の治療者としての患者」に言及して，ケンは私にとっては確かにそうだったと私は伝えた。

　　私は論文を書く際にあなたの分析を使った時，分析的な枠組みの「暗い側面dark underside」が働くのを感じたのだと思います。そして私はあなたが利用されたり操作されたりしていると感じているのではないかと心配していました。それは人が自分に対して持ついかなる悪い感情をも活性化させるような種類のものであったため，あなたの応答は私にとって本当の「修正」体験"corrective" experience になりました。それはおそらくあなたが私にエレベーターまでついて来てくれるように頼んだことへの私の応答に対応するものなのでしょう。つまり保証と承認は両方向性のものだったのです。

程よいとは言えない終わり方

　ダイアンやケンとの終わり方や，マニーとの準終結，そしてこれまでの章で記述したその他の人たちとの分析過程は，すべてとてもポジティブで希望の持てるものであった。これらの患者はそれぞれ異なる形で，彼らの分析的な経験を建設的に用いて，彼らが巡り合った幸運の欠片のいくつかを利用して人生をよりよいものにした。言うまでもないことだが，すべての分析がこのような好ましいコースを辿ったり好ましい結果となったりするわけではない。私自身の経験では，治療が基本的には人々の機能の一定のレベルを**維持する**のには役立ったが，それ自身を変えるには至らなかったものがある。二，三の痛ましい例では，患者がどうやら分析過程で，自己愛的な傷つきを加えられたことに反応してかなり唐突に終結してしまった。

　このような不運な終わり方はまれにしか起こらなかったが，それらは次のようなアプローチに内在する現実的な危機を示している。より自己表出的になる自由を分析家に与えるアプローチや，Ehrenberg（1992）がいみじくも「親密さの接面 the intimate edge」と呼んだところにおいて両関与者がさらに生きることを許されるようなアプローチである。分析的な設定の限界は，そのアプ

ローチが同時に促進している相互性の流れから不快なほどに食い違うようになる可能性があり，そのため患者は結局誘惑されて捨てられたと感じるかも知れない（第5章でのFerencziに関する議論を参照，pp.149-150）。このことの取扱いが特に難しい理由がある。分析家がよりパーソナルに自己開示的になることで応じて**くれない限りは**，患者がさらに心を開くには，分析のある場面ではあまりに屈辱的であると主張するかもしれないという点である。これらの例では，何を留保して何を自己表現するべきかの最適なバランスについては，いかなる確信を持って知ることも難しい。力の格差を伴う設定の基本的な非対称性が，相互性と親密さの高まりという幕間を極めて危ういものとする可能性があることを分析家は心に留めておく必要がある。それはたとえその方向へのいかなる動きもある種の行き詰まりを生み出す危険はないにしてもである。この主題についてさらに徹底した議論を行う価値は確かにある。何人かの人がそれに取り組んでおり，特に性愛転移や逆転移に関する自己開示の問題に焦点を当てている（Gabbard, 1994a, b, 1996; Davies, 1994a, b; Tansey, 1994; Hirish, 1994）。私がここで強調したい点は単純であり，非対称と相互性の間の最適なバランスを見つけることが難しくなりうるということである。古典的な非対称な雰囲気の過剰修正は有害にもなり，新しい経験への可能性を現実化するよりもむしろ初期のトラウマの反復という結果になるかもしれないのである▼[13]。

▼13 　分析家による性愛的な逆転移の開示に関するGabbard（1994a, b）とDavies（1994a, b）の間の議論があるが，私が最も心地よく感じたのは，彼らがお互いの立場に歩み寄って合意しようと努力をしている点であった。たとえば，Gabbard（1994b）は「私が主として気がかりなのは，そのような感情を認めることは，特にDaviesのような才能ある臨床家の手によるような非常にまれな場合は治療作業を促進するかもしれないが，過ちの許容範囲が非常に僅かであるがあるということである」（p.510）と書く時，そのような開示に通常は反対するという彼の厳格な規則に若干の例外を認めている。そしてDavies（1994b）は，彼女が「Gabbardの応答とはあまりに多くの不同意点があるが，次の点については彼の主張を明確に支持したい。それは私はそのようなやり方の最終的な叡智を決定する時に分析家は臨床的な経験のすべてを結集しなければならないという点である。逆転移の経験の開示は軽々しく行われてはならず，特にこの逆転移が過度に刺激的な素材や戦術やタイミングを含んでいる時はそうである。逆転移的な**動機**は一人で，あるいはできれば同僚と相談をして，真剣に検討されねばならない」（p.507）と書く時，Gabbardの懸念にどの程度まで同意しているかを明確にしている。Davies（1998a, b）とHoffman（1998）も参照するとよい。

もう一度：終結

　Mitchell（1993）は分析の終わりを，本を読み終えたり手放したりすること
に効果的に喩えている。確かに私はマニーやダイアンやケンが私に語る物語を，
恣意的に「中断している」感覚を持っている。それらの被分析者のうち二人が
終結し，三人目が一種の分析的な「サバティカル」を構成する実験をしている
としても，物語は進行中なのである。多くの他の種類の経験と同様に，他の患
者との進行中の作業もまた，絶えず私の思考に影響している。その意味では本
書の帰結 conclusion は，分析の帰結よりもさらに大きな恣意的な感覚さえあ
るかもしれない。分析には公式な終わりのはるか後になっても継続する方法が
しばしばある。
　患者の人生が長期的にはどのようになっていくかは，分析家のコントロール
の及ばない多くの要因に依存しており，それは患者自身の才覚や常に存在して
いる運の要因を含んでいる。究極的な課題は，結局のところ運命がもたらす不
確かさを取り入れることであり，それは最終的には常に死がもたらされること
の確かさを伴う。そしてそれらの現実にもかかわらず，私たちの責任を持った
関わりや情熱，そして私たちが奮い起こせる最も賢い判断とともに，私たちや
他者の人生を祝福し慈しむことである。私たちは自分だけでそれをすることは
できず，そして時にはもしできたとしても，特別な助けなしでは，上手くやる
ことができないであろう。トラウマや選択や偶然の苦悩や，喪失や死すべき運
命の苦悩の内在化に対抗して，精神分析は個人の，そして人間の共同体の，そ
して人生そのもののアイロニカルな価値を弁護する。私は臨床実践の手法とし
てだけではなく，理論として，哲学として，そして道徳的なディスコースとし
ての精神分析の肯定的な治療作用にとって，微力ながら貢献できることを望ん
で，この本を終えたい。

解　題

Hoffman の精神分析

　本書はアメリカの分析家 Irwin Z. Hoffman の『Ritual and Spontaneity in the Psychoanalytic Process』(2001) の全訳である。Hoffman の名前は日本ではあまり知られていないかもしれないが，もともとは日本語にも翻訳された『転移分析』の著者として知られる Merton Gill の共同研究者として有名になった人物であり，その後は関係精神分析の人々との関わりを持っている。ただ狭義で関係論や関係精神分析と言った時には，Stephen Mitchell を中心としたホワイト研究所出身の，つまり Sullivan などの対人関係論の流れをくんだ人々を表すが，Hoffman は自我心理学から出発した人であり，関係精神分析の中核というわけではなく，広義での関係精神分析の人と言えるであろう。

　細かい学派の違いの話はさておき，ここではまず，なぜ Hoffman の翻訳に携わることになったのかという少し個人的なきっかけの話をしたいと思う。私は臨床心理学の大学院を卒業し医療の場で働いており，大学院の頃から精神分析的なオリエンテーションを中心に学んできた。様々な先輩方の事例を聞き，自分の事例の指導を受ける中で，精神分析や精神分析的心理療法には意味があるだろう，受ける者に強い影響を与えうるのだろうということには疑いを持ったことはなかった。ただ一方で精神分析的な解釈は本当なのだろうか？　という疑問が頭をよぎることがあった。

　たとえば患者が上司がとても恐いという話をしていたとする。ある分析的な治療者が，その患者さんは治療者のことを恐ろしいと感じており，さらにそれは子どもの頃の厳しかった父親との関係の反復であると解釈したとしよう。そう言われると，そうなのかもしれないという気がしてくる。しかし，本当にそれが正しいとどうして言えるのか？　もっと他の可能性はないのか？　と考えた時，私にはその解釈が正しくないとも言えないけれど，正しいとも言えない

のではないかという気がするのである。こうした疑問を持ったことがある精神分析の初学者の方は私だけではないであろう。

　精神分析についての皮肉なジョークとして，患者が解釈を肯定したらそれが正しかったということになり，否定をしたら抵抗だと言われてしまい，結局いずれにしても分析家が正しいことになるというものがある。この問題はジョークとして済ませられるものではなく，精神分析的に治療を行っていくとしたら，それぞれが真剣に考えていかなければいけないものではないだろうか。ただ先述のように解釈が正しいことが証明できなかったとしても，だから精神分析的なアプローチが役に立たないものだとは思わなかった。実際に私はとても意味があることをしていると思える先輩方の事例の話をたくさん聞いてきている。しかしもし分析家の解釈が本当かどうか確かめようがないとしたら，精神分析や精神分析的心理療法は一体何をやっているということになるのであろう？

　そんなことを漠然と考えていた時に，共訳者岡野氏の Hoffman についての講義を聞く機会があり，Hoffman や社会構成主義についての関心を深めていった。Hoffman は本書の第 6 章「精神分析的交流における確信と不確かさ」にも書かれているように，精神分析家の解釈はある意味で示唆 suggestion と変わらないのだと言っている。患者の無意識の中立的な解釈者である分析家は示唆などしてはいけないはずであり，その最大の武器の解釈が示唆と変わらないとはどういうことであろうか。そうした社会構成主義の内容については次の段落で話すとして，その後私は岡野氏との協力のもとに本書を翻訳させていただけることとなった。

精神分析的な社会構成主義の観点

　ここからは少し内容について解説をしようと思う。先述した私が感じていた精神分析の解釈の妥当性についての疑問は，私だけが感じていたものではなく精神分析がアメリカ精神医学の世界の王座から失脚して以来，世界的に様々な形で投げ掛けられて来たものであった。翻訳されている中では古いものでは Hans J. Eysenck の『Decline and Fall of the Freudian Empire（邦訳：精神分析に別れを告げよう）』（1988 年）などが，かなり極端な主張かもしれないが，その代表格であると言えるだろう。もちろんこうした批判は精神分析の外側だけから起こったわけではなく，分析家の中からも様々な角度から精神分析の妥当性やその意義を捉え直そうという動きが現れてくることになる。その中の一

つが解釈学的転回 hermeneutic turn とも呼べる，精神分析的な解釈は隠された自然科学的な意味での真実を見つけ出そうとするものではなく，その場のやり取りの中で生み出されて意味を持ってくるような真実を作り出していくものであるという考え方である。そして Hoffman はこの流れの一翼を担っていると言えるであろう。

　Hoffman の説明に沿って，もう少し詳しく解説をしていきたい。Hoffman はそれを実証主義から構成主義への流れとして説明している。実証主義とは，物事には客観的な事実が存在しており，正しく探求することによって，解明することができるとするものである。しかし人間の人生は非常に多様な捉え方ができるものであり，ある一つの解釈が正解で，それ以外の捉え方が間違っているということを，どうして証明することができるのであろうか。それに対して，構成主義では解釈は無数に存在する潜在的な可能性の中から選ばれた一つであり，そしてそれが選択されたことによって意味を持つようになるのである。この意味で，先に書いたように精神分析的な解釈は，新たにその場で紡ぎだされた言葉によって，患者の人生に影響を与えていく示唆 suggestion の一種だと言えるのであろう。

　こうした説明をすると，それでは分析家が勝手に都合のいい話を作ってしまえば，それで被分析者は幸せになれるのであろうかといった疑問を持つ人もいるかもしれない。しかし Hoffman は客観的な事実が何も存在せず，すべては主観的な捉え方で決まっているという独我論的な話をしているわけではない。それについて彼は第 3 章「精神分析家の存在の親密でアイロニカルな権威」で，5 と 6 の間には無限の数値があるがそれ以外の数値は入らないのだという喩えで説明をしている。つまり 5 と 6 の間には 5.5 も 5.76 も 5.99999 も含まれており，理論的には無限の数があるが，それでも 7 や 8 は入らない。物事には無数の潜在的な意味があると言ったとしても，だからと言って，何でもありだということにはならないのである。これは実際の臨床を考えてみれば当たり前のことであり，治療者がいくら都合のいい話を作ったとしても，患者にとってそぐわないものであれば，その場で受け入れられて意味を持つということは起こらないであろう。Hoffman は当初は自分の立場を精神分析以外の分野でも広く使われている社会構成主義という言葉を使って表していたが，独我論的な意味で取られてしまうことを危惧して，後には弁証法的構成主義という新たな言葉を使うようになっている。

ここで説明したような Hoffman の構成主義の考え方はナラティヴ理論と近いと言える。精神分析の中で言えば，Donald Spence（『The Freudian Metaphor（邦題：フロイトのメタファー）』など）や，Roy Schafer（邦訳はされていないが『Retelling a Life（人生を語り直す）』という著書がある）の発想と近い。ただ本書で Hoffman は Schafer との違いについて以下のように解説している。Hoffman の構成主義は単に人生を語り直すということが強調されているわけではなく，そうした物語には分析家あるいは治療者の存在が絶えず影響を与えており，その分析家側の影響は不可避的でコントロールすることも難しいものだと捉えているのである。そこでは分析家は外側から，いわば手を汚さずに物語を読む人として存在することはできず，否応なしに自分がその場にいて介入することによって，患者の物語をともに生きながら構成していくことになるのである。

儀式と自発性の弁証法

そうした構成主義的な精神分析を行う上で Hoffman が重視しているのは，本書のタイトルにもなっている儀式と自発性の弁証法という考え方である。分析の場での儀式とは，定められた場所や時間，料金，そして被分析者は思いついたことを話すように言われ分析家は相対的にあまり喋らずに話を聞いているという設定など，あらかじめこのようにするものだと定められたことである。これは小此木啓吾の提唱した治療構造をイメージしていただくと分かりやすいかもしれない。一方，自発性は，英語では spontaneity であり自然発生と訳してもいいような，その場で治療者に自然に浮かび上がってくるものである。それは儀式に従うわけではなく，理論的に導き出されたものでもなく，治療者それぞれの個性と結びついた，その場のパーソナルな応答性と言えるかもしれない。こうした治療者の自然でパーソナルな応答性に言及する議論は，それでは何をしてもいいということにつながってしまうのではないかといった批判を受けやすいものであろう。ただここで Hoffman が主張しているのは，治療者の自発性が現れることだけが重要なのだというのではなく，儀式と自発性は図と地の関係にあって，一方があるから他方が効果を発揮するのだというものである。つまり決められた儀式的な側面があるからこそ，治療者の自発的な行為がインパクトを与えるのであり，治療者に自発的な面があるからこそ，儀式的な側面がしっかりと機能するのだと言うことである。

様々なオリエンテーションの治療者が集まる研修会に行くと，精神分析的心理療法は構造がとても厳しくて大変だというイメージを持たれていると感じることがある。実際のところ私自身も精神分析的心理療法を学び始めたばかりの頃には，そのように思うこともあった。他のオリエンテーションの人はあまり気にしなくても平気で面接が成り立っていることを，精神分析的にやる場合にはなぜそんなにも厳密に守ろうとしなければならないのであろうか。教科書的な答えとしては，構造を一定にしないと転移が見えにくくなるから，というものがあるのであろう。もちろんそうした面はあるかもしれないが，一方で本書でHoffmanも触れているように，たとえ構造を一定にしようといくら努力をしてみても，私たちが本当に完全なブランクスクリーンになることなど不可能なのではないかという疑問も湧いてくる。

　そこでこの儀式と自発性の弁証法という考え方は，私たちが日々の臨床の中で治療を構造化したりそこからはみ出してしまったりを繰り返していることについての理論的な根拠を与えてくれる。おそらく精神分析や精神分析的心理療法に限らず，物事が生き生きと展開していくためには，あらかじめ定められた決まりごととそれを越えていこうとする動きとの間の相互作用が重要になってくるのであろう。たとえば，週一回の面接をしようと設定をした場合，何が何でも週一回を守らせなければならないということが大事なわけではなく，その頻度の約束を守ろうとしても守れなかったり，あるいは治療者側から破ってしまったり，破ったことで上手くいかなくなったり，破ったことで逆に面接が展開したり，破って罪悪感を感じたり，逆に開放感を感じたり，患者と共犯関係のような雰囲気となったり，患者にいい加減なやつだと思われてしまったり，そうして起ってくる様々なものを味わって吟味していくことが意味のある経験となっていくのである。しかしそのどちらか一方だけしかないなら，たとえばまったく構造がないところで会っているだけでは，あるいは逆に構造が完璧に守られているだけでは（そんなことは不可能かもしれないが），両者の弁証法の中で起きてくる豊かな経験は生じてこないのだと言えるだろう。

　さて，そうした儀式と自発性の弁証法の例はこの本の中でもいくつも挙げられているが，それらのHoffmanの事例を読んで投影同一化やエナクトメントとどこが違うのだろうかと思われる方もいるかもしれない。ここでそうした概念との違いについて説明をしたいと思う。投影同一化に関して言えば，投影同一化が患者側から投影されたものを，治療者側が受け手となって同一化をする

という，基本的には患者側から最初に発信されたものを中心としている考えであるのに対して，Hoffman の語る自発性は患者と治療者の相互の関係で生じていると考えている点に違いがあるかもしれない。それでは，エナクトメントとはどう違うかと言えば，起こった出来事そのものの理解の仕方としては，あまり変わらない部分が多いと私は思っている（もっとも Hoffman 自身に聞いたとしたら，何事も厳密に考える彼のことなので全然違うと言うかもしれないが）。ただ，Hoffman はこの儀式と自発性の弁証法を，分析の中だけではなく，人の人生そのものに当てはまるのではないかと考えている。人間が生きているということ自体が，あらかじめ定められた枠組みに従いながらも，そこを越えたもの，そこからはみ出すものを絶えず生み出そうとしていくような営みなのではないかということである。エナクトメントという概念は，精神分析や精神分析的心理療法での特定の出来事を表すものであるが，儀式と自発性の弁証法はそれだけではなく，より広範にわたる現象を説明しようとするものだと言うことができるであろう。

死すべき運命と意味の弁証法

　人生そのものに，精神分析と同様に儀式と自発性の弁証法があると言う時，Hoffman はその根本にあるのは，死すべき運命と意味の弁証法なのだと主張している。この場合，死すべき運命の方があらかじめ定められた誰しもが従わなければならない儀式的な側面にあたり，意味の方がその中でも自らの生に理由を見出していこうとする自発性を表している。ここで，すべての人間が抗うべくもなくいずれ死ぬ運命にありながら，なぜ人生を意味があるものとして生きていくことができるのか，という大きな問題が提示される。

　この死すべき運命という問題が本書の中での大きなテーマの一つと言える。Hoffman は第 2 章「精神分析理論における死への不安と死すべき運命への適応」において死に関する Freud やそれ以後の理論家たちの様々な観点を取り上げ，精神分析はこれまで死の問題について真摯に向き合おうとはせず，患者の語る死への不安についても，分離不安などの別の不安の置き換わったものでしかないものと価値下げをしてきてしまったと論じている。Freud は，「無意識」(1915) において死を想像することができないために人は無意識では不死を確信しているのだと主張する一方で，「無常」(1916) ではエッセイ的な非公式の語りの中ではあるが，死すべき運命であるからこそ人生は意味のあるものなのだと言う，

いわば実存的な人生観について語っている。しかしその後 Freud 自身や以後の理論家はこの「無常」で書かれた実存的な観点を発展させていくことはなかった。そして Hoffman は死への不安を他の不安に還元することを批判し，死への不安はそれ自体が一次的でありすべての人間が感じるはずの，ある意味で妥当な不安なのだと捉えている。

　死は誰にとっても避けがたく恐ろしいものであり，人間は常に部分的に自分の死を否認することでしか，正気を保って生きられないものなのかもしれない。しかし一方で私たちが，今そうであるような人間として存在している条件の中に，私たちの死すべき運命が含まれており，仮に私たちが不死になったとしたら，それはもう私たちが知っている人間の人生ではなくなってしまうのである。つまり，私たちは死によって無になってしまう存在でありながら，死によって意味づけられている存在だと言えるであろう。

　Hoffman は第 10 章「精神分析における程よい終結を構成する」において高齢の患者とのケースを紹介しており，そこでは患者と死の問題について話し合っている様子が描かれている。世界は高齢化が進んでいき，純粋な精神分析についてはさておき，医療と密着した場での精神分析的な実践においては，今後高齢の患者と接する機会はますます増えていくと思われる。そして，緩和ケアの領域でも精神科医や臨床心理士の介入が求められてきている。末期の悪性腫瘍の患者から「死ぬのが恐いです」と言われ，それに対してどう応えたらよいのか分からず自分の無力さに打ちのめされた経験のある臨床家は私だけではないであろう。当然のことだが，臨床家の方にも死ぬのが恐ろしい，死の問題に関わりたくないという気持ちがあり，その気持ちがあまり強く働いてしまうなら，患者の死への不安をもっと私たちが扱いやすい他の不安が置き換えられたものだとしてしまったり，あるいは薬だけで対処してもらおうとしてしまったりするかもしれない。残念ながら Hoffman が語っているように精神分析はこれまで死という問題についてはあまり多くの議論をしてこなかった面があるようである。しかしこれは今後精神分析が取り組んでいかなければならない大きな問題の一つと言えるのではないだろうか。Hoffman は本書で「メメント・モリ」を唱えるかのように，そのことを繰り返し私たちに問いかけてくる。

実践がどう変わっていくか

　本書の解説として，社会構成主義や，儀式と自発性の弁証法，そして死すべ

き運命と意味の弁証法を取り上げて説明してきた。それではこれらを踏まえることで私たちの臨床的な実践はどのように変わっていくのであろうか。そのことは本書のイントロダクションで Hoffman 自身が本書を臨床経験の中から生まれた精神分析の展望が書かれた本であるとしている以上，とても重要な問題なのであろう。

　本書はいわゆるハウツー本ではない。新しくより効果的な精神分析の技法を提示しているわけではないのである。そのため明日からすぐに臨床に役立つようなことが書いてあるわけではないかもしれない。それよりも精神分析や精神分析的心理療法で起こっていることを，私たちはどのように捉えたらよいのか，という問題を論じている本であり，それは人間の人生をどのように捉えるのかという問題と繋がっている。

　多くの日本の臨床家は，まず最初に大学や大学院の授業で様々な治療技法を学ぶ。しかし臨床の場に出て面接室の中で患者と対峙をした時，教科書とは違う現実の重みを持った一人の人間の人生に対して，まるで経験のない自分が一体どのように関わっていったらよいのだろうかと戸惑い戦くのであろう。一人の人間の語りはとても多様であり，その人がおかれた状況も様々で，それぞれがそれぞれに違った難しさを抱えており，私たちは自分が何をしたらどうなるのかといった予想など到底つけられないような不確かさの中におかれる。そんな中である人は必死で学んだ技法を守ろうとするかもしれない。それで上手くいくこともあるであろうし，ぎこちなく融通の利かない対応のために患者に不信感を持たれてしまうこともあるであろう。またある人は，結局のところ技法なんて机上の空論で，その場で自分が患者に向き合うことが大事なのだと，技法を守ることを放棄してしまうかもしれない。それで上手くいくこともあるであろうし，余計なことをして思わぬ大きな失敗をしてしまうこともあるであろう。Hoffman はそうした両極のどちらかに走ることに警句を与えている。Hoffman にとって，自発性は何をやってもよいというわけではなく，あえて起そうとするものでもない。当然のことであるが，あえて自発的にふるまおうとしたら，すでにそれは技法であって自発的ではないのである。儀式的に設定された空間の中で，治療者に生じてくる自発的でパーソナルな関わりを，あえて起そうとはせず，しかし起こった時にはそれを拒まずに，それも含めてともに考えていこうというものである。これは，結局どうしたらいいかという答えにはなっていない歯切れの悪い話だと思われるかもしれない。しかし私たちの行

う臨床実践そのものが，というよりも人間のおかれている状況そのものが，とても不確かで予想のつかないものであり，そうした不確かさの中で他者とどうやって関り合いを続けていくかということがHoffmanにとって重要なことなのである。

　こうした観点を持った精神分析的な治療者は，不確かさを引き受けることで自分が常に正しい判断ができるという考えを捨てなければならないため，それまでよりも少し謙虚となり，ただ技法に従っていればよいというわけではなくなるために，それまでよりも少し多くの責任を背負うことになるのであろう。そしてその謙虚さと責任を引き受ける代わりに，これまでよりもほんの少しの臨床の現場での自由さを手に入れるのだろうと私は考えている。

　それは明日からまったく別の臨床スタイルになるといったような目に見える大きな変化ではないかもしれないが，毎日の臨床における私たちの心の在り方には大きな影響を与えるものであろう。岡野氏と時間をかけて丹念に訳させていただいた本書が，日々の複雑でままならない臨床の中で格闘している臨床家の方々が自分なりの臨床観を作り上げていくための糧の一つになってくれることを願っている。

　最後にこの場を借りて，私に本書を翻訳する機会を与えて下さった共訳者の岡野憲一郎氏，そして長くかかった本書の訳出を辛抱強く待ってもらい，編集作業に多大なご尽力をいただいた金剛出版の弓手正樹氏に深く感謝の意を表したい。

平成 29 年 9 月 27 日

小林　陵

文　献

Aarts, G. H. P. & Op den Velde, W. (1996), Prior traumatization and the process of aging: Theory and clinical implications. In: *Traumatic Stress: The Effects of Overwhelming Experience on Mind, Body, and Society*, ed. B. A. van der Kolk, A. C. McFarlane & L. Weisaeth. New York: Guilford, pp. 359-377.

Altman, N. (1995), *The Analyst in the Inner City: Race, Class, and Cuture Through a Psychoanalytic Lens*. Hillsdale, NJ: The Analytic Press.

Anthony, E. J. & Benedek, T., eds. (1975), *Depression and Existence*. Boston: Little, Brown.

Apfelbaum, B. (1966), On ego psychology: A critique of the structural approach to psychoanalytic theory. *International Journal of Psycho-Analysis*, 47:451-475.

Aron, L. (1991), The patient's experience of the analyst's subjectivity. *Psychoanalytic Dialogues*, 1:29-51.

Aron, L. (1996), *A Meeting of Minds: Mutuality in Psychoanalysis*. Hillsdale, NJ: The Analytic Press.

Aron, L. & Hirsch, I. (1992), Money matters in psychoanalysis. In: *Relational Perspectives in Psychoanalysis*, ed. N. J. Skolnick & S. C. 'Warshaw. Hillsdale, NJ: The Analytic Press, pp. 239-256.

Arrington, R. L. (1989), *Rationalism, Realism, and Relatiuism*. Ithaca: Cornell University Press.

Atwood, G. & Stolorow, R. (1984), *Structures of Subjectiuity: Explorations in Psychoanalytic Phenomenology*. Hillsdale, NJ: The Analytic Press.

Bader, M. J. (1995), Authenticity and the psychology of choice in the analyst. *The Psychoanalytic Quarterly*, 64:282-305.

Basch, M. F. (1975), Toward a theory that encompasses depression: A revision of existing causal hypotheses in psychoanalysis. In: *Depression and Human Existence*, ed. E. J. Anthony & T. Benedek. Boston: Little, Brown, pp. 485-534.

Basch, M. F. (1977), Developmental psychology and explanatory theory in psychoanalysis. *The Annual of psychoanalysis*, 5:229-263. New York: International Universities Press.

Becker, E. (1973), *The Denial of Death*. New York: Free press.

Beebe, B. & Lachmann, F. M. (1994), Representation and internalization in infancy: Three principles of salience. *Psychoanalytic Psychology*, 11:127-165.

Bell, C. (1992), *Ritual Theory, Ritual Practice*. New York: Oxford University Press.

Benedek, T.（1953）, Dynamics of the countertransference. *Bulletin of The Menninger Clinic*, 77:201-208.

Benjamin, J.（1988）, *The Bonds of Love: Psychoanalysis, Feminism, and the Problem of Domination*. New York: Pantheon Books.

Benjamin, J.（1991）, Commentary on Irwin Z. Hoffman's discussion: "Toward a social-constructivist view of the psychoanalytic situation." *Psychoanalytic Dialogues*, 1:525-533.

Benjamin, J.（1994）, Commentary on papers by Tansey, Davies, and Hirsch. *Psychoanalytic Dialogues*, 4:193-201.

Benjamin, J.（1995）, *Like Subjects, Love Objects: Essays on Recognition and Sexual Difference*. New Haven, CT: Yale University Press.

Berger, P. & Luckmann, T.（1967）, *The Social Construction of Reality*. Garden City, NY: Anchor Books.

Bernstein, R.（1983）, *Beyond Objectivism and Relativism*. Philadelphia: University of Pennsylvania Press.

Bion, W.（1962）, *Learning from Experience*, New York: Basic Books.（福本修訳：経験から学ぶこと . 精神分析の方法Ⅰ―セヴン・サーヴァンツ . 法政大学出版局 , 1999.）

Black, M.（1987）, The analyst's stance: Transferential implications of technical orientation. *The Annual of Psychoanalysis*, 15:127-172. New York: International Universities Press.

Blasi, A. & Hoeffel, E. C.（1974）, Adolescence and formal operations. *Human Development*, 17:344-363.

Bollas, C.（1983）, Expressive uses of the countertransference. *Contemporary Psychoanalysis*, 19:1-34.

Bollas, C.（1987）, *The Shadow of the Object: Psychoanalysis of the Unthought Known*. New York: Columbia University Press.（舘直彦・他訳：対象の影―対象関係論の最前線 . 岩崎学術出版社 , 2009.）

Bonaparte, M.（1940）, Time and the unconscious. *International Journal of Psycho-Analysis*, 2l:427-468.

Bourdieu, P.（1990）, *The Logic of Practice*. Stanford, CA: Stanford University Press.（今村仁司・塚原史・福井憲彦・港道隆訳：実践感覚 1, 2. みすず書房 , 2001.）

Brandchaft, B. & Stolorow, R. D.（1990）, Varieties of therapeutic alliance. *The Annual of Psychoanalysis*, 17:99-114. New York: International Universities Press.

Breuer, J. & Freud, S.（1893-1895）, Studies on hysteria. *Standard Edition*, 2:3-303. London: Hogarth Press, 1955.（芝伸太郎訳：ヒステリー研究 . フロイト全集 2, 岩波書店 , 2008.）

Bromberg, P. M.（1983）, The mirror and the mask: On narcissism and psychoanalytic growth. *Contemporary Psychoanalysis*, 19:359-387.

Bromberg, P. M.（1994）, "Speak! That I may see you": Some reflections on dissociation, reality, and psychoanalytic listening. *Psychoanalytic Dialogues*, 4:517-547.

Bromberg, P. M.（1995）, Standing in the spaces. The multiplicity of self and the psychoanalytic relationship. *Contemporary Psychoanalysis*, 32:509-535.

Burke, W. F.（1992）, Countertransference disclosure and the asymmetry/mutuality dilemma.

Psychoanalytic Dialogues, 2:241-271.

Clayton, V. (1975), Erikson's theory of human development as it applies to the aged: Wisdom as contradictive cognition. *Human Development*, 18:119-128.

Cohen, J. (1983), Psychotherapists preparing for death: Denial and action. *American Journal of Psychotherapy*, 37:223-226.

Cooper, S. H. (1997), Interpretation and the psychic future. *International Journal of Psycho-Analysis*, 78:667-681.

Cushman, P. (1991), Ideology obscured: Political uses of the self in Daniel Stern's infant. *American Psychologist*, 46:206-219.

Cushman, P. (1995), *Constructing the Self, Constructing America: A Cultural History of Psychotherapy*. Reading, MA: Addison-Wesley.

Davies, J. M. (1994a), Love in the afternoon: A relational consideration of desire and dread in the countertransference. *Psychoanalytic Dialogues*, 4:153-170.

Davies, J. M. (1994b), Desire and dread in the analyst: Reply to Gabbard's commentary on "Love in the afternoon." *Psychoanalytic Dialogues*, 4:503-508.

Davies, J. M. (1996), Linking the "pre-analytic" with the postclassical: Integration, dissociation, and the multiplicity of unconscious process.*Contemporary Psychoanalysis*, 32:553-556.

Davies, J. M. (1998a), Between the disclosure and the foreclosure of erotic transference-countertransference: Can psychoanalysis find a place for adult sexuality? *Psychoanalytic Dialogues*, 8:747-766.

Davies, J. M. (1998b), On the nature of desire: The ambiguous, the transitional, and the poetic. Reply to commentaries. *Psychoanalytic Dialogues*, 8:805-823.

Davies, J. M. & Frawley, M. G. (1994), *Treating the Adult Survivor of Childhood Sexual Abuse*. New York: Basic Books.

Dewald, P. A. (1972), *The Psychoanalytic Process*. New York: Basic Books.

Dimen, M. (1994), Money, love, and hate: Contradiction and paradox in psychoanalysis. *Psychoanalytic Dialogues*, 4:69 -100.

Eagle, M. (1984), *Recent Deuelopments in Psychoanalysis*. New York: McGraw-Hill.

Ehrenberg, D. B. (1982), Psychoanalytic engagement. *Contemporary Psychoanalysis*, 18:535-555.

Ehrenberg, D. B. (1984), Psychoanalytic engagement II: Affective considerations. *Contemporary Psychoanalysis*, 20:560-583.

Ehrenberg, D. B. (1990), Playfulness in the psychoanalytic relationship. *Contemporary Psychoanalysis*, 26:74-95.

Ehrenberg, D.B. (1992), *The Intimate Edge. Extending the Reach of psychoanalytic Interaction*. New York: Norton.

Eissler, K. (1955), *The Psychiatrist and the Dying patient*. New York: International Universities Press.

Elliott, A. & Spezzano, C. (1996), Psychoanalysis at its limits: Navigating the postmodern turn. *The Psychoanalytic Quarterly*, 65:52-83.

Erikson, E. H.（1959）, *Identity and the Life Cycle. psychological Issues*, Monogr. 1. New York: International Universities press.（西平直・中島由恵訳：アイデンティティとライフサイクル. 誠信書房, 2011.）

Feiner, A. H.（1979）, Countertransference and the anxiety of influence. In: *Countertransference: The Therapist's Contribution to the Therapeutic Situation*, ed. L.Epstein & A. H. Feiner. New York: Aronson.

Feiner, A. H.（1982）, Comments on the difficult patient. *Contemporary Psychoanalysis*, 18:397-411.

Feiner, A. H.（1990）, Playfulness and the interpersonal ideology. *Contemorary Psychoanalysis*, 26:95-107.

Feinsilver, D. B.（1983）, Reality, transitional relatedness, and containment in the borderline. *Contemporary Psychoanalysis*, 19: 537-569.

Feinsilver, D. B.（1989）, Transitional play and regressed schizophrenic patients. In: *The Facilitating Enuironment: Clinical Applications of Winnicott's Theories*, ed. G. M. Fromm & B. L. Smith. Madison, CT: International Universities Press, pp.205-237.

Feinsilver, D. B.（1990）, Therapeutic action and the story of the middle. *Contemporary Psychoanalysis*, 26:137-158.

Fenichel, O.（1945）, *The Psychoanalytic Theory of Neurosis*. New York: Norton.

Ferenczi, S.（1931）, Child analysis in the analysis of adults. In: *Final Contributions to the Problems and Methods of Psycho-Analysis*, ed. M. Balint. New York: Brunner/Mazel, 1955, pp.125-142.（森茂起・大塚紳一郎・長野真奈訳：大人との子ども分析. 精神分析への最後の貢献—フェレンツィ後期著作集. 岩崎学術出版社, 2007.）

Ferenczi, S.（1932）, *The Clinical Diary of Sándor Ferenczi*, ed. J. Dupont（trans. M. Balint & N. Z. Jackson）. Cambridge, MA: Harvard University Press, 1988.（森茂起訳：臨床日記. みすず書房, 2000.）

Firestein, S. K.（1994）, On thinking the unthinkable: Making a professional will. *The American Psychoanalyst*, 27:16.

Flax, J.（1996）, Taking multiplicity seriously: Some consequences for psychoanalytic theorizing and practice . *Contemporary Psychoanalysis*, 32:577-593.

Fleming, J. & Altschul, S.（1963）, Activation of mourning and growth by psychoanalysis. *International Journal of Psycho-Analysis*, 44:419-431.

Fosshage, J. L.（1997）, Psychoanalysis and psychoanalytic psychotherapy: Is there a meaningful distinction in the process? *Psychoanalytic Psychology*, 14:409-425.

Fourcher, L. A.（1975）, Psychological pathology and social reciprocity. *Human Development*, 18:405-429.

Fourcher, L. A.（1978）, A view of subjectivity in the evolution of human behavior. *Journal of Social and Biological Structures*, 1:387-400.

Fourcher, L. A.（1992）, Interpreting the relative and absolute unconscious. *Psychoanalytic Dialogues*, 2:317-329.

Fourcher, L. A.（1996）, The authority of logic and the logic of authority. *Psychoanalytic Dialogues*, 6:515-532.

Frankel, S. A.（1995）, *Intricate Engagements: The Collaborative Basis of Therapeutic Change*.

Northvale, NJ: Aronson.

Frederickson, J.（1990）, Hate in the countertransference as an empathic position. *Contemporary Psychoanalysis*, 26:479-496.

Freud, S.（1905a）, Fragment of an analysis of a case of hysteria. *Standard Edition*, 7:7-122. London: Hogarth Press, 1953.（渡邉俊之・草野シュワルツ美穂子訳：あるヒステリー分析の断片［ドーラ］. フロイト全集 6. 岩波書店 , 2009.）

Freud, S.（1905b）, On psychotherapy. *Standard Edition*, 7:257-268. London: Hogarth Press, 1953.（越智和弘訳：精神療法について . フロイト全集 6. 岩波書店 , 2009.）

Freud, S.（1912）, The dynamics of transference. *Standard Edition*, 12:99-108. London: Hogarth Press, 1958.（須藤訓任訳：転移の力動論にむけて . フロイト全集 12. 岩波書店 , 2009.）

Freud, S.（1914a）, On narcissism: An introduction. *Standard Edition*, 14:73-102. London: Hogarth Press, 1957.（立木康介訳：ナルシシズムの導入に向けて . フロイト全集 13. 岩波書店 , 2010.）

Freud, S.（1914b）, The unconscious. *Standard Edition*, 14:166-204. London: Hogarth Press, 1957.（新宮一成訳：無意識 . フロイト全集 14. 岩波書店 , 2010.）

Freud, S.（1915）, Thoughts for the times on war and death. *Standard Edition*, 14:27 5-300. London: Hogarth Press, 1957.（田村公江訳：戦争と死についての時評 . フロイト全集 14 . 岩波書店 , 2010.）

Freud, S.（1916a）, On transience. *Standard Edition*, 14:305-307. London: Hogarth Press, 1957.（木間直樹訳：無常 . フロイト全集 14 . 岩波書店 , 2010.）

Freud, S.（1916b）, Some character types met with in psycho-analytic work. *Standard Edition*, l4:311-333. London: Hogarth Press, 1957.（三谷研爾訳：精神分析作業で現れる若干の性格類型 . フロイト全集 16. 岩波書店 , 2010.）

Freud, S.（1917）, Mourning and melancholia. *Standard Edition*, 14:243-258, London: Hogarth Press, 1957.（伊藤正博訳：喪とメランコリー . フロイト全集 14. 岩波書店 , 2010.）

Freud, S.（1919）, Lines of advance in psycho-analytic therapy. *Standard Edition*, 17:159-168, London: Hogarth Press, 1955.（木間直樹訳：精神分析療法の道 . フロイト全集 16. 岩波書店 , 2010.）

Freud, S.（1920）, Beyond the pleasure principle. *Standard Edition*, 18:7-61. London: Hogarth Press, 1955.（須藤訓任訳：快原理の彼岸 . フロイト全集 17. 岩波書店 , 2006.）

Freud, S.（1923）, The ego and the id. *Standard Edition*, 1.9:3-66, London: Hogarth Press, 1,961.（道簇泰三訳：自我とエス . フロイト全集 18. 岩波書店 , 2007.）

Freud, S,（1926a）, Inhibitions, symptoms, and anxiety. *Standard Edition*, 20:77-175. London: Hogarth Press, 1959.（大宮勘一郎他訳：制止 , 症状 , 不安 . フロイト全集 19. 岩波書店 , 2010.）

Freud, S.（1926b）, The question of lay analysis. *Standard Edition*, 20:179-258. London: Hogarth Press, 1959.（石田雄一・加藤敏訳：素人分析の問題 . フロイト全集 19. 岩波書店 , 2010.）

Freud, S.（1927a）, The future of an illusion. *Standard Edition*, 21:3-56. London: Hogarth Press, 1961.（高田珠樹訳：ある錯覚の未来 . フロイト全集 20. 岩波書店 , 2011.）

Freud, S.（1927b）, Fetishism. *Standard Edition*, 21:149-157. London: Hogarth Press, 1951.（石田雄一訳：フェティシズム . フロイト全集 19. 岩波書店 , 2010.）

Freud, S.（1933）, New introductory lectures on psycho-analysis. *Standard Edition*, 22:7-182. London: Hogarth Press, 1964.（道籏泰三訳：続・精神分析入門講義 . フロイト全集 21. 岩波書店 , 2011.）

Freud, S.（1937）, Analysis terminable and interminable. *Standard Edition*, 23:216-253, London: Hogarth Press, 1964.（渡邉俊之訳：終わりのある分析と終わりのない分析 . フロイト全集 21. 岩波書店 , 2011.）

Freud, S.（1939）, Moses and monotheism: Three essays. *Standard Edition*, 23:1-137. London: Hogarth Press, 1964.（渡辺哲夫訳：モーセという男と一神教 . フロイト全集 22. 岩波書店 , 2007.）

Freud, S.（1940a）, An outline of psycho-analysis. *Standard Edition*, 23:144-207. London: Hogarth Press, 1964.（津田均訳：精神分析概説 . フロイト全集 22. 岩波書店 , 2007.）

Freud, S.（1940b）, Splitting of the ego in the process of defense. *Standard Edition*, 23:275-278. London: Hogarth Press, 1964.（津田均訳：防衛過程における自我分裂 . フロイト全集 22. 岩波書店 , 2007.）

Friedman, L.（1969）, The therapeutic alliance. *International Journal of Psycho-Analysis*, 50:139-153.

Futterman, E. H. & Hoffman, I.（1973）, Crisis and adaptation in the families of fatally ill children. In: *The Child in His Family: The Impact of Disease and Death*, ed. J. Anthony & C. Koupernik. New York: Wiley, pp. 127-143.

Futterman, E. H., Hoffman, I. & Sabshin, M.（1972）, Parental anticipatory mourning. In: *Psychosocial Aspects of Terminal Care*, ed. B. Schoenberg, A. C. Carr, D. Peretz & A. H. Kutscher. New York: Columbia University Press, pp. 243-272.

Gabbard, G. O.（1994a）, Commentary on papers by Tansen Hirsch, and Davies. *Psychoanalytic Dialogues*, 4:203-213.

Gabbard, G. O.（1994b）, A response to Davies（but not the last word）. *Psychoanalytic Dialogues*, 4:509-510.

Gabbard, G. O.（1996）, *Love and Hate in the Analytic Setting*. Northvale, NJ: Aronson.

Garcia-Lawson, K. A. & Lane, R. C.（1997）, Thoughts on termination: Practical considerations. *Psychoanalytic Psychology*, 14:239-257.

Gedo, J. E.（1983）, Saints or scoundrels and the objectivity of the analyst. *Psychoanalytic Inquiry*, 3:609 -622.

Gendlin, E. T.（1962）, *Experiencing and the Creation of Meaning: A Philosophical and Psychological Approach to the Subjective*. New York: Macmillan.（筒井健雄訳：体験過程と意味の創造 . ぶっく東京 , 1993.）

Gendlin, E. T.（1964）, A theory of personality change. In: *Personality Change*, ed. P. Worchel & D. Byrne. New York: Wiley, pp. 100-148.

Gendlin, E. T.（1973）, Experiential psychotherapy. In: *Current Psychotherapies*, ed. R.J.Corsini. Itasca, IL: Peacock, pp. 317-352.

Gergen, K.（1985）, The social constructionist movement in modern psychology. *American*

Psychologist, 40:266-275.

Gergen, K. J. （1988）, If persons are texts. In: *Hermeneutics and Psychological Theory*, ed. S. B. Messer, L. A. Sass & R. L. Woolfolk. New Brunswick, NJ: Rutgers University Press, pp. 28-51.

Gerson, B., ed. （1996）, *The Therapist as a Person*. Hillsdale, NJ: The Analytic Press.

Ghent, E. （1989）, Credo: The dialectics of one-person and two-person psychologies. *Contemporary Psychoanalysis*, 25:169-211.

Ghent, E. （1990）, Masochism, submission, surrender. *Contemporary Psychoanalysis*, 26:108-136.

Ghent, E. （1992）, Paradox and process. *Psychoanalytic Dialogues*, 2:136-159.

Gill, M. M. （1954）, Psychoanalysis and exploratory psychotherapy. *Journal of the American Psychoanalytic Association*, 2:771-797.

Gill, M. M. （1979）, The analysis of the transference. *Journal of the American Psychoanalytic Association*, 27:263-288.

Gill, M. M. （1982a）, *Analysis of Transference, Vol.1: Theory and Technique*. New York: International Universities Press. （神田橋穰治・溝口純二訳：転移分析─理論と技法．金剛出版，2006.）

Gill, M. M. （1982b）, Merton Gill: An interview [by J. Reppen]. *Psychoanalytic Review*, 69:167-190.

Gill, M. M. （1983）, The distinction between the interpersonal paradigm and the degree of the therapist's involvement. *Contemporary Psychoanalysis*, 19:200-237.

Gill, M. M. （1984a）, Psychoanalysis and psychotherapy: A revision. *International Reviw of Psycho-Analysis*, 11:161-179.

Gill, M. M. （1984b）, Robert Langs on technique: A critique. In: *Listening and Interpreting: The Challenge of the Work of Robert Langs*, ed. J, Raney. New York: Aronson, pp. 395-413

Gill, M. M. （1991）, Indirect suggesrion: A response to Oremland's *Interpretation and Interaction*. Chapter 10 in *Interpretation and Interaction: Psychoanalysis or Psychotherapy?* by J. D. Oremland. Hillsdale, NJ: The Analytic press, pp. 137-163.

Gill, M. M. （1994）, *Psychoanalysis in Transition: A Personal View*. Hillsdale, NJ: The Analytic press. （成田善弘・杉村共英・加藤洋子訳：精神分析の変遷─私の見解．金剛出版，2008.）

Gill, M. M. & Hoffman, I. Z. （1982a）, *Analysis of Transference II: Studies of Nine Audio-Recorded Psychoanalytic Sessions*. New York: International Universities press.

Gill, M. M. & Hoffman, I. Z. （1982b）, A method for studying the analysis of aspects of the patient's experience of the relationship in psychoanalysis and psychotherapy. *Journal of the American psychanalytic Association*, 30:137-l67.

Goldberg, P. （1989）, Actively seeking the holding environment. *Contemporary Psychoanalysis*, 25:448-476.

Golland, J. H. （1997）, Not an endgame: Terminations in psychoanalysis. *Psychoanalytic Psychology*, 14:259-270.

Grand, S. （1997）, The persistence of nonlinguistic testimony. In: *Memories of sexual Betrayal: Truth, Fantasy, Repression, and Dissociation*, ed. R. B. Gartner. Northvale, NJ: Aronson, pp. 209-219.

Greenberg, J. R.（1981）, Prescription or description: The therapeutic action of psychoanalysis. *Contemporary Psychoanalysis*, 17:239-257.

Greenberg, J. R.（1986）, Theoretical models and the analyst's neutrality. *Contemporary Psychoanalysis*, 22:87-106.

Greenberg, J. R.（1987）, Of mystery and motive: A review of "The Ambiguity of Change" [by Edgar Levenson]. *Contemporary psychoanaiysis*, 23:689-704.

Greenberg, J. R.（1991）, Countertransference and reality. *Psychoanalytic Dialogues*, 1:52-73.

Greenberg, J. R.（1995a）, Psychoanalytic technique and the interactive matrix. *The Psychoanalytic Quarterly*, 64:1-22.

Greenberg, J. R.（1995b）, Reply to discuisions of Oedipus and Beyond. *Psychoanalytic Dialogues*, 5:317-324.

Greenberg, J. & Mitchell, S.（1983）, *Object Relations in Psychoanalytic Theory*. Cambridge, MA: Harvard University Press.（横井公一・大阪精神分析研究会訳：精神分析理論の展開―欲動から関係へ. ミネルヴァ書房, 2001.）

Greenson, R.（1955）, The working alliance and the transference neurosis. *The Psychoanalytic Quarterly*, 34:155-181.

Greenson, R.（1971）, The real relationship between the patient and the psychoanalyst. In: *The Unconscious Today*, ed. M. Kanzer. New York: International Universities Press, pp. 213-232.

Grene, M.（1957）, *Martin Heidegger*. New York: Hillary House.

Grey, C. C.（1993）. Culture, character, and the analytic engagement: Toward a subversive psychoanalysis. *Contemporary Psychoanalysis*, 29:487-502.

Grotjahn, M.（1955）, Analytic psychotherapy with the elderly. *Psychoanalytic Review*, 42:419-425.

Grotstein, J.S.（1993）, Boundary difficulties in borderline patients. In: *Master Clinicians Treating the Regressed Patient*, Vol. 2, ed. L. B. Boyer & P. L. Giovacchini. Northvale, NJ: Aronson, pp. 107-141.

Guidi, N.（1993）, Unobjectionable negative transference. *The Annual of Psychanalysis*, 2l:107-121, New York: International Universities Press.

Guntrip, H.（1969）, *Schizoid Phenomena, Object Relations and the Self*, New York: International Universities Press.

Hagman, G.（1995）, Mourning: A review and reconsideration. *International Journal of Psychoanalysis*, 76:909-925.

Hare-Mustin, R. & Marecek, J.（1988）, The meaning of difference: Gender theory, postmodernism, and psychology. *American Psychologist*, 43:455-464.

Harris, A.（1996）, The conceptual power of multiplicity. *Contemporary Psychoanalysis*, 32:537-552.

Hartmann, H.（1958）, *Ego Psychology and the Problem of Adaptation*. New York: International Universities Press.（霜田静志・篠崎忠男訳：自我の適応―自我心理学と適応の問題. 誠信書房, 1967.）

Hartmann, H. (1964), *Essays on Ego Psychology*. New York: International Universities Press.

Hartmann, H. & Kris, E. (1945), The genetic approach in psychoanalysis. *The Psychoanalytic Study of the Child*, 1:11-30. New York: International Universities Press.

Heimann, P. (1950), On countertransference. *International Journal of Psycho- Analysis*, 31:81-84. (原田剛志訳：逆転移について. 対象関係論の基礎. 新曜社, 2003.)

Hirsch, I. (1987), Varying modes of analytic participation. *Journal of the American Academy of Psychoanalysis*, 15:205-222.

Hirsch, I. (1993), Couniertransference enactments and some issues related to external factors in the analyst's life. *Psychoanalytic Dialogues*, 3:343-366.

Hirsch, I. (l994), Countertransference love and theoretical model. *Psychoanalytic Dialogues*, 4:171-192.

Hoffer, A. (1985), Toward a redefinition of psychoanalytic-neutrality. *Journal of the American Psychoanalytic Association*, 33:771-795.

Hoffman, I. Z. (1972), Parental adaptation to fatal illness in a child. Doctoral dissertation, University of Chicago.

Hoffman, I. Z. (1987), The value of uncertainty in psychoanalytic practice [Discussion of paper by E. Witenberg] *Contemporary Psychoanalysis*, 23:205-215.

Hoffman, I. Z. (1990), In the eye of the beholder: A reply to Levenson. *Contemporary Psychoanalysis*, 26:291-299.

Hoffman, I. Z. (1991), Reply to Benjamin. *Psychoanalytic Dialogues*, 1:535-544.

Hoffman, I. Z. (1992), Reply to Orange. *Psychoanalytic Dialogues*, 2:567-570.

Hoffman, I. Z. (1995), Review of *Oedipus and Beyond* by J. Greenberg. *Psychoanalytic Dialogues*, 5:93-112.

Hoffman, I. Z. (1996), Merron M. Gill: A study in theory development in psychoanalysis. *Psychoanalytic Dialogues*, 6:5-53. An earlier version of this article was published in *Beyond Freud*, ed. J. Reppen (The Analytic Press, 1985) .

Hoffman, I. Z. (1998), Poetic transformations of erotic experience: commentary on paper by Jody Messler Davies. *Psychoanaiytic Dialogues*, 8:791-804.

Hoffman, I. Z. & Futterman, E. H. (1971), Coping with waiting: Psychiatric intervention and study in the waiting room of a pediatric oncology clinic. *Comprehensive Psychiatry*, 12:67-81.

Hoffman, I. Z. & Gill, M. M. (1988a), A scheme for coding the patient's experience of the relationship with the therapist (PERT) : Some applications, extensions, and comparisons. In *Psychoanalytic Process Research Strategies*, ed. H. Dahl, H. Kächele & H. Thomä. New York: Springer-Verlag, pp. 67-98.

Hoffman, I. Z. & Gill, M. M. (1988b), Critical reflections on a coding scheme. *International Journal of Psycho-Analysis*, 69:55-64.

Holt, R. R. (1972), Freud's mechanistic and humanistic images of man. In: *Psychoanalysis and Contemporary Science, Vol.1*, ed. R. Holt & E. Peterfreund. New York: Macmlllan, pp. 3-24.

Holt, R. R. (1989), *Freud Reappraised*. New York: Guilford.

Howard, G. S. (1985), The role of values in the science of psychology. *American Psychologist*, 40:255-265.

Issacharoff, A. (1979), Barriers to knowing. In: *Countertransference: The Therapist's Contributions to the Therapeutic Situation*, ed. L. Epstern & A. H. Feiner. New York: Aronson.

Jacobs, T. J. (1986), On countertransference enactments. *Journal of the American Psychoanalytic Association*, 34:289-307.

Jacobs, T. J. (1990), The corrective emotional experience: Its place in current technique. *Psychoanalytic Inquiry*, 10:433-454.

Jacobs, T. J. (1991), *The Use of the Self: Countertransference and Communication in the Analytic Situation*. Madison. CT: International Universities Press.

Jones, W. T. (1975), *A History of Western Philosophy: The Twentieth Century to Wittgenstein and Sartre*. New York: Harcourt Brace Jovanovich.

Kafka, J. S. (1972), Experience of time. *Journal of the American Psychoanalytic Association*, 20:650-667.

Kantrowitz, J. L. (1996), *The Patient's Impact on the Analyst*. Hillsdale, NJ: The Analytic Press.

Kastenbaum, R. (1977), Death and development through the lifespan. In: *New Meanings of Death*, ed. H. Feifel. New York: McGraw-Hill, pp.17-45.

Kern, J. W. (1987), Transference neurosis as a waking dream: Notes on a clinical enigma. *Journal of the American Psychoanalytic Association*, 35:337-366.

Koestenbaum, P. (1964), The vitality of death. *Journal of Existentialism*, 5:139-165.

Kohut, H. (L966), Forms and transformations of narcissism. *Journal of the American Psychoanalytic Association*, 74:243-272.

Kohut, H. (1971), *The Analysis of the Self*. New York: International Universities Press. (水野信義・笠原嘉監訳：自己の分析. みすず書房, 1994.)

Kohut, H. (1977), *The Restoration of the Self*. New York: International Universities Press. (本城秀次・笠原嘉監訳：自己の修復. みすず書房, 1994.)

Kohut, H. (1984), *How Does Analysis Cure?* ed. A. Goldberg & P. Stepansky. Chicago: University of Chicago Press. (本城秀次・笠原嘉監訳：自己の治癒. みすず書房, 1995.)

Kovel, J. (1974), Erik Erikson's psychohistory. *Social Policy*, March/April, pp.60-64.

Lacan, J. (1977), *Écrits: A Selection*, trans. A. Sheridan. New York: Norton. (宮本忠雄・佐々木孝次・他訳：エクリⅠ－Ⅲ. 弘文堂, 1972.)

Langs, R. (1978), *Technique in Transition*. New York: Aronson.

Langs, R. (1978-1979), Editorial note. *International Journal of Psychoanalytic Psychotherapy*, 7:165.

Levenson, E. A. (1972), *The Fallacy of Understanding*. New York: Basic Books.

Levenson, E. A. (1981), Facts or fantasies: The nature of psychoanalytic data. *Contemporary Psychoanalysis*, 17:486-500.

Levenson, E. A. (1983), *The Ambiguity of Change: An Inquiry into the Nature of Psychoanalytic Reality*. New York: Basic Books.

Levenson, E. A.（1989）, Whatever happened to the cat? Interpersonal perspectives on the self. *Contemporary Psychoanalysis*, 25:537-553.

Levenson, E. A.（1990）, Reply to Hoffman. *Contemporary Psychoanalysis*, 26:299-304.

Lichtenberg, J. D.（1983）, The influence of values and value iudgments on the psychoanalytic encounter. *Psychoanalytic Inquiry*, 3:647-674

Lipton, S. D.（1977a）, The advantages of Freud's technique as shown in his analysis of the Rat Man. *International Journal of Psycho-Analysis*, 58:255-273.

Lipton, S. D.（1977d）, Clinical observations on resistance to the transference. *International Journal of Psycho-Analysis*, 58:463-472.

Lipton, S. D.（1982）, A critical review of Paul Dewald's *The Psychoanalytic Process*. *Contemporary Psychoanalysis*, 18:349-355.

Loewald, H. W.（1960）, On the therapeutic action of psycho-analysis, *International Journal of Psycho-Analysis*, 41:16-33.

Loewald, H. W.（1979）, The waning of the Oedipus complex. In: *Papers on Psychoanalysis*. New Haven, CT: Yale University Press. 1980. pp. 384-404.

Macalpine, I.（1950）, The development of the transference. *The Psychoanalytic Quarterly*, 19:501-539.

Mahoney M. J.（1991）, *Human Change Processes: The Scientific Foundations of Psychotherapy*. New York: Basic Books.

McGowan, J.（1991）, *Postmodernism and Its Critics*. Ithaca: Cornell University Press.

McLaughlin, J. T.（1981）, Transference, psychic reality, and countertransference. *The Psychoanalytic Quarterly*, 50:639-664.

McLaughlin, J. T.（1988）, The analyst's insights. *The Psychoanalytic Quarterly*, 57:370-389.

Meissner, W. W.（1983）, Values in the psychoanalytic situation. *Psychoanalytic Inquiry*, 3:577-598.

Merleau-Ponty, M.（1964）, *Sense and Non-Sense*, trans. H. L. Dreyfus & P. A. Dreyfus. Evanston, IL: Northwestern University Press.（滝浦静雄・木田元・栗津則雄・海老坂武訳：意味と無意味．みすず書房, 1983.）

Meyer, J. E.（1975）, *Death and Neurosis*. New York: Inrernarional Universities Press.

Miller, J. B. M.（1971）, Children's reaction to the death of a parent: A review of the psychoanalytic literature. *Journal of the American psychoanalytic Association*, 19:697-719.

Mitchell, S. A.（1986）, The wings of Icarus: Illusion and the problem of narcissism. *Contemporary Psychoanalysis*, 22:107-132.

Mitchell, S. A.（1988）, *Relational Concepts in Psychoanalysis: An Integration*. Cambridge, MA: Harvard University Press.（鑢幹八郎・横井公一訳：精神分析と関係概念．ミネルヴァ書房, 1998.）

Mitchell, S. A.（1991）, Wishes, needs, and interpersonal negotiations. *Psychoanalytic Inquiry*, 11:147-170.

Mitchell, S. A.（1993）, *Hope and Dread in Psychoanalysis*. New York: Basic Books.

Mitchell, S. A.（1997）, *Influence and Autonomy in Psychoanalysis*. Hillsdale, NJ: The Analytic press.

Modell, A. H. (1990), *Other Times, Other Realities: Toward a Theory of Psychoanalytic Treatment*. Cambridge, MA: Harvard University Press.

Modell, A. H. (1991), The therapeutic relationship as a paradoxical experience. *Psychoanalytic Dialogues*, 1:13-28.

Moore, B. E. & Fine, B. D. (1958), *A Glossary of psychoanalytic Terms and Concepts*. New York: American Psychoanalytic Association.

Moore, B. E. & Fine, B. D. (1990), *Psychoanalytic Terms and Concepts*, 3rd ed., revised. New Haven, CT Yale University press.

Moraitis, G. (1981), The analyst's response to the limitations of his science. *Psychoanalytic Inquiry*, 1:57-79.

Moraitis, G. (1987), A reexamination of phobias as the fear of the unknown. *The Annual of Psychoanalysis*,16:231-249. New York: International Universities press.

Muslin, H. L, Levine, S. P. & Levine, H. (1974), Parrners in dying. *American Journal of Psychiatry*, 131:308-310.

Nagel, T. (1986), *The View from Nowthere*. New York: Oxford university Press.

Nagy, M. H. (1959), The child's view of death. In: *The Meaning of Death*, ed. H. Feifel. New York: McGraw-Hill, pp. 79-98.

Natterson, J. (1991), *Beyond Countertransference: The Therapist's Subjectiuity in the Therapeutic Process*. Northvale, NJ: Aronson.

Newman, K. M. (1992), Abstinence, neutrality, gratification: New trends, new climates, new implications. *The Annual of Psychoanalysis*, 20:131-144. Hillsdale, NJ: The Analytic Press.

Norris, C. (1990), *What's Wrong ruith Postmodernism*. Baltimore: Johns Hopkins University Press.

Nussbaum, M. C. (1990), Transcending humanity. In: *Love's Knowledge*. New York: Oxford University Press, pp. 365-391.

Nussbaum, M. C. (1994), Mortal immortals: Lucretius on death and the voice of nature. In: *The Therapy of Desire*. Princeton University Press, pp. 192-238.

Ogden, T. H. (1979), On projective identification. *International Journal of Psycho-Analysis*, 60:357-373.

Ogden, T. H. (1985), *The Matrix of the Mind: Object Relations and the Psychoanalytic Dialogue*. Northvale, NJ: Aronson. (藤山直樹訳：こころのマトリックス─対象関係論との対話. 岩崎学術出版社 , 1996.)

Ogden, T. H. (1989), *The Primitive Edge of Experience*. Northvale, NJ: Jason Aronson.

Orange, D. M. (1992), Perspectival realism and social constructivism: Commentary on Irwin Hoffman's "Discussion: Toward a social-constructivist view of the psychoanalytic situation." *Psychoanalytic Dialogues*, 2:561-565.

Palmer, D. (1988), *Looking at Philosopby*. Mountain View, CA: Mayfield.

Peltz, R. A. (1998), The dialectic of presence and absence: Impasses and the retrieval of meaning states. *Psychoanalytic Dialogues*, 8:385-409.

Phillips, A. (1993), *On Kissing, Tickling, and Being Bored*. Cambridge, MA: Harvard University Press.

Phillips, A.（1994）, *On Flirtation*. Cambridge, MA: Harvard University Press.

Phillips, A.（1996）, *Terrors and Experts*. Cambridge, MA: Harvard University Press.（妙木浩之訳：精神分析というお仕事―専門性のパラドクス. 産業図書 , 1998.）

Piaget, J.（1963）, *The Child's Conception of the World*. Paterson, NJ: Littlefield, Adams.

Piaget, J. & Inhelder, B.（1956）, *The Child's Conception of Space*. London: Routledge & Kegan Paul.

Pine, F.（1990）, *Drive, Ego, Object, Self*. New York: Basic Books.（川畑直人訳：欲動，自我，対象，自己―精神分析理論の臨床的総合. 創元社 , 2003.）

Pizer, S. A.（1992）, The negotiation of paradox in the analytic process. *Psychoanalytic Dialogues*, 2:215-240.

Pizer, S. A.（1996）,The distributed self: Introduction to symposium on "the multiplicity of self and analytic technique." *Contemporary Psychoanalysis*, 32:499-507.

Pollock, G. H.（1961）, Mourning and adaptation. *International Journal of Psycho-Analysis*, 42:341-361.

Pollock, G. H.（1971a）, On time, death and immaturity. *The Psycho-analytic Quarterly*, 40:435-446.

Pollock, G. H.（l971b）, On time and anniversaries. In: *The Unconscious Today*, ed. M. Kanzer. New York: International Universities Press, pp. 233-257.

Protter, B.（1985）, Toward an emergent psychoanalytic epistemology. *Contemporary Psychoanalysis*, 21:208-227.

Racker, H.（1968）, *Transference and Countertransference*. New York: International Universities Press.（坂口信貴訳：転移と逆転移. 岩崎学術出版社 , 1982.）

Rapaport, D.（7960）, *The Structure of Psychoanalytic Theory. Psychological Issues*, Monogr. 6. New York: International Universities Press.

Rapaport, D. & Gill, M.（1959）, The point of view and assumptions of metapsychology. *International Journal of Psycho-Analysis*, 40:153-162.

Renik, O.（1992）, Use of the analyst as a fetish. *The Psychoanalytic Quarterly*, 61:542-563.

Renik, O.（1993）, Analytic interaction: Conceptualizing technique in light of the analyst's irreducible subjectivity. *The Psychoanalytic Quarterly*, 62:553-571.

Rescher, N.（1995）, Luck: *The Brilliant Randomness of Everyday Life*. New York: Farrar, Straus & Giroux.

Rieff, P.（1966）, *The Triumph of the Therapeutic: Uses of Faith After Freud*. New York: Harper & Row.

Rieff, P.（1987）, For the last time psychology. In: *The Feeling Intellect: Selected Writings*. Chicago: University of Chicago press, 1990, pp. 351-355.

Rogers, C.（1951）, *Client-Centered Therapy*. Boston: Houghton Mifflin.（保坂亨・末松康弘・諸富祥彦訳：クライアント中心療法（ロジャース主要著作集）. 岩崎学術出版社 , 2005.）

Sandler, J.（1976）, Countertransference and role responsiveness. *International Review of Psycho-Analysis*, 3:43-47.

Sandler, J.（1981）, Character traits and object relationships. *The Psychoanalytic Quarterly*,

50:694-708.

Sandler, J., Holder, A., Kawenoka, M., Kennedy, H. E. & Neurath, L. (1969), Notes on some theoretical and clinical aspects of transference. *International Journal of Psycho-Analysis*, 50:633-645.

Sass, L. A. (1988), Humanism, hermeneutics, and the concept of the human subject. In: *Hermeneutics and Psychological Theory*, ed. S. B. Messer, L. A. Sass & R. L. Woolfolk. New Brunswick, NJ: Rutgers University Press, pp. 222-277.

Sass, L. A. (1997), The absurdity of therapy and the therapy of the absurd: Discussion of "The dialectic of meaning and mortality in the psychoanalytic process," by Irwin Z. Hoffman. Presented at the meetings of the American Psychological Association, Chicago, August 16.

Sass, L. A. (1998), Ambiguity is of the essence: The relevance of hermeneutics for psychoanalysis. In: *Psychoanalytic Versions of the Human Condition: Philosophies of Life and Their Impact on Practice*, ed. P. Marcus & A. Rosenberg. New York: New York University Press, pp. 257-305.

Schafer, R. (1974), Talking to patients in psychotherapy. *Bulletin of the Menninger Clinic*, 38:503-515. Reprinted in *Retelling a Life: Narration and Dialogue in Psychoanalysis* (New York: Basic Books, 1992).

Schafer, R. (1976), *A New Language for Psychoanalysis*. New Haven, CT: Yale University Press.

Schafer, R. (1983), *The Analytic Attitude*. New York: Basic Books.

Schafer, R. (1985), The interpretation of psychic reality, developmental influences, and unconscious communication. *Journal of the American Psychoanalytic Association*, 33:537-554.

Schafer, R. (1992), *Retelling a Life: Narration and Dialogue in Psychoanalysis*. New York: Basic Books.

Schimek, J. G. (1975), A critical re-examination of Freud's concept of unconscious mental representation. *International Review of Psycho-Analysis*, 2:171-187.

Schön, D. (1983), *The Reflective Practitioner: How Professionals Think in Action*. New York: Basic Books.

Schur, M. (1972), *Freud: Living and Dying*. New York: International Universities Press.

Searles, H. F. (1961), Schizophrenia and the inevitability of death. *Psychiatric Quarterly*, 35:631-665.

Searles, H. F. (1965), *Collected Papers on Schizophrenia and Related Subjects*. New York: International Universities Press.

Searles, H. F. (1975), The patient as therapist to his analyst. In: *Tactics and Techniques in Psychoanalytic Therapy, Vol. 2: Countertransference*, ed. P. L. Giovacchini. Northvale, NJ: Aronson, pp. 95-151.(大森和広訳:患者の治療者的側面―分析家を治療する者としての患者.逆転移 1. 分裂病精神療法論集.みすず書房, 1995.)

Searles, H. F. (1978-1979), Concerning transference and countertransference. *International Journal of Psychoanalytic Psychotherapy*, 7:165-188.

Seligman, S. (1991), What is structured in psychic structure? Affects, internal representations, and the relational self. Presented at the spring meeting of the Division of Psychoanalysis, American Psychological Association, Chicago.

文 献 361

Seligman, S. & Shanok, R. S. （1995）, Subjectivity complexity, and the social world: Erikson's identity concept and contemporary relational theories. *Psychoanalytic Dialogues*, 5:537-565.

Shepardson, C. （1996）, The intimate alterity of the real: A response to reader commentary on "History and the real" （*Postmodern Culture*, 5[2]）. *Postmodern Culture*, 6 （3） （electronic journal）.

Siggins, L. D. （1966）, Mourning: A critical survey of the literature. *International Journal of Psycho-Analysis*, 47:14-25.

Slater, P. E. （1964）, Prolegomena to a psychoanalytic theory of aging and death. In: *New Thoughts on Old Age*, ed. R. Kastenbaum. New York: Springer, pp. 19-40.

Slavin, J. H. （1994）, On making rules: Toward a reformulation of the dynamics of transference in psychoanalytic treatment. *Psychoanalytic Dialogues*, 4:253-274.

Slavin, M. O. & Kriegman, D. （1992）, *The Adaptive Design of the Human Psyche*. New York: Guilford.

Spence, D. P. （1982）, *Narrative Truth and Historical Truth: Meaning and Interpretation in Psychoanalysis*. New York: Norton.

Spezzano, C. （1993）, *Affect in Psychoanalysis: A Clinical Synthesis*. Hillsdale, NJ: The Analytic Press.

Stein, M. H. （1981）, The unobjectionable part of the transference. *Journal of the American Psychoanalytic Association*, 29:869-892.

Stein, M. H. （1985）, Irony in psychoanalysis. *Journal of the American Psychoanalytic Association*, 33:35-57 .

Stein, M. H. （1988a）, Writing about psychoanalysis: I. Analysts who write and those who do not. *Journal of the American Psychoanalytic Association*, 36:105-124.

Stein, M. H. （1988b）, Writing about psychoanalysis: II. Analysts who write, patients who read. *Journal of the American Psychoanalytic Association*, 36:393-408.

Sterba, R. （1934）, The fate of the ego in analytic therapy. *International Journal of Psycho-Analysis*, 15:117-126.

Stern, D. B. （1983）, Unformulated experience. *Contemporary Psychoanalysis*, 19:71-99.

Stern, D. B. （1985）, Some controversies regarding constructivism and psychoanalysis. *Contemporary Psychoanalysis*, 21:201-208.

Stern, D. B. （1989）, The analyst's unformulated experience of the patient. *Contemporary Psychoanalysis*, 25:1-33.

Stern, D. B. （1990）, Courting surprise. *Contemporary Psychoanalysis*, 26:598-611.

Stern, D. B. （1991）, A philosophy for the embedded analyst: Gadamer's hermeneutics and the social paradigm of psychoanalysis. *Contemporary Psychoanalysis*, 27:5l-80.

Stern, D. B. （1997）, *Unformulated Experience: From Dissociation to Imagination in Psychoanalysis*. Hillsdale, NJ: The Analytic Press. （一丸藤太郎・小松貴弘訳：精神分析における未構成の経験―解離から想像力へ．誠信書房，2003.）

Stern, S. （1994）, Needed relationships and repeated relationships: An integrated relational perspective. *Psychoanalytic Dialogues*, 4:317-345.

Stolorow, R. D. (1988), Intersubjectivity, psychoanalytic knowing, and reality. *Contemporary Psychoanalysis*, 24:331-338.

Stolorow, R. D. (1990), Converting psychotherapy to psychoanalysis: A critique of the underlying assumptions. *Psychoanalytic Inquiry*, 10:119-129.

Stolorow, R. D. & Atwood, G. E. (1992), *Contexts of Being: The Intersubjective Foundations of Psychological Life*. Hillsdale, NJ: The Analytic Press.

Stolorow, R. D. & Atwood, G. E. (1997), Deconstructing the myth of the neutral analyst: An alternative from intersubjective systems theory. *The Psychoanalytic Quarterly*, 66:431-449.

Stone, L. (1961), *The Psychoanalytic Situation*. New York: International Universities Press.

Strachey, J. (1934), The nature of the therapeutic action of psychoanalysis. *International Journal of Psycho-Analysis*, 15:127-159. Republished in 1969. 50:275-292. (山本優美訳：精神分析における治療作用の本質. 対象関係論の基礎. 新曜社, 2003.)

Szasz, T. (1963), The concept of transference. *International Journal of Psycho-Analysis*, 44:432-443.

Taft, J. (1933), *The Dynamics of Therapy in a Controlled Relationship*. New York: Dover Publications, 1962.

Tansey, M. J. (1994), Sexual attraction and phobic dread in the countertransference. *Psychoanalytic Dialogues*, 4:139-152.

Tansey, M. J. & Burke, W. (1989), *Understanding Countertransference:From Projective Identification to Empathy*. Hillsdale, NJ: The Analytic Press.

Taylor, C. (1985), *Human Agency and Language: Philosophical Papers 1*. Cambridge: Cambridge University Press.

Taylor, C. (1989), *Sources of the Self: The Making of the Modern Identity*. Cambridge, MA: Harvard University Press.

Thompson, C. (1964a), Transference as a therapeutic instrument. In: *Interpersonal Psychoanalysis*, ed. M. Green. New York: Basic Books, pp.13-21.

Thompson, C. (1964b), The role of the analyst's personality in therapy. In: *Interpersonal Psychoanalysis*, ed. M. Green. New York: Basic Books, pp. 158-178.

Thompson, M. G. (1994), The existential dimension to termination. *Psychoanalysis and Contemporary Thought*, 17:355-386.

Tillich, P. (1956), Existential analyses and religious symbols. In: *Four Existentialist Theologians*, ed. W. Herberg. Garden City: Doubleday Anchor Books, 1958, pp. 277-291.

Tower, L. (1956), Countertransference. *Journal of the American Psychoanalytic Association*, 4:224-255.

Turner, V. (1969), *The Ritual Process: Structure and Anti-Structure*. Chicago: Aldine. (冨倉光雄訳：儀礼の過程. 新思索社, 1996.)

van der Kolk, B. A., McFarlane, A. C. & Weisaeth, L., eds. (1996), *Traumatic Stress: The Effects of Overwhelming Experience on Mind, Body, and Society*. New York: Guilford.

von Glaserfield, E. (1984), An introduction to radical constructivism. In: *The Invented Reality: Contributions to Constructiuism*, ed. P.Watzlawick. New York: Norton, pp. 18-40.

Wachtel, P. L. (1980), Transference, schema and assimilation: The relevance of Piaget to the psychoanalytic theory of transference. *The Annual of Psychoanalysis*, 8:59-76. New York: International Universities Press.

Wachtel, P. L. (1983), *The Poverty of Affluence*. New York: Free Press. (土屋正雄訳：「豊かさ」の貧困—消費社会を越えて. 阪急コミュニケーションズ, 1985.)

Wallerstein, R. (1983), Reality and its attributes as psychoanalytic concepts: An historical overview. *International Review of Psycho-Analysis*, 10:125-144.

Weiss, J., Sampson, H., and the Mount Zion Psychotherapy Research Group (1986), *The Psychoanalytic Process: Theory, Clinical Observations and Empirical Research*. New York: Guilford.

Weissman, A. D. (1977), The psychiatrist and the inexorable. In: *New Meanings of Death*, ed. H. Feifel. New York: McGraw-Hill, pp. 107-122.

Werner, H. (1957), The concept of development from a comparative and organismic point of view. In: *The Concept of Developtnent: An Issue in the Study of Behavior*, ed. D. B. Harris. Minneapolis, MN: University of Minnesota Press, pp. 125-148.

Wetmore, R. J. (1953), The role of grief in psychoanalysis. *International Journal of Psycho-Analysis*, 44:97-103

Winer, R. (1994), *Close Encounters: A Relational View of the Therapeutic Process*. Northvale, NJ: Aronson.

Winnicott, D. W. (1949), Hate in the countertransference. *International Journal of Psycho-Analysis*, 30:69-75. (中村留貴子訳：逆転移のなかの憎しみ. 小児医学から精神分析へ—ウィニコット臨床論文集. 岩崎学術出版社, 2005.)

Winnicott, D. W. (1968), Communication between infant and mother, and mother and infant, compared and contrasted. In: *Babies and Their Mothers*, ed. C. Winnicott, R. Shepherd & M. Davis. Reading, MA: Addison-Wesley, 1987, pp. 89-103. (成田善弘・根本真弓訳：幼児と母親のコミュニケーションと母親と幼児のコミュニケーション, 比較と対比. 赤ん坊と母親 ウィニコット著作集(1). 岩崎学術出版社, 1993)

Winnicott, D. W. (1971), *Playing and Reality*. New York: Tavistock. (橋本雅雄・大矢泰士訳：改訳 遊ぶことと現実. 岩崎学術出版社, 2015.)

Wolf, E. S. (1979), Countertransference in disorders of the self. In: *Countertransference: The Therapist's Contribution to the Therapeutic Situation*, ed. L. Epstein & A. H. Feiner. New York: Aronson.

Yalom, I. D. (1980), *Existential Psychotherapy*. New York: Basic Books.

Zetzel, E. R. (1956), Current concepts of transference. *International Journal of Psycho-Analysis*, 37:369-376.

Zucker, H. (1993), Reality: Can it be only yours or mine? *Contemporary Psychoanalysis*, 29:479-486.

索 引

人名索引

Alexander, F. ···················· 236, 239
Altman, N.····························25
Anthony, E. J. ·························96
Arlow, J.···························· 196
Aron, L. ···················· 31, 183, 184,
　189, 192, 193, 198-200, 203, 208-211
Atwood, G.···················· 191, 248
Basch, M. F. ·························99
Becker, E. ···················· 50, 57
Becker, E. ·························96
Bell, C. ···························· 275
Benedek, T. ·····················96, 146, 168
Benjamin, J. ············ 192, 211, 254, 268
Berger, P. ·········58, 130, 205, 206, 213
Bion, W. ···························· 172
Black, M. ···························· 191
Bollas, C. ·····················63, 234, 248
Bonaparte, M. ·····················86
Bourdieu, P. ···················· 216
Burke, W. F. ···················· 248
Cushman, P. ···················· 136
Darwin, C. R.·························53
Davies, J. M. ···················· 335
Dawkins, R. ···················· 323
Dimen, M. ···················· 44, 73
Druyan, A.···························· 321
Eagle, M. ···················· 185, 191

Ehrenberg, D. B. ··· 142, 238, 248, 264, 334
Eissler, K. ·····················75, 82, 83
Erikson, E. H. ·····················77, 97, 98
Feiner, A. H. ···················· 238
Fenichel, O. ·························81
Ferenczi, S. ···················· 200, 201, 275
Fine, B. D. ···················· 149
Flax, J. ···························· 307
Fourcher, L. A.·····················65, 216
Frederickson, J. ············ 223, 225, 238
Freud, A. ···························· 165
Freud, S.···················· 20, 24, 25, 42,
　46, 53, 60, 78-96, 104, 110, 112, 120, 128,
　130, 149, 153, 194, 195, 197, 231, 236,
　279, 283, 296, 298, 300, 316, 317
Friedman, L. ·····················4, 47
Gabbard, G. O. ···················· 335
Gadamer, H-G. ···················· 215
Gendlin, E. T. ·············17, 18, 66, 234
Gergen, K. ·························30
Gerson, B. ·························38
Ghent, E. ···················· 249, 254, 261
Gill, M. M. ···················· 18, 20, 98,
　164, 170, 176, 202, 210, 229, 248, 264
Grand, S.·························66
Greenberg, L. R. ···················· 183-185,
　189, 194-200, 208, 211, 213, 221, 252
Greenson, R. ········ 149, 154, 163, 165, 189
Grene, M. ···························· 103

Grotjahn, M. ·················· 113, 114
Grotstein, J. S. ···················· 292
Guntrip, H. ························· 99
Habermas, J. ···················· 215
Hartman, H. ·················· 77, 97
Hartmann, H. ···················· 195
Hegel, G. W. F. ·····················92
Heidegger, M. ················· 26, 62
Heimann, P. ················· 164, 172
Hirsch, I. ······················· 193
Holt, R. R. ·························96
Howard, G. S. ···················· 126
Jacobs, T. J. ················· 263, 264
James, W. ························· 205
Jaspers, K. T. ···················· 103
Kafka, J. S. ·······················79
Kastenbaum, R. ···················· 111
Kierkegaard, S. A. ················· 103
Kohut, H. ·········· 24, 48, 77, 97, 100, 113,
131, 153, 158, 159, 193, 296, 297, 319
Kriegman, D. ···················45, 251, 318
Kris, E. ························· 195
Lacan, J. ·························62
Langs, R. ··············· 154, 160-162, 186
Levenson, E. A. ·········· 127, 166, 186, 248
Lipton, S. D. ·············18, 153, 236, 252
Loewald, H. W. ············· 24, 48, 153, 154
Luckmann, T. ········58, 130, 205, 206, 213
Macalpine, I. ···············42, 133, 139, 145
Mahoney, M. J. ·····················64, 124
McFarlane, A. C. ················ 314, 316
McLaughlin, J. T. ············ 210, 263, 264
Merleau-Ponty, M. ·····················92
Meyer, J. E. ····················· 114
Mitchell, S. A. ··········· 4, 44, 52, 185, 191,
205, 206, 242, 248, 254, 256, 264, 300,
320, 336
Modell, A. H. ··· 183, 184, 203-205, 207, 213,
248, 276

Moore, B. E. ···················· 149
Nagel, T. ·························56
Nagy, M. H. ····················· 111
Natterson, J. ···················· 248
Nietzsche, F. W. ················· 46, 53
Nussbaum, M. C. ·····················60
Ogden, T. H. ············ 248, 254, 267, 313
Palmer, D. ·························46
Phillips, A. ················· 220, 307, 327
Piaget, J. ····················· 110, 167
Pine, F. ·······················32, 221
Pizer, S. A. ······················ 254
Pollock, G. H. ·····················86
Racker, H. ···················· 19, 157, 162,
164, 167, 169, 171, 172, 175-177, 192,
210, 211, 225, 236, 240, 248, 264, 279
Rapaport, D. ·····················98, 110
Renik, O. ························· 4
Rieff, P. ················25, 46, 47, 49, 51
Rogers, C. ····················· 147
Rorty, R. M. ·························30
Sagan, C. ························ 321
Sampson, H. ················ 189, 190, 327
Sandler, J. ················· 164, 171, 263
Sartre, J.-P. ····················· 305
Sass, L. A. ·······················59, 231
Schafer, R. ················· 24, 32, 132,
190, 207, 217, 218, 229, 255, 258, 307
Schimek, J. G. ···················· 110
Schlegel, K. W. F. ··················· 231
Schön, D. ·············18, 188, 189, 216, 236
Schur, M. ·························83
Searles, H. F. ················· 114, 334
Searls, H. F. ········· 162, 164, 248, 250, 257
Shepardson, C. ·····················62
Slater, P. E. ····················· 100
Slavin, M. O. ···················45, 251, 318
Spezzano, C. ···················· 248
Sterba, R. ····················· 149

Stern, D. B. ·························· 4, 17, 63,
　65, 138, 215, 218, 234, 254, 264, 306
Stolorow, R. ···················· 191, 248
Stone, L.·························· 153, 156
Strachey, J. ···················· 21, 42, 131,
　153, 154, 175, 293
Sullivan, H. S. ························ 193
Szasz, T.····························· 148
Taft, J. ····························· 299
Tansey, M. J.························ 248
Taylor, C. ·····················59, 64, 66
Thompson, C. ······················ 189
Tillich, P. ·························58
Tower, L. ···················· 157, 164, 224
Tublin, S. ···························· 4
Turner, V. ·················36, 289, 291, 293
van der Kolk, B. A. ············· 314, 316
von Glaserfeld, E. ·····················64
Wachtel, P. L. ············· 164, 166, 168
Weisaeth, L. ···················· 314, 316
Weiss, J. ···················· 189, 190, 327
Weissman, A. D. ·····················76
Werner, H.·························· 319
Winnicott, D. W. ··· 24, 48, 53, 56, 131, 143,
　193, 205, 223, 256, 268, 276, 300, 329
Yalom, I. D. ·························68
Zetzel, E. R. ························ 149

事項索引

[あ]

アイロニカル·············· 27, 50, 291, 336
悪性のニード························· 249
暗黙に経験すること··············66, 234
暗黙の経験····················· 17, 18
移行地帯·························35
一者的な観点······················· 213
一者モデル·························30
逸脱···························· 247, 248

意味と死すべき運命の弁証法········ 24, 60
癒し····························· 136
移ろいやすさ·················· 93, 95, 100
エディプス的······················· 272
エナクトメント······ 28, 156, 173, 177, 229,
　243, 249, 262, 270, 296
遠近法主義························· 125, 186
――的····················· 191, 197
遠近法的························· 153
――リアリズム··················· 125, 187
オープンな心を持った実証主義······32, 221
オープンな表現····················· 251

[か]

解釈学的························· 215
解釈的な相互交流···················· 20, 33
外来性の························· 275
カウチ·························· 259
抱える環境························· 276
書くこと························· 330
確信···························32
可視性·························· 332
可能性空間························· 276
関係－葛藤理論·····················19
関係モデル························· 185
関係論···························· 3, 213
――者·························50
間主観性··············19, 190, 192, 209
――理論····················· 191, 192, 198
感情の本物らしさ···················· 225
関与－構成主義············· 187, 213
関与の失敗························· 269
儀式·························· 128
――化されたアレンジメント········ 207
技法的合理性················· 188, 216
偽精神分析的モデル··················· 255
気恥かしさ·····················41
逆エディプス状況····················· 114
逆説························· 254

逆転移…… 146, 149, 157, 160, 161, 171, 202, 209, 210
　　――の継続的な精査…………… 190, 218
　　――の中の憎しみ……………… 223
客観主義的‐構成主義的な軸……………31
客観主義的思考……………………69
客観主義的パラダイム………………… 215
境界空間……………………………35, 331
境界性……………………………… 289
境界的……………………………… 289
共感的な閉鎖………………………… 159
局所論……………………………………78
去勢不安………………………………88, 195
偶然………………………………… 336
　　――性……………………… 306
クライアント中心療法………………… 147
クライン派……………………………… 247
形式的操作段階……………………… 112
系統発生的記憶……………………… 196
欠損モデル…………………………… 236
欠損理論……………………………… 256
限界状況……………………………… 103
現実の関係…………………………… 163
現世的な牧師業………………… 25, 46, 129
限定的な構成主義的観点……………… 217
行為言語…………………………………24
行為‐内‐省察…………… 188, 189, 236
合意による確認……………………… 196
攻撃者との同一化…………………… 329
構成主義………62, 124, 186, 187, 203, 209
　　――的………………………… 197
　　――的思考……………………69
　　――的なモデル……………… 185
構造論………………… 78, 81, 85, 87
降伏…………………………………… 261
個人としての本物らしさ…………………33
古典的なフロイト派…………………… 247
コフート派…………………………… 296
個別性………………………………… 129

コムニタス………………………… 289, 291
コンテイナー………………………… 172

[さ]
差異化………………………………… 329
再社会化……………………………… 130
作業同盟……………………………… 276
錯覚……………………………………54
自我心理学…………………………… 185
自我の不死………………………………80
自我分裂………………… 81, 87, 194
自己愛的な幻想……………………… 205
自己愛転移…………………………… 160
自己愛の変形………………………… 319
自己開示………28, 178, 199, 200, 251, 255
自己解釈的…………………………… 175
自己充足の福音…………………………49
自己心理学………36, 185, 191, 208
自己対象………………… 134, 159
　　――転移………………………… 191
自己達成的予言……………………… 319
事後的………………………………… 295
自己の喪失………………………………75
自己表出………………………28, 255
　　――的………………… 229, 257
示唆………………………… 135, 217
支持的……………………………… 318
自主性……………………………… 240
死すべき運命…………… 18, 75, 299, 336
死生学……………………………………75
持続的共感的探索………39, 191, 251
実証主義………………… 188, 197
　　――‐構成主義の軸……………… 185
　　――的……………………… 215
　　――的なモデル……………… 185
実存……………………………………92
　　――主義………………………77
　　――的………………93, 297, 298
　　――的な観点………………… 103

——的な視点……………………… 114
——的な不安…………18, 36, 70, 332
死の欲動………………………… 78, 82
自発性……………………… 128, 276
自発的……………………………33
——な逸脱………………… 249
——な応答性……………… 293
自閉−接触モード………………… 313
死への気づき…………………… 78, 97
死への不安………………………78
社会構成主義…………………29, 230
——的パラダイム……… 187, 215
社会−構成主義………………… 213, 235
——的なパラダイム　191, 192, 214, 231
——的なモデル………………… 224
社会的なパラダイム……… 172, 173, 180
終結……… 301, 312, 317, 323, 325, 327, 336
修正感情体験…………………… 333
修正としての解釈………………… 175
自由に話すこと………………… 229
自由連想…………………… 127
主知主義…………………… 216
守秘性…………………… 331
情動調律…………………… 142
処方的…………………… 190
自律性…………………… 319
神経症的な不安…………………70, 332
新自己心理学者…………………… 191
真正…………………… 239
真正さ…………………… 253
心的外傷後ストレス障害…………… 316
心的現実…………………… 127
神秘性…………………… 291
親密さの接面…………………… 142, 334
心霊術…………………… 130
性愛的な逆転移…………………… 335
性愛転移…………………… 239, 241
制御−克服理論…………………… 190
精神生物学的な岩盤…………………58

精神分析的な儀式…………………… 275, 281
精神分析的な権威…………………… 257
生物学的な岩盤…………………… 298
生来的な懐疑論…………………… 318
全体自己…………………… 77, 99
選択………… 24, 49, 51, 70, 305, 306, 336
——的注意…………………… 168
相互性…………………… 183, 258, 335
蒼古的な対象…………………… 156

[た]
対象関係論…………………… 185, 247
対人関係論…………………… 185, 247
第二の自己…………………… 132, 207, 258
他者性…………………… 66
脱同一化…………………… 262
中核に統一された自己…………………… 24
中立性…………………… 118
中立的…………………… 119
治療作用…………………… 149
治療者のパーソナリティ…………………… 146
定向進化原則…………………… 319
抵抗とならない陽性転移… 42, 46, 149, 208, 231
転移…………………… 210
——解釈…………………21
——−逆転移エナクトメント……… 73, 175, 180
——−逆転移フィールド…………… 138
——神経症…………………20
——性治癒…………………43
——の傾向…………………… 169
——分析…………………21, 202
投影同一化…………………… 172, 244, 267
同化…………………… 169
道徳的相対主義…………………… 30
道徳的な権威…………………… 131, 137
特別な承認力…………………… 133
匿名性…………………… 332

ドラ……………………………… 194
トラウマ…………38, 314, 316, 317, 336
──理論……………………… 180

[な]
内的対象関係の外在化……………… 263
二者的な観点……………………… 213
二者モデル……………………………30
偽物らしさ……………………… 251
二分法的な思考…………………… 279
認識論的相対主義……………………30
ねずみ男………………………… 236

[は]
パーソナルな応答性…………………35
パーソナルな関わり合い…22, 25, 32, 44, 45
パーソナルな関与……… 35, 50, 247
パーソナルな自発性……… 33, 35
パーソナルな表出………………………33
白紙状態……………………… 110, 154
母親－乳幼児相互交流……………… 184
非解釈的な相互交流…………20, 21, 33
悲劇的な客観主義……………………24
非社会的な概念………………… 147
非社会的なパラダイム………… 153, 186
非対称……………………………… 199
──性…… 28, 51, 134, 201, 213, 231, 258, 275, 335
──的…………………………27, 183
──的なアレンジメント…………… 202
否認……………………… 81, 87, 194
非人間的な言い回し……… 229, 230, 255
批判の構成主義………………… 187
批判的な構成主義…………………64, 124
表出的関与………………… 237
平等主義…………………… 183
病理的信念……………………… 190
不安信号説……………… 81, 87
ブーツストラップ操作…………………52

フェミニスト社会理論………………… 184
フェミニスト批評理論………………19
不可視性………………………………31
服従……………………………… 261
不確かさ……… 32, 38, 140, 220, 266, 336
不定形……………………………65, 125
不出来な代用……………… 26, 55, 319
ブランクスクリーン概念…………… 145
ブランクスクリーンの誤謬性…………28
ブランクスクリーンの神話……………28
フロイト派……………………… 296
分析可能性……………………… 260
分析家の応答性………………… 193
分析家の権威…………………50, 291
分析家の主体性………31, 50, 72, 203, 249
分析状況………………………………31
──の神話……………………… 177
分析的態度……………… 190, 218
分析的な儀式…………………… 293
分析的な閉鎖…………………… 202
分節化………………………66, 100
分離不安………………………………88
分裂…………………………… 194
弁証法…………………………… 267
──的構成主義………24, 50, 60, 187, 235
──的－構成主義……………… 18, 71
──的思考………………69, 254, 279
変容惹起的……………………… 175
──解釈………………………… 293
変容性内在化………………… 159, 269
崩壊不安……………………… 101
（ブランクスクリーン概念の）保守的な批判……………… 150, 197
──者……………………… 153
ポストフロイト派………………97
ポストモダニズム………………19
ポストモダン………………25
──思想……………………19
補足型逆転移………29, 172, 174, 175, 279

補足型同一化……………………………… 225
程よい………………………………………55
　——親……………………………… 280
　——終結…………………………36, 279, 303
　——対象……………………………… 250
本当の自己………………48, 134, 143, 271
本物………………………………… 253
　——の関与………………………… 133
　——らしい………………………… 273
　——らしい仕方…………………… 132
　——らしさ………… 45, 219, 224, 230,
　　231, 252, 257, 259

[ま]
未構成の……………………………………65
未構成の経験………17, 218, 222, 234, 306
未思考の知…………………………… 234
無慈悲……………………………………56, 329
「無常」……………………………………93
喪の前触れ………………………………93

[や]
優雅な曖昧さ…………………………… 195
融和型逆転移…………………………… 172

陽性転移…………………………… 158, 318
欲動モデル…………………………… 185
欲動論………………………………… 213
欲動論－関係論の軸…………………31, 185
欲望する主体………………………… 254
欲求充足……………………………… 257
寄る辺なさ………………………………69

[ら]
ライフサイクル……………………………98
ラディカルな構成主義……………64, 124
ラディカルな相対主義……………19, 153
ラディカルな内省のスタンス……………64
（ブランクスクリーン概念の）ラディカル
　な批判…………………………… 150, 164
理想化転移…………………………… 208
良性のニード………………………… 249
臨界期………………………………………52
ロールシャッハ・テスト…………………70
ロマン主義的な客観主義………… 24, 48

[わ]
「枠のない」経験 ………………………… 292

[著者略歴]

アーウィン・Z・ホフマン（Irwin Z. Hoffman）

現在シカゴ精神分析センターおよび National Training Program for Contemporary Psychoanalysis における訓練分析家であり，ニューヨーク大学大学院における精神分析及び精神療法プログラムの非常勤臨床教授であり，またかつてはイリノイ大学医学部精神医学の講師でもあった。ホフマン博士は Psychoanlytic Dialogues（精神分析的対話）誌の編集委員および Psychoanalytic Quarterly 誌の通信編集委員であり，かつて国際精神分析学会誌の理事も務めた。彼は Analysis of Transference（転移の精神分析），Vol. Ⅱ（1982）の，Merton Gill との共著者でもある。ホフマン博士は本書（『精神分析過程における儀式と自発性』）の出版以後，「弁証法的構成主義」的な視点を発展させるうえで一連の著作を発表している。博士は患者と分析家が分析的な作業における倫理的な主体として，そして創造的な協力者として責任を負うという，新しい視座を開拓している。ホフマン博士は現在シカゴで個人開業をしている。1942 年 11 月 3 日生まれ。

[訳者略歴]

岡野憲一郎（おかの・けんいちろう）

1982 年，東京大学医学部卒業，医学博士。

1982 ～ 85 年，東京大学精神科病棟および外来部門にて研修。1986 年，パリ，ネッケル病院にフランス政府給費留学生として研修。1987 年，渡米，1989 ～ 93 年，オクラホマ大学精神科レジデント，メニンガー・クリニック精神科レジデント。1994 年，ショウニー郡精神衛生センター医長（トピーカ），カンザスシティー精神分析協会員。2004 年 4 月に帰国，国際医療福祉大学教授。2014 年 4 月より，京都大学大学院　教育学研究科　教授

主要著訳書：『恥と「自己愛トラウマ」―あいまいな加害者が生む病理』（岩崎学術出版社，2014），『脳から見える心―臨床心理に生かす脳科学』（岩崎学術出版社，2013），『心理療法／カウンセリング 30 の心得』（みすず書房，2012），他多数。

小林　陵（こばやし・りょう）

2006 年，東京国際大学大学院臨床心理学研究科博士前期課程修了。同年より横浜市立大学附属病院に勤務し，現在まで心理療法や心理検査，復職支援デイケア，緩和ケア等に従事する。

主要著訳書：ナンシー・マックウィリアムズ『精神分析的心理療法―実践家のための手引き』（共訳，金剛出版，2009），マリオン・ソロモン他『短期力動療法入門』（共訳，金剛出版，2014）

精神分析過程における
儀式と自発性
弁証法的−構成主義の観点

2017 年 11 月 1 日 印刷
2017 年 11 月 10 日 発行

著者
アーウィン・Z・ホフマン

訳者
岡野憲一郎, 小林　陵

発行者　立石正信
発行所　株式会社 金剛出版
112-0005 東京都文京区水道 1 丁目 5 番 16 号
電話 03-3815-6661　振替 00120-6-34848

装幀　岩瀬　聡
印刷　平河工業社
製本　東京美術紙工協業組合

ISBN978-4-7724-1588-0 C3011 ©2017 Printed in Japan

転移分析
理論と技法

［著］＝M・M・ギル　［訳］＝神田橋條治　溝口純二

●A5判　●上製　●190頁　●定価 **3,400**円＋税
● ISBN978-4-7724-0915-5 C3011

著者がその理論家としての真骨頂を発揮した主著であり，
転移に関する文献として必ず引用される現代の古典である。
転移分析についての詳細な臨床研究。

精神分析の変遷
私の見解

［著］＝M・M・ギル　［監訳］＝成田善弘　［訳］＝杉村共英　加藤洋子

●A5判　●上製　●216頁　●定価 **3,400**円＋税
● ISBN978-4-7724-1053-3 C3011

名著『転移分析』の著者として知られるギルの最後の著書。
卓抜した論理的な思考力を持ち，
誠実な臨床家であったギルを理解するための優れた臨床書である。

精神分析における境界侵犯
臨床家が守るべき一線

［著］＝G・O・ギャバード　E・P・レスター　［訳］＝北村婦美　北村隆人

●A5判　●上製　●292頁　●定価 **4,000**円＋税
● ISBN978-4-7724-1221-6 C3011

「境界侵犯」の倫理的問題について，多面的理解を試みた著作の翻訳。
著者らは，境界の問題への注意を促すだけでなく，
境界逸脱が発生する精神力動についても論じている。

自我心理学の理論と臨床
構造，表象，対象関係

[著]=G・ブランク　R・ブランク　[監訳]=馬場謙一

●A5判　●上製　●352頁　●定価 **6,200**円+税
● ISBN978-4-7724-1567-5 C3011

精神分析の理論と臨床を包括的に学ぶことのできる教科書。
生物学主義が主流の現代にあって，
それに疑問や満ち足りぬ思いを抱く治療者に送る1冊である。

短期力動療法入門

[著]=M・ソロモン他　[監訳]=妙木浩之　飯島典子

●A5判　●並製　●210頁　●定価 **3,800**円+税
● ISBN978-4-7724-1393-0 C3011

1970年代にDavanlooとMalanが出会い，
その後継者によって飛躍的に進歩した短期力動療法。
その治療法の全体像とエッセンスが詰まった待望の書。

精神分析的心理療法
実践家のための手引き

[著]=N・マックウィリアムズ　[監訳]=狩野力八郎

●A5判　●上製　●384頁　●定価 **5,400**円+税
● ISBN978-4-7724-1096-0 C3011

精神分析的心理療法とは何か？
「治療の定義」「セラピストの姿勢」「クライエントの準備」など，
多次元的視点から説明した実践的な1冊。

ピグル
ある少女の精神分析的治療の記録

[著]=D・W・ウィニコット　[監訳]=妙木浩之

●B6判　●並製　●290頁　●定価 **3,200**円＋税
● ISBN978-4-7724-1450-0 C3011

ピグルというニックネームをもつ少女の
2歳半から5歳2カ月までの心理療法記録の全貌。
この度待望の新訳版が登場！

コフートを読む

[著]=A・M・シーゲル　[訳]=岡 秀樹

●A5判　●上製　●320頁　●定価 **5,000**円＋税
● ISBN978-4-7724-1525-5 C3011

コフートの孫弟子である著者が，
図解を活用しながら体系的にわかりやすく解説する。
難解なコフート理論を読み解くための良質で明快な入門書。

新装版 自己心理学入門
コフート理論の実践

[著]=E・S・ウルフ　[訳]=安村直己　角田 豊

●A5判　●並製　●230頁　●定価 **4,000**円＋税
● ISBN978-4-7724-1481-4 C3011

自己心理学の基本概念から，実際の治療実践までが明快にまとめられた，
優れた概説書であり臨床書。
多くの要望に応えて新装版で刊行！